“十三五”江苏省高等学校重点教材(编号：2018-1-039)
应用型本科　经济管理类专业系列教材

# 公司战略与风险管理
## ——理论、实务与案例

（第二版）

主　编　方光正
副主编　聂卫东　高　原　喻　骅　张　璟
主　审　葛　军

西安电子科技大学出版社

## 内 容 简 介

本书以最前沿的公司战略与风险管理理论为依据，以战略管理过程为主线，全面剖析公司战略分析、战略选择、战略实施、战略风险识别和战略风险管理的理论和实务，荟萃经典，瞄准主流，突出重点，理论与实践相结合，帮助读者学习公司战略与风险管理的理论，并掌握实际运用能力。

本书可作为会计学专业和财务管理专业等经济管理类专业的本、专科教材，也可作为经济管理人员学习公司战略和风险管理知识的参考书。


图书在版编目(CIP)数据

公司战略与风险管理：理论、实务与案例 / 方光正主编. —2 版. —西安：西安电子科技大学出版社，2020.6（2024.1 重印）
ISBN 978-7-5606-5622-9

Ⅰ. ① 公…　Ⅱ. ① 方…　Ⅲ. ① 公司—企业管理　② 公司—风险管理　Ⅳ. ① F276.6

中国版本图书馆 CIP 数据核字(2020)第 058095 号

策　　划　高　樱
责任编辑　阎　彬
出版发行　西安电子科技大学出版社(西安市太白南路 2 号)
电　　话　(029)88202421　88201467　　邮　　编　710071
网　　址　www.xduph.com　　电子邮箱　xdupfxb001@163.com
经　　销　新华书店
印刷单位　咸阳华盛印务有限责任公司
版　　次　2020 年 6 月第 2 版　2024 年 1 月第 12 次印刷
开　　本　787 毫米×1092 毫米　1/16　印　张　18.5
字　　数　435 千字
定　　价　49.00 元
ISBN 978 - 7 - 5606 - 5622 - 9 / F
**XDUP 5924002-12**

# 前　言

本书上一版于 2018 年获得“十三五”江苏省高等学校重点教材立项。编者根据“十三五”江苏省高等学校重点教材修订计划书的要求对本书进行了全面的修订和完善。

一、修订的指导思想

此次修订的指导思想是：以多年的工商管理专业建设与教学改革为基础，深入贯彻落实科学发展观，坚持贯彻《江苏省教育厅关于全面提高高等学校人才培养质量的意见》精神，以经济社会发展对人才培养的客观需求为导向，以提高教育质量为目标，将理论教学与实践训练紧密结合起来，突出应用型本科教育的特点，遵循应用型人才成长规律，培养具有“基础扎实、职业素养好、应用能力强、发展后劲足”特点的高级应用型会计和财务管理人才。

二、修订的思路和内容

本书在保持原有的体系和特点的前提下，吸收最新的理论和实践案例，对上一版的部分内容进行修订，以体现教材内容的科学性、时代性。具体的修订内容如下：

(1) 删除了一些陈旧和不够典型的案例，新增了一些更为新颖、切合时代气息的案例。

(2) 调整了全书的大部分“开篇案例”，力求使其与本章节的内容更加吻合，发挥“开篇案例”对该章节的“导读”作用。

(3) 在新形势下对书中的案例分析进行了大量修订和替换，加深读者对主要概念和观点的理解。

(4) 对全书文字进行了精心雕琢，大量增删、补正了文字内容。

(5) 提供了参考文献、推荐网站链接和教学成果展示等，进一步丰富了教学资料。

本书第一章和第二章由方光正修订，第三章由聂卫东修订，第四章由喻骅修订，第五章由张璟修订，第六章和附录由高原修订，最后由方光正总纂、葛军审核后定稿。本书的修订和出版得到了“十三五”江苏省高等学校重点教材项目、江苏高校一流本科专业建设点、江苏省高等教育教改研究立项课题(2019JSG347)、金陵科技学院引进人才科研启动基金项目(jit-rcyj-201409)和金陵科技学院立项建设精品教材项目的资助。

在本书的修订过程中，我们参考了大量的教材、著作和学术论文，在此我们向所有参考文献的作者和编者(包括列出的和未列出的)表示感谢。

由于编者水平有限，书中疏漏在所难免，诚望广大读者不吝赐教，以便进一步修改和完善。

编　者

2019 年 10 月

# 第一版前言

本书以最前沿的公司战略与风险管理理论为依据，基于经济管理工作者应具备的公司战略与风险管理理论与实务知识，参考国内外大量同类教材和著作的内容安排，荟萃经典、瞄准主流、突出重点，将全书内容分为六章：导论、战略分析、战略选择、战略实施、战略风险识别、战略风险管理。同时，为了增加读者对相关法律法规的理解，本书在附录中给出了《企业内部控制基本规范》和《企业内部控制应用指引》。

编写本书的指导思想与原则如下：

(1) 理论与实践相结合。首先从理论上对公司战略与风险管理知识进行概括和解释，然后运用公司战略与风险管理理论去解决实际问题，提高学生将理论应用于实践的能力。

(2) 深入浅出地介绍公司战略与风险管理理论与实务。公司战略与风险管理理论与实务内容繁杂，为了解决学生在学习过程中的“很虚”“很远”“会说不会用”等问题，增加章前、章中和章后实际案例，以增强其实务运用能力，培养其学习兴趣。

(3) 以战略管理过程为主线，全面反映战略分析、战略选择、战略实施、战略风险识别和战略风险管理的整个过程所涉及的理论、实务和案例。

(4) 内容安排和编写既要符合学生的学习习惯，也要符合教师的教学规律。

本书具有四个显著特色：

(1) 新颖性。本书以最新的公司战略与风险管理理论和最新修订的《企业内部控制基本规范》和《企业内部控制应用指引》为依据，内容新颖，结构严谨。

(2) 实务性。本书以公司战略管理过程为主线，以实务应用为前提，重在实务应用技术的阐述。

(3) 通俗性。本书以案例和图示的形式，通俗易懂、深入浅出地阐述公司战略与风险管理理论及其在企业管理实践中的应用，对高深的理论不做太多介绍。

(4) 精练性。本书以案例和图表的形式，简明扼要地阐述了公司战略与风险管理理论与实务内容，以便会计学专业和财务管理专业等工商管理类专业学生能在较短的时间内了解更多的公司战略与风险管理理论与实务应用技术。

本书由方光正主编，聂卫东、高原、喻骅、张璟担任副主编。其中第一章和第二章由方光正编写，第三章由聂卫东编写，第四章由喻骅编写，第五章由张璟编写，第六章和附录由高原编写。

本书的编写和出版得到了江苏高校品牌专业建设工程资助项目（PPZY2015A073）、金陵科技学院引进人才科研启动基金项目（jit-rcyj-201409）和金陵科技学院立项建设精品教材项目的资助。

本书可作为会计学专业和财务管理专业等经济管理类专业的本、专科教材，也可作为经济管理人员学习公司战略和风险管理知识的参考书。

在本书的编写过程中，我们参考了大量的教材、著作和学术论文，我们向所有参考文献的作者（包括列出的和未列出的）表示感谢。

由于编者水平有限，书中疏漏在所难免，诚望广大读者不吝赐教。

编　者

2016年3月

# 目　录

# 第一章　导　论

## 学习目的

(1) 明确公司使命和公司目标的表述特点；
(2) 掌握战略的起源、公司战略的传统和现代概念强调的属性、公司战略的功能；
(3) 理解和掌握公司战略的三个层次以及各层次的战略内容和相关战略管理者；
(4) 理解和掌握公司战略管理的三个过程及循环方式；
(5) 了解公司战略管理的十大学术流派、代表人物与代表著作。

## 第一节　公司的使命和目标

### 一、公司的使命

#### (一) 公司使命的概念与内容

伟大的公司都是由使命驱动的。一个公司的成立和成长都有其愿景，即对公司未来的愿望和憧憬，是公司创立者和经营者对公司未来的构思和设想。而公司使命(Mission)则是在公司愿景基础上对自身和社会发展所作出的承诺，即公司存在的理由与根本性质，一般包括公司目的、公司宗旨和经营哲学。

**1. 公司目的**

公司目的是公司使命的直接体现。公司属于营利性组织，其首要目的是为投资者创造经济利益。对于公司目的的论点，中外理论界一直有很大的争议，归纳起来，主要观点有“利润最大化”“股东财富最大化”“经营者效用最大化”和“公司价值最大化”四种。

“利润最大化”观点认为，利润代表了公司新创造的财富，利润越多则说明公司的财富增加得越多，越接近公司的目标。“利润最大化”观点是以西方厂商理论为理论基础的，古典经济学家亚当·斯密、大卫·李加图、阿尔费莱德·马歇尔等都是利润最大化目标的提倡者，我国财务学界也有一些学者支持这种观点。利润最大化与边际主义有着密切的联系，即厂商追求的利润最大化是以边际成本与边际收益相等时的产销量进行决策的。

“股东财富最大化”观点认为，公司是由股东投资组建的，股东是公司的法定所有者，股东财富最大化符合股东创办公司的目的。

“经营者效用最大化”观点认为，公司的经营决策是由经营者制定并完成的，公司的理财目标应保证经营者效用最大化。经营者效用最大化目标强调了经营者在公司的重要性及其对经营者激励的重要性，因此有助于激励经营者为公司发展做出更大的贡献。

“公司价值最大化”观点认为，公司应以公司价值最大化作为公司的目标。所谓公司价值，是指公司未来现金净流量按照公司要求的必要报酬率计算的总现值，也是公司的市场价值。这种观点有以下优点：第一，公司价值最大化目标体现了公司战略管理思想；第二，公司价值最大化目标与相关利益者的利益相一致；第三，公司价值最大化充分考虑了货币的时间价值与风险因素。

**2. 公司宗旨**

公司宗旨是指规定企业去执行或打算执行的活动，以及现在的或期望的企业类型。它是关于企业存在的目的或对社会发展的某一方面应做出贡献的陈述，主要阐述公司长期的战略意向和公司目前及未来所要从事的经营业务范围。

**3. 经营哲学**

经营哲学是公司为其经营活动方式所确立的价值观、基本信念和行为准则，是企业文化的高度概括。公司的经营哲学是在公司长期经营活动中形成的对发生的各种关系的认识和态度的总和，它是公司从事生产经营活动的基本指导思想。

使命是一种初心。伟大的公司都有一个长远的初心，只有把初心当作使命，才能激发企业家内心恒久的动力，才能不断超越自我；不计功利地去成就别人和成就社会，才能让他们在挑战和困难面前无所畏惧，在孤独的漫漫征途中守望梦想，企业也才有不断前行的动力，才能收获成长。

使命是一种责任。伟大的公司都有不可触碰的责任底线，只有把责任当作使命，才能在竞争中不迷失自我。商业竞争残酷无情，一味追求规模、利润、市值之类的指标，很容易就会迷失方向，陷入野蛮生长甚至是突破商业伦理的无底线厮杀。遵纪守法、保护产权、保护环境……都是企业应该坚守的不可触碰的底线。只有坚守责任，企业和企业家才能收获长远的发展。

使命是一种升华。在过去30多年里，一代代企业家持续接力，改变“落后的社会生产力”，不断满足“人民日益增长的物质文化需要”，从短缺到丰富，从丰富到过剩，从过剩再到另外一种意义上的短缺——人们期待更好、更多样、更有品质的生活。在这样一种螺旋式上升的过程中，一个国家、一个民族的梦想逐渐变得清晰。而如今，我们又进入了一个新时代，站在新的历史方位上，企业家只有把个人理想融入民族复兴的伟大实践，以更大的担当精神和家国情怀去履行使命，才能收获尊敬。

公司的终极使命应该是使人们生活得更加美好。

### (二) 公司使命的案例

为了更好地传播和树立公司在社会经济发展中担当的角色和责任，公司需要将确定的公司使命用简洁、准确和形象的语言表述出来。下述是20家著名公司的使命表述。

(1) 迪斯尼公司——使人们过得快活。

(2) 中国工商银行——提供卓越金融服务。

(3) 微软公司——致力于提供使工作、学习、生活更加方便、丰富的个人电脑软件。

(4) 索尼公司——体验发展技术造福大众的快乐。

(5) 惠普公司——为人类的幸福和发展作出技术贡献。

(6) 耐克公司——体验竞争、获胜和击败对手的感觉。

(7) 沃尔玛公司——给普通百姓提供机会，使他们能与富人一样买到同样的东西。

(8) IBM 公司——无论是一小步，还是一大步，都要带动人类的进步。

(9) 麦肯锡公司——帮助杰出的公司和政府更为成功。

(10) 华为公司——聚焦客户关注的挑战和压力，提供有竞争力的通信解决方案和服务，持续为客户创造最大价值。

(11) 联想电脑公司——为客户利益而努力创新。

(12) 万科公司——建筑无限生活。

(13) 戴尔电脑——在我们服务的市场提供最佳客户体验。

(14) 美国电话电报公司——建立全球电话服务网络。

(15) 中国兵器工业集团——服务于国家国防安全、服务于国家经济发展。

(16) 中国移动通信公司——创无限通信世界，做信息社会栋梁。

(17) 波音公司——我们要成为世界排名第一的航空公司。

(18) 飞利浦公司——及时推出有意义的科技创新，改善人们的生活质量。

(19) 苹果电脑公司——借推广公平的资料使用惯例，建立用户对互联网之信任和信心。

(20) 壳牌石油公司——打造世界一流公司的良好形象，超越资源开拓事业，卓有成效创造业绩。

从上述 20 家著名公司的使命表述可以看出，公司使命的表述并没有囊括公司使命涉及的所有方面。这是因为，在复杂多变的经营环境下，详尽、全面的使命表述可能会束缚公司目标和公司战略的制定和实施。因此，现代企业在表述公司使命时，主要应注意以下三个方面：简洁表述公司的业务性质；准确表述公司存在的目的；形象表述公司的主要战略方向。

## 二、公司的目标

公司的目标是一个公司在未来一段时间内所要达到的预期成果，它由一系列的定性或定量指标来描述。实践表明，没有目标的公司缺乏奋斗的动力和未来的希望。美国行为学家吉格勒指出："设定一个高目标就等于达到了目标的一部分。""现代管理学之父"——美国的彼得·德鲁克对公司目标进行了高度的概括：各项目标必须从"我们的企业是什么，它将会是什么，它应该是什么"引导出来。它们不是一种抽象，而是行动的承诺，借以实现公司的使命；它们也是一种用以衡量工作成绩的标准。换句话说，目标是企业的基本战略。

公司的目标是公司使命的具体化，由战略目标和财务目标组成。

### (一) 战略目标

战略目标是对公司在未来一段时间内战略经营活动预期取得成果的期望值。战略目标的设定同时也是公司使命的展开和具体化，是公司使命中确认的公司目的、公司宗旨和经营哲学的进一步阐明和界定，也是企业在既定的战略经营领域展开战略经营活动所要达到水平的具体规定。

彼得·德鲁克在《管理的实践》一书中提出了七个关键领域的战略目标。

(1) 市场方面的目标：应表明本公司希望达到的市场占有率或在竞争中达到的地位。

(2) 技术改进和发展方面的目标：对改进和发展新产品，提供新型服务内容的认知及措施。

(3) 提高生产力方面的目标：有效地衡量原材料的利用，最大限度地提高产品的数量和质量。

(4) 物资和金融资源方面的目标：获得物质和金融资源的渠道及其有效的利用。

(5) 人力资源方面的目标：人力资源的获得、培训和发展，管理人员的培养及其个人才能的发挥。

(6) 职工积极性发挥方面的目标：对职工激励、报酬等措施。

(7) 社会责任方面的目标：注意公司对社会产生的影响。

一般来说，战略目标主要体现在以下方面：获得持久的竞争优势；提高公司在客户中的声誉；获取足够的市场份额；抓住诱人的成长机会；建立技术上的领导地位；在产品质量、客户服务等方面压倒竞争对手；在国际市场上建立更强大的立足点；等等。江西财经大学张蕊教授研究认为，应对金融危机，公司战略目标还应在原有基础上增设以下指标。

(1) 客户层面：获得订单比率、客户保持或变化率、销售增长率等指标。

(2) 创新层面：生态化技术创新研发费用投入比率、能源消耗节约研发费用投入比率、三废循环利用研发费用投入比率、符合一定标准的高科技含量新产品的研发投入比率等指标。

(3) 内部生产经营过程层面：三废治理达标率、三废循环利用率、资源开采的节约或高效利用率等指标。

(4) 职员层面或学习与增长层面：关键人才保持率、为保持优秀人才的投入率、优秀人才的引进率、企业的柔性管理能力、决策所产生的效益、生产线变更时间等。

在实务中，由于公司性质和发展阶段不同，往往战略目标也大相径庭。

### (二) 财务目标

财务目标是指公司生产经营活动在一定环境和条件下致力达到的财务指标目标，包括偿债能力目标、盈利能力目标、营运能力目标、现金流量目标、成长能力目标、股利股价增长目标等。公司主要财务目标体系如表 1-1 所示。

**表 1-1　公司主要财务目标体系**

| 一级目标 | 二级目标 | 计算公式 |
|---|---|---|
| 偿债能力目标 | 资产负债率 | $\frac{\text{负债总额}}{\text{资产总额}}$ |
| | 流动比率 | $\frac{\text{流动资产}}{\text{流动负债}}$ |
| | 速动比率 | $\frac{\text{速动资产}}{\text{流动负债}}$ |
| | 利息保障倍数 | $\frac{\text{利润总额}+\text{利息费用}}{\text{利息费用}}$ |

续表

| 一级目标 | 二级目标 | 计算公式 |
| --- | --- | --- |
| 盈利能力目标 | 总资产报酬率 | $\frac{净利润}{平均资产总额}$ |
| | 净资产报酬率 | $\frac{净利润}{平均净资产}$ |
| | 主营业务毛利率 | $\frac{主营业务毛利}{主营业务收入}$ |
| | 基本每股收益 | $\frac{税后利润-优先股股利}{发行在外的普通股平均股数}$ |
| 营运能力目标 | 总资产周转率 | $\frac{营业收入}{平均资产总额}$ |
| | 存货周转率 | $\frac{营业成本}{平均存货占用额}$ |
| | 应收账款周转率 | $\frac{营业收入}{平均应收账款占用额}$ |
| 现金流量目标 | 资产现金回收率 | $\frac{经营现金净流量}{平均资产总额}$ |
| | 销售现金比率 | $\frac{经营活动现金流量净额}{营业收入}$ |
| | 自由现金流占收比 | $\frac{经营现金净流量净额-资本支出}{营业收入}$ |
| | 经营活动现金流量比 | $\frac{经营活动现金流入量}{经营活动现金流出量}$ |
| 成长能力目标 | 总资产增长率 | $\frac{本年总资产增长额}{年初资产总额}$ |
| | 无形资产增长率 | $\frac{本年无形资产增长额}{年初无形资产总额}$ |
| | 营业收入增长率 | $\frac{本年营业收入增长额}{上年营业收入总额}$ |
| | 净利润增长率 | $\frac{本年净利润增长额}{上年净利润总额}$ |
| | 经营活动现金净流量增长率 | $\frac{本年经营活动现金净流量增长额}{上年经营活动现金净流量}$ |
| 股利股价增长目标 | 股利增长率 | $\frac{本年每股股利增长额}{上年每股股利}$ |
| | 股价上升率 | $\frac{本年末每股股价上升额(或下降额)}{年初每股股价}$ |

(三) 案例

【案例1】

### F公司的战略目标表述

产品目标：开发并销售“可持续创新产品”，至20××年×月累计销售额至少达到500亿美元；可持续创新产品可以显著减少对环境的影响。

运营目标：与20××年相比，至20××年×月将工厂的二氧化碳排放量、能源使用、用水量和废弃物进一步减少20%(每生产单位)，实现十年至少减少50%的目标。

社会责任目标：至20××年×月将3亿儿童纳入“生活、学习和成长”活动。通过“儿童安全饮用水”项目提供40亿升干净的饮用水，使受益人群避免累计1.6亿天次的及比昂困扰、挽救2万个生命。

员工目标：鼓励员工把可持续发展的思维和实践融入日常生活。

利益相关方目标：以负责任的方式实现创新的自由，与利益相关方密切合作，共创未来。

【案例2】

### G电网公司的战略目标表述

2020全面建成电网坚强、资产优良、服务优质、业绩优秀(简称“一强三优”)的现代公司。

(1) 电网坚强：电网规划科学、结构合理、安全可靠、绿色环保、智能高效，技术装备水平和主要运行指标达到国际先进水平，大范围优化能源资源配置能力和抵御风险能力强。

(2) 资产优良：资产结构合理、布局优化、质量好，盈利和偿债能力强，无形资产价值高，内部资源配置效率高。

(3) 服务优质：保障安全、经济、清洁、可持续的电力供应，提供规范高效的能源综合服务，理念先进、体系完备，规范高效、品牌形象好，利益相关方综合满意度高，服务水平在社会公共服务行业中处于领先地位。

(4) 业绩优秀：安全、质量、效益指标在国内外同行业中领先，经营业绩优秀，创新成果突出，带动能力强，企业健康发展，综合价值高，社会贡献大。

(5) 现代公司：建立完善的现代企业制度和科学的集团管理体系，治理结构完善，业务流程顺畅，管理集约高效，自主创新能力和信息化水平高，队伍素质好，企业软实力、社会影响力和国际竞争力强。

【案例3】

### Google公司使命的应用

公司的使命很重要，每一个成功的公司都有一个很好的使命。当公司碰到重大问题的时候，使命就会成为决策的基础。

Google开发的所有产品都围绕公司的使命——整合全球信息，让人人可用，让人人受益。Google的员工非常自由，可以随便做什么，但都有一个要求，那就是必须符合公司使命。如果有一个员工说我要做一个桌面操作系统，马上会有人说这个不符合使命，除非能证明符合使命，否则Google不会做这样的产品。

Google 公司上市时，为了保证任何决策都将使命放在第一位，设置了 A 股、B 股两种股票。A 股是所有人的股票，B 股只有公司在职人员持有，其差别是 B 股每一股可以投十票。当股东说“我们赚钱吧，不要顾我们的使命吧”时，这个时候投票来决定。

Google Earth 并不是 Coogle 开发的产品，当 Google 看到这个产品时，发现它非常符合 Google 的使命——整合全球信息。因此，Google 决定要把它买下来，这是符合公司未来发展的。

# 第二节 公司战略的概念与功能

## 一、公司战略的概念

### (一) 战略概念的起源

战略(strategy)一词最早是军事方面的概念。在中国，战略一词历史久远，“战”指“战争”，“略”指“谋略”。春秋时期孙武的《孙子兵法》被认为是中国最早对战略进行全局筹划的著作。在西方，“strategy”一词源于希腊语“strategos”，意为军事将领、地方行政长官，后来演变成军事术语，指军事将领指挥军队作战的谋略。在现代，“战略”一词被引申至政治和经济领域，其涵义演变为泛指统领性的、全局性的、左右胜败的谋略、方案和对策。战略一般具备下列特性。

#### 1. 全局性

凡属需高层次谋划和决策，有要照顾各个方面和各个阶段性质的重大的、相对独立的领域，都是战略的全局。全局性表现在空间上，整个世界、一个国家、一个战区、一个独立的战略方向，都可以是战略的全局。全局性还表现在时间上，贯穿于指导战争准备与实施的各个阶段和全过程。战略的领导者和指挥者要把注意力摆在关照全局上面，胸怀全局，通观全局，把握全局，处理好全局中的各种关系，抓住主要矛盾，解决关键问题；同时注意了解局部，关心局部，特别要注意解决好对全局有决定意义的局部问题。

#### 2. 方向性

战略是政治的继续，具有很强的政治目的。任何战略都反映一个国家或政治集团利益的根本的目标方向，体现它们的路线、方针和政策，是为其政治目的而服务的，具有鲜明的方向性。

#### 3. 对抗性

制定和实施战略都要针对一定的对象。通过对其各方面的情况进行分析判断，确定适当的战略目的，有针对性地建设和使用好进行斗争的力量，掌握斗争的特点和规律，采取多种斗争形式和方法，对敌抑长击短，对己扬长避短，实施对抗以取得预期的斗争效果，是战略谋划的基本内容。

#### 4. 预见性

预见性是谋划的前提，决策的基础。在广泛调查研究的基础上，全面分析、正确判断、科学预测国际国内战略环境和敌友关系以及敌对双方战争诸因素等可能的发展变化，把握时代的特征，明确现实的和潜在的斗争对象，判明面临威胁的性质、方向和程度，科学预测未来战争可能爆发的时机、样式、方向、规模、进程和结局，揭示未来战争的特点和规律，是制定、调整和实施战略的客观依据。

5. 谋略性

战略是基于客观情况而提出的克敌制胜的斗争策略。它是在一定的客观条件下，变被动为主动，化劣势为优势，以少胜多，以弱制强，乃至不战而屈人之兵的重要方法。运用谋略重在对战争全局的谋划。制定战略强调深谋远虑，尊重战争的特点和规律，多谋善断，料敌定谋，灵活多变，高敌一筹，以智谋取胜。

### (二) 公司战略的概念

公司战略的概念是随着产业革命和经济的发展而逐渐形成的。梳理公司战略概念的表述，不同时代、不同流派和不同学者分别赋予其不同的含义，而且时代性特别明显。战略属性的强调重点不同，以20世纪80年代为分界线，可以将公司战略的概念分为传统概念和现代概念两大类。

1. 公司战略的传统概念

1962年，美国学者钱德勒在其著作《战略与结构》中，将公司战略定义为“确定公司基本长期目标、选择行动途径和为实现这些目标进行的资源分配”，这是最早记载的公司战略概念。1980年，美国哈佛大学著名教授、当今世界上少数最有影响的管理学家迈克尔·波特概括和总结20世纪60年代和70年代学者们对公司战略的观点，在其著作《竞争战略》中将公司战略定义为“战略是公司为之奋斗的一些终点与公司为达到它们而寻求的途径的结合物”。迈克尔·波特关于公司战略的概念是公司传统概念的典型代表，强调了公司战略的计划性、全局性和长期性，体现了经营环境稳定、物资相对贫乏市场竞争下的公司战略的属性。

2. 公司战略的现代概念

20世纪80年代以后，经营环境变化加快，市场竞争加剧，公司战略的传统概念已经不能很好地概括实践中公司战略的属性。1989年，加拿大著名管理学家、经理角色学派的代表人物亨利·明茨伯格认为，以计划为基点将公司战略视为理性计划的产物是不正确的，实践中许多成功的公司战略是在事先无计划的情况下产生的。亨利·明茨伯格在其著作《明茨伯格谈管理：人们的奇妙组织世界》中，将公司战略定义为“一系列或整套的决策或行动方式”。1998年，美国著名学者阿瑟·汤姆森在其著作《战略管理：概念与案例》中，将公司战略定义为“战略既是预先性的(预谋战略)，又是反应性的(适应性战略)”。辩证系统管理学派代表人物、我国著名管理培训师赵东通过概括和总结前人的研究成果和担任多家大型企业管理顾问的经验，将公司战略定义为“根据市场状况，结合自身资源，通过分析、判断、预测，设立远景目标，并对实现目标的发展轨迹进行的总体性、指导性谋划”。由此可见，公司战略的现代概念强调战略的应变性、竞争性和风险性，要求公司在瞬息万变的环境中积极主动预测未来，在变化中确定和调整战略，从而来影响变化，而不能是被动地对变化作出反应。

## 二、公司战略的功能

### （一）公司战略指明了企业的发展方向，明确了企业行动的纲领

选择比努力更重要。公司战略是企业通过对经营环境的机会、威胁和公司自身的优势、劣势分析，并依据公司使命和目标作出的理性选择，为公司未来的发展指明了方向。在公司战略的指引下，企业可以针对性地配置资源，调整组织机构和企业文化，增强对环境变化的适应性，更有利于落实公司使命和目标。

公司战略是公司及其所有员工的行动纲领。一个公司的负责人只能依据公司战略安排经营活动，任何人都不能随意更改已经决定的公司战略。如果一个公司没有一个作为行动纲领的公司战略，那么就可能出现领导人拍脑袋随意改变公司的发展方向，从而使得公司的经营活动失去有效的良好约束。因此，公司如果有科学合理的战略指向，并且所有人都能按照公司战略安排自己的日常经营活动，就能保证企业既充满活力，又能够有序发展。

### （二）公司战略是整合和优化企业资源的动力和依据

公司资源只有得到科学合理的配置才能取长补短、协调一致，有效发挥资源保值增值的能力，而公司整合和优化企业资源的依据和动力就是公司战略。一方面，公司战略为企业资源的聚合确立了依据，企业所有有形和无形资源的配置和整合是否科学合理，判断的标准就是是否有利于公司战略的实施，是否有利于公司目标的实现；另一方面，公司战略为企业整合和优化企业资源指明了方向，管理者只有围绕公司战略的需要整合和优化资源，不断提升资源的使用效率和效果，才能保障公司战略目标的实现。

### （三）公司战略是提升企业管理效能的前提和保障

首先，公司战略的制定过程就是一个不断提升中高层管理人员管理水平的过程。公司战略的制定是一个自上而下、自下而上、上下结合的过程，在这个过程中需要中高层管理人员开展调查、学习、分析和决策工作，不仅要梳理外部环境的机会和风险，还要充分认识自身的优势和劣势，协调内外关系，加强管理沟通，统一认识，逐渐提升中高层管理人员的管理水平。

其次，公司战略的实施过程就是一个不断提升管理水平和管理效能的过程。一方面，公司战略的实施有效地配置了企业各项资源，充分发挥了资源的协同效果；另一方面，公司战略的实施过程其实是一个管理变革过程，组织机构的调整、企业文化的建设、信息系统的完善等促进了管理水平和管理效能的提升。

# 第三节 公司战略层次与战略管理者

## 一、公司战略层次

公司战略一般分三个层次：总体战略、业务单位战略和职能战略。在企业实践中，战

略层次的划分与公司的组织结构常常相互对应，以保障战略管理中的责、权、利的统一和分权管理的需要。三个层次之间的关系如图 1-1 所示。

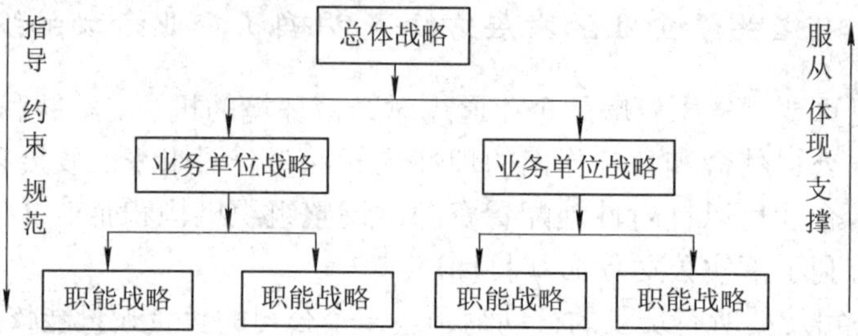


图 1-1　不同层次战略关系图

## (一) 总体战略

总体战略(也称公司层战略)是企业最高层次的战略，是针对公司整体和所有业务的战略。总体战略是企业最高决策层指导和控制企业的最高行动纲领，决定业务单位战略和职能战略。总体战略一般有以下三种类型：发展战略、稳定战略和收缩战略。

### 1. 发展战略

发展战略是指企业发挥内部优势、抓住外部机会，实现企业发展壮大的战略。常见的发展战略有三种类型：一体化战略、多元化战略和密集型战略。发展战略实现的途径主要有外部并购、内部新建和战略联盟三种。

### 2. 稳定战略

稳定战略是指企业限于经营环境和内部条件，保持现有的业务组合和资源分配原则和方式，经营状况基本保持现有范围和水平的战略。稳定战略不需要改变公司的使命和目标，企业只需要集中资源于现有的经营领域和产品，加强内涵建设以增强竞争优势。稳定战略是企业快速发展后的稳定期常用的战略取向。

### 3. 收缩战略

收缩战略是指企业为了实现业务组合的调整或防范重大的经营风险，抑制某些业务的发展或退出某些关键业务的战略。收缩战略按照收缩程度的不同可分为紧缩战略和退出战略。导致企业采取收缩战略的原因既有主观上的战略调整，也有客观上的环境变化和竞争优势的丧失等。

## (二) 业务单位战略

业务单位战略是指企业各战略业务单元依据总体战略决定的业务组合和各业务的地位及发展方向确定的经营活动竞争策略和资源配置，又称竞争战略。业务单位战略是公司总体战略下的子战略，是对总体战略所包含的目标、发展方向和措施的具体化。对于一家单一业务的公司，总体战略和业务单位战略合二为一，无需区分。常见的业务单位战略有成本领先战略、差异化战略和集中化战略。

### 1. 成本领先战略

成本领先战略是指业务单位通过内部加强成本控制，在研究开发、生产、销售、服务和广告等领域把成本降到最低限度，成为产业中的成本领先者的战略。成本领先战略主要适用于下列业务：① 产品具有较高的价格弹性，市场中存在大量的价格敏感用户；② 产业中所有企业的产品都是标准化的产品，产品难以实现差异化；③ 购买者不太关注品牌，大多数购买者以同样的方式使用产品；④ 价格竞争是市场竞争的主要手段，消费者的转换成本低。沃尔玛商场、格兰仕微波炉均实施了成本领先战略，并取得了巨大成功。

#### 2. 差异化战略

差异化战略是指业务单位向顾客提供的产品和服务在产业范围内独具特色，这种特色可以给产品带来额外的加价，如果一个企业的产品或服务的溢出价格超过因其独特性所增加的成本，那么，拥有这种差异化的企业将获得竞争优势。差异化战略主要适用于下列业务：① 产品能够充分地实现差异化，且为顾客所认可；② 顾客的需求是多样化的；③ 企业所在产业技术变革较快，创新成为竞争的焦点。海尔空调、苹果手机均很好地实施了差异化战略。

#### 3. 集中化战略

集中化战略是指业务单位针对某一特定购买群体、产品细分市场或区域市场，采用成本领先或产品差异化来获取竞争优势的战略。集中化战略一般是中小企业采用的战略，可分为两类：集中成本领先战略和集中差异化战略。集中化战略主要适用于下列业务：① 购买者群体之间在需求上存在着差异；② 目标市场在市场容量、成长速度、获利能力、竞争强度等方面具有相对的吸引力；③ 在目标市场上，没有其他竞争对手采用类似的战略；④ 企业资源和能力有限，难以在整个产业实现成本领先或差异化，只能选定个别细分市场。格力电器和联合利华公司很好地实施了集中化战略。

### (三) 职能战略

职能战略是指企业的各职能部门(如研发、供应、生产、营销、财务、人力资源、信息技术等)为贯彻、实施、支持总体战略和业务单位战略制定的部门战略。职能战略主要由一系列详细的方案和计划构成，与总体战略和业务单位战略相比，更为详细、具体和可操作。职能战略与企业的职能部门设置相对应，常见的有研发战略、供应战略、生产战略、营销战略、财务战略、人力资源战略、信息技术战略等。

## 二、公司战略管理者

公司战略管理者是指参与公司战略管理的机构和人员，包括公司战略的决策者、制定者、分析者、参谋者和执行者。一般来说，公司战略管理者主要指股东会(股东代表大会)、董事会、高层经理、中层经理、战略管理部门、非正式组织领导、智囊团等。与公司战略的层次相对应，公司战略管理者也可分为总体战略管理者、业务单位战略管理者和职能战略管理者三类。

### (一) 总体战略管理者

公司总体战略管理者包括股东会(股东代表大会)、董事会、首席执行官(CEO)及其他高层管理者等。公司总体战略管理者领导整个企业，负责公司的使命、目标和总体战略的制定和管理，决定企业的资源调配，其中董事会和首席执行官是总体战略管理者的核心。

以珠海格力电器股份有限公司为例，公司主营业务为生产、销售空调器，以董事长董明珠为首的总体战略管理者2015年确定的公司未来发展战略为：公司顺势在“新常态、新思路、新突破”思路指导下，以“双效”(效率、效益)为导向，坚持自主创新，继续推动智能家电生态系统，发展智能环保家居，并继续建设垂直产业链，着力塑造多个世界品牌，推动企业转型升级。

### (二) 业务单位战略管理者

业务单位战略管理者主要由事业部经理层组成，负责本业务单位的竞争战略，即将公司总体战略转换成具体的业务战略。如美国通用电气公司(GE)的战略目标是在所经营的全部业务领域占据数一数二的市场地位，其下属的各事业部的战略管理者则需根据此目标制定本事业部的具体战略。

### (三) 职能战略管理者

职能战略管理者由职能部门的经理与人员组成，负责本部门的职能战略，即将公司总体战略与业务单位战略转换成本职能部门的战略。例如，营销部门战略经理者负责根据公司总体战略与业务单元战略规划，综合考虑外部市场机会及内部资源状况等因素，确定目标市场，选择相应的市场营销策略组合，并予以有效实施和控制；财务部门战略经理者，负责根据公司总体战略与业务单位战略规划，在分析企业内外环境因素对资金流动影响的基础上，对企业资金流动进行全局性、长期性与创造性的谋划，并确保其执行的过程。

# 第四节 公司战略管理的过程与主要内容

公司战略管理是管理公司整个战略形成及执行的过程，因而战略管理过程由战略分析、战略选择和战略实施三个过程构成，而且在战略管理实践中，上述三个公司战略管理的行动过程是相互联系的循环往复过程，如图1-2所示。

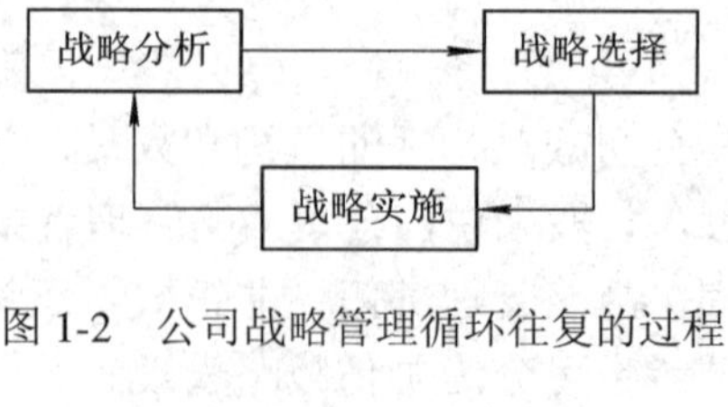


图1-2 公司战略管理循环往复的过程

## 一、战略分析

战略分析是指从公司战略角度分析企业的外部环境和内部资源，评估外部环境的机会与威胁和内部资源的优势与劣势，建立和发现战略行动的约束条件的过程。战略分析主要从外部环境和内部资源着手。其中，外部环境分析主要从宏观环境、产业环境、竞争环境和市场需求几个层面展开；内部资源分析主要从企业资源、企业能力、企业核心能力几个方面展开。目前，战略分析常用的工具主要有波士顿矩阵、通用矩阵和 SWOT 分析。

## 二、战略选择

战略选择是指根据战略分析所获得的结果，制定和选择战略方案的过程。1989 年约翰逊和施乐斯研究认为：公司战略的选择过程由提出战略方案、评估战略方案、选择战略方案和制定战略方案实施政策与计划 4 个步骤组成。

### (一) 提出战略方案

在战略分析的基础上，战略管理者需根据公司使命和目标拟出多种备选方案，供评估选择。约翰逊和施乐斯研究认为，在制定战略方案过程中，领导者应鼓励制定者尽可能发挥创造性，提出尽可能多的备选方案。

在企业实务中，战略备选方案的提出常常有三种不同方法：自上而下的方法、自下而上的方法和上下结合的方法。

(1) 自上而下的方法，即由公司总部高层战略管理者制定公司的总体战略，然后由下属各部门根据自身的实际情况将公司的总体战略具体化，形成系统的战略方案。

(2) 自下而上的方法，即由公司下属各部门战略管理者根据实际情况提交战略方案，公司战略管理者汇总、平衡、调整各部门提交的方案，确定公司的总体战略方案，最后形成系统的战略方案。

(3) 上下结合的方法，即由公司各层战略管理者共同参与，通过上下级战略管理者的沟通和磋商，制定战略方案。

在战略方案的制定过程中，到底采用上述三种方法的哪一种方法，这要根据公司的组织结构、企业文化、人员素质、激励方式等综合考虑。

### (二) 评估战略方案

任何企业资源都是有限的，任何战略方案都是有优缺点的。因此，战略管理者应结合企业的资源，全面分析每一个备选方案的长处和局限性，选择科学合理的标准对备选方案进行排序。评估备选方案常用的标准有三种：适宜性标准、可接受标准和可行性标准。

(1) 适宜性标准：以发挥优势、克服劣势、利用机会和弱化威胁为标准。

(2) 可接受标准：以利益相关各方的接受为标准。

(3) 可行性标准：以战略收益、战略风险的可行性分析指标内部报酬率为标准。

### (三) 选择战略方案

在对战略备选方案客观而充分评估的基础上，根据战略目标需要进行决策，确定最适合的战略方案。影响战略方案选择的因素主要有以下几个方面：① 公司既定的使命和目标；② 战略决策者的风险偏好；③ 战略决策者的价值观；④ 公司过去战略的影响；⑤ 公司文化的影响；⑥ 公司内外不同利益主体的影响；⑦ 社会责任和道德因素；等等。

### (四) 制定战略方案实施政策与计划

选择好最佳方案并不是战略制定的终结，战略管理者还需建立和确定战略方案的实施政策与计划。战略的实施政策与计划可以有机地把战略选择与战略实施联结起来，确保所有员工用行动支持企业使命、目标和战略，并调整和影响企业文化，有利于战略方案的实施。

### 三、战略实施

战略实施是指通过规划、预算和程序将战略和政策付诸行动的过程。在这一过程中，公司在对战略目标加以分解的基础上，通过调整公司治理结构、组织结构、配置战略资源及管理战略变革等方面保障战略实施。

战略实施需要领导者强有力的执行力。美国霍尼韦尔国际公司前总裁兼CEO拉里·博西迪在其著作《执行：如何完成任务的学问》一书中认为：执行是任何企业(无论是在纽约还是在北京)当前面临的最大问题。执行不只是那些能够完成或者不能够被完成的东西，它是一整套非常具体的行为和技术，它们能帮助公司在任何情况下得以建立和维系自身的竞争优势。执行本身就是一门学问，因为人们永远不可能通过思考而养成一种新的实践习惯，而只能通过实践来学会一种新的思考方式。根据观察，那些业绩优异的公司的领导者们一般都具有以下六个特点。

(1) 他们对自己的业务有着足够的了解，所以他们能够在一些重大决策过程中贡献自己的力量。

(2) 他们能够为企业的发展确立明确而清晰的目标。复杂会导致误解，简洁则会排除迷惑。

(3) 他们会经常地给自己的下属提供指导和培训。在这些人看来，判断自己领导能力的标准是自己所聘请的人的质量，所以他们会在确定提升对象之前对其进行充分的了解。

(4) 他们会通过在报酬和升职机会方面对表现不同的员工加以区别对待的方式来建立一个强大的领导基因库。而且他们确信，如果自己能够对那些具有执行精神的人给予充分的回报，如果能够提拔那些注重执行的人，自己的公司就会逐渐建立起一种执行文化。

(5) 他们了解并勇于接受现实。他们不会带领自己的公司向着毫无胜算的方向(根据自己公司的经验和文化来判断)发展。

(6) 他们有着坚强的性格。

## 第五节　公司战略管理的学术流派与代表著作

1999年，亨利·明茨伯格在其著作《斯隆管理评论》和《战略历程——纵览战略管理学派》中，面对百家争鸣、百花齐放的战略管理理论研究成果进行了总结和梳理，将战略管理的各种理论和观点最终归结为十大学术流派，即设计学派、计划学派、定位学派、企业家学派、认知学派、学习学派、权力学派、文化学派、环境学派和结构学派。亨利·明茨伯格认为，战略管理各家学派呈现出“盲人摸象”的局面，各自从不同的侧面和领域研究了战略管理的局部，只有综合集成各派的理论和观点，才能对战略管理有全面、整体的认识。下面以表格的形式来比较战略管理十大学术流派的主要观点、代表人物和代表著作及形成时间，具体内容如表1-2所示。

表 1-2 公司战略管理的学术流派比较

| 项 目 | 主 要 观 点 | 代表人物和代表著作 | 形成时间 |
|---|---|---|---|
| 设计学派 | 战略是外部环境中的机遇与企业的资源能力之间的匹配，它是一个有意识的、深思熟虑的思维过程，是首席执行官有意识的但非正式的构思过程。最具代表性的观点是 SWOT 模型 | 阿尔弗雷德·钱德勒及其《战略与结构》；肯尼斯·安德鲁斯及其《经营战略：内容与案例》 | 20 世纪 50～60 年代 |
| 计划学派 | 战略的形成是一个受到控制的、有意识的、详细具体而且正规化的过程。战略包括四个方面内容：产品与市场定位、增长向量、竞争优势及协同作用。最具代表性的观点：完善的 SWOT 模型、经验曲线、增长—份额曲线、市场份额与获利能力关系 | 安索夫及其《公司战略》；申德尔和霍夫及其《战略管理》 | 20 世纪 50～60 年代 |
| 定位学派 | 战略的核心是获得竞争优势，而竞争优势取决于所处行业的盈利能力，即行业吸引力和企业在行业中的相对竞争地位。战略管理的首要任务是选择最有盈利潜力的行业以及如何在已选定的行业中自我定位。最具代表性的观点：五力模型、价值链 | 迈克尔·波特及其《竞争战略》《竞争优势》和《国家竞争优势》 | 20 世纪 70～80 年代 |
| 企业家学派 | 战略是企业家个人价值观念的体现，企业家通过发挥自己个人的影响力和能力，决定战略的选择及行动；战略制定的主要任务是积极寻找新的机遇。最具代表性的观点：企业家精神、内部企业家精神 | 奈特及其《企业家精神：处理不确定性》；克林斯和摩尔及其《组织的缔造者》 | 20 世纪 70～80 年代 |
| 认知学派 | 战略形成是一个心理过程，是战略决策者认知的基本过程。该学派认为，认识是无序的，认识是信息处理的过程，认识是制图过程，认识是概念形成过程，认识是构建过程 | 西蒙及其《行政管理行为》《组织》和《思想模型》 | 20 世纪 80 年代 |
| 学习学派 | 战略形成是一个应急的过程；该学派认为，组织环境具有复杂和难以预测的特性，战略的制定首先必须采取不断学习的过程 | 詹姆斯·布雷恩·奎因及其《应变战略：逻辑渐进主义》；彼得·圣吉及其《第五项修炼》 | 20 世纪 80～90 年代 |
| 权力学派 | 战略形成是一个受到权力影响的协商过程，战略制定是有关政治、权力和利益的较量。该学派认为，组织是不同的个人和利益集团的联合体，权力和政治使战略形成具体化 | 麦克米兰及其《论战略形成：政治概念》；普费弗和萨兰西克及其《组织的外部控制》 | 20 世纪 70～80 年代 |

续表

| 项　目 | 主 要 观 点 | 代表人物和代表著作 | 形成时间 |
|---|---|---|---|
| 文化学派 | 战略形成是一个集体思维和社会交互的过程。该学派认为，企业文化及其背后的价值观念，对于战略的形成具有重要的影响，战略管理具有连贯性、传承性、丰富性和复杂性 | 艾瑞克·莱恩曼及其《长远规划的组织理论》；罗伯特·沃特曼和汤姆·彼得斯及其《追求卓越》；博格·沃纳菲尔德及其《资源为本理论》 | 20 世纪 80 年代 |
| 环境学派 | 战略形成是一个企业对外部环境的反应过程。该学派认为，环境作为一种综合力量，是公司战略形成过程中的中心角色，公司必须适应这些力量；环境、领导和组织是战略形成过程中的三个力量，领导和组织从属于外部环境，环境居于支配地位。最具代表性的观点：权变理论 | 汉南和弗里曼及其《组织生态学》；丹尼·米勒及其《永续经营》 | 20 世纪 70 年代 |
| 结构学派 | 战略形成是一个变革的系统化过程。该学派认为，组织可被描述为某种稳定结构，这种结构可被偶然因素影响向另一结构飞跃，结构转变有某种周期，战略最后采取的模式都是依自己时间和情形出现 | 普拉迪普·坎德瓦拉、亨利·明茨伯格和米勒及其《"里卡洛斯"的悖论》 | 20 世纪 90 年代 |

# 练　习　题

## 一、名词解释

1．公司使命　2．公司的目标　3．战略目标　4．财务目标
5．总体战略　6．业务单位战略　7．职能战略　8．战略分析
9．战略选择　10．战略实施

## 二、单项选择题

1．公司战略的现代概念更侧重的属性包括应变性、竞争性和(　　)。
A．计划性　B．长期性
C．风险性　D．全局性

2．下列选项中，最适合一家服装生产企业作为使命的表述是(　　)。
A．瞄准世界一流企业，齐头奋进　B．不断创新，勇于挑战自我
C．让人民的生活更加丰富多彩　D．让企业成为员工的家

3．下列各项表述中，可以作为企业使命的是(　　)。
A．加强开发项目的质量管理

B．5 年内在市区建成 2 个地标性建筑

C．为城市建设的现代化、特色化、合理化添砖加瓦

D．在开发某地标建筑时，以中国传统文化为基础融入科技元素

4．甲集团是国内大型粮油集团公司，近年来致力于从田间到餐桌的产业链建设，2018 年收购了以非油炸方式生产“健康”牌方便面的乙公司，并全面更换了乙公司的管理团队。2019 年“健康”牌方便面市场份额下降，为了从竞争激烈的方便面市场上重新赢得原有市场份额，2020 年初需要制定方便面竞争战略。该竞争战略属于(　　)。

A．公司战略　　B．业务单位战略

C．产品战略　　D．职能战略

5．下列关于公司目标的说法中，不正确的是(　　)。

A．公司目标是公司使命的具体化

B．建立目标体系的目的是将公司的业务使命转换成明确具体的业绩目标，从而使得公司的进展有一个可以测度的标准

C．从整个公司的角度来看，需要建立财务业绩和战略业绩两种类型的业绩标准

D．目标体系的建立只能由公司高层管理者参与

6．甲公司为满足人才需要，决定扩大向全国知名高校招聘应届毕业生的比例，通过两到三年的培养，使其成长为企业所需的中坚骨干。这个战略属于(　　)层次的战略。

A．竞争战略　　B．业务单位战略

C．企业整体战略　　D．职能战略

7．M 公司是一家航空公司，计划在国外开设新的航线。在进行相关战略分析时，下列不属于影响其战略的内部因素分析的是(　　)。

A．企业资源分析　　B．竞争环境分析

C．企业能力分析　　D．企业的核心竞争力分析

8．下列各项表述中，最适合作为公司战略目标的是(　　)。

A．今年盈利目标达到 30 亿元　　B．截止 2025 年，市场份额达到 30%以上

C．致力于提供物美价廉的产品　　D．未来五年，加快发展步伐

9．建立相关业务单位之间的协同作用并将其转化成竞争优势是(　　)首要关注的重点。

A．总体战略　　B．业务单位战略

C．职能战略　　D．营销战略

10．甲公司为促销 A 品牌洗发水制定的营销战略属于(　　)。

A．总体战略　　B．业务单位战略

C．职能战略　　D．竞争战略

## 三、多项选择题

1．公司战略的现代概念更强调的属性有(　　)。

A．应变性　　B．长期性

C．风险性　　D．竞争性

2．下列各项表述中，可以作为企业战略目标的有(　　)。

A．逐步扩大企业的市场占有率　　B．在 3 年内使企业的市场占有率达到 30%
C．逐步将销售额提高 30%　　D．在 3 年内将销售额提高 30%

3．公司战略分为三个层次：总体战略、业务单位战略和职能战略。下列属于业务单位战略的有(　　)。

A．差异化战略　　B．财务战略
C．成本领先战略　　D．稳定战略

4．下列属于战略目标体系的目标是(　　)。

A．提高公司在客户中的声誉　　B．股利增长率
C．净现金流量　　D．获取足够的市场份额

5．外部环境分析要从(　　)等方面进行。

A．宏观环境分析　　B．产业环境分析
C．竞争环境分析　　D．市场需求分析

6．企业制定战略选择方案常用的方法有(　　)。

A．自上而下的方法　　B．自下而上的方法
C．内外结合的方法　　D．上下结合的方法

7．下列战略中属于公司总体战略的有(　　)。

A．发展战略　　B．稳定战略
C．成本领先战略　　D．收缩战略

8．战略分析中，属于外部环境分析的内容有(　　)。

A．宏观环境　　B．企业能力
C．产业环境　　D．市场需求

9．迈克尔·波特的竞争三部曲都有(　　)。

A．《竞争战略》　　B．《战略管理》
C．《竞争优势》　　D．《国家竞争优势》

10．下列属于常用的战略分析工具的有(　　)。

A．SWOT 分析　　B．波士顿矩阵
C．通用矩阵　　D．平衡计分卡

## 四、简答题

1．公司战略目标主要体现在哪些方面？

2．公司战略的传统概念和现代概念主要强调了哪些属性？

3．公司战略一般分为哪几个层次？各层次常见有哪些战略？

4．影响战略方案选择的因素有哪些？

5．亨利·明茨伯格在其著作中，将战略管理的各种理论和观点归结为哪些学术流派？

## 五、案例分析题

1．请结合自身的实际情况表述人生的使命和目标。

2．请结合所处的单位，用图示加注释的方式画出战略层次和战略管理者层次图。

3．一项调查报告显示，方便面虽然是方便食品，但我国消费者非常关注方便面的口味和品质。除了口味以 49.0%的比率排在购买因素的第一位之外，有 38.5%的消费者关注方

便面的品质；关注品牌和价格的消费者比率分别为 30.5%和 27.0%；关注方便面的配料和面的弹性的消费者比率也分别达到 26.5%和 26.0%；同时还分别有 18.5%和 17.0%的消费者更关注方便面的营养和卫生。

K 牌方便面在我国方便面市场占据 1/3 左右的市场份额，其在产品口味、品种、包装、品牌传播等方面都走在其他方便面企业的前面。但是，K 牌方便面的特色程度正在逐步减退。一些中小方便面企业和新进入方便面市场的品牌通过差异化的品牌策划、产品策划、市场策划和销售策划，在某个细分市场或某个区域市场取得竞争优势，借此在方便面市场做强做大。

(1) 品牌定位差异化。例如，W 牌方便面通过非油炸的品牌定位，与 K 牌方便面形成了明显的市场区隔，使 W 牌方便面很快成为方便面市场知名品牌。

(2) 产品卖点差异化。例如，J 牌弹面以面的弹性作为产品的新卖点，与 K 牌方便面在产品上形成了差异，从而成就了 J 牌方便面品牌。

(3) 产品口味差异化。例如，T 牌老坛酸菜牛肉面，通过推出新的产品口味，与 K 牌方便面等产品在口味方面形成了差异，赢得了消费者的认同，产品销量迅速增加，同时提升了 T 牌方便面的整体品牌形象。

要求：

(1) 根据调查报告显示的信息，你认为在方便面市场竞争适宜采用何种基本竞争战略？为什么？

(2) W 牌方便面、J 牌弹面、T 牌老坛酸菜牛肉面采用的是什么样的竞争战略？阐述采用这种竞争战略的优势。

(3) 分析 K 牌方便面所采用的竞争战略正在面临的风险。

# 参考文献

[1] 沈志雄. 大国战略竞争与中国的战略选择[J]. 世界知识，2018(5).
[2] 万建民. 伟大公司都由使命驱动[J]. 中国企业家，2017(12).
[3] 张蕊. 企业战略经营业绩评价指标体系的改进[J]. 财经问题研究，2010(7).
[4] 徐飞. 战略管理[M]. 北京：中国人民大学出版社，2015.
[5] 拉里·博西迪. 执行：如何完成任务的学问[M]. 北京：机械工业出版社，2006.
[6] 谢向阳. 人生就是不断的选择[N]. 金陵科技学院报，2015-9-30.
[7] 黄旭. 战略管理[M]. 北京：机械工业出版社，2015.
[8] 陈奇睿，葛健. 竞争战略[M]. 北京：清华大学出版社，2012.
[9] 肖海比. 企业战略管理[M]. 北京：中国人民大学出版社，2015.
[10] 李开复. 公司使命是决策的基础[J]. 人力资本，2006(9).
[11] 康荣平，柯银斌. 格兰仕集团的成长、战略与核心能力[J]. 管理世界，2001(1).
[12] 中国注册会计师协会. 公司战略与风险管理[M]. 北京：经济科学出版社，2015.

# 第二章 战 略 分 析

## 学习目的

(1) 明确企业外部环境分析的目的和重要性；
(2) 领会企业外部环境分析的各项内容和要点；
(3) 明确企业内部环境分析的目的和重要性；
(4) 领会企业内部环境分析的各项内容和要点；
(5) 区分企业各项资源的定义和内涵；
(6) 掌握企业资源、能力和核心能力的关系和区别；
(7) 理解和掌握企业核心能力的评价标准和识别方法；
(8) 熟练运用战略分析的三种常用工具。

## 第一节 企业外部环境分析

企业外部环境是指存在于企业外部、影响企业经营活动的各种客观因素与力量，一般包括宏观环境、产业环境、竞争环境和市场环境。企业环境对企业而言是客观存在的，是不以企业的意志为转移的，企业很难去改变，一般情况下只能去适应，而且外部环境往往处在不断变化之中，在当今的信息社会更是如此。因此，企业必须努力认识外部环境的状况、特点和变化趋势，适应和提前防范外部环境的变化。

企业外部环境分析对于企业经营决策具有非常重要的作用，主要体现在：① 外部环境分析是企业制定战略的根本前提；② 外部环境分析是企业经营决策的基础，为科学决策提供保证；③ 外部环境分析有利于企业发现新的市场机会，及时采取措施，科学把握未来。

### 一、宏观环境分析

宏观环境，是指那些给企业带来机会或者威胁的，在广阔的社会环境中影响产业或企业的各种因素。宏观环境因素常常概括为四类：政治和法律因素、经济因素、社会和文化因素、技术因素。由于上述四个因素的英文第一个字母分别是 P、E、S、T，为此宏观环境分析也常常被称为 PEST 分析。表 2-1 所示是宏观环境对企业的主要影响因素。

表 2-1 宏观环境对企业的主要影响因素

| 政治和法律因素 (political factors) | 经济因素 (economical factors) | 社会和文化因素 (social factors) | 技术因素 (technological factors) |
| --- | --- | --- | --- |
| 政治体制 | 经济发展水平 | 人口因素 | 信息技术发展 |
| 政府行为 | 利率与汇率 | 社会价值观 | 技术创新 |
| 国家方针政策 | 社会经济结构 | 文化传统 | 知识应用 |
| 国内政治形势 | 经济体制 | 风俗习惯 | 产品创新 |
| 国际政治形势 | 经济政策 | 社会流动性 | 科技政策 |
| 法律法规 | 通货膨胀 | 消费者心理 | 技术力量 |
| 政局稳定性 | 自然资源 | 生活态度 | 技术水平 |
| 各政治利益集团 | 生态保护 | 社会对企业的期望 | 国家科技体制 |

### (一) 政治和法律环境

政治和法律环境是指那些制约和影响企业的政治要素和法律系统，以及其运行状态。由于政治环境和法律环境关联度很高，所以实务中通常将两者放在一起分析。政治和法律环境的方向和稳定性是战略管理者进行战略决策时要考虑的主要因素，直接决定着企业的战略决策取向。

政治和法律环境对于企业来说是不可控的，企业通常无法改变，只能无条件服从。政治和法律环境通常扮演着游戏规则制定者的角色，规范和限制着企业的运作，但同时也保障企业合法合规的正常生产经营活动。一般来说，企业只有在稳定有序的政治和法律环境中才能获得长期稳定的发展。因此，政治和法律环境作为影响企业决策的因素，常常表现出直接性、难以预测性和不可逆转性等特点。

#### 1. 政治环境分析的主要内容

政治环境分析主要分析国内政治环境和国际政治环境。

国内政治环境主要包括的要素有：政治制度；政党和政党制度；政治性团体；党和国家的方针政策；政治气氛。

国际政治环境主要包括的要素有：国际政治局势；国际关系；目标国的国内政治环境。

政治环境对企业战略决策的影响主要表现为国家政府所制定的方针政策，如人口政策、能源政策、物价政策、财政政策、货币政策等，都会对企业战略决策带来影响。例如，国家通过降低利率来刺激消费的增长；通过征收个人所得税调节消费者收入的差异，从而影响人们的购买；通过征收消费税，抑制人们对香烟、酒等商品的消费需求。

#### 2. 法律环境分析的主要内容

法律环境是指国家或地方政府所颁布的各项法规、法令和条例等，它是企业战略决策的准则，企业只有依法进行各种经营活动，才能受到国家法律的有效保护。近年来，为适应经济体制改革和对外开放的需要，我国陆续制定和颁布了一系列法律法规。企业的战略管理者必须熟知相关的法律条文，才能保证企业经营的合法性，运用法律武器来保护企业与消费者的合法权益。表 2-2 是我国目前施行的主要经济法规。

表 2-2　我国目前施行的主要经济法律

| 序号 | 经济法名称 | 施行年度 |
|---|---|---|
| 1 | 《中华人民共和国公司法》 | 2014 年 |
| 2 | 《中华人民共和国合伙企业法》 | 2007 年 |
| 3 | 《中华人民共和国个人独资企业法》 | 2000 年 |
| 4 | 《中华人民共和国合营企业法》 | 2001 年 |
| 5 | 《中华人民共和国中外合作企业法》 | 2000 年 |
| 6 | 《中华人民共和国外资企业法》 | 2000 年 |
| 7 | 《中华人民共和国破产法》 | 2006 年 |
| 8 | 《中华人民共和国合同法》 | 1999 年 |
| 9 | 《中华人民共和国专利法》 | 2008 年 |
| 10 | 《中华人民共和国商标法》 | 2013 年 |
| 11 | 《中华人民共和国反垄断法》 | 2007 年 |
| 12 | 《中华人民共和国反不正当竞争法》 | 1993 年 |
| 13 | 《中华人民共和国产品质量法》 | 2000 年 |
| 14 | 《中华人民共和国消费者权益保护法》 | 2013 年 |
| 15 | 《中华人民共和国食品安全法》 | 2008 年 |
| 16 | 《中华人民共和国标准化法》 | 1989 年 |
| 17 | 《中华人民共和国中国人民银行法》 | 2003 年 |
| 18 | 《中华人民共和国商业银行法》 | 2003 年 |
| 19 | 《中华人民共和国票据法》 | 2004 年 |
| 20 | 《中华人民共和国证券法》 | 2013 年 |
| 21 | 《中华人民共和国保险法》 | 2009 年 |
| 22 | 《中华人民共和国证券投资基金法》 | 2012 年 |
| 23 | 《中华人民共和国仲裁法》 | 1994 年 |
| 24 | 《中华人民共和国民事诉讼法》 | 2012 年 |

法律环境分析主要分析的内容有：① 法律规范，特别是和企业经营密切相关的经济法律法规，如《公司法》《中外合资经营企业法》《合同法》《专利法》《商标法》《税法》《企业破产法》等。② 国家司法执法机关。在我国主要有法院、检察院、公安机关以及各种行政执法机关。与企业关系较为密切的行政执法机关有工商行政管理机关、税务机关、物价机关、计量管理机关、技术质量管理机关、专利机关、环境保护管理机关、政府审计机关。此外，还有一些临时性的行政执法机关，如各级政府的财政、税收、物价检查组织等。③ 企业的法律意识。企业的法律意识是企业的法律观、法律感和法律思想的总称，是企业对法律制度的认识和评价。企业的法律意识最终都会物化为一定性质的法律行为，并造成一定的行为后果，从而构成每个企业不得不面对的法律环境。④ 国际法所规定的国际法律环境和目标国的国内法律环境。

对从事国际经营活动的企业来说，不仅要遵守本国的法律制度，还要了解和遵守国外的法律制度和有关的国际法规、惯例和准则。例如，欧洲国家规定禁止销售不带安全保护装置的打火机，无疑限制了中国低价打火机的出口市场；日本政府曾规定，任何外国公司进入日本市场，必须要找一个日本公司同它合伙，以此来限制外国资本的进入。只有了解掌握了这些国家的有关贸易政策，才能制定有效的战略方案，在国际经营中取得主动。

3. 政治和法律环境对企业战略决策影响的案例

【案例1】

**美国K汽车公司的政治误断**

美国K汽车公司在20世纪五六十年代时没有认真地研究当时的政治气候，对国家政策没吃准，曾错误地估计了形势，以为较“小”型汽车将抢手，可以占领市场。于是该公司从1953年起改变原有的车型，集中力量向“小”型发展，实际上，当时小型汽车在美国销量很小，只占美国汽车销售量的16%。由于货不对路，导致K公司战略规划失败，在美国汽车商家族中由“老二”降为“老三”的地位。K汽车公司后来在1969年吸取上次的教训，改弦易辙，调整方向，由“小”变“大”，致力于利润高的大型车生产，但时乖命蹇，又恰恰撞上了1973年席卷全球的石油危机，美国国内汽油供应短缺，油价暴涨，汽车消费者又喜“小”而厌“大”，致使该公司再次决策失误。1975年K汽车公司创下亏损206亿美元的沉痛历史纪录。

【案例2】

**加多宝虚假宣传案**

加多宝集团是一家以香港为基地的大型专业饮料生产及销售企业。1998年，集团以外资形式在中国广东省东莞市长安镇设立首个生产基地，先后在广东东莞、浙江绍兴、福建石狮、北京、青海、杭州、武汉成立生产基地，并有多处原材料生产基地。

从2012年6月份，加多宝集团为了扭转“王老吉”商标侵权的影响，开始全面推出“红罐王老吉凉茶更名为加多宝凉茶了”“全国销量领先的红罐凉茶改名加多宝”等诸多广告，迅速将“改名”信息铺满大街小巷，使得众多消费者产生了严重的混淆与误认。为此，王老吉商标的持有者广药集团开始了维权之路。

2013年1月，法院认定加多宝实施了虚假宣传，误导消费者的行为，向其下达诉中禁令，责令其停止使用该广告。业内人士指出，消费者对该广告的认知已经形成，加多宝通过搭王老吉品牌便车迅速提升了知名度；王老吉这个中国凉茶行业最老的品牌的品牌资产被转移，中国凉茶市场一时陷入混乱。广药不得不在红罐王老吉罐身上及相关广告中提及“185年王老吉从未更名”以正视听。

2013年12月20日，广州市中级人民法院对王老吉“被改名”案做出公开宣判，判定加多宝推出的“改名”广告为虚假广告，构成不正当竞争。至此，为期近一年的王老吉“被改名”案继“诉中禁令”后，有了最终的结果。法院判决：被告加多宝立即停止使用“全国销量领先的红罐凉茶改名为加多宝”广告语，并赔偿原告广药集团经济损失人民币1000万元，支付广药集团合理的维权费用81万元，在主流媒体进行公开赔礼道歉。

### (二) 经济环境

经济环境是指构成企业生存和发展的社会经济状况及国家的经济政策，包括社会经济结构、经济发展水平、经济体制、宏观经济政策、当前经济状况和其他经济条件等。表 2-3 是经济环境各部分内容的主要衡量指标。

**表 2-3 经济环境各部分内容的主要衡量指标**

| 序号 | 经济环境 | 主要衡量指标 |
|---|---|---|
| 1 | 社会经济结构 | 产业结构、分配结构、交换结构、消费结构、技术结构 |
| 2 | 经济发展水平 | 国内生产总值(GDP)、人均 GDP、经济增长速度 |
| 3 | 经济体制 | 资源是否得到合理配置和利用 |
| 4 | 宏观经济政策 | 国家发展战略、产业政策、国民收入分配政策、价格政策、货币政策、物资流通政策 |
| 5 | 当前经济状况 | 税收水平、通货膨胀率、失业率、利率、贸易差额、信贷投放、政府补助 |
| 6 | 其他经济条件 | 工资水平、资源状况、劳动生产率水平、原材料价格波动 |

经济环境是一个多元动态系统，企业受其影响的水平和强度不尽相同。据研究，以下行业受经济环境影响较大：

(1) 资源类行业：能源(煤炭、石油等矿产资源)、土地、水电。

(2) 金融业：银行、证券、担保、保险等。

(3) 原材料：日用消费品原材料、重型加工业原材料。

(4) 农产品：种植业、畜牧业、渔业产品。

(5) 健康行业：医疗卫生、食品。

(6) 基础建设行业：房地产、交通运输、道路等。

因此，企业战略管理者在进行经济环境分析时，需要结合企业自身的实际情况，着重考虑对企业影响较大的关键经济环境因素。表 2-4 是企业需要监控的重要经济变量。

**表 2-4 企业需要监控的重要经济变量**

| | |
|---|---|
| 世界经济向服务性经济的转变 | 生产性服务业状况 |
| 贷款的易得性 | 股票市场趋势 |
| 居民的消费倾向 | 进出口因素 |
| 可支配收入水平 | 外国经济状况 |
| 利率 | 对不同类别产品与服务需求的转变 |
| 通货膨胀率 | 不同地区和消费群体间的收入差别 |
| 消费者物价指数(CPI) | 汇率 |
| 规模经济 | 价格波动 |
| 货币市场利率 | 中国劳动力价格及资本输出 |
| 政府预算 | 货币政策 |
| 消费模式 | 税率 |
| 上游基础性原材料价格 | 产业集群现象 |
| 失业趋势 | 欧洲经济共同体政策 |
| 劳动生产率水平 | 石油输出国组织(OPEC)的政策 |
| 国际市场上的美元价值 | 欠发达国家(LDC)联合体政策 |
| 国民生产总值变化趋势 | 财政政策 |

### (三) 社会和文化环境

社会和文化环境是指企业所处的社会结构、社会风俗和习惯、信仰和价值观念、行为规范、生活方式、文化传统、人口规模与地理分布等因素的形成和变动。社会和文化环境范围很广，表 2-5 是企业需要重点关注的人口因素、社会流动性、消费心理、生活方式变化、文化传统和价值观等方面内容与指标。

**表 2-5 企业重点需要关注的社会和文化因素**

| 序号 | 社会和文化因素 | 主要衡量指标 |
|---|---|---|
| 1 | 人口因素 | 人口数量、年龄结构、地理分布、民族构成、收入分布 |
| 2 | 社会流动性 | 人口和阶层的水平流动性、人口和阶层的垂直流动性 |
| 3 | 消费心理 | 从众心理、求异心理、攀比心理、求实心理 |
| 4 | 生活方式变化 | 衣食住行的变化、就业观念的变化、社会保障的变化 |
| 5 | 传统文化 | 重要的节日、风俗习惯、地域文化、民族文化 |
| 6 | 价值观 | 人生价值观、职业价值观、民族价值观、教育价值观 |

其中，需要说明的是，传统文化对企业战略的影响具有积极和消极两个方面。

积极影响主要体现在以下几点：

(1) 重商业道德，在经营管理中以诚信为本。中国传统文化确立了交往有信的道德规范，主张通过双方的道德信任与默契缔结和处理经济往来关系。儒家还认为，在商业贸易中一旦许诺就应该信守诺言。

(2) 按照市场经济规律办事，审时度势。领导者“仰则观象于天，俯则观法于地，观鸟兽之文与地之宜，近取诸身，远取诸物”，一方面要充分发挥主观能动性；另一方面要按照市场经济规律办事，调动员工积极性，发挥企业潜力。

(3) 创造和谐的企业文化，增强企业的凝聚力和向心力。中国传统文化崇尚“协和万邦”，孟子在很早就提出“家必自毁，而后毁之；国必自伐，而后伐之”，说明加强企业内部团结多么重要，所制定的战略应充分利用中国传统文化中的整体主义与团队精神，来增强企业的凝聚力和向心力。

消极影响主要体现在以下几点：

(1) 影响战略的制定。中国传统文化认为领导与被领导之间的权限是被明确规定的，不能逾越。这样就导致参与企业战略制定过程的人员是有限的，甚至只限于领导者，下级人员的意见得不到有效的反馈。虽然现在提倡以人为本的管理理念，但是还是没有把人作为一种资源得到充分的使用，而是作为执行战略的工具，他们不能参与到具体的战略制定上，所以企业最终所制定的战略有一定的片面性。

(2) 削弱战略执行能力。战略是企业对未来的选择，决定企业的方向，西方的一些管理思想为我们提供了制定战略的正确思路和有效方法，但是战略的真正实现只凭技术和方法是不够的，还需要得到文化和环境的强大支持。

(3) 人才流失。中国传统文化提倡人治大于法治，在中国企业中家族式管理屡见不鲜，尤其是中国的一些中小企业中的重要职务大都采用委任制，委派那些熟悉的或者是企业内部与高层领导有亲戚关系的人员担任，不利于人才的晋升，会导致人才的流失。

### (四) 技术环境

技术环境是指企业所处环境中的科技要素及与该要素直接相关的各种社会现象的集合，包括国家科技体制、科技政策、科技发展水平和科技发展趋势等。

#### 1. 国家科技体制

国家科技体制是指从事对科学技术的机构设置、管理研究、职责范围、权利义务关系的一整套国家层面的结构体系和制度设置。我国原有科技体制是在计划经济体制下逐步形成的，其突出特点是政府拥有独立研究机构的技术和资源。该体制已在特定的历史时期为我国经济发展、国防建设和社会进步做出了重要贡献，而且也为科学技术自身发展奠定了坚实基础。随着我国的改革开放进程和社会主义市场经济体制的逐步建立，原有科技体制的弊端日益突出。自 20 世纪 80 年代开始，中央决定对科学技术体制进行坚决的有步骤的改革，改革的历程分四个阶段。

第一阶段：1985—1992 年。1985 年中共中央发布《关于科学技术体制改革的决定》，全面启动了科技体制改革。以改革拨款制度、开拓技术市场为突破口，引导科技工作面向经济建设主战场。

第二阶段：1992—1998 年。1995 年中共中央、国务院发布《关于加速科学技术进步的决定》，确立了“科教兴国”战略，提出“稳住一头，放开一片”的改革方针，开展了科研院所结构调整的试点工作，1998 年在中科院开始实施知识创新工程试点。

第三阶段：1998—2004 年。1999 年中共中央、国务院发布了《关于加强技术创新，发展高科技，实现产业化的决定》，对科研院所的布局结构进行了系统调整。加强国家创新体系建设、加速科技成果产业化成为这一时期的主要政策走向。政策供给集中在促进科研机构转制、提高企业和产业创新能力等方面。

第四阶段：2005 年至今。《国家中长期科学和技术发展规划和纲要》的提出，进一步明确了我国科技体制改革与建设创新型国家的要求，指出在今后一段时间内，我国科技体制改革的主要任务，一是支持鼓励企业成为技术创新主体；二是深化科研机构改革，建立现代科研院所制度；三是推进科技管理体制改革；四是全面推进中国特色国家创新体系建设。

#### 2. 科技政策

科技政策是国家为实现一定历史时期的科技任务而规定的基本行动准则，是确定科技事业发展方向，指导整个科技事业的战略和策略原则。

第二次世界大战以来，由于科学技术的迅猛发展，科学日益社会化，社会日益科学化，从而使科技政策的研究和制定显得日益重要。国家的科技事业要得到发展，既要处理好科技领域内部的各种关系，有利于科技事业的发展；又要处理好科技与社会、经济的相互关系，促进它们的协调发展。因此，国家必须制定统一的基本行动准则，发挥政府的宏观调控作用，实施有效的政策管理。目前，我国国家科学技术部、中国科学院和各省、市科委大都设有科技政策研究机构。此外，还成立了全国性和地方性的科技政策研究会。

科技政策的研究和制定涉及的内容很广，从国家的科技发展战略、科技管理的基本原则，到具体的地方性科技政策等。制定科技政策的基本原则有：科技政策与国家发展战略相一致，符合科技自身发展规律，以及科技与社会、经济协调发展等。

科技政策在整个科学活动中，表明支持什么，反对什么，发展什么，限制什么，起着协调控制的作用，保证科学技术朝着一定的目标，沿着正确的路线有序发展。20 世纪 30 年代以后，科技政策开始作为一门学问被进行专门的研究。目前世界主要国家设立的科技研究机构已经超过 1000 个。科技政策研究涉及的面，从国家发展科学的战略，到具体的、地方的科学技术政策。制定正确的科技政策，既要求处理好科学技术活动领域内的各种关系，又要求处理好科学技术与社会、经济的相互关系。

### 3. 科技发展水平

科技发展水平是科技能力所达到的水平或状态。科技发展水平是科技能力的直接体现，科技发展依附于科技能力，是一定时期科技过程的构成要素，也是功能特征的重要衡量尺度。科技发展水平的衡量指标主要分为七类：科技资源指标、教育指标、科技信息指标、科技产出指标、科技管理指标、科技与经济指标、科技与社会指标。表 2-6 是科技发展水平综合评价的常用指标。

**表 2-6 科技发展水平综合评价的常用指标**

| 一级指标 | 二级指标 | 三级指标 |
|---|---|---|
| 主体指标 | 科技资源指标 | 科技人员 |
| | | 科技经费 |
| | | 科技固定资产净值 |
| | | 科技资源利用状况 |
| | 教育指标 | 大专以上学校的在校学生数 |
| | | 技术培训及在职教育人数 |
| | | 教育质量 |
| | 科技信息指标 | 图书情报资料拥有量 |
| | | 科技人员流动量 |
| | | 信息处理能力 |
| | | 国内外科技交流 |
| | 科技产出指标 | 论文发表数 |
| | | 论文被引用次数 |
| | | 专利受理量 |
| | | 技术贸易额 |
| | | 技术贸易额的年增长率 |
| | | 获国家成果奖当量 |
| | 科技管理指标 | 科技管理信息系统完善程度 |
| | | 科技部门业务管理水平 |
| | | 科技—生产管理水平 |

续表

| 一级指标 | 二 级 指 标 | 三 级 指 标 |
|---|---|---|
| 相关指标 | 科技与经济指标 | 广义技术进步速度 |
| | | 万元工业总产值综合能耗平均年下降率 |
| | | 劳动—资金产值率 |
| | | 技术集约产品总产量 |
| | | 技术集约产品出口额 |
| | | 工业总产值的技术集约度 |
| | | 产品可比成本年下降率 |
| | | 新产品产值 |
| | | 消化、吸收、创新技术的能力 |
| | 科技与社会指标 | 每万人口中的科学家工程师人数 |
| | | 地方财政科技拨款比例 |
| | | 公众对科技的态度 |
| | | 生态环境状况 |
| | | 公众生活质量 |
| | | 人均国民收入 |

**4. 科技发展趋势**

当前，全球新一轮科技革命和产业变革方兴未艾，科技创新正加速推进，并深度融合、广泛渗透到人类社会的各个方面，成为重塑世界格局、创造人类未来的主导力量。企业只有认清趋势、前瞻擘划，才能顺势而为、抢抓机遇。中国科学院院长白春礼认为，从宏观视角和战略层面看，当今世界科技发展正呈现以下十大新趋势。

(1) 颠覆性技术层出不穷，将催生产业重大变革，成为社会生产力新飞跃的突破口。作为全球研发投入最集中的领域，信息网络、生物科技、清洁能源、新材料与先进制造等正孕育一批具有重大产业变革前景的颠覆性技术。量子计算机与量子通信、干细胞与再生医学、合成生物和“人造叶绿体”、纳米科技和量子点技术、石墨烯材料等，已展现出诱人的应用前景。先进制造正向结构功能一体化、材料器件一体化方向发展，极端制造技术向极大(如航母、极大规模集成电路等)和极小(如微纳芯片等)方向迅速推进。人机共融的智能制造模式、智能材料与 3D 打印结合形成的 4D 打印技术，将推动工业品由大批量集中式生产向定制化分布式生产转变，引领“数码世界物质化”和“物质世界智能化”。这些颠覆性技术将不断创造新产品、新需求、新业态，为经济社会发展提供前所未有的驱动力，推动经济格局和产业形态深刻调整，成为创新驱动发展和国家竞争力的关键所在。

(2) 科技更加以人为本，绿色、健康、智能成为引领科技创新的重点方向。未来科技将更加重视生态环境保护与修复，致力于研发低能耗、高效能的绿色技术与产品。以分子模块设计育种、加速光合作用、智能技术等研发应用为重点，绿色农业将创造农业生物新品种，提高农产品产量和品质，保障粮食和食品安全。基因测序、干细胞与再生医学、分子靶向治疗、远程医疗等技术大规模应用，医学模式将进入个性化精准诊治和低成本普惠医疗的新阶段。智能化成为继机械化、电气化、自动化之后的新“工业革命”，工业生产向更绿色、更轻便、更高效的方向发展。服务机器人、自动驾驶汽车、快递无人机、智能穿戴设备等的普及，将持续提升人类生活质量，提升人的解放程度。科技创新在满足人类不断增长的个性化多样化需求、增进人类福祉方面，将展现出超乎想象的神奇魅力。

(3) “互联网+”蓬勃发展，将全方位改变人类生产生活。新一代信息技术发展和无线传输、无线充电等技术实用化，为实现从人与人、人与物、物与物、人与服务互联向“互联网+”发展提供丰富高效的工具与平台。随着大数据的普及，人类活动将全面数据化，云计算为数据的大规模生产、分享和应用提供了基础。工业互联网、能源互联网、车联网、物联网、太空互联网等新网络形态不断涌现，智慧地球、智慧城市、智慧物流、智能生活等应用技术不断拓展，将形成无时不在、无处不在的信息网络环境，对人们的交流、教育、交通、通信、医疗、物流、金融等各种工作和生活需求作出全方位、及时、智能的响应，推动人类生产方式、商业模式、生活方式、学习和思维方式等发生深刻的变革。互联网将借此力量全面重塑这个世界和社会，使人类文明继农业革命、工业革命之后迈向新的“智业革命”时代。

(4) 国际科技竞争日趋激烈，科技制高点向深空、深海、深地、深蓝拓展。空间进入、利用和控制技术是空间科技竞争的焦点，天基与地基相结合的观测系统、大尺度星座观测体系等立体和全局性观测网络将有效提升对地观测、全球定位与导航、深空探测、综合信息利用能力。海洋新技术突破正催生新型蓝色经济的兴起与发展，多功能水下缆控机器人、高精度水下自航器、深海海底观测系统、深海空间站等海洋新技术的研发应用，将为深海海洋监测、资源综合开发利用、海洋安全保障提供核心支撑。地质勘探技术和装备研制技术不断升级，将使地球更加透明，人类对地球深部结构和资源的认识日益深化，为开辟新的资源能源提供条件。量子计算机、非硅信息功能材料、第五代移动通信技术(5G)等新一代信息技术向更高速度、更大容量、更低功耗发展。第五代移动通信技术有望成为未来数字经济乃至数字社会的“大脑”和“神经系统”，帮助人类实现“信息随心至、万物触手及”的用户体验，并带来一系列的产业创新和巨大的经济及战略利益。

(5) 前沿基础研究向宏观拓展、微观深入和极端条件方向交叉融合发展，一些基本科学问题正在孕育重大突破。随着观测技术手段的不断进步，人类对宇宙起源和演化、暗物质与暗能量、微观物质结构、极端条件下的奇异物理现象、复杂系统等的认知将越来越深入，把人类对客观物质世界的认识提升到前所未有的新高度。合成生物学进入快速发展阶段，从系统整体的角度和量子的微观层面认识生命活动的规律，为探索生命起源和进化开辟了崭新途径，将掀起新一轮生物技术的浪潮。人类脑科学研究将取得突破，有望描绘出人脑活动图谱和工作机理，有可能揭开意识起源之谜，进而极大地带动人工智能、复杂网络理论与技术的发展。前沿基础研究的重大突破可能改变和丰富人类对客观世界与主观世界的基本认知，不同领域的交叉融合发展可望催生新的重大科学思想和科学理论。

(6) 国防科技创新加速推进，军民融合向全要素、多领域、高效益深度发展。受世界竞争格局调整、军事变革深化和未来战争新形态等影响，主要国家将重点围绕极地、空间、网络等领域加快发展“一体化”国防科技，信息化战争、数字化战场、智能化装备、新概念武器将成为国防科技创新的主要方向。大数据技术将使未来战争的决策指挥能力实现根本性飞跃，推动现代作战由力量联合向数据融合方向发展，自主式作战平台将成为未来作战行动的主体。军民科技深度融合、协同创新，在人才、平台、技术等方面的界限日益模糊。随着脑科学与认知技术、仿生技术、量子通信、超级计算、材料基因组、纳米技术、智能机器人、先进制造与电子元器件、先进核能与动力技术、导航定位和空间遥感等的重大突破，将研发更多高效能、低成本、智能化、微小型、抗毁性武器装备，前所未有地提升国防科技水平，并带动众多科技领域实现重大创新突破。

(7) 国际科技合作重点围绕全球共同挑战，向更高层次和更大范围发展。全球气候变化、能源资源短缺、粮食和食品安全、网络信息安全、大气海洋等生态环境污染、重大自然灾害、传染性疾病疫情和贫困等一系列重要问题，事关人类共同安危，携手合作应对挑战成为世界各国的共同选择。太阳能、风能、地热能等可再生能源开发、存贮和传输技术的进步，将提升新能源的利用效率和社会经济效益，深刻改变现有能源结构，大幅提高能源自给率。据国际能源署(IEA)预测，到 2035 年可再生能源将占全球能源的 31%，成为世界主要能源。极富发展潜能的新一代能源技术将取得重大突破，氢能源和核聚变能可望成为解决人类基本能源需求的主要方向。人类面临共同挑战的复杂性和风险性、科学研究的艰巨性和成本之高昂，使其之间的相互依存与协同日趋加深，将大大促进合作研究和资源共享，推动高水平科技合作广泛深入开展，并更多地上升为国家和地区层面甚至全球的共同行动。

(8) 科技创新活动日益社会化、大众化、网络化，新型研发组织和创新模式将显著改变创新生态。网络信息技术、大型科研设施开放共享、智能制造技术提供了功能强大的研发工具和前所未有的创新平台，使创新门槛迅速降低，协同创新不断深化，创新生活实验室、制造实验室、众筹、众包、众智等多样化新型创新平台和模式不断涌现，科研和创新活动向个性化、开放化、网络化、集群化方向发展，催生越来越多的新型科研机构和组织。以“创客运动”为代表的小微型创新正在全球范围掀起新一轮创新创业热潮，以互联网技术为依托的“软件创业”方兴未艾，由新技术驱动、以极客和创客为重要参与群体的“新硬件时代”正在开启。这些趋势将带来人类科研和创新活动理念及组织模式的深刻变革，激发出前所未有的创新活力。

(9) 科技创新资源全球流动形成浪潮，优秀科技人才成为竞相争夺的焦点。一方面，经济全球化对创新资源配置日益产生重大影响，人才、资本、技术、产品、信息等创新要素全球流动，速度、范围和规模都将达到空前水平，技术转移和产业重组不断加快。另一方面，科技发达国家强化知识产权战略，主导全球标准制定，构筑技术和创新壁垒，力图在全球创新网络中保持主导地位，新技术应用不均衡状态进一步加剧，发达国家与发展中国家的“技术鸿沟”不断扩大。发达国家利用优势地位，通过放宽技术移民政策、开放国民教育、设立合作研究项目、提供丰厚薪酬待遇等方式，持续增强对全球优秀科技人才的吸引力。新兴国家也纷纷推出各类创新政策和人才计划，积极参与科技资源和优秀人才的全球化竞争。

(10) 全球科技创新格局出现重大调整，将由以欧美为中心向北美、东亚、欧盟“三足鼎立”的方向加速发展。随着经济全球化进程的加快和新兴经济体的崛起，特别是国际金融危机以来，全球科技创新力量对比正悄然发生变化，开始从发达国家向发展中国家扩散。从 2001 年到 2011 年，美国研发投入占全球比重由 37%下降到 30%，欧洲从 26%下降到 22%。虽然以美国为代表的发达国家目前在科技创新上仍处于无可争议的领先地位，但其优势正逐渐缩小，中国、印度、巴西、俄罗斯等新兴经济体已成为科技创新的活化地带，在全球科技创新“蛋糕”中所占份额持续增长，对世界科技创新的贡献率也快速上升。全球创新中心由欧美向亚太、由大西洋向太平洋扩散的趋势持续发展，未来20～30年内，北美、东亚、欧盟三个世界科技中心将鼎足而立，主导全球创新格局。

综上可见，PEST分析在分析企业战略环境时，关注的焦点是政治、法律、经济、社会、文化和技术等环境要素的一般趋势与状态，但对宏观环境究竟如何影响企业战略缺乏深度分析。我国学者蒋峦、蓝海林和谢卫红研究认为，宏观环境主要从四条路径影响企业的战略：① 宏观环境通过对行业环境的影响，从而最终影响企业战略；② 宏观环境通过对集群环境的影响，从而最终影响企业战略；③ 宏观环境通过对企业间关系，尤其是对竞争者环境的影响，从而最终影响企业战略；④ 宏观环境通过企业组织的影响，从而最终影响企业战略。

## 二、产业环境分析

产业环境是指对处于同一产业内的组织都会发生影响的环境因素。与一般环境不同的是，产业环境只对处于某一特定产业内的企业以及与该产业存在业务关系的企业发生影响。产业环境分析的主要任务是探索企业所在行业的经济特征、长期盈利能力和发现影响产业吸引力的因素。

### (一) 产业的经济特征分析

产业是指提供相似的产品或服务的企业的集合。所谓“相似的产品或服务”是指那些消费者认为可以替代的产品或服务。产业环境分析的首要任务是从整体上把握产业的主要经济特征。概括某一产业的经济特征主要考虑以下因素：

(1) 产业的市场规模；
(2) 产业的增长速度；
(3) 产业的生命周期；
(4) 产业的竞争范围、竞争者数量和相对规模；
(5) 产业内竞争者产品或服务的差异度；
(6) 产业内企业一体化程度；
(7) 产业内分销渠道的类型；
(8) 产业的规模经济和学习经济曲线；
(9) 产业的技术变革速度快慢；
(10) 产业的能力利用率高低；
(11) 产业的资源要求与进入/退出障碍；
(12) 产业盈利性水平的高低。

**【案例3】**

**软饮料行业的经济特征分析**

我国软饮料行业的经济特征主要表现在以下方面：

(1) 市场规模。软饮料行业各项指标行业集中度高。广东、浙江、山东、江苏、北京等在资产规模、企业利润、销售收入和从业人员方面占了80%以上，行业集中度相当高。

(2) 竞争范围。碳酸饮料市场竞争加剧，可口可乐、百事可乐依然是市场的领导者。纯水饮料势头强劲，市场领导品牌娃哈哈、乐百氏、农夫山泉依然垄断着纯水市场，占据了近 1/3 的巨大饮料市场份额。纯茶饮料市场异军突起，统一和康师傅是领导品牌。纯奶饮料市场日趋成熟，其领导品牌包括伊利、光明等。

(3) 增长速度。过去一年，茶饮料在全国市场的增长幅度达到了 15%，果汁的增长速度也达到了 2%。国内饮料市场上四大品类的市场份额大致为碳酸饮料占 30%，瓶装饮用水占 30%，茶饮料占 15%，果汁饮料约占 15%。尽管碳酸饮料庞大的基数使其仍然占据市场霸主的地位，但已经受到来自各方的威胁，增长速度正在逐年放缓，市场份额也将逐步萎缩。

(4) 进入和退出壁垒。我国软饮料行业的进入、退出壁垒不是很高，新的生产厂商可以比较容易地进入和退出这个行业。进而，行业的竞争激烈程度将随着厂商的不断进出而更加激烈，行业市场发育将逐渐走向成熟。从长远看，这有利于我国软饮料行业的健康发展。

(5) 生命周期中所处的阶段。饮料工业的发展一般都须历经产品竞争、渠道竞争和品牌竞争三个阶段。我国饮料工业正处于产品竞争与渠道竞争共存并且即将进入品牌竞争的发展阶段。如果能够充分利用后发优势，预计中国饮料工业将有可能快步越过产品竞争和渠道竞争两个阶段，然后水到渠成地跨入品牌竞争的成熟市场。

(6) 销售渠道。我国软饮料行业销售渠道主要包括以下几点：直销营销模式、分公司营销模式、代理营销模式、关联营销模式、国际销售网络等，另外广告行为也是软饮料市场上经常采用的一种主要的非价格竞争的方式。

(7) 市场绩效。市场绩效指在一定的市场结构下，通过企业的市场行为使某一产业形成的资源配置和利益分配状态，是反映市场运行效率的综合性概念。通过研究市场绩效，可以判断市场结构和市场行为合理性和有效性的程度。

(8) 盈利能力。近年来，我国软饮料行业利润保持了较高的增长速度，行业利润总量有了明显的提升。由于软饮料行业整体运行平稳，行业效益不断提高，在这个大的背景下，我国软饮料行业的总资产规模也不断扩大。行业销售收入和利润总额继续以超过 GDP 两倍的速度增长，同时利润总额增长速度超过了销售收入增长速度，整个行业盈利能力不断增强。在产量增长的同时，品种也日趋多样化，为消费者提供了更多的选择。

(9) 工艺革新。在色素方面天价天然色素代替人工色素，并加强了人工色素的注意事项；在防腐剂方面，增加了第四节色素苯甲酸和苯甲酸钠、对羟基苯甲酸酯类和山梨酸及其钾盐等，代替了以前对人体健康有害的物质，更有利于人类的健康；在抗氧化剂方面，使用了抗坏血酸、异抗坏血酸及其钠盐、葡萄糖氧化酶和抗氧化剂的增效剂等。在乳化稳定剂方面，使用了增稠剂和乳化剂等，使产品的味道可口，更能迎合大众的口味。

(10) 发展方向。未来的饮料包装市场中，耗用原料少、成本低、携带方便等独特的优点决定了饮料包装必须在技术上不断推陈出新，才能紧随饮料发展的步伐。随着功能性薄膜的不断完善，塑料软包装替换瓶装容器是必然的趋势。该行业将向绿色环保、利润压缩、品牌销售、优质高能的特色化包装产业发展。

**【案例 4】**

## 文化产业的经济特征

(1) 文化产业的边际成本低。文化产业，尤其是影视娱乐、动漫游戏等产业，其显著特点是初期智力、资本投入力度大，等作品完成进入复制销售期，其成本随销售量增加而显著下降，边际成本低。然而，事情总有另外一面。文化产业是以消费者心理需求为导向的市场行为，对文化产业所制造出的产品的评判不是以文化内涵为标准，而是以市场认可度为标准。文化产品的开发——无论是无形的知识产权还是有形的景区、馆园建设——初期都需要大规模的资金投入，而回报如何与其前期投入并没有必然联系，最终的收益取决于消费者的偏好。文化产业虽然后期追加成本较低，但看似一本万利的高收益领域，也可能成为血本无归的赔钱买卖。因此，不能只看到那些成功模式的高收益，也要看到无数失败案例的高风险。发展文化产业要充分认清市场取向，谨慎为之，不可一哄而上。

(2) 文化产业的收入弹性高。文化产品不同于一般的生活必需品，它是一种更高层次的精神消费品。在马斯洛关于人的需求五层次理论中，文化需求作为自我实现层级的一部分被放在了最顶端。可见，文化产业的发展是伴随着物质条件的不断富足而逐步发展壮大的，文化产业对其消费主体的消费能力提出了更高的要求。对于最基本的经济单位——家庭来说，只有其收入水平达到一定层次(温饱解决)之后，才会更多关注文化产品的消费，而且收入水平愈高，对文化产品的消费意愿和消费能力就愈强。对于一个社会来说，当其处在经济繁荣期，民众的收入水平相对较高，他们对文化产品的消费也会很旺盛，此时的文化产业必然展现出很强的生命力。因此，发展文化产业应该遵循经济规律，准确判断经济形势，选择合适时机开拓市场，不能盲目冒进。

(3) 文化产业的规模效益强。文化产业的规模效益不仅仅表现在企业内部规模的壮大，更表现在企业乃至整个行业的联动规模。文化产业是通过拉长消费主体与文化附着物之间共容时间来最终实现文化认同的，当然接触的文化附着物越富于多样性，其经济效益就越可观。所以文化产业最忌讳单一、单调的文化产品供应。唯有形成联动规模才能产生可观的经济效益，才有长远发展的推动力。

### (二) 产业的生命周期分析

产业的发展与产品一样要经历从导入期、成长期到成熟期、衰退期的发展过程(如图 2-1 所示)。波特认为，“预测产业演变过程的鼻祖是我们熟知的产品生命周期”。战略管理者的任务是预测随着产业环境的演变，竞争力量强度变化的趋势，并制定相应的战略，把握机会，克服威胁。

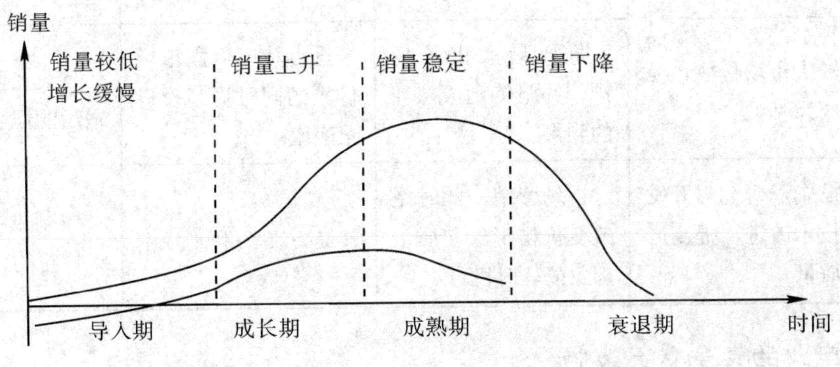


图 2-1 产业生命周期的阶段

一般情况下，产业的生命周期随着新产品的创新和推广过程呈“S”型。波特在其《竞争战略》一书中总结了产业各个生命阶段的产品特征、销量、成本、利润、竞争态势、经营风险、战略目标和战略路径(见表 2-7)。

**表 2-7 生命周期各阶段主要特征和战略选择比较**

| 项目 | 导入期 | 成长期 | 成熟期 | 衰退期 |
|---|---|---|---|---|
| 产品特征 | 产品质量有待提高。产品类型、特点、性能和目标市场方面尚在不断发展变化当中 | 各厂家的产品在技术和性能方面有较大差异 | 产品逐步标准化，差异不明显，技术和质量改进缓慢 | 各企业的产品差别小，价格差异缩小。为降低成本，产品质量可能会出现问题 |
| 销量 | 产品用户很少，只有高收入用户会尝试新的产品 | 产品销量上升，产品的销售群已经扩大。消费者对质量的要求不高 | 主要靠老客户的重复购买支撑。市场巨大，但已经基本饱和 | 客户对性价比要求很高 |
| 成本 | 为了说服客户购买，导入期的产品营销成本高，广告费用大，而且销量小，产能过剩，生产成本高 | 广告费用较高，但是每单位销售收入分担的广告费在下降。生产能力不足，需要向大批量生产转换，建立大宗分销渠道 | 生产稳定，局部生产能力过剩 | 产能严重过剩，只有大批量生产并有自己销售渠道的企业才具有竞争力 |
| 利润 | 产品的独特性和客户的高收入使得价格弹性较小，但是销量小使得净利润较低 | 产品价格最高，单位产品净利润也最高 | 产品价格开始下降，毛利率和净利润率都下降，利润空间适中 | 产品的价格、毛利都很低。只有到后期，多数企业退出后，价格才有望上扬 |
| 竞争态势 | 只有很少的竞争对手 | 市场扩大，竞争加剧 | 竞争者之间出现价格竞争 | 有些竞争者先于产品退出市场 |
| 经营风险 | 非常高 | 仍然维持在较高水平，但有所下降 | 进一步降低，达到中等水平 | 主要的悬念是什么时间产品将完全退出市场 |
| 战略目标 | 扩大市场份额，争取成为“头羊” | 争取最大市场份额，并坚持到成熟期的到来 | 重点转向巩固市场份额的同时提高投资报酬率 | 首先是防御，获取最后的现金流 |
| 战略路径 | 投资于研究与开发和技术改进，提高产品质量 | 市场营销，此时是改变价格形象和质量形象的好时机 | 提高效率，降低成本 | 控制成本，以求能维持正的现金流量 |

### (三) 产业的竞争状况分析

产业的竞争状况是指一个产业各种力量竞争的态势。产业的竞争状况决定了该产业的竞争强度与盈利水平，决定了该产业的吸引力与投资潜力。产业的竞争状况常常采用迈克尔·波特创立的“五要素竞争力模型”(简称“五力模型”)来分析。1980 年哈佛大学商学院迈克尔·波特教授出版了《竞争战略》一书，在该书的第 1 章提出：产业的竞争状况取决于如图 2-2 所示的五种基本竞争力量，这些力量的相互作用形成的合力决定了产业最终获得的潜在利润。哈佛大学商学院教授大卫·亚非在波特教授研究的基础上，根据企业全球化经营的特点，提出了第六种要素——互动互补作用力，进一步完善了产业竞争力理论。

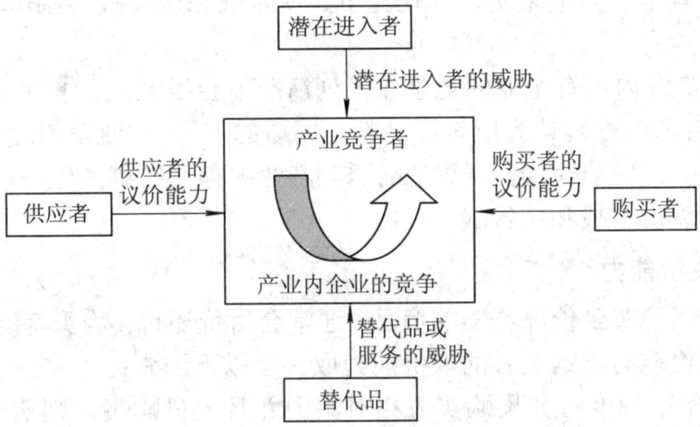


图 2-2 驱动产业竞争的诸般力量

**1. 产业内企业的竞争**

产业内企业的竞争是指一个产业内现有企业为市场占有率而进行的竞争。产业内企业的竞争往往是六种力量中最强大的竞争力量，为了赢得市场地位和顾客的青睐，现有企业通常会不惜一切代价，甚至拼得“你死我活”。但有时，在对抗潜在进入者和替代品的威胁时，也会表现出合作的行为。产业内企业的竞争激烈程度往往取决于以下因素：

(1) 产业内企业的数量和力量对比。一般情况下，现有竞争者的数量众多且规模相当，并拥有大致相同的资源和能力时，产业内的竞争会相当激烈。

(2) 产业内企业的差异化程度或转换成本的高低。当产业内企业的产品缺乏差异性或转换成本很低时，购买者选择的余地就会很大，从而就会导致企业在价格和服务上展开激烈的竞争。

(3) 产业所处生命周期阶段。产业处于导入期和成长期阶段，产业内未满足的市场容量很大，产业内的现有企业只需提高产品质量和加大销售力度，生产的大量产品就能较为容易地销售出去，因此处于导入期和成长期阶段的产业，竞争程度不高；产业处于成熟期和衰退期阶段，产业内的市场容量已经饱和，现有企业为了抢占市场份额往往会大打价格战、服务战、宣传战等，产业内的竞争非常激烈。

(4) 产业退出壁垒的高低。退出壁垒是指企业退出产业的难度或障碍。如果产业的退出壁垒高，现有企业难以退出，就算失败也要苦苦支撑，这样就会导致产业内的企业数量越来越多，因而竞争就日益激烈；反之，现有企业可以顺利退出，产业内的竞争就相应缓和很多。退出壁垒主要有：专用性资产、退出费用、情感障碍、战略相关性、政府和社会的约束等。

(5) 产业内企业生产能力的利用程度。设备的生产能力利用率越高，单位固定成本越低，产品的单位成本就越低。如果产业内企业的生产能力利用率低，存货大量积压，产业内竞争就越发激烈；反之，产业内企业注意力主要集中在生产管理，市场的竞争就缓和很多。

(6) 产业内高层战略管理者的特点。产业内各企业的高层战略管理者都有各自的特点，主要体现在战略、目标和文化等方面，对于市场竞争各自有不同的竞争规则、竞争理念和竞争行为。如果产业内的主要竞争者习惯采用价格战和广告战，则市场的竞争就相当激烈；如果产业内的主要竞争者习惯采用差异化竞争、质量战和服务战，则市场的竞争就相对缓和些。

一般情况下，产业内现有企业的竞争在下列情况下会很激烈：① 产业内有众多的或势均力敌的竞争对手；② 顾客认为所有商品都是同质的；③ 产业发展缓慢，处于成熟期或衰退期；④ 产业进入壁垒低而退出壁垒高；⑤ 产业中存在过剩的生产能力；⑥ 产业内的高层战略管理者热衷价格战和广告战。

**2. 购买者的议价能力**

理性的购买者为了买到价廉物美的商品，通常会讨价还价。购买者能否降低购买成本，取决于购买者的议价能力。购买者的议价能力取决于以下因素：

(1) 购买方的集中程度。如果购买方相对集中并且大量购买，则购买方的议价能力较强，如团购。

(2) 购买方的采购数量。如果购买方购买的商品占全部购买量的比重很大，则购买方对购买价格的要求就很高，此时购买商的议价能力相对就较强，如沃尔玛公司的集中采购。

(3) 购买方的转换成本高低。如果购买方的转换成本很低，购买方的讨价还价能力就大，如购买方在小商品市场购买小商品。

(4) 购买方的信息。如果购买方掌握了供应商充足的信息，购买方讨价还价的能力就会大大加强，如掌握了销售方的成本、财务状况等。

(5) 购买方的后向一体化能力。如果购买方具备后向一体化能力时，其讨价还价的能力就会大大加强，如钢铁公司的铁矿石采购。

(6) 替代品。如果购买方采购的商品存在较多的替代品时，购买方的讨价还价能力就大大强化，如家庭的洗涤用品采购。

(7) 购买方的价格敏感性。如果购买方的利润很低，那么对采购商品的价格就非常敏感；反之，对采购商品的价格就不敏感，如小酒店与高档酒店。

**3. 供应者的议价能力**

供应者是产业内企业生产经营所需投入品的提供者。理性的供应者主要通过调整产品价格、质量或服务来影响产业内的竞争强度。产业内现有企业的供方和买方议价能力的强弱是此消彼长的。

一般情况下，供应者的议价能力取决于以下因素：

(1) 供应者的集中程度。如果供应者集中程度很高，即原材料的供应完全由少数几家公司控制，而本产业集中程度却较差，产业内出现了几家公司供应产业内众多分散企业的局面，则供应者常常会在价格、质量和供应条件上对购买者施加较大的压力，如世界铁矿石供应集中在澳大利亚的力拓、必和必拓和巴西的淡水河谷集团。

(2) 替代品的替代威胁。如果产业内存在合适的众多替代品，即使供应者力量再大，其讨价还价的能力也会大受影响；如果产业内缺乏有效的替代品，购买者的转换成本就会加大。例如洗涤用品的多样性，导致了日化企业难以形成品牌优势。

(3) 供应者产品的差异化程度。如果产业内供应者的产品具有鲜明的特色，购买方很难找到合适的其他供应者，转换成本将很高，例如家用空调电器公司的差异化竞争有效降低了家用空调市场的竞争强度。

(4) 批量对供应者的重要程度。如果产业内供应者的产品能在众多产业销售，而在某一产业销售所占份额不高时，供应方往往具有较强的议价能力。

(5) 供应者前向一体化的能力。如果产业内供应者有可能前向一体化，其自身的议价筹码就会大为增加。反之，购买方越有能力后向一体化，供应方的议价能力就会越弱。

**4. 潜在进入者的进入威胁**

马克思在《资本论》一书中提出：如果有10%的利润，资本就保证到处被使用；有20%的利润，资本就活跃起来；有 50%的利润，资本就铤而走险；为了 100%的利润，资本就敢践踏一切人间法律；有300%的利润，资本就敢犯任何罪行，甚至冒绞首的危险。因此，当某一产业前景远大、有利可图时，会引来新的竞争者加入，使该产业增加新的生产能力，瓜分市场份额和主要资源，形成新的市场格局和利益版图。潜在进入者是否采取行动入侵某一产业，取决于以下因素：

(1) 进入壁垒高低。进入壁垒是指企业为进入某一新产业所要克服的困难或障碍。进入壁垒主要有：政府政策、规模经济、产品差异、资本需求、转换成本、分销渠道、学习或经验经济、专利和专利技术、原材料来源、地理位置等。规模经济是指当经济活动处于一个比较大的规模时，能够以较低的单位成本进行生产(见图 2-3)。学习或经验经济是指由于通过学习累积经验而导致的单位成本减少(见图 2-4)。

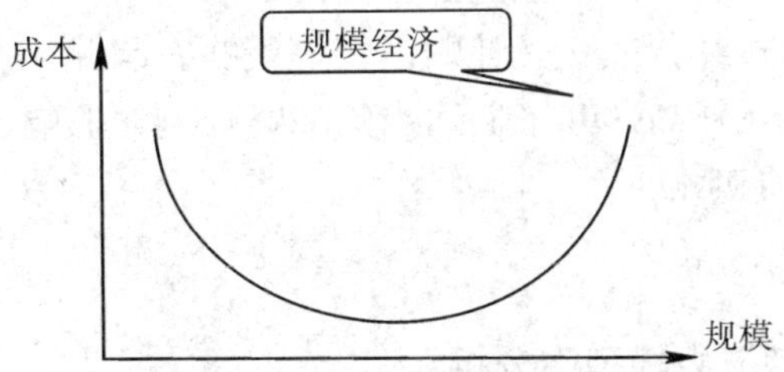


图 2-3 规模经济曲线

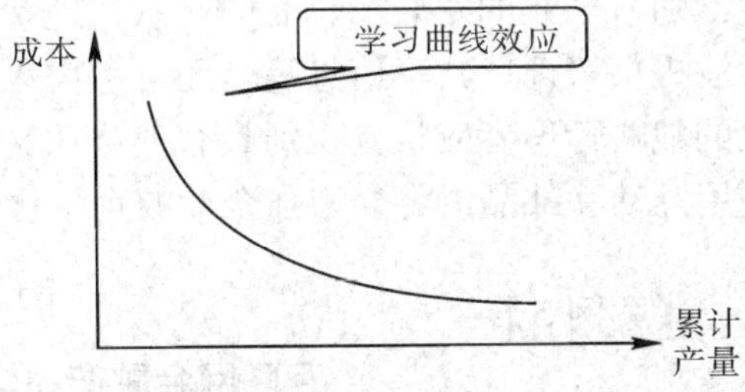


图 2-4 学习经济曲线

(2) 对现有企业报复的预期。正常情况下，潜在进入者会对产业内现有企业的竞争地位和盈利水平造成威胁，产业内现有企业势必会采取必要的措施和手段维护自己的优势地位。如果潜在进入者认为现有企业的报复将致使本企业无利可图，甚至陷入极为被动的处境，潜在进入者综合各种因素将会考虑放弃进入该产业的企图。现有企业的报复手段主要有两类：一是降低产品价格，促使整个产业维持一个较低价格水平，使得新进入者无利可图；二是强行进入对手领域，造成你中有我、我中有你的竞争格局。

### 5. 替代品的替代威胁

替代品的替代可分为直接产品替代、间接产品替代两类。直接产品替代是指某一种产品直接取代另一种产品，如电子计算器取代算盘；间接产品替代是指能起到相同作用的产品非直接地取代另外一些产品，如煤炭、石油、天然气、电力等能源间的替代。产业竞争力分析所指的替代品威胁是指间接产品替代威胁。替代品的替代威胁大小取决于以下因素：

(1) 替代品的性价比。性价比是指产品的价值，即产品功能与成本的比值。替代品能否替代现有产品，主要取决于两种产品的性价比的比较。如果替代品的性价比高于现有产品，替代就成为必然，如数码相机取代胶卷相机；如果替代品的性价比等于现有产品，替代品与现有产品共存，如汽车、火车、轮船、飞机等运输工具共存；如果替代品的性价比低于现有产品，替代品很难与现有产品竞争，如电动汽车目前还难以取代燃油汽车。总之，在市场竞争中，总是价值高的产品具有竞争优势。

(2) 购买者转换替代品的难度和成本。常见的转换成本有：设备成本、员工培训、建立新供应关系的成本等。如果转换成本较高，替代品供应者就必须提供某种特殊性能或降低价格来诱惑购买者脱离原有的供应商；如果转换成本较低，替代品供应者说服购买者脱离原有的供应商转向购买替代品就要容易很多。

综上所述，替代品的价格越低、质量和性能越好、购买者的转换成本越低，替代品的替代威胁就越大；反之，就越小。

### 6. 互动互补作用力

大卫·亚非教授认为，任何一个产业内部都存在不同程度的互动互补(指互相配合一起使用)的产品或服务业务。如学区房、医区房、地铁房的价格明显偏高，主要就是配套的互动互补品因素的影响。互动互补作用力理论认为：在产业发展的初级阶段，企业在其经营战略定位时，可以考虑控制部分互补品的供应，这样有助于改善整个产业环境，包括提高产业、企业、产品、服务的整体形象，提高产业的进入壁垒，降低现有企业之间的竞争程度；随着产业的发展，企业应有意识地帮助和促进互补品行业的健康发展，如为中介代理行业提供培训、共享信息等，还可考虑采用捆绑式经营或交叉补贴销售等策略。因此，企业的战略管理者应认真识别具有战略意义的互动互补品，并采取适当的战略控制，影响、利用互动互补品，将会增强企业的竞争优势和竞争地位。

**【案例 5】**

**互联网金融产品的“波特五力模型”分析**

1. 现有行业内竞争

互联网金融作为一种金融创新，在余额宝出现之后，各种类似余额宝的产品风生水起，纷纷涌现出来，如苏宁的零钱宝、新浪的微财富、腾讯的现金宝等。

2. 潜在入侵者的威胁

由于互联网金融产品具有良好的发展前景、广阔的利润空间等优点，吸引着大量的潜在入侵者。互联网金融行业正处于投入期，在这一时期，该行业是有利可图的，则新加入的企业开始增多，竞争变得更加激烈。

3. 替代品的威胁

虽然余额宝等理财产品顺应信息时代的发展趋势，但是，由于政策和体制等因素，商业银行在金融行业处于核心地位，余额宝等互联网金融暂时无法完全取代银行的作用。如果四大行推出相应的理财产品，并且得到很好的宣传，将对余额宝等互联网金融产品产生巨大的威胁。

4. 购买者的讨价还价能力

调查发现，很多居民对于余额宝等理财产品认知不足，也不了解余额宝的风险。虽然趋利是人的本能，但是许多人属于风险回避者，对新事物存在着抗拒心理，不愿意去了解和接触，宁愿墨守成规，也不愿意去思考去改变。这时候也需要余额宝等相关企业投入宣传成本，让广大的用户更加了解余额宝等理财产品，从而扩大其业绩。

5. 供应者的讨价还价能力

以余额宝为例，余额宝的供应商为天弘基金管理有限公司。天弘基金管理有限公司成立于2004年11月8日，由天津信托投资有限责任公司出资48%、兵器财务有限责任公司和乌海市君正能源化工有限责任公司各出资26%设立。由此可见，互联网金融产品的供应者往往具有很强的讨价还价能力。

### (四) 产业的吸引力分析

产业吸引力是指产业因其具有良好的经济性等原因，而对企业产生参与其中竞争的吸引能力。产业吸引力可以从以下十个方面进行分析：

(1) 产业所处的生命周期阶段；产业的增长潜力。

(2) 市场规模情况；市场增长率；市场需求的稳定性。

(3) 产业中战略群组的分布状况；产业的推动力及关键成功因素。

(4) 政治、法律、社会、技术等方面对产业发展的影响；产业技术的创新程度。

(5) 产业风险与不确定程度的大小。

(6) 产业中六种竞争力量的态势。

(7) 产业规模经济和学习经济的大小情况；产品的差异化程度。

(8) 产业成本结构。

(9) 产业链各市场领域利润结构分布状况。

(10) 产业范围内的机会与威胁。

通过分析，如果发现一个产业的整体利润前景处于社会平均水平之上，那么就可认为该产业具有很好的吸引力；反之，则认为该产业缺乏吸引力。产业吸引力分析所需资料，波特认为，可以从以下来源获取：① 产业分析的公开出版物；② 产业研究的文献；③ 商业协会；④ 相关的报纸杂志；⑤ 政府信息库；⑥ 相关公司的资料与文献；⑦ 现场采集第一手资料；等等。

## 三、竞争环境分析

竞争环境是指企业所在行业及其竞争者的参与、竞争程度，它代表了企业市场成本及进入壁垒的高低。一般情况下，竞争环境主要从竞争对手和竞争对手结构(即战略群组)两个方面进行分析。

### (一) 竞争对手分析

竞争对手是指目前或将来有可能与企业战略定位相同或类似的那些产业内企业。企业界定的主要竞争对手不同，最终决定采取的主导战略就会有所不同。竞争对手从所处竞争地位的不同，可以分为四类：引领者、挑战者、追随者和补缺者。表 2-8 是各类竞争对手的界定和举例。

表 2-8　各类竞争对手的界定和举例

| 项 目 | 界　定 | 举例(以可乐饮料为例) |
|---|---|---|
| 引领者 | 在某一产业的产品或服务市场上占有最大市场份额的某一家和为数不多的前几家企业。这些企业在标准制定、产品开发、价格设定、营销渠道、供应链整合、品牌号召力等方面处于产业的主导地位 | 可口可乐 |
| 挑战者 | 在行业中处于次要地位(仅次于行业引领者)的若干企业 | 百事可乐 |
| 追随者 | 在产业中居于并安于中间地位，在战略上采用追随策略的那些企业 | 非常可乐、康师傅、农夫山泉等 |
| 补缺者 | 专注于市场上被大企业忽略的某些细分市场，成为拾遗补缺者，在大企业的夹缝中求生存和发展 | 红牛、脉动、王老吉等 |

众所周知，一个行之有效的战略必须建立在充分了解竞争对手战略的基础之上。分析竞争对手，主要目的是为了了解竞争对手当前的经营状况、可能会采取的战略行动及其对产业环境的变化可能采取的应对措施等。对竞争对手的分析，主要分析以下内容；竞争对手的未来目标、竞争对手的假设、竞争对手的现行战略和竞争对手的能力。

#### 1. 竞争对手的未来目标分析

1) 独立企业竞争对手未来目标的分析要点

(1) 竞争对手的使命和目标；

(2) 竞争对手的财务目标及其衡量标准；

(3) 竞争对手对风险的态度、风险与发展的权衡标准；

(4) 竞争对手的组织结构和关键决策结构；

(5) 竞争对手的企业文化及其影响；

(6) 竞争对手的控制与激励机制；

(7) 竞争对手的高层领导对企业目标的一致性程度；等等。

2) 非独立企业(子公司)竞争对手未来目标的分析要点

如果竞争对手是某个集团公司的子公司，则对竞争对手未来目标的分析除以上几个方面外，还应增加以下内容：

(1) 竞争对手母公司的使命和目标及其对子公司的影响程度；

(2) 竞争对手母公司的经营状况和财务状况及其对子公司的影响程度；

(3) 竞争对手母公司对子公司的态度；

(4) 竞争对手母公司激励子公司部门经理的方法；等等。

**2. 竞争对手的假设分析**

竞争对手的假设可能是正确的，也可能是不正确的。竞争对手不正确的假设可能会给其他企业带来发展良机。竞争对手的假设分析可以从竞争对手对产业及产业中其他企业假设和对自己假设两个角度来分析。

1) 竞争对手对产业及产业中其他企业假设的分析要点

(1) 竞争对手对产业构成的假设；

(2) 竞争对手对产业竞争强度的假设；

(3) 竞争对手对产业主要威胁的假设；

(4) 竞争对手对产业获利能力的假设；

(5) 竞争对手对产业发展前景的假设；等等。

2) 竞争对手对自己假设的分析要点

(1) 竞争对手对自己资源和力量的假设；

(2) 竞争对手对自己发展愿景的假设；

(3) 竞争对手对自己市场地位的假设；

(4) 竞争对手对自己社会责任感的假设；

(5) 竞争对手对自己成本的假设；

(6) 竞争对手对自己品牌影响力的假设；等等。

**3. 竞争对手的现行战略分析**

分析竞争对手的现行战略可以了解竞争对手正在做什么、能够做什么和想要做什么。竞争对手现行战略可以从以下几个方面来分析：

(1) 现行战略的实施效果预计；

(2) 现行战略的成功实施会给竞争对手的地位带来的变化；

(3) 竞争对手改变现行战略的可能性及其对企业造成的影响。

**4. 竞争对手的能力分析**

竞争对手的能力决定了它能做什么的潜力、对产业变化所引起的突发事件进行处理及及时采取战略行动的能力，因此客观准确地评估和分析竞争对手的能力是非常重要的。对竞争对手能力的分析可以从以下几个方面进行：

(1) 竞争对手的核心能力，如技术开发能力、研究创新能力、品牌优势等；

(2) 竞争对手的成长能力，如企业获利能力、可持续发展能力等；

(3) 竞争对手的快速反应能力，如人才储备、自由现金储备、留存借贷能力、厂房设备的余力、定型但尚未推出的新产品等。

(4) 竞争对手适应变化的能力，如固定成本对变动成本的比例、适应外部事件的反应能力、适应价格竞争的能力、退出壁垒等；

(5) 竞争对手的持久能力，如企业文化、组织架构、长远目标、管理人员的协调统一程度等。

竞争对手分析，资料和数据的可靠性至关重要。竞争对手信息可以从以下几个途径获得：① 企业的财务报告；② 企业经营者最近的言论；③ 企业公开发表的文件或信息；④ 访问竞争者的网站；⑤ 与竞争者的客户、供应商及前雇员交谈；⑥ 媒体中刊载的文章；⑦ 竞争对手参加的贸易展览；等等。

### (二) 战略群组分析

战略群组是指某一个产业中在某一方面采用相同或相似战略，或具有相同战略特征的各公司组成的集团。战略群组的划分与分析具有非常重要的作用：① 有助于很好地了解战略群组间的竞争状况，主动地发现近处和远处的竞争者，也可以很好地了解某一群体与其他群组间的不同；② 有助于了解各战略群组之间的“移动障碍”(移动障碍即一个群组转向另一个群组的障碍)；③ 有助于了解战略群组内企业竞争的主要着眼点；④ 利用战略群组图还可以预测市场变化或发现战略机会。

#### 1. 战略群组的识别变量

波特在《竞争战略》一书中指出，识别战略群组可以考虑以下变量：① 产品(或服务)差异化(多样化)程度；② 各地区交叉的程度；③ 细分市场的数目；④ 所使用的分销渠道；⑤ 品牌的数量；⑥ 营销的力度(如广告覆盖面、销售人员的数目等)；⑦ 纵向一体化程度；⑧ 产品的服务质量；⑨ 技术领先程度(是技术领先者还是技术追随者)；⑩ 研究开发能力(生产过程或产品的革新程度)；⑪ 成本定位(如为降低成本而作的投资大小等)；⑫ 能力的利用率；⑬ 价格水平；⑭ 装备水平；⑮ 所有者结构(独立公司或者母公司的关系)；⑯ 与政府、金融界等外部利益相关者的关系；⑰ 组织的规模。为了识别战略群组，必须选择上述变量的2～3项，表示在“战略群组分析图或表”上。而且选择战略群组的变量要避免选择同一产业中所有公司都相同的特征。

#### 2. 战略群组识别与分析举例

**【案例6】**

**中国软饮料行业战略群组分析**

庆立军针对饮料工业协会出版的《2010年全国饮料工业企业经济指标资料汇编》中提供的数据，同时采用了胡润品牌排行榜及其他企业品牌价值评定机构所提供的品牌价值数据，采用文献综述与专家咨询相结合的方法来确定战略群组变量，结合饮料行业特征进行变量筛选。经过反复修正，确定了以下战略变量：

(1) 战略资源指标：

① 企业声望：品牌价值。

② 人力资源：工程技术人员/年平均总人数。

③ 生产能力：成本费用利润率。

(2) 战略范围指标：

① 多元化程度：产品种类。

② 市场份额：单种类产品的市场份额。

③ 总市场份额：总销量/行业总销量。

④ 企业规模：企业年总产量的对数。

(3) 战略财务指标：

① 销售费用率：销售费用/销售收入。

② 销售收益率：利润总额/总收入。

使用 SPSS 13.0 软件，对选取的 15 家企业样本根据确定的变量进行聚类分析，结果如表 2-9 所示。

**表 2-9 中国软饮料行业战略群组划分**

| 项 目 | 战略群组 | 群组特征 | 代表企业 |
| --- | --- | --- | --- |
| 第一群组 | 外资企业 | 规模大，研发能力强，国际知名品牌，资金雄厚，强大的营销和人力支撑，纵向一体化强 | 可口可乐、百事可乐 |
| 第二群组 | 国内大中企业及合资企业 | 规模相对较大，分散经营，研发能力相对较弱，国内知名品牌 | 娃哈哈、乐百氏、农夫山泉、崂山、健力宝、椰树等 |
| 第三群组 | 快速成长型企业 | 能力强，属于快速成长型企业，处于不同群组间转移阶段，目前形成临时群组 | 汇源 |
| 第四群组 | 功能性饮料企业 | 规模一般，竞争较低，专注于高端单一市场产品，只营销同种类饮料 | 红牛 |
| 第五群组 | 植物蛋白饮料企业 | 规模一般，集中经营某一种类产品，拥有国内知名品牌 | 承德露露 |

## 四、市场需求分析

市场需求是指一定的顾客在一定地区、一定时间、一定市场营销环境和一定市场营销计划下对某种商品或服务愿意而且能够购买的数量。市场需求分析主要包括市场供求结构、市场需求量和消费者购买行为分析等。

### (一) 市场供求结构分析

市场供求结构是指一个产业内部买方和卖方的数量及其规模分布、产品差别的程度和新企业进入该行业的难易程度的综合状态，也可以说是某一市场中各种要素之间的内在联系及其特征，包括市场供给者之间(包括替代品)、需求者之间、供给和需求者之间以及市场上现有的供给者、需求者与正在进入该市场的供给者、需求者之间的关系。依照市场上厂商的数量、厂商所提供产品的差异、对价格的影响程度以及进入障碍等特征，市场被划分为完全竞争、完全垄断、垄断竞争和寡头垄断四种市场供求结构。企业应分析和判断所处产业的市场供求结构类型、特征及其应采取的战略。表 2-10 是常见的市场供求结构类型、特征及其采取的战略选择。

表 2-10　常见的市场供求结构类型、特征及其采取的战略选择

| 市场供求结构类型 | 市场结构特征 | 采取的主要竞争战略 |
|---|---|---|
| 完全竞争 | 有极多的买主和卖主，二者之间不必固定买卖关系；单个买主与卖主之间的交易量同市场全部交易量比起来都很小；市场上交易的产品或服务都完全一样，没有任何差别；不存在不确定性和行业秘密；不存在进出障碍 | 价格竞争 |
| 垄断竞争 | 企业数目若干或很多，进入不受限制，产品有差别，企业对价格有一定的控制能力 | 价格竞争、差异化经营 |
| 寡头垄断 | 企业数目少，进入受到限制，产品属性有差别，需求曲线向下倾斜，相对无弹性 | 差异化经营 |
| 完全垄断 | 数目只有一个，进入受到限制或完全受阻，产品独一无二，企业对价格有着强大的控制力 | 控制专利、资源、特许权 |

### (二) 市场需求量分析

市场需求由市场上消费者数量、消费者收入水平和消费者购买欲望所决定。按照市场营销学中的公式，市场需求=市场上消费者数量×消费者收入水平×消费者购买欲望，其中消费者购买欲望由产品价格、消费者偏好、替代品和互补品价格、消费者对产品的价格预期等因素决定。因此，市场需求分析可以从市场上消费者数量、消费者收入水平、产品价格、消费者偏好、替代品和互补品价格、消费者对产品的价格预期等方面展开分析。

### (三) 消费者购买行为分析

消费者购买行为是指人们为满足需要和欲望而寻找、选择、购买、使用、评价及处置产品、服务时介入的过程活动，包括消费者的主观心理活动和客观物质活动两个方面。市场营销学家把消费者的购买动机和购买行为概括为“6W”和“6O”，从而形成消费者购买行为分析的基本框架。

(1) 市场需要什么(What)——有关产品(Objects)是什么。通过分析消费者希望购买什么，为什么需要这种商品而不是需要那种商品，研究企业应如何提供适销对路的产品去满足消费者的需求。

(2) 为何购买(Why)——购买目的(Objectives)是什么。通过分析购买动机的形成(生理的、自然的、经济的、社会的、心理因素的共同作用)，了解消费者的购买目的，采取相应的市场策略。

(3) 购买者是谁(Who)——购买组织(Organizations)是什么。分析购买者是个人、家庭还是集团，购买的产品供谁使用，谁是购买的决策者、执行者、影响者。根据分析，组合相应的产品、渠道、定价和促销。

(4) 如何购买(How)——购买组织的作业行为(Operations)是什么。分析购买者对购买方式的不同要求，有针对性地提供不同的营销服务。在消费者市场，分析不同类型消费者的特点，如经济型购买者对性能和廉价的追求，冲动性购买者对情趣和外观的喜好，手头拮据的购买者要求分期付款，工作繁忙的购买者重视购买方便和送货上门等。

(5) 何时购买(When)——购买时机(Occasions)是什么。分析购买者对特定产品的购买时间的要求，把握时机，适时推出产品，如分析自然季节和传统节假日对市场购买的影响程度等。

(6) 何处购买(Where)——购买场合(Outlets)是什么。分析购买者对不同产品的购买地点的要求，如消费品种的方便品，顾客一般要求就近购买；而选购品则要求在商业区(地区中心或商业中心)购买，可以挑选对比；特殊品往往会要求直接到企业或专业商店购买等。

## 第二节 企业内部环境分析

### 一、企业资源分析

企业资源是指企业所拥有或控制的有效因素的总和，包括资产、生产或其他作业程序技能和知识等。按照竞争优势的资源基础理论，企业的资源禀赋是其获得持续竞争优势的重要基础。企业资源分析主要目的是厘清企业的资源状况、资源优劣势及其对企业战略的影响。

#### (一) 企业资源的类型、内容和特性

企业资源按照形态和内容不同分为有形资源、无形资源和人力资源三种类型。表 2-11 概括了企业各类资源的界定、内容和特性。

表 2-11　企业各类资源的界定、内容和特性

| 资源类型 | 界　定 | 内　容 | 特　性 |
| --- | --- | --- | --- |
| 有形资源 | 指可见的、能用货币直接计量的资源，主要包括物质资源和财务资源 | 物质资源包括企业的土地、厂房、生产设备、原材料等；财务资源是企业用来投资或生产的资金，包括应收账款、有价证券等 | 资产负债表所记录的账面价值并不能完全代表有形资源的战略价值；具有稀缺性的有形资源能使公司获得竞争优势 |
| 无形资源 | 指企业长期积累的、没有实物形态的、甚至无法用货币精确度量的资源 | 通常包括品牌、商誉、技术、专利、商标、企业文化及组织经验等 | 资产负债表中的无形资产并不能代表企业的全部无形资源；无形资源一般都难以被竞争对手了解、购买、模仿或替代 |
| 人力资源 | 指组织成员向组织提供的技能、知识以及推理和决策能力 | 组织成员的技能、知识以及推理和决策能力 | 资产负债表中没有人力资源的记载；人力资源在企业中的作用越来越重要 |

#### (二) 战略价值资源的判断标准

企业资源分析最关键的是识别和提升企业具有战略价值的资源。判断企业具有战略价

值资源常用以下四个标准：资源的稀缺性；资源的不可模仿性；资源的不可替代性；资源的持久性。表 2-12 是具有战略价值资源判断标准及其应用实例。

表 2-12 具有战略价值资源判断标准的应用举例

| 判断标准 | | 应用实例 |
|---|---|---|
| 资源的稀缺性 | | 澳大利亚的力拓、必和必拓和巴西的淡水河谷集团拥有的铁矿石资源 |
| 资源的不可模仿性 | 物理上独特的资源 | 学区房，医区房 |
| | 具有路径依赖性的资源 | 营销网络建设 |
| | 具有因果含糊性的资源 | 企业文化建设 |
| | 具有经济制约性的资源 | 先进设备购置 |
| 资源的不可替代性 | | 旅游景点：黄山、泰山、九寨沟等 |
| 资源的持久性 | | 品牌，专利，非专利技术 |

### （三）企业资源分析的操作

在众多企业资源中，如何分析才能找出那些能为未来的竞争优势提供基础的资源呢？下面四种操作能提供很好的帮助。

#### 1. 资源分解

资源分解是按照资源种类和形式细分资源。将资源进行分解，可以获取资源来源、形成、效用等更明确、更具体的信息。

#### 2. 采用职能视角

从职能视角研究和分析不同职能部门的资源，有助于挖掘分散在不同职能部门的有形、无形和人力资源中有潜力、有价值的东西。

#### 3. 研究组织进程和资源的整体

分解资源能够找出有价值的资源，但资源只有与组织结合才能发挥整体竞争优势，并且一些资源是通过组织进程持续形成的。因此，企业资源分析需要从组织进程和资源整体出发，创造性地把握企业占有的或潜在的资源。

#### 4. 运用价值链分析资源

价值链是由哈佛大学商学院教授迈克尔·波特于 1985 年完善的概念，波特认为，“每一个企业都是在设计、生产、销售、发送和辅助其产品的过程中进行种种活动的集合体。所有这些活动可以用一个价值链来表明。”企业的价值创造是通过一系列活动构成的，这些活动可分为基本活动和辅助活动两类，基本活动包括内部后勤、生产作业、外部后勤、市场和销售、服务等；而辅助活动则包括采购、技术开发、人力资源管理和企业基础设施等。这些互不相同但又相互关联的生产经营活动，构成了一个创造价值的动态过程，即价值链。运用价值链分析是从价值链的各个环节，比如说研发、生产、加工、物流仓储、销售等各个环节去分析企业所具备的能力和资源。使用价值链方法研究和分析组织能力、组织活动和有价值的资源，能够更好地分析出企业资源转变成竞争优势的过程。

## 二、企业能力分析

企业能力是指企业配置资源，发挥其生产和竞争作用的能力。企业能力来源于企业有形资源、无形资源和组织资源的有机整合。企业能力的思想，最早可以追溯到亚当·斯密的劳动分工理论；1925年，马歇尔提出了企业内部成长理论；1972年，乔治·理查德森认为，企业能力蕴涵在生产、营销、研发等企业具体活动中，是企业知识、技能和经验的积累；20世纪80年代，尼尔森和温特明确提出了企业经营战略中的能力观。

企业能力首先体现在职能领域，如格力的研发能力、美的的制造能力、海尔的生产管理能力。在知识经济时代，企业的跨职能领域的综合能力更为重要，如学习能力、创新能力、整合能力等。因此，企业能力分析可以从职能领域能力和跨职能领域的综合能力两个方面展开。

### (一) 企业职能领域能力分析的要点

企业能力按职能领域能力可分为研发能力、生产管理能力、营销能力、财务能力和组织管理能力等。表2-13是企业各种职能领域能力分析的要点。

表2-13 企业各种职能领域能力分析的要点

| 职能领域能力 | 分析要点 |
|---|---|
| 研发能力 | 研发计划；研发组织；研发过程；研发效果 |
| 生产管理能力 | 生产过程；生产能力；库存管理；人力管理；质量管理 |
| 营销能力 | 产品竞争能力；销售活动能力；市场决策能力 |
| 财务能力 | 融资能力；资金运用能力 |
| 组织管理能力 | 职能管理体系的任务分工；岗位责任；集权和分权情况；组织结构；管理层次与管理范围的匹配 |

### (二) 企业跨职能领域综合能力分析的要点

企业能力按跨职能领域的综合能力可分为学习能力、创新能力、战略谋划能力、整合能力和领导能力等。表2-14是企业各种跨职能领域综合能力分析的要点。

表2-14 企业各种跨职能领域综合能力分析的要点

| 跨职能领域综合能力 | 分析要点 |
|---|---|
| 学习能力 | 学习氛围；企业通过实践学习的能力；自适应能力 |
| 创新能力 | 创新组织与管理能力；创新意识与创新氛围；创新效果与效率 |
| 战略谋划能力 | 对形势的研判能力；审时度势的决断力；战略视野 |
| 整合能力 | 自组织能力；资源的发现、整合、调度和优化能力；战略联盟效果；供应链整合能力 |
| 领导能力 | 变革管理能力；危机管理能力；企业文化建设；跨文化领导能力 |

## 三、企业核心能力分析

企业核心能力是指那些能够为企业带来比较优势进而能形成竞争优势的能力或资源，是企业所特有的、能够经得起时间考验的、具有延展性，并且是竞争对手难以模仿的技术或能力。核心能力又称核心竞争力，最早由美国密歇根大学商学院的普雷哈拉德教授和伦敦大学商学院的哈梅尔教授于 1990 年在《企业核心能力》一文中提出。核心能力不等同于核心技术，关键是能为自己所特有，并能在整个价值链中占有不可替代的一席之地。企业核心能力主要来源于企业具有竞争优势的资源、稀缺资源、不可被模仿的资源、不可替代的资源、持久的资源等。

### (一) 企业核心能力与战略层次的对应关系

嘉维丹 1998 年通过对企业资源、能力和核心能力的细分，提出了核心能力的层次与企业战略阶层的概念，使得核心能力与企业战略架构之间的对应关系清楚地显现出来。这为企业依据核心能力制定战略时，或者企业建构核心竞争力时，能清楚地掌握彼此之间的关系，如图 2-5 所示。

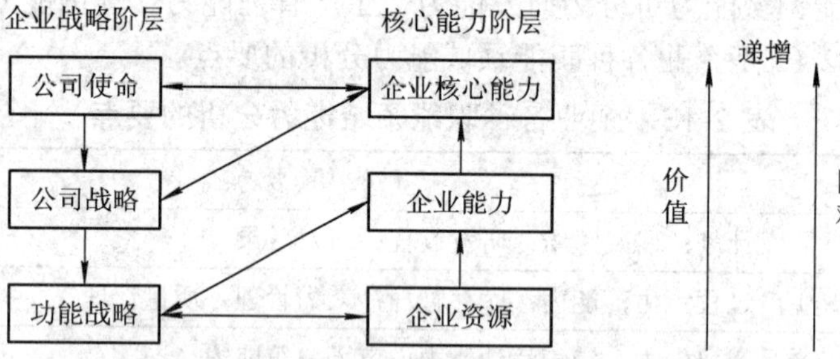


图 2-5　企业核心能力与战略阶层关系

第一层次——企业资源。企业的基础是资源，资源是能力的载体，要强化企业的能力，首先必须获得优质资源。资源数量不足或质量不合要求，将直接影响高一层次的能力形成。

第二层次——企业能力。企业能力主要是指企业的职能性能力，如研发能力、营销能力、生产能力等，它是由企业拥有的资源整合而成，而这些职能性又是核心能力形成的基础。

第三层次——企业核心能力。核心能力是企业能力整合的结果，是企业跨职能领域的综合能力，如学习能力、创新能力、战略谋划能力、整合能力和领导能力等。核心能力是各种职能能力的整合与提升。

由图 2-5 可见，第一层次的企业资源到第三层次的核心能力，呈现出价值上升而实施难度加大的趋势。

### (二) 企业核心能力的评价标准

美国密歇根大学商学院的普雷哈拉德教授和伦敦大学商学院哈梅尔教授于 1990 年在《企业核心能力》一文中提出，企业核心能力的评价标准有四个：① 能力有价值吗？② 能力稀缺吗？③ 能力容易被模仿吗？④ 能力可以被替代吗？

#### 1. 有价值能力

有价值能力是指那些能为企业在外部环境中利用机会、降低威胁而创造价值的能力。

如本田公司的传动系统设计能力能够为客户带来除了动力传动外的其他诸多优势：省油、易发动、易加速、噪声低、振动小；海尔公司的售后服务能力等。

**2. 稀缺能力**

稀缺能力是指那些极少数企业拥有的能力。如果一个企业具有一种能力而产业中的其他企业正好奇缺，那么它在满足顾客需求上就会起到重要作用，变成企业的核心竞争能力，如可口可乐公司的古典可乐配方、茅台集团的地理资源等。

**3. 难以模仿能力**

难以模仿能力是指其他企业不能轻易建立起来的能力。以下因素形成的能力一般难以被模仿：① 稀缺资源形成的能力；② 具有很强路径依赖形成的能力；③ 因果关系不明确形成的能力；④ 规模经济或学习经济形成的能力。

**4. 不可替代能力**

不可替代能力是指那些不具有战略对等资源的能力。如企业的专有知识以及建立在经理和非经理员工之间信任基础上的工作关系就很难被了解，也很难被替代。只有在企业的能力无法被竞争对手抄袭、模仿的情况下，企业才能形成核心能力。

### (三) 企业核心能力的辨识方法

企业核心能力的辨识方法有很多，重庆交通大学张焱、周高平 2003 年通过研究认为，下面两种方法在辨识企业核心能力方面较为实用、有效。

**1. 特征分析法**

所谓特征分析法就是根据核心能力形成的四个基本特征(即有价值、稀缺、难模仿、不可替代)，对企业资源和能力图谱逐一进行分析，即研究企业的每一项资源和能力以便更详细、客观、准确地描绘一幅可使用的企业图，这样管理者就有了一张企业独特技能的清单，它有助于回顾企业多元化业务的内在联系，有助于企业发现新的多元化经营方向，选择多元化经营路线。

特征分析方法及步骤如下：

(1) 结合企业所处行业特性，运用价值链分析、绘制企业资源或能力图谱。

(2) 依据核心能力形成的四个基本特征，逐一研究、检验企业资源或能力图谱中所界定的每一项资源和能力，以判别该项资源或能力是否是行业经营成功所依赖的关键性资源。

(3) 确定企业关键性资源或能力清单。

**2. 战略构架法**

通过核心能力的特征分析法能够识别出企业发展所依赖的关键性资源或能力(如品牌、服务、管理技巧、创新能力等)，但对核心技术的识别就没有那么简单，仅仅识别某项产品技术可能会成为核心能力是远远不够的，因为它无法为企业培育、获取或创新该项核心能力提供任何深层指导。通常，服务型企业通过特征分析法就可以确定企业的关键性战略资源和能力，但对产品制造型企业除了进行特征分析外，还必须进一步对支撑最终产品的业务组合、核心产品、核心技术，以及与技术发展和市场走势的密切联系进行深度研究和分析。这就是下面要讲的战略构架法。

1) 战略构架法的使用方法

战略构架不是对特定产品或特定技术的预测，而是区分最终产品、战略事业单位(业务)、核心产品和核心能力，根据顾客的功能要求，建立潜在技术与核心能力之间演变、联系的广义映射，这种映射是建立何种核心能力及其构成技术的未来指路图，即培育核心能力所需要的能力或知识组合。战略构架的建立是根据能力来描述未来，它为产品的资源分配优先顺序、收购、联盟和人员招募决策提供了基础。公司高层管理者应当花大量的时间来建立一个公司范围的战略构架以达到建立核心能力的目的。

建立战略构架的基本步骤如下：

(1) 在深入分析技术发展和市场走势的基础上，通过重新构想产品或服务、重新界定市场空间范围、重新划分产业界限等三个方面建立起产业先见。

(2) 遵循战略构架分析流程，研究、论证未来市场需求趋势、最终产品、业务组合、核心产品、核心能力、企业资源和能力组合、广泛的技能组合以及广泛的技术发展趋势之间紧密的内在联系。

(3) 通过上述流程的深入分析，建立企业战略构架，即绘制核心能力形成、作用及组合的关系图。

(4) 通过战略构架图确定企业最终产品、核心产品、核心技术和广泛的技能组合清单。

2) 战略构架的用途

建立战略构架的目的就是要指导企业进行核心能力建设与管理，它对企业日常经营决策和管理行为有重要的指导作用。只有遵循这些基本原则才能保证核心能力被正确定位，避免核心能力失去，真正培育起强大的持续竞争优势。

战略构架的用途体现在以下几个方面：

(1) 由于战略构架清晰地界定了公司核心能力、核心产品、业务组合与最终产品之间的内在联系，使高层管理人员能够从核心能力的内在一致性上去认识多元化业务。它为公司业务组合与重构、产品的资源分配优先顺序、资源获取的方式、核心技能人员的招募决策等提供了依据。

(2) 战略构架为指导公司新能力的内部开发提供了基础，通过审视作为“建筑砖块”的总体能力，帮助企业确定寻求许可交易、并购和战略联盟的途径，以低成本取得缺失的“砖块”。同时也有助于公司发现新的业务开发机会。

(3) 战略构架有助于清晰地区分一般配件与关键零部件，避免某单个业务陷入依赖于从外部取得关键零部件。它为开发最重要的核心产品提供了依据，使公司努力成为核心产品的制造中心，寻求使其核心产品的市场份额最大化，并通过面向各种内、外部顾客的核心产品销售取得收入和市场反馈，进一步加强和延伸核心能力开发，保持领先地位和持续竞争优势。

(4) 战略构架的建立有助于跨业务部门或跨 SBU(战略业务单元)的协调小组或委员会指导、监督核心产品和核心能力的开发。

(5) 战略构架有助于改变对下属公司(SBU)的传统评价方法，建立跨 SBU(业务)的信息系统、沟通模式、晋升途径、经理奖励和战略制定过程，鼓励技能在业务间的转移。

(6) 战略构架也有助于学习型组织的建立和关键性人才的培养与管理，指导公司建立跨越业务单位(或 SBU)的项目小组，在其职业生涯早期，可以通过周密安排的轮岗，使关键人员接触多项业务。对携带关键核心能力的人员职业生涯由人力资源部门进行追踪和指导等。

# 第三节 战略分析的常用工具

## 一、SWOT 分析

SWOT 分析，也称态势分析，即基于内外部竞争环境和竞争条件下的态势分析，最早由美国哈佛商学院采用并被广泛应用于企业战略制定、竞争对手分析等领域。

SWOT 分析就是将与研究对象密切相关的各种主要内部优势、劣势和外部的机会和威胁等，通过调查列举出来，并依照矩阵形式排列，然后用系统分析的思想，把各种因素相互匹配起来加以分析，从中得出一系列相应的结论，进而选择适当战略的一种分析方法。运用这种方法，可以对研究对象所处的情景进行全面、系统、准确的研究，从而根据研究结果制定相应的发展战略、计划以及对策等。其中，S(strengths)是优势，W(weaknesses)是劣势，O(opportunities)是机会，T(threats)是威胁。

### (一) SWOT 分析的步骤

(1) 确认当前的战略现状。
(2) 确认企业外部环境的变化。
(3) 根据企业资源组合情况，确认企业的能力和核心能力。
(4) 评价外部环境和内部条件的重要性。
(5) 将优势、劣势、机会和威胁分别标示在 SWOT 分析图上或者 SWOT 分析表中。
(6) 制定与选择战略。

### (二) SWOT 分析的注意事项

(1) 对公司的优势与劣势要有全面客观的认识。
(2) 科学区分公司的现状与前景。
(3) 对外部环境必须全面深入考虑。
(4) 要与竞争对手进行全面细致比较。
(5) 保持 SWOT 分析法的简洁化，避免复杂化与过度分析。

### (三) SWOT 分析应用案例

**【案例 7】**

**中国地方工科院校本科会计学专业的办学态势及其竞争战略分析**

“经济越发展，会计越重要”。随着中国经济的快速发展和会计工作重要程度的快速提升，中国的会计教育事业得到了迅速发展，截至 2013 年末，我国各类会计在校生共计 60

多万人。由于会计学专业的办学门槛低、就业面广和报考意愿高等优势，近年会计本科毕业生人数急速膨大。从2000年开始，会计本科毕业生人数逐渐超出了会计人才市场的需求，据《2011年中国大学生就业报告》统计，2010年我国会计本科毕业生达17.17万人，供需矛盾非常突出，就业压力很大。为此，2012年中国教育部颁布的《普通高等学校本科专业目录(2012 年)》中明确将会计学专业确定为国家控制布点专业，从严控制设置。中国经济新常态时代的到来，会计学专业的办学态势越来越恶劣，本科会计学专业毕业生的就业率逐年降低，本科会计学专业快速发展的时代已经结束。夹缝中生存的地方工科院校本科会计学专业，上有会计硕士、重点院校和财经类院校本科会计学专业的下压，下有三本会计学专业的上拱，生存环境恶化趋势更为明显，因此，全面系统地分析地方工科院校本科会计学专业的竞争优势、劣势与市场机会和威胁，科学合理地选择竞争战略，决定着地方工科院校本科会计学专业的未来生存和发展。

1．地方工科院校本科会计学专业的竞争优势与劣势分析

1) 竞争优势分析

(1) 区位优势。大多数地方工科院校是由地方政府主办的工科高等学校，其办学经费主要由当地财政支持，招生也主要面向当地，科研与学生就业也主要面向地方企业，为当地经济建设和文化教育事业发展服务。如中原工学院在 1998 年由行业管理改为地方管理后，其发展规划就明确定位为“服从和服务于河南地方经济和社会发展的需要”。河南省是我国人口第一大省，目前生源比较丰富，学生素质也较高，这为高校提高教学质量和学生素质提供了很好的基础。同时，河南省高等教育比较薄弱，尤其是会计教育更是薄弱，截止到2014年底，河南高等院校中还没有会计学博士点，会计学学术研究生点也只有4家(河南大学、河南财经学院、中原工学院和河南理工大学)，因此目前河南省的会计教育主要集中在本科和专科教育层面，生源非常充足。

(2) 行业优势。绝大多数地方工科院校都有某行业的学科比较优势。如金陵科技学院以“软件为主导特色的多学科专业协调发展”作为学科专业定位；河南工业大学以“粮油食品和磨料磨具学科为特色”；南京工程学院以“电力行业为特色”；中原工学院以“纺织服装为特色”。长期建立的行业优势和学科优势，为学生的就业提供了行业优势，从最近几年的学生就业情况来看，中原工学院会计专业每年的毕业生供需见面会上会计人员需求单位和学生的实际就业单位来看，纺织服装行业占据最大的比例。

(3) 产学研合作优势。地方工科院校的专业设置和学科建设是以工程技术为主，师资队伍大部分是工程领域的专家。在长期对企业进行科技服务实践中，逐步实现了地方性和行业性的高校产学研合作模式，在某地区的某行业的科技开发、生产、经营一条龙服务中具有很强的优势，建立了众多的实习实践基地。这为会计专业利用地方企业进行工厂实习、毕业设计，加强对学生实践、科研能力的培养提供了很好的条件。

(4) 师资队伍实务能力强优势。地方工科院校的一些会计教师，是由原来的工科专业改行经过培训或进修转为会计专业教师的，也有一些会计专业的年轻教师，学校为了提高他们的实践知识，委托到企业以挂职锻炼的方式进行了培养，因此，工科院校的会计教师不仅有较好的会计理论基础，而且通过实地锻炼或长期的横向课题研究对某行业的设备、生产流程、产品品种和会计核算业务非常熟悉。因此，地方工科院校大多具有一批实践能力较强的双师型师资力量。

(5) 重视实践教学优势。地方工科院校的本科会计专业大多数是在 20 世纪 90 年代由专科升为本科的，其教学计划和课程教学传承了专科教育的传统。与重点大学和财经类大学相比，地方工科院校本科会计专业对会计实践教学比较重视，不仅在校内建有手工模拟实验室和会计电算化实验室，而且在校外还建立了大量的实践基地，供学生实习和实践使用。据笔者调查，地方工科院校会计专业培养计划中，实践教学的课程、课时和学分，比重点大学和财经类大学的一般要高出 25%左右。

2) 竞争劣势分析

(1) 师资数量少，师资职称、学历低。地方工科院校本科会计专业的师资数量与学生数量相比，存在着较大的差距，据统计，目前地方工科院校本科会计专业的师生比一般为 1∶45，而教育部水平评估的标准是 1∶18，而财经院校本科会计专业的师生比一般保持在 1∶15 左右。同时，地方工科院校本科会计专业的师资职称、学历也较低，据笔者统计发现，职称结构的教授∶副教授∶讲师∶助教比例一般为 7∶36∶40∶17，而财经院校和重点院校上会计专业的副教授职称以上比例占 60%以上；而且地方工科院校本科会计专业的师资学历更差，具有博士学位的教师还达不到 20%，有 50%以上的会计教师学历是本科学历。因此，与重点院校和财经院校相比，在教师的师资数量、师资职称和学历方面，地方工科院校会计专业有显著的差距，这也体现了地方工科院校本科会计专业教师的理论素质方面的差距。

(2) 教学任务重，科研工作薄弱。地方工科院校会计专业的教师教学任务普遍很重，会计教师不仅要承担会计本科、专升本、专科、函授教学任务，而且还要承担所有经济管理类专业的会计学、财务管理和统计学的教学任务，有企业管理和会计硕士点的工科院校的副教授以上会计教师还要承担研究生的教学任务。据统计，在地方工科院校的经济管理类各专业中，会计教师的教学工作量是最大的。繁重的教学任务占据了会计教师太多的科研时间，据调查，地方工科院校会计教师的科研状况普遍比不上其他专业，从论文数、项目数及其科研质量上都有差距，尤其是横向项目更是不足，据笔者对河南省各地方工科院校会计教研室的调查，会计教研室主持完成的年横向入院科研经费超过 10 万元的只有 1 所，大多数工科院校会计教研室的教研经费在 5 万元以下。

(3) 本科教学历史较短，社会影响小。地方工科院校本科会计专业绝大多数是 20 世纪 90 年代由会计专科升本科的，本科教学只有十几年的历史，大多仍然留有专科教学的传统和痕迹。同时，地方工科院校会计专业也鲜有全国或全省知名的会计学者和教学名师，其毕业的学生数量较少，年龄也较小，给社会带来的影响小。而且，有一种社会认识：地方工科院校本科会计专业的毕业生质量远远比不上财经类院校和重点院校会计专业毕业生质量。

(4) 生源质量普遍低于重点院校和财经类院校。从目前招生的分数线来看，地方工科院校本科会计专业的招生分数线比重点院校和财经类院校普遍要低 50 分以上，主要体现在英语和数学成绩方面。虽然高考分数不能完全代表学生的能力和素质，但也在一定程度上反映了学生的理论学习和理解能力，以及英语与数学的基础。

2．地方工科院校本科会计学专业的市场机会与威胁分析

1) 市场机会分析

(1) 中小企业的快速发展为会计毕业生创造了更多的就业机会。2003 年 1 月《中华人

民共和国中小企业促进法》的施行，大大加速了中国中小企业的成长，中小企业数量的不断增加，企业规模也不断扩大，为会计毕业生带来了更多的就业机会，尤其是民营中小企业的快速发展，为会计毕业生就业创造了更好的就业机会。统计资料显示，2003年以来，中国民营中小企业以每年20%以上的速度扩张，民营中小企业为中国贡献了20%的GDP、60%的工业产值和高达75%的就业岗位。

(2) 会计就业细分市场越来越多。随着经济环境的变化，会计知识的内涵和外延都在不断扩大，原来在20世纪企业中不重要或数量很少的会计业务，随着知识经济的到来，开始变得越来越重要、业务量也越来越多，如无形资产的核算和管理、税务会计和纳税筹划、财务管理业务、人力资源会计和管理等。随着会计岗位的日益增多，会计职业区分越来越精细化，如出纳、固定资产会计、存货会计、无形资产会计、负债会计、股东权益会计、损益会计、税务会计、管理会计、稽核会计、人力资源会计、环境会计、衍生金融工具会计、网络会计、融资管理、投资管理、利润分配管理和并购会计管理等。由此可见，随着会计理论与实务知识内容的不断扩大，任何一所高校的会计本科专业在四年中已不可能将所有会计理论与实务知识传授给学生，必须在培养方向上有所侧重。

(3) 会计实务水平和工作经验在就业中越来越重要。笔者2013年问卷调查了50位企事业单位领导，统计发现：会计毕业生中最应具备的素质和技能、最缺乏的素质和技能、在招聘中最看重的素质和技能情况如表2-15所示。

表2-15　毕业生能力需求和现状统计表

| 素质和技能 | 最应具备(%) | 最缺乏(%) | 招聘中最看重(%) |
|---|---|---|---|
| 会计实务 | 51.6 | 18.87 | 23.78 |
| 工作经历 | 12.18 | 24.10 | 32.85 |
| 电脑操作 | 20.25 | 5.36 | 18.67 |
| 组织管理 | 5.63 | 7.95 | 6.21 |
| 文字表达 | 10.79 | 15.23 | 8.23 |
| 判断应变 | 8.65 | 10.51 | 6.41 |
| 人际沟通 | 12.16 | 12.85 | 12.63 |
| 外语等级 | 8.28 | 1.69 | 5.83 |

从表2-15可以看出，51.6%的单位领导认为会计人员最应具备日常会计实务能力，56.63%的单位在实际招聘时最看重的是会计实务能力和工作经历。

2) 市场威胁分析

(1) 会计硕士专业学位研究生的教育规模越来越庞大。截至2014年末，我国累计有5批共计176家单位获得会计硕士专业学位(MPAcc)授予权，即2004年24家，2007年新增4家，2010年新增77家，2014年新增71家，2015年会计硕士专业学位研究生招生人数近5千人，在校人数达1.3万人。会计硕士专业学位研究生人数的迅速扩大，将大大瓜分本属于本科毕业生的就业市场。从2014年的会计本科毕业生的就业状况来看，地方工科院校本科会计专业毕业生直接去高等院校、科研院所、国家机关、事业单位和国有金融机构的比率还达不到5%，因为这些单位近几年招聘的几乎全是硕士研究生以上学历。

(2) 财经类院校和重点大学的会计本科教育规模越来越庞大。最近十年，我国会计本科教育规模越来越庞大，截止 2014 年末，全国财经类本科院校已增至 49 所，每年招生人数已扩大到 3 万人以上，在校人数已达 12 万人以上。而且，据不完全统计，除北京大学和清华大学等著名高校外，绝大多数的商学院和重点大学会计本科招生规模大多数在 100 人以上。

(3) 会计三本生和专科生的教育规模急速膨胀。截至 2014 年年末，招收会计学本科层次的独立学院 270 多所，招收会计学专科层次的高职高专有 1000 多所、成人专科 260 多所，与五年前相比，会计三本生和专科生的教育规模至少翻了一倍，各校的每年招生人数多的达一千多人，少的也在 200 人以上，每年的会计专业毕业人数远远超过了一、二本会计专业毕业生人数。

3．地方工科院校本科会计学专业竞争战略分析

地方工科院校本科会计学专业竞争战略需要从其 SWOT 分析表来选择，SWOT 分析表是目前国际上普遍采用的一种竞争环境态势分析法。优势和劣势属于内部环境因素，主要着眼于自身的师资与学科专业等实力及与其竞争对手或可能的竞争对手的比较；而机会和威胁则属于外部环境，主要侧重于各种外部环境(比如政治、经济、法律环境和自然社会环境等)的变化及其可能带来的影响。地方工科院校会计本科专业 SWOT 分析见表 2-16。

**表 2-16 地方工科院校会计本科专业 SWOT 分析表**

| 内部环境<br>外部环境 | 内部优势(S)：<br>① 区位优势<br>② 行业优势<br>③ 产学研合作优势<br>④ 师资队伍实务能力强优势<br>⑤ 重视实践教学优势 | 内部劣势(W)：<br>① 师资数量少，师资职称、学历低<br>② 教学任务重，科研工作薄弱<br>③ 本科教学历史较短，社会影响小<br>④ 生源质量普遍较差 |
|---|---|---|
| 外部良机(O)：<br>① 中小企业的快速发展为会计毕业生创造了更多的就业机会<br>② 会计就业细分市场越来越多<br>③ 会计实务水平和工作经验在就业中越来越重要 | SO 战略：<br>① 抢占中小企业区位发展优势，实施差异化竞争战略<br>② 抢占行业细分市场优势，实施差异化竞争战略<br>③ 抢占岗位细分市场能力优势，实施差异化竞争战略 | WO 战略：<br>① 大力引进高端会计师资，实施扭转型战略<br>② 减少招生人数，降低教师的教学工作量<br>③ 实施本科生导师制，提升培养人才质量 |
| 外界威胁(T)：<br>① 会计硕士专业学位研究生的教育规模越来越庞大<br>② 财经类院校和重点大学的会计本科教育规模越来越庞大<br>③ 会计三本生和专科生的教育规模急速膨胀 | ST 战略：<br>① 寻找会计硕士专业学位培养的合作伙伴<br>② 减少招生人数，提高人才培养质量<br>③ 多元化方向培养，提高毕业生的就业率 | WT 战略：<br>① 减少招生人数<br>② 培养教师队伍<br>③ 增强与就业单位的合作 |

从表 2-16 可以看出，SO 战略是地方工科院校本科会计学专业竞争战略的最佳选择，即地方工科院校基于学科、区位和实践教学水平高的优势，紧紧把握会计人才细分市场和实务技能要求高的机会，实施差异化竞争战略，实现与财经类院校、重点高校本科会计学专业的错位发展。

4．地方工科院校本科会计学专业竞争战略选择

地方工科院校本科会计学专业由于师资、科研条件和学科专业基础等因素限制，不可能在多个专业方向都具有竞争优势。地方工科院校本科会计学专业应坚守“城有所不攻，地有所不争”的理念，将目标聚焦在具有相对优势的区域、行业或核心业务专业方向，将专业的内外部资源集中强化，并逐渐形成专业的核心竞争力。

首先，地方工科院校本科会计学专业要致力于核心竞争力的师资和专业基础的获得。比较优势理论与资源基础理论充分论证了再优秀的专业都不可能在所有专业领域成为优秀，只有将有限资源集中在优势专业方向，才能增强市场竞争的实力。

其次，地方工科院校本科会计学专业应将专业的各项资源要素合理配置，集中培育专业方向的核心竞争力，力争在专业方向上取得绝对优势实力和地位。

最后，要求地方工科院校本科会计学专业尽可能地集中各项资源，沿着专业方向导向的路线，持续不断地进行产学研合作，不断提高专业方向上的师资水平、科研水平和人才培养质量，保持专业方向的领先优势。

“十年磨一剑”，只要专业方向定位准确、奋斗目标聚集、众志成城，地方工科院校本科会计学专业在某一专业方向一定会取得绝对的优势地位，实现经济新常态下的错位发展目标。

## 二、价值链分析

价值链最早由美国麦肯锡咨询公司提出，后由迈克尔·波特加以发挥，并成为分析和构建企业竞争优势的重要思想和工具。迈克尔·波特在《竞争优势》一书中认为，价值链指的是企业所有互不相同但又相互关联的生产经营活动构成的一个创造价值的动态过程。

价值链分析是从企业内部条件出发，把企业经营活动的价值创造、成本构成同企业自身的竞争能力相结合，经与竞争对手的经营活动相比较，发现企业显在的和潜在的优势和劣势的一种分析工具。我国理论界和企业界普遍认为，价值链分析不仅是企业内部环境分析中的一个有用工具，也是指导企业选择和制定战略的有用工具。

### （一）价值链的两类活动

波特在对企业各项作业进行审查、分析和分类的基础上，从创造顾客价值和管理操作的角度，将企业的所有经营管理活动分为基本活动和支持活动两大类。其中，基本活动包括内部后勤、生产运营、外部后勤、市场销售和服务五项活动；支持活动也称辅助活动，包括采购管理、技术开发、人力资源管理、企业基础设施四项活动。企业基本价值链的构成如图 2-6 所示。

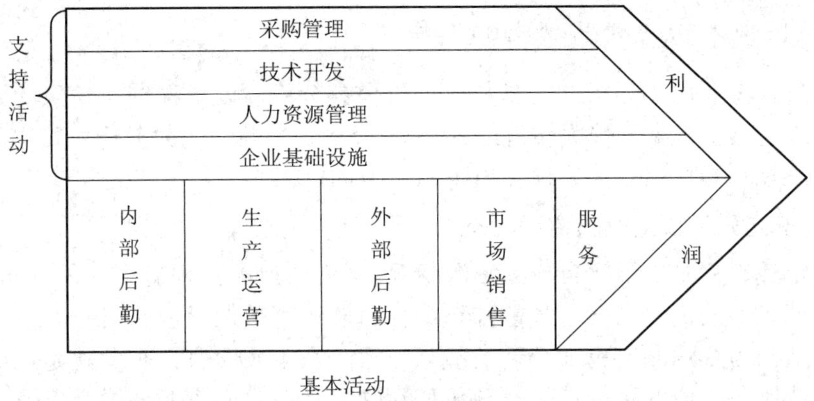


图 2-6 企业基本价值链的构成

### 1. 基本活动

基本活动是涉及产品的物质创造及其销售、转移给买方和售后服务的各项活动。在任何企业中，基本活动都可以划分为内部后勤、生产运营、外部后勤、市场销售和服务五种活动。

(1) 内部后勤，也称进货物流，是指与产品投入有关的进货接收、储存和配置等活动，如原材料的搬运、装卸、入库、盘存、车辆调度、向供应商退货等。

(2) 生产运营，是指将生产要素投入转化为最终产品或服务的各种活动，如机械加工、装配、包装、设备维护、检测和设施管理等。

(3) 外部后勤，也称出货物流，是指产成品的集结、储存和将产成品发送给买方的各种活动，如产成品库存管理、送货、车辆调度、订单处理等。

(4) 市场销售，是指产品市场定位、促进与引导购买者进行购买企业产品的各种活动，如市场调研、产品策划、广告、促销活动、销售队伍、产品定价、渠道选择、渠道关系等。

(5) 服务，即商务支持与顾客服务，是指产品售后提供与加强产品价值有关的各种活动，如安装、维修、广告、培训、零部件供应、产品调试等。

### 2. 支持活动

支持活动是指用以支持基本活动而且内部之间又相互支持的活动，包括采购管理、技术开发、人力资源管理、企业基础设施四项活动。

(1) 采购管理，是指购买各种投入的活动，包括原材料、机械、设备、建筑设施等直接用于生产过程的投入品采购等活动。采购管理指的是采购的职能，而不是被采购的投入品本身。

(2) 技术开发，是指可以改进企业产品和工序的一系列技术活动。包括基础研究、产品设计、媒介研究、工艺与装备设计等活动。

(3) 人力资源管理，是指企业职工的招聘、雇用、培训、提拔和离退等各项管理活动。人力资源管理支持着企业中每一项基本活动和其他支持活动，影响着企业的竞争实力。

(4) 企业基础设施，是指企业的组织机构、惯例、控制系统以及文化等活动。包括总体一般管理、计划、财务、会计、法律、信息系统等活动。

### (二) 价值链分析对战略规划的作用

与其他进行企业内部分析的工具相比，价值链分析能以更详细、精致的方式来提供一个简明而清晰的分析框架，扩大传统的SWOT分析、资源和能力分析所带来的好处。价值链分析对战略规划的作用具体表现在以下六个方面。

#### 1. 有利于充分了解企业的资源状态

企业制定战略首先要了解自身的资源状况。只有明确企业现有资源的分布和利用状况，才能了解企业当前的优势劣势，才能知道如何将资源有效地投放到对企业发展边际贡献最大的环节，从而为企业制定更加合理的战略方案。从本质而言，企业就是把原始投入资源转化为产品或服务价值的系统，每一项价值活动都是在输入资源上提升价值的过程，而价值链又是所有过程的有机集合体。正因为价值链是企业资源的转化机构和使用载体，所以通过有效的价值链分析，我们能充分了解企业的资源状态，从而为制定正确的发展战略创造良好的先决条件。

#### 2. 有利于内部信息网络的合理构建

企业活动离不开信息。良好的信息交流是企业健康发展的重要标志，而信息的畅通交流需要网络构架的保障。所以，构建合理的内部信息网络已成为企业战略规划必不可少的内容。要在各级战略中设计出合理的信息网络，就必须了解企业信息的分布与动态。价值链是企业信息流的运动空间和路径，各种价值活动的相关信息分布在价值链的各个区段，并依托价值链所构造的网络平台不断传递交流。价值链既是企业信息的承载体系，又是企业信息的传输渠道。因此，以价值链为线索采集和筛选企业信息必将获得更高的效率。企业职能部门之间的信息网络以价值链方式设计和创建，可以在很大程度上促进企业内部的良好沟通。通过价值链分析，决策者可以全面及时地把握企业系统的各个部分和各种活动的信息状态，从而在各级战略中设计出高效稳定的信息网络。

#### 3. 有利于深入认识企业内部的系统关联

企业是一个内部紧密相连的有机系统，各部门和各业务活动之间息息相关，任一部分的活动都将或多或少地影响到其他部分的运作。因此，战略的制定不仅要考虑企业各单位内部的运营情况和各业务本身的活动状态，还应高度重视它们之间的系统关联。只有深入了解企业内部的各种关联，才能充分认识企业的整体性和系统性。对某些系统关联的改善和重建，将会降低运营成本和提高工作效率，并使企业静态机构和动态业务之间能真正做到有机衔接、高效互动。无论是企业的静态机构，还是动态业务之间的关联都可以抽象为价值活动之间的关联，机构和业务之间的相互影响都可反映为价值活动之间的相互作用。所有价值活动依靠彼此间的关联形成了企业价值链。因此，通过价值链分析，战略的制定者能够深入了解企业内部的系统关联及其对企业整体系统的重要作用。

#### 4. 有利于连通企业外部价值系统

企业自身是一个复杂系统，又是更大更复杂的市场系统中的一个子系统。企业是竞争市场中的生命体，它从外部环境不断地汲取资源以求生存和持续发展。因此，企业的战略制定不仅要考虑企业内部资源状况，更要考虑企业的外部环境，考虑外部市场状况、竞争对手等情况，考虑企业外部价值系统对企业自身的影响。通过对企业价值链的分析能充分地了解企业的资源状态，了解企业内部的系统关联。在充分了解自身的基础上，企业才能够清楚地明白企业需要嫁接什么样的外部资源来弥补自身的不足，嫁接什么样的外部资源最有利于自身的发展。企业不是被动地应对外部的变化，而是积极主动地把企业内部价值系统和外部价值系统有机地衔接起来，使之发挥最大的协同作用，进而促进企业的发展。

**5. 有利于价值活动的设计和优化**

企业价值活动的设计和优化无疑基于企业对自身、对市场、对竞争对手的理性分析和判断。企业价值链分析能够充分地了解企业的资源状态和内部的系统关联情况，以及使企业有机地连接外部价值系统。而这一切都是企业设计价值活动的基础。显而易见，只有在对企业自身资源状态、内部关联状态清楚把握的基础上，在对外部价值活动真正了解的基础上，企业才能够合理地设计各种价值活动。企业处在一个动态变化的环境中，企业自身也是一个不断变化的系统。企业价值活动的设计也需要不断地根据实际情况进行调整，即价值活动的优化。价值活动的优化无疑要依据企业内部资源状态、系统关联情况和外部价值系统的变化来进行，而企业价值链分析正是为价值活动提供了优化和再设计的基础。

**6. 有利于准确及时地锁定战略环节**

企业各价值链环节所能创造的价值量不尽相同，将资源投放到某些关键的环节，将会产生更大的价值。在特定时期能利用企业的稀缺资源产生最大价值的环节，就是价值链上的战略环节。企业的竞争优势很大程度上是来自价值链某些特定的战略环节。以价值链的方法来分析企业的各种作业和管理活动，能准确及时地发现和锁定具有最佳投入回报比的战略环节，从而有利于企业在战略规划的过程中合理设计资源的配置方案，以便有效地获取和保持竞争优势。

### (三) 价值链分析的步骤

价值链分析一般按下列步骤进行。

(1) 识别内部价值链活动。首先，找出非关联活动，即有不同的成本、成本动因、资产和员工等的活动。其次，以更广的观点来看待公司的各项活动，识别并区分出三种类型的活动：结构性活动、过程性活动、经营性活动。最后，将注意力集中于结构性和过程性活动。传统成本控制方法追求短期的经营成本，容易导致企业将注意力过于集中在一个很窄的范围。而企业的结构性和过程性成本动因代表了全部成本的长期战略性动因，它们很可能是企业竞争优势的源泉。

(2) 确定战略性活动。确定战略性活动，即从识别现有顾客评估的产品特征入手，考虑企业能够实现的最佳特征，为未来顾客创造价值。企业要找出哪些活动与创造吸引顾客的产品特征有关，它们代表了实现竞争优势的战略活动。在确定了战略活动以后，还要对剩余的非战略活动加以识别。

(3) 确定各活动的成本。会计系统应能追踪每项价值链活动的成本。它设计一套作业成本核算系统来报告与库存有关的成本。结果，它比其竞争者更好地管理了这些活动。

(4) 改进价值链活动的管理。通过比同产业其他企业更有效地管理价值链活动，公司可以实现竞争优势。管理价值链并不是说一定要降低所有活动的成本。价值链活动是相互关联的，没有任何一项活动可以不考虑对其他活动的影响而独立地进行管理。

## 三、业务组合分析

业务组合是指企业赖以依存的各业务和产品的组合或大型企业的各战略事业单元的组合。业务组合分析是战略规划制定中最主要的活动环节，保证业务组合的优化是公司战略管理的主要任务。业务组合分析常用的方法是波士顿矩阵、通用矩阵分析。

### (一) 波士顿矩阵分析

波士顿矩阵(BCG)是由美国波士顿咨询集团公司创始人布鲁斯·亨德森于 1970 年首创的一种用来分析和规划企业产品组合的方法，也称业务增长/市场份额矩阵。波士顿矩阵分析关注企业多元化业务组合的问题，通过考察各个经营单位对其他竞争者的经营单位的相对市场份额地位和产业增长速度来管理和优化业务组合。波士顿矩阵分析是通过标注波士顿矩阵图来展开的。

#### 1. 波士顿矩阵图

波士顿矩阵图只有两个分析变量：横坐标为相对市场占有率；纵坐标为产业增长率。两个分析变量的计算方法如下：

$$\text{相对市场占有率}=\frac{\text{企业在本产业中的绝对市场占有率}}{\text{该产业最大竞争者的绝对市场占有率}}\times 100\%$$

$$\text{产业增长率}=\frac{\text{当年本产业销售额}-\text{上年本产业销售额}}{\text{上年本产业销售额}}\times 100\%$$

在波士顿矩阵图中，横坐标(相对市场占有率)以 1.0 为分界线，划分为高、低两个区域；纵坐标(产业增长率)以平均增长率 10%为分界线，划分为高、低两个区域。波士顿矩阵图中被划分为四个区域，其中的业务分别被命名为：明星业务、问题业务、现金牛业务和瘦狗业务，具体位置区域见图 2-7。

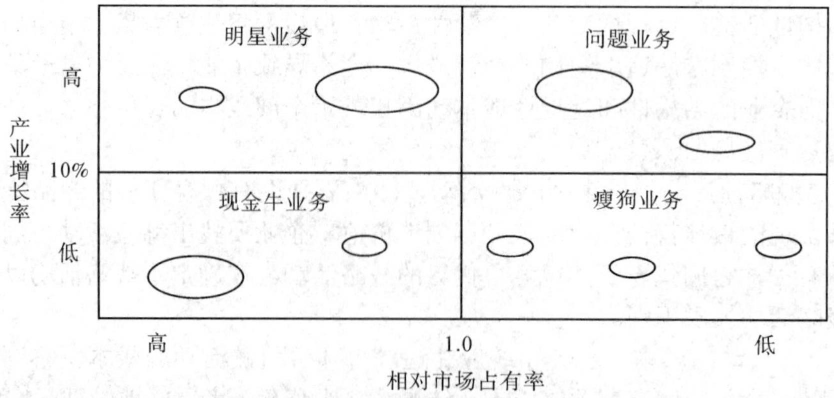


图 2-7 波士顿矩阵图

波士顿矩阵图中四类业务的特征及战略选择如表 2-17 所示。

表 2-17 四类业务的特征及战略选择

| 项目 | 明星业务 | 问题业务 | 现金牛业务 | 瘦狗业务 |
| --- | --- | --- | --- | --- |
| 业务特征 | 业务增长迅速；市场前景好；竞争地位强 | 业务增长迅速；市场前景好；竞争地位弱 | 业务增长缓慢；市场前景暗淡；竞争地位强 | 业务增长缓慢；市场前景暗淡；竞争地位弱 |
| 战略选择 | 扩张性战略：市场渗透；市场开发；产品开发；前向、后向一体化 | 选择性投资战略：有希望成为明星业务的问题业务，采取扩张性战略；没有希望成为明星业务的问题业务，采取收缩或放弃战略 | 收获战略：压缩投资；采用榨油式方法，争取短时间内获得更多利润和现金 | 撤退战略：减少批量，逐渐撤退；将空余资源向明星业务或问题业务转移 |

### 2. 波士顿矩阵分析的步骤

波士顿矩阵分析的步骤如下：

(1) 将企业分成不同的经营单位。

(2) 确定每一个经营单位的产业增长率和相对市场占有率。

(3) 用圆圈将每个经营单位在矩阵中表示出来。圆圈的位置表示这个经营单位的产业增长率和相对市场占有率的高低；面积大小表示每个经营单位收入占整个企业总收入的比例或每个经营单位资产占整个企业总资产的比例。

(4) 依据每个经营单位在整个经营组合中的位置选择适宜的战略。

### 3. 波士顿矩阵分析的局限性

波士顿矩阵分析在实践中存在以下的局限性：

(1) 变量选取过于简单。波士顿矩阵分析只选用了相对市场占有率和产业增长率两个指标变量，并将业务划分为四种类型，这种方法过于简单。

(2) 变量数据难以确定。在实践中企业要准确确定相对市场占有率和产业增长率是比较困难的。

(3) 竞争对手考虑不够全面。相对市场占有率计算时只考虑了最大的竞争对手，忽视了那些市场占有率在迅速上升的中小竞争对手。

(4) 市场份额与投资回报成正比的假设不够严谨。波士顿矩阵暗含着一个假设：市场份额与投资回报成正比。但实际上存在着一些市场占有率小的业务，如果市场细分、实施创新和差异化，可以获得很高的利润和现金回报。

## (二) 通用矩阵分析

为克服波士顿矩阵的明显缺陷，通用电气公司于上世纪 70 年代开发了通用矩阵(即吸引力/竞争力矩阵，简称 GE 矩阵)，改进了波士顿矩阵过于简单的不足。通用矩阵分析是通过标注通用矩阵图来展开的。

### 1. 通用矩阵图

通用矩阵图的横坐标为竞争地位，纵坐标为产业吸引力。产业吸引力和竞争地位的考虑因素和评分情况如表 2-18 所示。

表 2-18　产业吸引力和竞争地位考虑的主要因素和评分

| 满分：5 | 具体指标 | 评　分 | 权　重 | 加权分 |
|---|---|---|---|---|
| 产业吸引力 | 市场增长率 | 4 | 0.1 | 0.4 |
| | 市场价格 | 3 | 0.08 | 0.24 |
| | 市场规模 | 2 | 0.25 | 0.5 |
| | 获利能力 | 3 | 0.2 | 0.6 |
| | 市场结构 | 2 | 0.1 | 0.2 |
| | 竞争结构 | 4 | 0.1 | 0.4 |
| | 技术及社会政治因素 | 2 | 0.05 | 0.1 |
| | …… | | | …… |
| | | | | 3.75 |
| 竞争地位 | 相对市场占有率 | 4 | 0.15 | 0.6 |
| | 市场增长率 | 3 | 0.05 | 0.15 |
| | 买方增长率 | 2 | 0.01 | 0.02 |
| | 产品差别化 | 3 | 0.01 | 0.03 |
| | 生产技术 | 2 | 0.15 | 0.3 |
| | 生产能力 | 4 | 0.05 | 0.2 |
| | 管理水平 | 2 | 0.05 | 0.1 |
| | …… | | | …… |
| | | | | 2.6 |

根据产业吸引力和竞争地位的高、中、低将矩阵图划分为 9 个业务区域，见图 2-8。

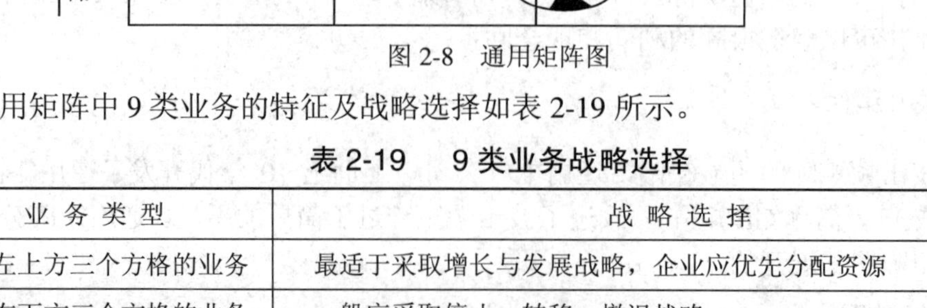


图 2-8　通用矩阵图

通用矩阵中 9 类业务的特征及战略选择如表 2-19 所示。

表 2-19　9 类业务战略选择

| 业务类型 | 战略选择 |
|---|---|
| 处于左上方三个方格的业务 | 最适于采取增长与发展战略，企业应优先分配资源 |
| 处于右下方三个方格的业务 | 一般应采取停止、转移、撤退战略 |
| 处于对角线三个方格的业务 | 应采取维持或有选择地发展的战略，保护原有的发展规模，同时调整其发展方向 |

### 2. 通用矩阵分析的步骤

通用矩阵分析的步骤如下：

(1) 将企业分成不同的经营单位。

(2) 确定每一个经营单位的产业吸引力和竞争地位。

(3) 用圆圈将每个经营单位在矩阵中表示出来。圆圈的位置表示这个经营单位的竞争地位和产业吸引力的高低；面积大小表示每个经营单位收入占整个企业总收入的比例或每个经营单位资产占整个企业总资产的比例。

(4) 依据每个经营单位在整个经营组合中的位置选择适宜的战略。

### 3. 通用矩阵分析的局限性

通用矩阵分析在实践中存在以下的局限性：

(1) 产业吸引力和企业的竞争地位的测算比较复杂。产业吸引力和企业的竞争地位的评价指标很多，这些指标在一个产业或一个企业的表现可能会不一致，而且评价结果也会由于指标权重分配的不准确而带来较大的偏差。

(2) 没有考虑企业核心能力和业务单元之间的相互关系。

## 练 习 题

### 一、名词解释

1．经济环境　2．规模经济　3．学习经济　4．企业资源　5．五力模型
6．进入障碍　7．核心能力　8．竞争对手　9．战略群组　10．价值链

### 二、单项选择题

1．下列各项中，属于内部环境分析的是(　　)。
A．产业环境分析　B．竞争环境分析
C．市场需求分析　D．企业核心能力分析

2．“五力分析模型”是下列管理学家(　　)的学术成果。
A．彼得·费迪南德·德鲁克　B．亨利·明茨伯格
C．亚瑟·汤姆森　D．迈克尔·波特

3．企业通过创新产品、服务和开辟新市场实现企业的发展，这种战略属于(　　)。
A．蓝海战略　B．红海战略
C．黑海战略　D．橙海战略

4．下列各项中，不属于 PEST 分析的经济环境因素是(　　)。
A．产业结构　B．经济发展水平
C．人口地区分布　D．国民收入分配政策

5．根据通用矩阵理论，当某企业的特定业务产业吸引力处于比较高，竞争地位也比较强时，应该采取的对策是(　　)。
A．停止　B．维持
C．转移　D．增长与发展战略

6．近年来，国内空调产业的销售额达到前所未有的水平。不同企业生产的空调在技术和质量等方面的差异不明显。空调生产企业的主要战略径是提高效率、降低成本。按照产品生命周期理论，目前国内空调产业所处的阶段是(　　)。

A．成长期　　B．成熟期

C．衰退期　　D．导入期

7．乙公司是一家生产中档汽车的企业。在下列表述中，乙公司的主要直接竞争对手是(　　)。

A．属于不同战略群组的绿色汽车企业　　B．生产低档汽车的企业

C．属于同一战略群组的企业　　D．生产高档汽车的企业

8．企业应该大力增加投资力度和市场推广的产品是(　　)。

A．瘦狗产品　　B．金牛产品

C．问号产品　　D．明星产品

9．沃尔玛是著名的零售业品牌，它以物美价廉、货物繁多和一站式购物而闻名，这体现了沃尔玛超市的(　　)。

A．优势　　B．劣势

C．机会　　D．威胁

10．某国际快餐连锁公司宣布在中东开设连锁店，但不出售猪肉汉堡，只出售牛肉汉堡、鸡肉汉堡和鱼肉汉堡。这说明该国际快餐连锁公司在战略分析中考虑了(　　)。

A．政治和法律因素　　B．经济因素

C．社会和文化因素　　D．技术因素

三、多项选择题

1．外部环境分析要从以下(　　)方面进行。

A．宏观环境分析　　B．产业环境分析

C．竞争环境分析　　D．市场需求分析

2．下列关于企业资源的表述中，正确的有(　　)。

A．企业文化和组织经验属于企业的人力资源

B．员工向企业提供的技能、知识以及推理和决策能力属于企业的无形资源

C．企业的无形资源一般难以被竞争对手了解、购买、模仿或替代

D．企业的有形资源列示在资产负债表的账面价值不能完全代表其战略价值

3．按价值链理论，下列属于制造企业支持活动的有(　　)。

A．人力资源管理　　B．技术开发

C．市场销售　　D．基础设施

4．乙公司拟开办航空业务并将其基地设在印度尼西亚，以使企业多元化发展。在分析该战略提案时，乙公司需要对外部环境进行评估，其可使用的分析工具有(　　)。

A．BCG 矩阵分析　　B．4P 分析

C．PEST 分析　　D．五力模型分析

5．纳爱斯集团曾经提出“让雕牌洗衣粉一统天下”的宏伟目标，但是洗衣粉市场竞争日益激烈，越来越多的竞争者进入，下列属于其产品替代品的是(　　)。

A．汰渍洗衣粉　　B．奥妙洗衣粉

C．立白洗衣粉　　　　　　　　　D．洗洁精

6．对于一个烟草企业来讲，下列因素代表该企业机会的有(　　)。

A．邻国吸烟人数呈上升态势　　　　B．该企业改进技术，降低了生产成本

C．公共场合禁止吸烟　　　　　　　D．烟叶大丰收，市场价格下降

7．下列各项中，可以增加企业核心能力的是(　　)。

A．产品差异化　　　　　　　　　B．购买生产专利权

C．创新生产技术　　　　　　　　D．聘用生产外包商

8．SWOT 分析是从下面(　　)几方面展开分析的。

A．优势　　　B．劣势　　　C．机会　　　D．威胁

9．下列属于常用的战略分析工具的有(　　)。

A．波士顿矩阵　　　　　　　　　B．通用矩阵

C．平衡计分卡　　　　　　　　　D．SWOT 分析

**四、简答题**

1．简述企业外部环境分析的内容和意义。

2．产业的经济特征主要体现在哪些方面？

3．竞争对手分析主要从哪些方面进行？

4．企业核心能力的评价标准有哪些？

5．简述波士顿矩阵图中四类业务的主要特征及其战略选择。

**五、案例分析题**

1．请结合自身或所处单位的实际情况，用 SWOT 方法分析自身或单位的优势和劣势、机会和风险，并进行职业选择或战略选择。

2．宏达特种纸股份有限公司在特种纸行业中处于领先地位，在整个造纸行业中处于中间地位。2016 年原材料价格大幅度上涨，但是产品的市场需求还是趋于稳定的。总体上看，该公司的盈利能力大幅度降低，生产经营面临很大困难。

要求：使用 SWOT 方法对该公司内部环境与外部环境进行分析。

3．长三角地区是我国最重要的旅游客源地，也是最重要的旅游目的地。素有“东方威尼斯”美誉的绍兴市地处长三角的南翼，是国务院公布的首批国家历史文化名城之一，不仅具有独特的区位条件、坚实的经济基础，同时也有着良好的社会文化环境和丰富的自然与人文旅游资源。

目前，绍兴的旅游区整体规模偏小，年接待游客超过百万的景点只有一个。从旅游资源档次结构看，全市现有旅游资源基本属于大众旅游消费范畴，高中档次的休闲旅游资源严重不足。绍兴市地处长江三角洲南翼，临近杭州、上海、宁波、苏州等旅游强市，这些城市旅游发展速度快，旅游资源丰富，夏季宁波的海洋资源、冬季苏州的园林资源等，都对绍兴市的休闲旅游形成强大的竞争压力。

绍兴目前拥有大大小小旅行社上百家，为了争夺客源，价格竞争高烧不退。A 公司就是其中的一家地方性旅游公司，主营业务就是绍兴本地游，是当地市场经营时间最长的公司之一，拥有较高的知名度。过去几年间，公司积极进行业务结构调整，逐步确立了以景区业务为核心构筑全旅游产业链的战略发展思路，取得了丰硕的成果。 随着公司规模的扩

张，公司内部开始出现效率降低、服务质量下降的趋势，客户投诉率有所上升。

要求：使用 SWOT 分析法对 A 公司的内外部环境进行分析。

## 参 考 文 献


[1] 郭永芹. 苏宁易购 SWOT 分析[J]. 合作经济与科技，2015(9).

[2] 中国注册会计师协会. 公司战略与风险管理[M]. 北京：经济科学出版社，2015.

[3] 宗红宝. 浅析中国传统文化对企业战略管理的影响[J]. 企业导报，2011(20).

[4] 徐飞. 战略管理[M]. 北京：中国人民大学出版社，2015.

[5] 钱沈平，黄擎明. 科技发展水平综合评价指标体系研究[J]. 管理工程学报，1987(1).

[6] 梁毅. 文化产业的经济特征[N]. 辽宁日报，2013-6-4.

[7] 黄旭. 战略管理[M]. 北京：机械工业出版社，2015.

[8] 陈奇睿，葛健. 竞争战略[M]. 北京：清华大学出版社，2012.

[9] 肖海比. 企业战略管理[M]. 北京：中国人民大学出版社，2015.

[10] 蒋峦，蓝海林，谢卫红. 宏观环境对企业战略的影响路径[J]. 科技进步与对策，2003(1).

[11] http：//www.tech-food.com/kndata/detail/k0100905.htm

[12] 迈克尔·波特. 竞争战略[M]. 北京：华夏出版社，2012.

[13] 满慧，等. 基于波特五力模型的互联网金融产业竞争分析：以余额宝为例[J]. 商，2015(8).

[14] 庆立军. 中国软饮料行业战略群组分析[J]. 中国食品商，2012(10).

[15] 张焱，周高平. 企业核心能力识别的策略与方法[J]. 企业经济，2003(2).

[16] 张锐，张兵. 价值链分析对战略规划的意义[J]. 社会科学家，2005(5).

[17] 架庆伟，丁宇，骆金星. 价值链分析：方法与案例[J]. 数量经济技术经济研究，2001(9).

[18] 张航燕，江飞涛. “德国制造”的核心竞争力有哪些？[J]. 理论导报，2015(11).

[19] 白春礼. 创造未来的科技发展新趋势[N]. 人民日报，2015-7-5.

[20] 姜林奎，李英禹，曹玉昆. 基于波士顿矩阵的三精制药 OTC 产品结构优化研究 [J]. 商业研究，2008(10).

# 第三章 战略选择

## 学习目的

(1) 明确公司战略分析、战略选择、战略实施的相关性及战略选择的特点；

(2) 掌握公司总体战略、业务单位战略、职能战略和国际化经营战略的功能；

(3) 掌握成本领先战略、差异化战略和集中化战略各自的优势、风险与实施条件；

(4) 明确财务战略、营销战略、研发战略的地位、生产运营战略、采购策略、人力资源战略、信息化战略的内容与作用。

## 第一节 总体战略

总体战略，又称公司层战略，是企业最高层次的战略。它需要根据企业的目标，选择企业可以竞争的经营领域，合理配置企业经营所必需的资源，使各项经营业务相互支持、相互协调。企业总体战略的主要类型可分为三大类：发展战略、稳定战略和收缩战略。如图 3-1 所示。

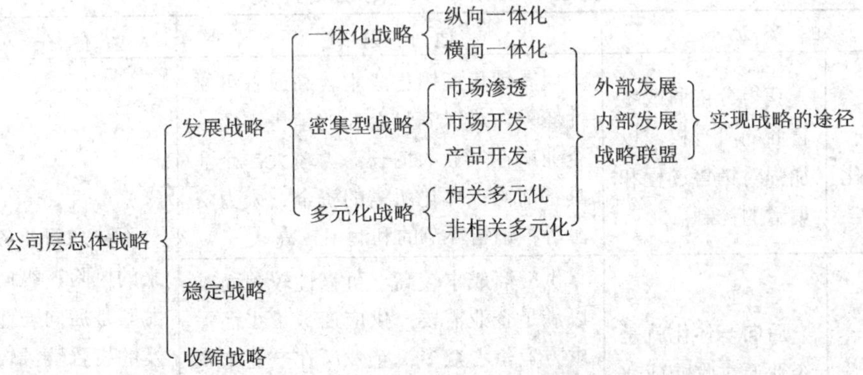


图 3-1　企业总体战略的主要类型图

### 一、发展战略

企业发展战略强调充分利用外部环境的机会，充分发掘企业内部的优势资源，以求得企业在现有的战略基础上向更高一级的方向发展。

发展战略主要包括三种基本类型：一体化战略、密集型战略和多元化战略。

## (一) 一体化战略

一体化战略是指企业对具有优势和增长潜力的产品或业务，沿其经营链条的纵向或横向延展业务的深度和广度，扩大经营规模，实现企业成长。一体化战略按照业务拓展的方向可以分为纵向一体化和横向一体化，如图 3-2 所示。

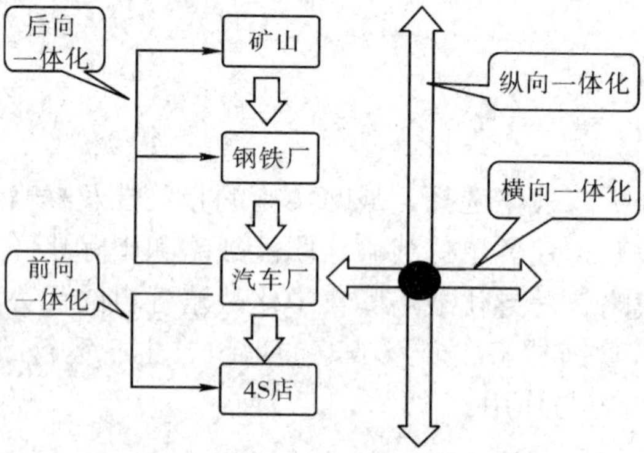


图 3-2　一体化战略关系图

### 1. 纵向一体化战略

纵向一体化战略是指企业沿着产品或业务链向前或向后延伸以扩展企业现有业务的战略。从理论上分析，企业采用纵向一体化战略有利于节约与上、下游企业在市场上进行购买或销售的交易成本，控制稀缺资源，保证关键投入的质量或者获得新客户。不过，企业一体化也会增加企业的内部管理成本，企业规模并不是越大越好。

纵向一体化战略可以分为前向一体化战略和后向一体化战略，其适宜条件及风险如表 3-1 所示。

**表 3-1　纵向一体化战略分类**

<table>
<tr><th colspan="3">战略类型</th><th>适宜条件</th><th>存在风险</th></tr>
<tr><td rowspan="2">纵向一体化战略</td><td>前向一体化</td><td>获得分销商或零售商的所有权，以加强对销售过程和渠道的控制</td><td>现有销售商销售成本较高或者可靠性较差，难以满足企业的销售需要；企业所在产业的增长潜力较大；企业具备前向一体化所需的资金、人力资源等；销售环节的利润率较高</td><td rowspan="2">不熟悉新业务领域所带来的风险；纵向一体化，尤其是后向一体化一般涉及的投资数额较大且资产专用性较强，增加了企业在该产业的退出成本</td></tr>
<tr><td>后向一体化</td><td>后向一体化就是企业通过收购或兼并若干原材料供应商，拥有和控制其供应系统，实行供产一体化</td><td>供应商成本较高、可靠性较差而难以满足企业需要；供应商数量少而需求方竞争者众多；企业所在产业增长潜力较大；企业具备后向一体化所需的资金、人力资源等；供应环节的利润率较高；企业产品价格的稳定对企业而言十分关键，后向一体化有利于控制原材料成本，从而确保产品价格的稳定</td></tr>
</table>

【案例1】

A专卖店布局与设计

A专卖店的规范布局与专业形象设计，其目的就是树立A企业品牌形象，是体现A企业文化的窗口，有利于A企业品牌的进一步提升。专卖店能有效地贯彻和执行A企业文化及活动方针，有效地提高集团的执行力，突破现代企业所普遍面临的管理“瓶颈”。

A专卖店的主要要求与功效：

(1) 专心、专业、专卖A产品，大大增强A企业产品的终端销售能力，真正形成“终端为王”的王者风范，而且管理方便、互利共生，易形成一大批忠诚度极高的大客户和核心经销商，集团可以全心全力地辅导培育。

(2) 更多地创造顾客购买A企业系列产品(专卖＋优质产品＋星级服务)的机会，提升A企业产品的销量。

(3) 销售、服务一体化，可创造稳定的忠诚的A企业顾客消费群体。

(4) 有利于销售网络的稳定与发展，保持集团经营的持续性和稳定性。

(5) 易于及时向终端经销商和消费者提供A企业的产品信息，同时易于收集市场和渠道信息。

最终目标：消费者到专卖店选购产品时，A企业有百分之百的销售机会(店内无其他品牌)，大大增加了A企业产品的成交率。专卖店的要求与功效是其战略思想的集中体现。

企业采用纵向一体化战略的主要风险包括：

(1) 不熟悉新业务领域所带来的风险。

(2) 纵向一体化，尤其是后向一体化，一般涉及的投资数额较大且资产专用性较强，增加了企业在该产业的退出成本。

### 2. 横向一体化战略

横向一体化战略是指企业收购、兼并或联合竞争企业的战略。企业采用横向一体化战略的主要目的是减少竞争压力、实现规模经济和增强自身实力以获取竞争优势。其适宜条件及风险如表3-2所示。

表3-2 横向一体化战略适宜条件及风险

| 战略类型 | | 适宜条件 | 存在风险 |
|---|---|---|---|
| 横向一体化战略 | 指企业收购或兼并同类产品生产企业以扩大经营规模的成长型战略，常用的途径有购买、合并和联合 | 企业所在行业竞争较为激烈；企业所在行业规模经济较为显著；如果企业的横向一体化符合反垄断法的规定，则能在局部取得一定的垄断地位；企业所在行业增长潜力较大；企业具备横向一体化所需的资金、人力资源等 | 企业文化的不同往往会导致横向一体化后出现管理成本增加、产品质量难以保证、协调关系复杂等问题 |

【案例2】

B啤酒迅速扩张的经验与教训

B啤酒产自B啤酒股份有限公司，公司的前身是1903年由英、德两国商人合资开办的。青岛啤酒选用优质大麦、大米、上等啤酒花和软硬适度、洁净甘美的崂山矿泉水为原料酿制而成。原麦汁浓度为十二度，酒精含量为3.5%～4%。酒液清澈透明、呈淡黄色，泡沫清白、细腻而持久。

20 世纪 B 啤酒企业在其做大规模以后，正应该转入精益求精的品牌树立阶段，结果其盲目实施横向一体化战略，迅速扩张。导致的结果是：盲目高速的收购活动加上内部管理的不协调，使 B 啤酒出现高成本、入不敷出、债台高筑等问题。2001 年 7 月，B 啤酒总经理彭作义辞职，由金志国接任。

21 世纪战略调整：金志国接任后明确地调整 B 啤酒的营运战略，由“做大做强”改变为“做强做大”，着力推行改革，提升公司的内部核心竞争力。

B 啤酒的改革措施有：① 架构重组；② 品牌重组；③ 增减子公司股权；④ 减慢收购速度。

通过以上战略调整，B 啤酒 2008 年成为北京奥运会官方赞助商，跻身世界品牌 500 强。远销美国、日本、德国、法国、英国、意大利、加拿大、巴西、墨西哥等世界 70 多个国家和地区。B 啤酒品牌在世界品牌价值实验室(World Brand Value Lab)编制的 2012 年度《中国品牌 500 强》中，品牌价值已达 631.68 亿元；全球啤酒行业权威报告 Barth Report 依据产量排名，B 啤酒为世界第六大啤酒厂商。B 啤酒失败与成功的做法对于大部分公司而言具有相当的参考性。

### (二) 密集型战略

密集型战略，也称加强型成长战略，指企业充分利用现有产品或服务的潜力，强化现有产品或服务的竞争地位。

密集型战略一般有以下几种战略类型：市场渗透(现有产品和现有市场)、产品开发(新产品和现有市场)、市场开发(现有产品和新市场)。密集型战略实施方法及适宜条件如表 3-3 所示。

**表 3-3　密集型战略实施方法及适宜条件**

| 战略类型 | 含　义 | 实 施 方 法 | 适 宜 条 件 |
|---|---|---|---|
| 市场渗透(现有产品和现有市场) | 通过充分开发现有的产品、市场，增加现有产品或服务的市场份额，或增加正在现有市场中经营的业务 | 扩大市场份额；开发小众市场；保持市场份额 | 当整个市场正在增长或可能产生增长时；若一家企业决心将利益局限在现有产品或市场领域，即使在整个市场衰退时也不允许销售额下降，那么企业必须采取市场渗透战略；其他企业离开了市场；企业拥有强大的市场地位，并能利用经验和能力获得独特竞争优势；市场渗透战略对应的风险较低、高级管理者参与度较高，且需要的投资较低时，该战略也比较适用 |
| 产品开发(新产品和现有市场) | 产品开发战略是企业向现有市场提供新产品，以满足顾客需要，增加销售的一种战略 | 开发新产品；对现有产品进行改进 | 企业产品具有较高的市场信誉度和顾客满意度；企业所在产业属于适宜创新的高速发展的高新技术产业；企业所在产业正处于高速增长阶段；企业具有较强的研究和开发能力；主要竞争对手以类似价格提供更高质量的产品 |

续表

| 战略类型 | 含义 | 实施方法 | 适宜条件 |
| --- | --- | --- | --- |
| 市场开发（现有产品和新市场） | 市场开发战略是指将现有产品或服务打入新市场的战略 | 企业发现现有产品生产过程的性质导致难以转而生产全新的产品，因此他们希望能开发其他市场；市场开发往往与产品开发结合在一起，例如，将工业用的地板或地毯清洁设备做得更小、更轻，这样可以将其引入到民用市场；现有市场或细分市场已经饱和，这可能会导致竞争对手去寻找新的市场 | 存在未开发或未饱和的市场；可得到新的、可靠的、经济的和高质量的销售渠道；企业在现有经营领域十分成功；企业拥有扩大经营所需的资金和人力资源；企业存在过剩的生产能力；企业的主业属于正在迅速全球化的产业 |

### (三) 多元化战略

多元化战略指企业进入与现有产品和市场不同的领域。

采用多元化战略有下列三大原因：① 在现有产品或市场中持续经营并不能达到目标；② 企业以前由于在现有产品或市场中成功经营而保留下来的资金超过了其在现有产品或市场中的财务扩张所需要的资金；③ 与在现有产品或市场中的扩张相比，多元化战略意味着更高的利润。

多元化战略又可以分为两种：相关多元化和非相关多元化，其分类及要点如表 3-4 所示。

**表 3-4 多元化战略分类及要点**

| 分类 | 要点 | |
| --- | --- | --- |
| 相关多元化（同心多元化） | 相关多元化是指企业以现有业务或市场为基础进入相关产业或市场的战略，该战略有利于企业利用原有优势来获得融合优势。即两种业务或两个市场同时经营的盈利能力大于各自经营时的盈利能力之和 | |
| | 相关性 | 可以是产品、生产技术、管理技能、营销技能以及用户等方面的类似 |
| | 适宜条件 | 企业在产业内有较强竞争优势，而该产业成长性或吸引力逐渐下降时，适宜采用该战略 |
| 非相关多元化（离心多元化） | 非相关多元化也称离心多元化，是指企业进入与当前产业和市场均不相关的领域的战略。企业新发展的业务与原有业务之间没有明显的战略适应性，所增加的产品是新产品，服务领域也是新市场，企业采用该战略的主要目的是从财务上考虑平衡现金流或者获取新的利润增长点，规避产业或市场的发展风险 | |
| | 采用原因 | 企业希望寻找高利润的市场机会；现有产品与市场存在缺陷；企业的某个部门能力过于薄弱；从增加产品市场广度和灵活性中获得好处；可避免与垄断有关的限制；能更容易地获得资金；管理层的偏好和所受培训 |

企业实施多元化战略具有如下优点：

(1) 分散风险，当现有产品及市场失败时，新产品或新市场能为企业提供保护；

(2) 能更容易地从资本市场中获得融资；

(3) 在企业无法增长的情况下找到新的增长点；

(4) 利用未被充分利用的资源；

(5) 运用盈余资金；

(6) 获得资金或其他财务利益；

(7) 运用企业在某个产业或某个市场中的形象和声誉来进入另一个产业或市场。

企业实施多元化战略具有如下风险(缺点)：

(1) 来自原有经营产业的风险；

(2) 市场整体风险；

(3) 产业进入风险；

(4) 产业退出风险；

(5) 内部经营整合风险。

## 二、稳定战略

稳定战略，又称为维持战略，是指限于经营环境和内部条件，企业在战略期所期望达到的经营状况基本保持在战略起点的范围和水平上的战略。

稳定战略是在企业的内外部环境约束下，企业准备在战略规划期使企业的资源分配和经营状况基本保持在目前状态和水平上的战略。稳定性战略从本质上追求的是在过去经营状况基础上的稳定。

采用稳定战略的企业不需要改变自己的使命和目标，企业只需要集中资源于原有的经营范围和产品，以增加其竞争优势。

稳定战略适用于对战略期环境的预测变化不大，而企业在前期经营得相当成功的企业。采用这种战略的风险比较小，企业可以充分利用原有生产经营领域中的各种资源；减少开发新产品和新市场所必需的巨大资金投入和开发风险；避免资源重新配置和组合的成本；防止由于发展过快、过急造成的失衡状态。

但是，采用稳定战略也有一定的风险。一旦企业外部环境发生较大变动，企业战略目标、外部环境、企业实力三者之间就会失去平衡，将会使企业陷入困境。稳定战略还容易使企业减弱风险意识，甚至会形成惧怕风险、回避风险的企业文化，降低企业对风险的敏感性和适应性。

## 三、收缩战略

收缩战略，也称为撤退战略，是那些没有发展或者发展潜力很渺茫的企业应该采取的战略，即企业因经营状况恶化而采取的缩小生产规模或取消某些业务的战略。

一般的，企业实施收缩战略只是短期的，其根本目的是使企业挨过风暴后转向其他的战略选择。

### (一) 企业采用收缩战略的原因

企业采用收缩战略的原因有多种，大致可分为主动和被动两大类。

(1) 主动原因：大企业战略重组的需要，小企业的短期行为。

(2) 被动原因：外部原因，产业走下坡路，企业(或企业某业务)失去竞争优势。

### (二) 收缩战略的方式

#### 1. 紧缩与集中战略

紧缩与集中战略往往集中于短期效益，主要涉及采取补救措施制止利润下滑，以期立即产生效果。具体做法有：

(1) 机制变革。包括：调整管理层领导班子；重新制定新的政策和管理控制系统，以改善激励机制与约束机制等。

(2) 财政和财务战略。如引进和建立有效的财务控制系统，严格控制现金流量；与关键的债权人协商，重新签订偿还协议，甚至把需要偿付的利息和本金转换成其他的财务证券(如把贷款转换成普通股或可转换绩优股)等。

(3) 削减成本战略。如削减人工成本、材料成本、管理费用、分部和职能部门的规模，以及削减资产(内部放弃或改租、售后回租)等。

面对金融危机带来的经营困难，很多企业也不同程度地采用了上述手段。例如，为了削减人工成本，一些企业实行高层管理人员减薪而尽可能少减员的措施，以达到稳定职工队伍，团结一致渡过难关之功效。

#### 2. 转向战略

转向战略更多地涉及企业的整个经营方向的改变。具体做法有：

(1) 重新定位或调整现有产品和服务。

(2) 调整营销策略，在价格、广告、渠道等环节推出新的举措，如在改善产品包装后提高产品价格，以增加收入；加强销售攻势和广告宣传等。

#### 3. 放弃战略

放弃战略涉及企业(或子公司)产权的变更，与前面两种战略相比，是比较彻底的撤退的方式。具体做法有：

(1) 特许经营。这种方式是指企业卖给被特许经营企业以有限权利，而收取一次性付清的费用。被特许经营企业可以使用特许经营企业的商标品牌，但要严格遵守许可方的经营规定。企业国际化经营战略中也包括这种方式。

(2) 分包。这种方式是指公司采用招标的方式让其他公司生产本公司的某种产品或者经营本公司的某种业务。与特许经营方式的不同之处在于，卖方只出售了自己的一部分业务，要求买方在一个具体时间内，按一定的价格向卖方提供一定数量的产品或服务。这样，买方在合同的期限内仍处于一种垄断地位。公司可以将不宜内部开拓的一部分业务转移给他人经营，但仍维持原先的拥有权。

(3) 卖断。这种方式是指母公司将其中的业务单位卖给另外一家企业，从而断绝一切关系。卖断实现了产权的彻底转移。

(4) 管理层与杠杆收购。这种方式是指一家公司把大部分业务卖给它的管理层或者另外一家财团，母公司可以在短期或者中期保留股权。对于买者来说，这就相当于延迟付款。

(5) 拆产为股/分拆。这里不存在即时和全部的所有股的转变。母公司的一部分变成了战略性的法人实体，以多元持股的形式形成子公司的所有权。母公司的股东仍然在很大程度上控制着这部分企业。与母公司脱离的子公司可以看成是准独立机构。

(6) 资产互换与战略贸易。在这种情况下，所有权的转让是通过企业之间交换资产来实现的。这要在两个公司之间达成一种匹配，卖方公司和买方公司要能够接受相互的资产，这种做法在上市公司中常见。如母公司与上市子公司之间互换资产，以提高上市公司的股票价值；而通过“借壳”“买壳”方式上市的公司都必然存在资产互换，将“壳公司”的不良资产置换成本公司的优良资产。

### (三) 收缩战略的困难

收缩战略对企业主管来说，是一项非常困难的决策。困难主要来自以下两个方面。

#### 1. 对企业或业务状况的判断

收缩战略决策效果如何，取决于对公司或业务状况判断的准确程度。而这又是一项难度很大的工作。汤普森于 1989 年提出了一个详尽的清单，这一清单对于增强对企业或业务状况判断的能力会有一定帮助。

(1) 分析企业产品所处的生命周期以及今后利润和发展趋势。

(2) 分析产品或者单位的当前市场状况，以及竞争优势的机会。

(3) 识别腾下来的资源应如何运用。

(4) 寻找一个愿出合理价格的买主。

(5) 放弃一部分获利的业务或者一些经营活动，从而提供资金投资在其他可能获利较大的业务是否值得。

(6) 关于成本问题。关闭一家企业或者一家商场，是否比在微利下仍然维持运转合算？特别是，退出的障碍是否较大，而成本高昂？

(7) 准备放弃的那部分业务在整个公司中所起的作用和协同优势。

(8) 用其他产品和服务来满足现有顾客需求的机会。

(9) 企业降低分散经营的程度所带来的有形和无形的效益。

(10) 寻找合适的买主。应否公开寻找买主？如何审查买主？应留意买主是否会因购入企业的业务而对企业余下业务构成竞争威胁。

#### 2. 退出障碍

波特在《竞争战略》一书中阐述了几种主要的退出障碍。

(1) 固定资产的专用性程度。当资产涉及具体业务或地点的专用性程度较高时，就会使其清算价值低，或者转移及转换成本高，从而难以退出现有产业。例如，烟草制造业生产能力大大过剩，但大量低效益的小型烟厂仍在维持生产。其中，烟机的专用性程度高是一个很重要的原因。

(2) 退出成本。退出成本包括劳工协议、重新安置成本、备件维修能力等。例如在我国的国有企业开始退出某些领域时，对于多余的员工，一些企业采用“买断”方式，即按工龄给予职工一定的补偿，从而终结原企业与职工的劳动合同。如果这些成本过高，会加大退出障碍。

(3) 内部战略联系。这是指企业内某经营单位与公司其他单位在市场形象、市场营销能力、利用金融市场及设施共用等方面的内部相互联系。这些因素使公司认为留在该产业中具有战略重要性。例如，一个公司下属的金融公司往往由于与其他公司的债权债务关系很难迅速撤出。

(4) 感情障碍。企业在制定退出战略时，会引发一些管理人员和职工的抵触情绪，因为企业的退出往往使这些人员的利益受到伤害。

(5) 政府与社会约束。政府出于考虑失业问题和对地区经济的影响，有时会出面反对或劝阻企业轻易退出的决策。

## 四、发展战略的主要途径

发展战略的主要途径有：外部发展(并购)、内部发展(新建)、战略联盟。

外部发展(并购)是指企业通过取得外部经营资源谋求发展的战略。外部发展的狭义内涵是并购，并购包括收购与合并。收购指一个企业(收购者)收购和吸纳了另一个企业(被收购者)的业务；合并指同等企业之间的重新组合，新成立的企业常常使用新的名称。

内部发展(新建)是指企业利用自身内部资源谋求发展的战略。内部发展的狭义内涵是新建，新建与并购相对应，是指建立一个新的企业。

战略联盟是指两个或两个以上经营实体之间为了达到某种战略目的而建立的一种合作关系。

### (一) 并购战略

#### 1. 并购的类型

(1) 按并购方与被并购方所处的产业相同与否，可以分为横向并购、纵向并购和多元化并购。

(2) 按被并购方对并购所持态度不同，可分为友善并购和敌意并购。

(3) 按照并购方的不同身份，可以分为产业资本并购和金融资本并购。

(4) 按收购资金来源渠道的不同，可分为杠杆收购和非杠杆收购。

杠杆收购的一般做法是由收购企业委托专门从事企业收购的经纪企业，派有经验的专家负责分析市场，发现和研究那些经营业绩不佳却很有发展前途的企业。确定收购目标后，再以收购企业的名义向外大举借债，通过股市或以向股东发出要约的方式，收购目标企业的股权，取得目标企业的经营控制权。

#### 2. 并购的动机

(1) 避开进入壁垒，迅速进入，争取市场机会，规避各种风险。

(2) 获得协同效应。与内部发展方式相比，并购是一种合并，成功的合并可以获得协同效应，即合并后的企业从资源配置和经营决策范围的决策中所能寻求到的各种共同努力的效果。

(3) 克服企业负外部性，减少竞争，增强对市场的控制力。

3. 并购失败的原因

(1) 决策不当。

(2) 并购后不能很好地进行企业整合。

(3) 支付过高的并购费用。

(4) 跨国并购面临政治风险。

【案例 3】

美国政府属下的美国外国投资委员会正在审查中国电信公司华为在美国的一宗收购案。据香港《明报》报道，有参议员认为，华为与中国军方关系密切，收购可能导致美国先进计算技术转移给中国军方，给国家安全带来风险。华为则指这种指责毫无根据。美国国防部此前要求这一收购案接受审查。

(二) 内部发展战略

内部发展也称内生增长，是企业在不收购其他企业的情况下利用自身的规模、利润、活动等内部资源来实现扩张。内部发展战略的应用条件如下：

(1) 产业处于不均衡状况，结构性障碍还没有完全建立起来。

(2) 产业内现有企业的行为性障碍容易被制约。

(3) 企业有能力克服结构性壁垒与行为性障碍，或者企业克服障碍的代价小于企业进入后的收益。

(三) 企业战略联盟

1. 企业战略联盟的基本特征

(1) 从经济组织形式来看，战略联盟是介于企业与市场之间的一种“中间组织”。

(2) 从企业关系来看，组建战略联盟的企业各方是在资源共享、优势相长、相互信任、相互独立的基础上通过事先达成协议而结成的一种平等的合作伙伴关系。

(3) 从企业行为来看，联盟行为是一种战略性的合作行为。

2. 企业战略联盟形成的动因

(1) 促进技术创新。

(2) 避免经营风险。

(3) 避免或减少竞争。

(4) 实现资源互补。

(5) 开拓新的市场。

(6) 降低协调成本。

【案例 4】

苏宁谋求战略投资

厂家与商家相互持股，经过 10 年的积累，苏宁在家电经销领域形成强势，这是苏宁与厂家合作的基础。2000 年 4 月苏宁与熊猫电子集团公司共同投资组建了南京熊猫电器设备公司，专业生产熊猫空调等白色家电产品。10 月苏宁和美国飞鸽国际各出资 6000 万元，共同组建了飞鸽空调(南京)实业公司。飞鸽国际董事长郑维奇说:“与苏宁的合作已经有3年，第一年苏宁就成为飞鸽最大的经销商。在南京合资建立空调厂，我们从厂商关系变成合资企业的关系。飞鸽国际在美国上市，美国证券市场规定，上市公司单一经销商所占销售比例不能太大，这限制了飞鸽空调在苏宁的销量，合资之后就可以避免这个问题。”苏宁电器集团总裁张近东认为，苏宁进入制造业是资本的投入，也是战略发展的考虑，苏宁要与有信誉、品牌张力很强的企业联手，建立长远的利益纽带，所选择的合作伙伴要对苏宁有支撑和帮助。

**3. 企业战略联盟的主要类型**

(1) 合资企业。它是指将各自不同的资产组合在一起进行生产，共担风险和共享收益。

(2) 相互持股投资。相互持股投资通常是联盟成员之间通过交换彼此的股份而建立起一种长期的相互合作的关系。

(3) 功能性协议。它主要是指企业之间决定在某些具体的领域进行合作。

**【案例5】**

**春秋航空公司运营模式**

春秋航空公司采用低成本模式运营，提高运营效率及降低运行成本，例如其自行建立飞机离港系统及机票销售网站，不进GDS(Global Distribution System 全球分销系统)，机票主要通过自有渠道如网站、门店等直销，降低渠道费用。另外，春秋航空公司将非必要服务(如机上餐食、行李额度、延误及签转等)从机票价格中剥离，最大程度降低机票价格，创造了99元系列、1元机票、0元机票，促使其平均客座率连续几年达95%以上。

## 五、国际化战略

企业国际化经营的战略基本上有四种类型，即国际战略、多国本土化战略、全球化战略与跨国战略。

### (一) 企业国际化经营动因

经济学家从各个层次和角度探索和研究跨国公司的行为特点及其作用与影响，提出了许多理论和主张。这些理论和主张的研究无非也是沿着两个基本思路：一是国际生产要素的组合；二是跨国公司所面临的市场特征(特别是寡头垄断市场特征)。

**1．国际生产要素的最优组合**

跨国公司的垄断优势与东道国的区位因素提出，跨国公司对外直接投资首先必须具备两大基础：一是作为投资方跨国公司自身的优势；二是作为受资方东道国的条件。而首先在这两方面作出贡献的，一是美国学者海默，二是索思阿德和艾萨德。

1) 垄断优势理论

海默首次提出垄断优势理论，后得到其导师金德尔伯格的支持并加以完善，成为最早研究对外直接投资的独立理论。该理论利用两个基本论点来解释对外直接投资，即垄断优势和市场不完全。

(1) 跨国公司对外直接投资的原因：在东道国市场不完全的条件下，跨国公司可利用其垄断优势排斥自由竞争，维持垄断高价以获得超额利润。

(2) 垄断优势理论的结论：对外直接投资是具有某种优势的寡头垄断企业为追求控制不完全市场而采取的一种行为方式。

(3) 市场不完全的四种表现：产品和生产要素市场不完全；由规模经济导致的市场不完全；由政府干预引起的市场不完全；由税赋与关税引起的市场不完全。

(4) 垄断优势：市场垄断优势，如产品性能差别、特殊销售技巧、控制市场价格的能力等；生产要素垄断优势，如经营管理技能、融通资金的能力优势、掌握的技术专利与专有技术；规模经济优势，即通过横向一体化或纵向一体化，在供、产、销各环节的衔接上提高效率。

2) 区位理论

索思阿德提出区位理论，用以研究国内资源的区域配置问题。后来，艾萨德等用此理论来解释对外直接投资的现象。

企业拥有的优势并不能单独地说明为什么直接投资优于出口。企业拥有某些特殊优势，可以不对外直接投资而只是在本国生产，然后通过出口到第三国市场。因此，又必须引进有关东道国的区位因素，以便充分说明为什么一个企业会不辞辛劳，并承担风险到国外去从事制造经营活动，下面的区位要素则适合解释这种情况：

(1) 生产要素。国际劳动力市场的不完全性，可能导致实际工资成本的差别。在这种情况下，特别是当技术已经标准化的时候，人们就可能把生产活动转移到劳动投入的来源地。那些垂直一体化的企业把某些装配活动转移到发展中国家，就属于这类对外直接投资。国际企业实行世界范围的制造和装配政策，其目标就是要使总生产成本最小。

(2) 市场定位。东道国市场规模、市场增长、发展阶段以及当地竞争程度等特征，会对直接投资的决策产生影响。尤其是在东道国有贸易壁垒的情况下，市场规模等因素明显与利用生产和销售的规模经济有关。同样，如果在东道国的竞争激烈，一张当地制造的标签也许有助于推销产品。

(3) 贸易壁垒。关税和非关税壁垒的存在，也会影响在直接投资与出口之间的选择。即使东道国选用关税等手段不是为了吸引外国直接投资，但是关税手段仍可促使外国企业改变供应东道国市场的方法。

(4) 经营环境。一般的政治、社会和经济环境，会影响企业对风险的估计，并影响到它们选择建立子公司的地点。同样，有关购买当地企业、当地参股的比例和利润汇回，也会影响外国企业选择参与市场的方式。

**2．产品生命周期理论**

20 世纪 60 年代中期，美国哈佛大学弗农教授在其著作《产品周期中的国际贸易》中，利用产品生命周期的变更，阐述了美国企业对外直接投资与时机和区位选择的关系，系统地提出了产品生命周期理论模型。

弗农将产品生命周期分为三个阶段，即产品的创新阶段、成熟阶段、标准化阶段。

(1) 创新阶段。在此阶段，企业有在国内选择生产地点的固有倾向。价格的需求弹性可能相当低，因为发明企业拥有产品特异性或垄断优势，因此产品的创新、生产与销售是在同一个国家里。

(2) 成熟阶段。在此阶段，该产品的设计和生产已经有了某些标准化的因素。一般说来，随着经验的积累和产品的发展，产品已经较少需要变动。因此人们较多地关注起生产成本，特别是当竞争对手已出现时更是如此。此时，发明国要想通过出口维持和扩大其国外利益则难以实现，因此，它们必须对外投资，并设立子公司，进行就地生产，以便维持和扩大出口市场，保障自己的利益。

(3) 标准化阶段。在此阶段，产品和技术都已完全标准化，发明者的技术优势已消失。随着竞争的加剧，成本和价格问题变得十分突出，市场知识和信息流通已退居次要地位。其最终结果就是把生产或装配业务转移到劳动力成本低的发展中国家。国外生产的仿制品最后可能导致原来的发明创造国或国外子公司进口该产品。

**3．国际生产折中理论(国际生产综合理论)**

1976 年，英国雷丁大学邓宁教授首次提出了综合理论学说，系统阐述"综合主义"理论，并将其动态化，从而形成了目前对国际企业和对外直接投资影响最大的理论框架。

邓宁总结出决定国际企业行为和国际直接投资的三个最基本的要素：所有权优势、区位优势、内部化优势。

(1) 所有权优势，指国际企业拥有别国企业没有或难以获得的资产、规模、技术和市场等一切有形、无形的综合优势。

(2) 内部化优势，指国际企业通过形成自己的内部交易体系，将外部的市场交易转变为企业的内部交易，从而减少贸易成本、降低经营风险、提高企业的交易效率。

(3) 区位优势，指相对于国际企业母公司市场与环境来讲，国外的投资环境良好，使得国际企业通过在东道国建厂而获得廉价的原材料和劳动力，避开贸易壁垒，享受东道国政府给予的特殊的投资政策而获得的优势。

邓宁指出：企业对外直接投资必须同时具备所有权优势、区位优势和内部化优势；企业拥有所有权优势、内部化优势，只能进行出口贸易；企业只有所有权优势，则只能考虑采取技术转移的形式，将技术出让给其他企业；企业具备了三种优势，却只采取技术转移的方法，则会丧失区位优势和内部化优势所能带来的收益。

### (二) 寡占市场(即寡头垄断市场)的反应

对企业跨国经营的行为，一些学者更侧重从企业所面临的市场角度，特别是从跨国公司投资产业大都属于寡占市场特征的角度进行研究。

**1．海默论跨国企业的寡头垄断反应行为**

对于发达国家之间的对向或交叉直接投资来说，海默认为，必须利用寡占反应行为来加以解释。海默所说的寡占反应行为是指各国寡占企业通过在竞争对外的领土上建立地盘来互相牵制和加强自身能力行为的综合表现。海默认为对外直接投资只是国内寡占竞争行为在国际范围内的延伸，但基础仍在于各国企业所拥有的技术等垄断优势，各国企业在技术、管理及规模经济方面的相对优势决定了直接投资的流向及多寡，决定了一国是主要的对外直接投资国还是主要的直接投资接受国。海默对跨国公司寡占反应行为的解释还只是作为垄断优势理论的补充，在寡占反应理论上作出较为系统阐述的是美国学者尼克博克。

**2．尼克博克的"寡占反应理论"**

从垄断企业战略竞争角度出发，尼克博克提出了"寡占反应理论"，也称为寡头垄断行为理论，进一步发展了海默的"垄断优势论"。他通过分析 187 家美国跨国公司的投资行为，发现在一些产业中，外国直接投资很大程度上取决于竞争者之间的相互的行为约束和反应。

他指出，寡头企业采取任何一项活动，其他企业都会效仿，力求缩小差距，降低风险，保持双方力量均衡，这就是寡占反应原理。企业进行国际直接投资的主要原因，是垄断企业模仿领头企业的竞争策略。为了与领头企业瓜分市场，在领头企业对外直接投资的刺激下，其他竞争企业也会模仿其战略相继到同一市场上进行直接投资。

该理论认为，战后美国企业大举对外直接投资主要由寡占反应行为所致，投资主体是寡占行业少数几家寡头公司，它们的投资又大都在同一时期成批地发生。尼克博克将对外直接投资区分为“进攻性投资”与“防御性投资”。在国外市场建立第一家子公司的寡头公司的投资是进攻性投资，同一行业其他寡头成员追随率先公司也建立子公司，是防御性投资。尼克博克认为，决定这两类投资的因素是不相同的，进攻性投资的动因可由弗农的产品生命周期理论解释，而防御性投资则是由寡占反应行为所决定的。

尼克博克在其寡占反应理论中还详细分析了与对外直接投资成批性有相关关系的各种因素，他证明，对外直接投资成批性与行业集中程度、行业盈利率及东道国市场容量等因素成正相关，与规模、产品创新、产品差别及产品多样化的程度等因素成负相关。

### (三) 发展中国家企业国际化经营动因

#### 1. 发展中国家跨国公司对外投资的主要动机

(1) 寻求市场：规避贸易壁垒(直接投资发展中国家)。

(2) 寻求效率：降低劳动力成本(直接投资发展中国家)。

(3) 寻求资源：原材料(直接投资发展中国家)。

(4) 寻求现成资产：品牌、先进技术、管理经验(投资发达国家)。

#### 2. 发展中国家跨国公司对外投资的主要竞争优势

与发达国家跨国公司外向投资相比，发展中国家跨国公司对外直接投资有三个方面的优势，这些优势主要体现在对发展中国家投资的层面上。

(1) 发展中国家跨国公司的对外直接投资对发展中东道国的一大优势是具有更大的创造就业机会的潜力。

(2) 发展中国家跨国公司的技术和经营模式一般比较接近于发展中东道国公司所用的技术和模式，这意味着有益联系和技术吸收的可能性较大。

(3) 发展中国家跨国公司在进入模式上也往往是更多地采取新建投资的方式而不是并购，在发展中东道国的投资尤其如此。就此而言，它们的投资更有可能直接推动提高发展中国家的生产能力。

### (四) 钻石模型分析

1990 年波特在《国家竞争优势》中提出了“钻石模型”用以分析国家和地区竞争优势。

如果说波特价值链是分析企业内部活动的微观分析工具，波特五种竞争力模型是分析企业所属产业环境的中观分析工具，那么，波特的钻石模型就是分析国家和地区竞争力的宏观分析工具。

钻石模型是由四个要素组成的，它们分别是生产要素，需求条件，相关与支持性产业，企业战略、企业结构和同业竞争。这四个要素是构成钻石模型的基本要素。

1. 生产要素

波特把生产要素分为初级生产要素和高级生产要素，初级生产要素是指企业所处国家和地区的地理位置、天然资源、人口、气候以及非技术人工、资金等，通过被动继承或者简单的投资就可获得；高级生产要素包括高级人才、科研院所、高等教育体系、现代通信的基础设施等，需要在人力和资本上先期大量和持续地投资才能获得。

2. 需求条件

在钻石模型中，需求条件主要是指国内市场的需求。内需市场是产业发展的动力，主要包括需求的结构、需求的规模和需求的成长。

3. 相关与支持性产业

波特认为，单独的一个企业以至单独一个产业，都很难保持竞争优势，只有形成有效的“产业集群”，上下游产业之间形成良性互动，才能使产业竞争优势持久发展。

4. 企业战略、企业结构和同业竞争

波特认为，企业的战略、组织结构和管理者对待竞争的态度，往往同国家环境和产业差异相关。一个企业要想获得成功，必须善用本国的历史文化资源，形成适应本国特殊环境的企业战略和组织结构，融入当地社会，并符合所处产业的特殊情况。

(五) 国际市场进入模式

1. 企业进入国外市场的主要模式

企业进入国外市场的模式主要有出口、非股权安排、股权投资等几种。每一种进入模式都有各自的利弊。

1) 出口模式

出口模式包括间接出口和直接出口两种方式。

(1) 间接出口是指企业通过本国的中间商(即专业性的外贸公司)来从事产品的出口。间接出口的优点是：间接出口具有最大的灵活性，即能以最小的代价改变出口的地理方向或转换到其他的进入方式。因此，所承担的风险最小。其主要缺点是：受到贸易和非贸易壁垒的阻碍；控制程度低；信息反馈差；出口企业在进口国，特别是在发展中国家，往往不能得到许多技术产品所必需的那些服务和与顾客的联系。此外这种方式还存在着运输和保险成本高、易发生交货延迟等缺点。

(2) 直接出口是指企业拥有自己的外贸部门，或者使用目标国家的中间商来从事产品的出口。直接出口的特点是：通过销售子公司出口。为了加强产品的信息反馈功能，加强对出口的控制，国际企业往往在通过独立的中间商出口的基础上进而在国外建立自己的销售子公司，以便通过销售子公司来出口产品。但是，出口方式的其他缺陷依然存在。

2) 契约模式(非股权安排)

契约模式是指企业与目标国的企业签订非权益性合同，使前者的专利、技术、经验、管理、人力等无形资产为后者所使用，并从后者获得经济利益的分享。契约方式是一种通过知识和技术的输出从而进入国外市场的方式。契约模式主要包括许可证模式、特许经营模式和工程承包模式等。

3) 股权投资模式

股权投资模式是指企业通过在目标国获得该国企业的部分或全部所有权，达到部分控制或完全控制在目标国内的产品生产和销售的目的；也就是通过资本的输出来进入国外市场。股权投资模式包括合资进入和独资进入两种形式。

**2. 进入国外市场方式的选择**

跨国公司选择进入国外市场的方式是一项重要的战略决策。决定和影响公司对进入方式选择的各种因素，除了各种进入方式本身的特性和它们所共同具有的三个问题(控制、风险和灵活性)外，还有两类因素：第一类是跨国公司内在因素，第二类是外部因素。

1) 公司内在因素对进入方式选择的影响

(1) 技术水平。企业拥有的技术水平越高，就越倾向于采用控制程度高的进入方式。

(2) 产品年龄。产品越是成熟，企业越是选择控制程度低的进入方式。

(3) 产品在母公司战略中所占的地位。企业一般对属于其重点发展的产业内产品更多地采用控制程度高的进入方式；对于非重点发展的产品，则更多地采用许可证交易，即使进行对外直接投资，也往往更多地采取拥有股权额较少的合资企业方式。

(4) 品牌与广告开支。具有很高知名度品牌的公司常常选择控制程度较高的进入方式。品牌的知名度或企业广告开支越大，控制程度高的进入方式就越有效。

(5) 对外直接投资的固定成本。当固定成本相对于跨国公司的规模来说很大时，公司就比较倾向于采用许可证交易或合资企业的方式以减少资本支出；当固定成本较小或能为跨国公司所承担时，跨国公司就倾向于采用全资子公司。

(6) 企业的国际经营经验。在国际经营上富有经验的跨国公司向往控制程度较高的进入方式，并愿意为此而承担更多的风险。就一般情形而言，公司所选择的进入方式的控制程度同跨国公司所积累的国际经营经验具有正向相关的关系。

2) 外部环境因素对进入方式选择的影响

(1) 母国与东道国社会文化的差异。如果目标国家的社会文化和本国文化差异较大，则最好先采取出口模式或契约模式进入，以避免由于文化的冲突造成的摩擦成本。

(2) 东道国的管制，主要指政治和经济环境。如果目标国家的政局稳定、法制健全、投资政策较为宽松、人均国民收入比较高、汇率稳定，则可以考虑采取股权投资模式进入，反之则以出口模式或契约模式进入为宜。

(3) 公司和东道国谈判地位的演变。跨国公司的谈判地位越强势，就越倾向于控制程度较高的进入方式。

### (六) 国际化经营的战略类型

企业国际化经营的战略基本上有四种类型，即国际战略、多国本土化战略、全球化战略与跨国战略。这四种战略可以通过“全球协作”的程度和“本土独立性和适应能力”的程度所构成的两维坐标体现出来，如表 3-5 所示。

**表 3-5 国际化经营的战略类型分类对比**

| 战略类型 | 含　义 | 特　点 |
| --- | --- | --- |
| 国际战略 | 企业将其在母国所开发出的具有竞争优势的产品与技能转移到国外的市场，以创造价值的举措 | 全球化协作程度和对东道国本土市场的适应能力均低 |
| 多国本土化战略 | 一个企业的大部分活动，如战略和业务决策权分配到所在国外的战略业务单位进行，由这些单元向本地市场提供本土化的产品，从而把自己有价值的技能和产品推向外国市场而获得收益 | 多国化战略注重每个国家和地区之间的竞争，认为各个国家情况不同，于是以国界来划分市场区域；它采用高度分权的方式，允许每个部门集中关注一个地理区域、地区或国家。多国化战略让各国子公司的管理者有权将企业产品个性化来满足本地消费者的特殊需求和爱好，因此该战略能使企业面对各个市场的异质需求时的反应最优化；成本结构较高，无法获得经验曲线效益和区位效益 |
| 全球化战略 | 在全世界范围生产和销售同一类型和质量的产品或服务 | 企业根据最大限度地获取低成本竞争优势的目标来规划其全部的经营活动，它们将研究与开发、生产、营销等活动按照成本最低原则分散在少数几个最有利的地点来完成，但产品和其他功能则采取标准化和统一化以节约成本，能形成经验曲线和规模经济效益；全球化战略强调集权，由母国总部控制。不同国家的战略业务单元相互依存，而总部试图将这些业务单元整合；全球化战略对东道国本土市场的反应相对迟钝，并且由于企业需要跨越国界的协调战略和业务决策，所以难以管理 |
| 跨国战略 | 企业既寻求多国本土化战略所具有的当地优势，又注重全球化战略带来的效率。因而，运用这种战略的企业在本土化响应和全球效率上都能获得优势 | 跨国战略是让企业可以实现全球化的效率和本土化的敏捷反应的一种国际化经营战略。在跨国成长中，企业同时为获取低成本和适应各地区差别化而努力，一方面按照成本最低原则在全球范围内规划其全部功能活动，另一方面则高度重视地区差别对企业活动的要求。该种战略能够形成以经验为基础的成本效益和区位效益 |

## 第二节　业务单位战略

### 一、业务单位战略的类型

业务单位战略也称竞争战略，业务单位战略涉及各业务单位的主管及辅助人员。这些经理人员的主要任务是将公司战略所包括的企业目标、发展方向和措施具体化，形成本业务单位具体的竞争与经营战略。

波特在《竞争战略》一书中归纳总结了三种具有内部一致性的基本竞争战略，即成本领先战略(Cost Leadership Strategy)、差异化战略(Differentiation Strategy)和集中化战略(Focus Strategy)，如图 3-3 所示。

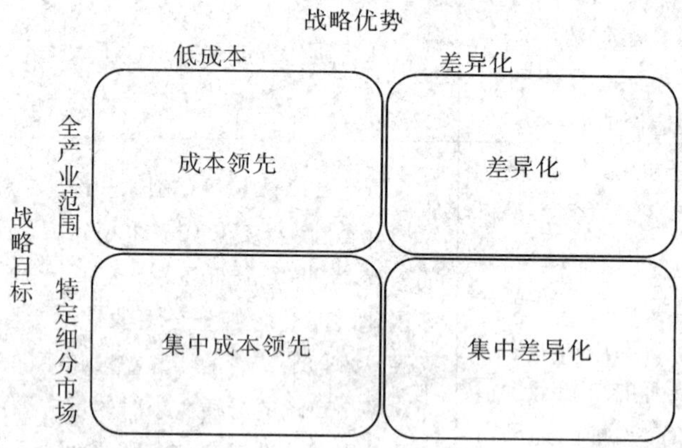


图 3-3　业务单位战略图

## 二、成本领先战略

成本领先战略是指企业通过在内部加强成本控制，在研究、开发、生产、销售、服务和广告等领域把成本降到最低限度，成为产业中的成本领先者的战略。按照波特的思想，成本领先战略应该体现为产品相对于竞争对手而言的低价格。但是，成本领先战略并不意味着仅仅获得短期成本优势或者仅仅削减成本，它是一个“可持续成本领先”的概念，即企业通过其低成本地位来获得持久的竞争优势。

成本领先战略的含义、优势、适用情形、所需资源和能力、风险等如表 3-6 所示。

**表 3-6　成本领先战略剖析**

| | | |
|---|---|---|
| 成本领先战略 | 含义 | 该战略是指企业通过在内部加强成本控制，在研究开发、生产、销售、服务和广告等领域把成本降到最低限度，成为产业中的成本领先者的战略 |
| | 优势 | 形成进入障碍；增强讨价还价能力；降低替代品的威胁；保持领先的竞争地位。总之，企业采用成本领先战略可以使企业有效地面对产业中的五种竞争力量，以其低成本的优势，获得高于其行业平均水平的利润 |
| | 适用情形 | 产品具有较高的价格弹性，市场中存在大量的价格敏感用户；产业中所有企业的产品都是标准化的产品，产品难以实现差异化；购买者不太关注品牌，大多数购买者以同样的方式使用产品；价格竞争是市场竞争的主要手段，消费者的转换成本低 |
| | 所需资源和能力 | 在规模经济显著的产业中建立生产设备实现规模经济；降低各种要素成本；提高生产率；改进产品工艺设计；提高生产能力利用程度；选择适宜的交易组织形式；重点集聚 |
| | 风险 | 技术的变化可能使过去用于降低成本的投资(如扩大规模、工艺革新等)与积累的经验一笔勾销；产业的新加入者或追随者通过模仿或者以高技术水平设施的投资能力，用较低的成本进行学习；市场需求从注重价格转向注重产品的品牌形象，使得企业原有的优势变为劣势。企业在采用成本领先战略时，应注意这些风险，及早采取防范措施 |

## 三、差异化战略

差异化战略是指企业向顾客提供的产品和服务在产业范围内独具特色，这种特色可以给产品带来额外的加价，如果一个企业的产品或服务的溢出价格超过因其独特性所增加的成本，那么拥有这种差异化的企业将获得竞争优势。

差异化战略的含义、优势、适用情形、所需资源和能力、风险等如表 3-7 所示。

**表 3-7 差异化战略剖析**

| | | |
|---|---|---|
| 差异化战略 | 含义 | 该战略是指企业向顾客提供的产品和服务在产业范围内独具特色，这种特色可以给产品带来额外的加价，如果一个企业的产品或服务的溢出价格超过因其独特性所增加的成本，那么拥有这种差异化的企业将获得竞争优势 |
| | 优势 | 形成进入障碍；降低顾客敏感程度；增强讨价还价能力；防止替代品威胁 |
| | 适用情形 | 产品能够充分地实现差异化，且为顾客所认可；顾客的需求是多样化的；企业所在产业技术变革较快，创新成为竞争的焦点 |
| | 所需资源和能力 | 具有强大的研发能力和产品设计能力，具有很强的研究开发管理人员；具有很强的市场营销能力，具有很强的市场营销能力的管理人员；有能够确保激励员工创造性的激励体制、管理体制和良好的创造性文化；具有从总体上提高某项经营业务的质量、树立产品形象、保持先进技术和建立完善分销渠道的能力 |
| | 风险 | 企业形成产品差别化的成本过高；市场需求发生变化；竞争对手的模仿和进攻使已建立的差异缩小甚至转向 |

## 四、集中化战略

集中化战略是针对某一特定购买群体、产品细分市场或区域市场，采用成本领先或产品差异化来获取竞争优势的战略。集中化战略一般是中小企业采用的战略，可分为两类：集中成本领先战略和集中差异战略。

集中化战略的含义、优势、适用情形、所需资源和能力、风险等如表 3-8 所示。

**表 3-8 集中化战略剖析**

| | | |
|---|---|---|
| 集中化战略(集中成本领先战略和集中差异战略) | 含义 | 该战略是针对某一特定购买群体、产品细分市场或区域市场，采用成本领先或产品差异化来获取竞争优势的战略。集中化战略一般是中小企业采用的战略，可分为两类：集中成本领先战略和集中差异战略 |
| | 优势 | 能够抵御产业五种竞争力的威胁；可以增强相对的竞争优势 |
| | 适用情形 | 购买者群体之间在需求上存在着差异；目标市场在市场容量、成长速度、获利能力、竞争强度等方面具有相对的吸引力；在目标市场上，没有其他竞争对手采用类似的战略；企业资源和能力有限，难以在整个产业实现成本领先或差异化，只能选定个别细分市场 |
| | 风险 | 狭小的目标市场导致的风险；购买者群体之间需求差异变小；竞争对手的进入与竞争 |

## 五、业务单位战略的选择分析

业务单位战略的选择分析一般分为战略发展点选择、业务发展种类选择、业务发展手段选择、业务发展时机选择四个方面。但是企业实际生产经营中的情况比较复杂，并不能简单地归纳为应该采取哪一种战略。而且即使是成本领先战略或差异化也只是相对的概念，在它们之中也还有多个层次。

克利夫·鲍曼提出的“战略钟”：以产品的价格作为横坐标，以顾客对产品认可的价值作为纵坐标，然后将企业可能的竞争战略选择在这一平面上用八种途径表现出来。这一理论可以在实际工作中予以借鉴。战略钟如图 3-4 所示。

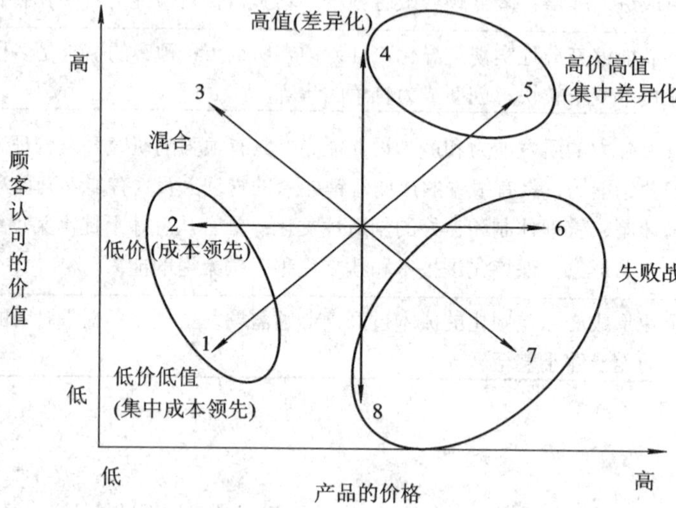


图 3-4　战略钟

### 1．成本领先战略

成本领先战略包括途径 1 和途径 2，可以大致分为两个层次：一是低价低值战略(途径 1)，二是低价战略(途径 2)。

### 2．差异化战略

差异化战略包括途径 4 和途径 5，也可大致分为两个层次：一是高值战略(途径 4)，二是高价高值战略(途径 5)。

### 3．混合战略

混合战略指途径 3，在某些情况下，企业可以在为顾客提供更高的认可价值的同时，获得成本优势。

### 4．失败的战略

途径 6、途径 7、途径 8 一般情况下可能是导致企业失败的战略。

处于垄断地位的企业，可以实施质次价高的战略。

# 第三节 职能战略

职能战略又称职能层战略，主要涉及企业内各职能部门，如财务、营销、生产、研发(P&D)、人力资源、信息技术等，目的是更好地配置企业内部资源，为各级战略服务，提高组织效率。

## 一、财务战略

### (一) 财务战略与财务管理的概念

财务战略是主要涉及财务性质的战略，属于财务管理的范畴。财务战略主要考虑资金的使用和管理的战略问题，并以此与其他性质的战略相区别。财务战略主要考虑财务领域全局的、长期的发展方向问题，并以此与传统的财务管理相区别。

财务管理为薪金提供支持，是为提高经营活动的价值而进行的管理。财务管理的方式是决定企业战略能否成功的关键。有效的财务管理不一定能使经营灾难转变为企业的成功，但失败的财务管理却足以使成功的经营战略一无所获，甚至使优秀企业毁于一旦。财务管理对于企业的长期生存和健康发展具有重要的意义。

财务管理应支持企业的总体战略，但并不意味着没有自己的战略。重要的财务决策总是由企业最高层作出的，甚至要经过董事会决议。大多数企业以财务目标作为整个企业的主要目标，两者目标的直接一致使得财务管理不同于其他职能管理。重要的财务决策总会涉及企业的全局，带有战略的性质。

财务管理可以分为资金筹集和资金管理两大部分，相应地，财务战略也可以分为筹资战略和资金管理战略。狭义的财务战略仅指筹资战略，包括资金结构决策、资金来源决策和股利分配决策等。资金管理涉及的实物资产的购置和使用，是由经营战略而非财务职能指导的。资金管理只是通过建议、评价、计划和控制等手段，促进先进经验用行动创造更多的价值。资金管理的战略主要考虑如何建立和维持有利于创造价值的资金因素。股东价值是由企业长期的现金创造能力决定的，而现金又是由企业对各种因素(包括资金因素)进行管理的方式决定的。

### (二) 财务战略的确立及其考虑因素

#### 1. 确立财务战略的阻力(限制性因素)

1) 企业的内部约束

企业内部约束具体包括董事会对财务结构的看法、与投资者保持良好关系的必要性以及与整体企业目标匹配的财务战略的必要性。

2) 政府的影响

政府的影响具体包括：政府鼓励企业扩展业务，但也通过法规和税收来限制企业，既鼓励企业发展以促进国家的繁荣，同时也要对市场的负效应进行调控。政府对企业组织事务有很强的间接影响。政府通过税收、经济政策等影响企业。

3) 法律法规的约束

企业需了解影响它们经营的法规，包括涉及有关企业经营、税收、员工健康、安全及消费者方面的法规。这些法规不仅影响企业行为，而且影响股东、债权人、管理层、员工和社会大众之间的关系，也可能引起额外成本。

4) 经济约束

(1) 通货膨胀。通货膨胀主要通过以下几种方式影响资产价值、成本和收入：

① 由于非流动资产和存货的价值将会上升，因此获取相同数量的资产需要更大金额的融资。

② 通货膨胀意味着更高的成本和更高的售价，从而产生一种螺旋式的成本和售价的上升，并因此削弱境外对本国产品的需求。

③ 通货膨胀的结果是以牺牲放款人的利益使借款人从中获益的财富重新分配。

(2) 利率：

① 利率衡量的是借款成本。

② 一个国家的利率会影响到该国货币的价值。

③ 利率是企业股东对回报率预期的导向，因为市场利率的变动将会影响其股票价格。

④ 利率在企业制定财务决定时相当重要。当利率上调时，企业的融资成本也相应增加，企业对其新的资本投资的最低回报率的要求也会随之上升。

(3) 汇率。汇率是指一种货币在兑换成另一种货币时的比率，可以影响进口成本、出口货物价值及国际借款和贷款的成本和效益。货币价值的变化将会影响进口货物的成本，货币价值的变动还会影响到企业和家庭的购买成本，因为人们所消费的原材料、部件和产成品有很大一部分是进口的。

### 2. 财务战略的确立

在追求实现企业财务目标的过程中，财务经理必须作出以下方面的决定：筹资来源、资本成本与资本结构和股利分配策略等。

1) 筹资来源

(1) 融资方式。在前面提到过资源分析，财务资源是其中的一个方面。一般来说，企业有四种不同的融资方式：内部融资、股权融资、债权融资和资产销售融资。

① 内部融资的定义、优缺点如表 3-9 所示。

表 3-9 企业内部融资剖析

| 融资方式 | 内 部 融 资 |
|---|---|
| 定义 | 企业选择使用内部留存利润进行再投资，留存利润是指企业分配给股东红利后剩余的利润 |
| 优点 | 这种融资方式是企业最普遍采用的方式，优点在于管理层在做此融资决策时不需要听取任何企业外部组织或个人的意见，可以节省融资成本 |
| 缺点 | 企业一些大的事件比如并购，仅仅依靠内部融资是远远不够的，还需要其他的资金来源。股东根据企业的留存利润会预期下一期或将来的红利，这就要求企业有足够的盈利能力，而对于那些陷入财务危机的企业来说压力是很大的，因而这些企业就没有太大内部融资的空间 |

② 企业股权融资的定义、优缺点如表 3-10 所示。

**表 3-10 企业股权融资剖析**

| 融资方式 | 股 权 融 资 |
|---|---|
| 定义 | 企业为了新的项目而向现在的股东和新股东发行股票来筹集资金，也可称为权益融资 |
| 优点 | 当企业需要的资金量比较大时(比如并购)，股权融资就占很大优势，因为它不像债权融资那样需要定期支付利息和本金，而仅仅需要在企业盈利的时候支付给股东股利 |
| 缺点 | 股份容易被恶意收购从而引起控制权的变更，并且股权融资方式的成本也比较高 |

③ 企业债权融资的定义、优缺点如表 3-11 所示。

**表 3-11 企业债权融资剖析**

| 融资方式 | 债 权 融 资 |
|---|---|
| 定义 | 债权融资可以分为两类：贷款、租赁。年限少于一年的贷款为短期贷款，年限高于一年的贷款为长期贷款。租赁是指企业租用资产一段时期的债务形式，可能拥有在期末的购买期权 |
| 优点 | 与股权融资相比，债权融资成本较低、融资的速度也较快，并且方式也较为隐蔽。租赁优点在于企业可以不需要为购买进行融资，因为融资的成本是比较高的；此外，租赁很有可能使企业享有更多的税收优惠；最后，租赁可以增加企业的资本回报率，因为它减少了总资本 |
| 缺点 | 当企业陷入财务危机或者企业的战略不具有竞争优势时，还款的压力增加了企业的经营风险；租赁不足之处在于企业使用租赁资产的权利是有限的，因为资产的所有权不是企业的 |

④ 企业资产销售融资的定义、优缺点如表 3-12 所示。

**表 3-12 企业资产销售融资剖析**

| 融资方式 | 资产销售融资 |
|---|---|
| 定义 | 企业可以选择销售其部分有价值的资产进行融资 |
| 优点 | 简单易行，并且不用稀释股东权益 |
| 缺点 | 这种融资方式比较激进，一旦操作了就无回旋余地，而且如果销售的时机选择得不准，销售的价值就会低于资产本身的价值 |

(2) 不同融资方式的限制。在理解了企业的几种主要融资方式后，管理层还需要了解限制企业融资能力的两个主要方面。

一是企业进行债权融资面临的困境。前面讲过，债权融资要求企业按照合同进行利息支付。高风险通常与高回报相联系，股东会比债权人要求更高的回报率。按照这个逻辑，企业应该更偏好于选择债权融资。尽管相对于股权融资而言，债权融资的融资成本较低，但是企业不会无限制地举债，因为巨额的债务会加大企业利润的波动，表现为留存利润和红利支付的波动。而企业通常会提前对未来的留存利润进行战略规划，如果留存利润的波动较大企业就不能很好地预期，这样就会影响到企业的战略决策。举债后企业的红利支付水平的波动比没有举债时更大，举债越多，红利支付水平波动越大。因此，即便是在企业加速发展时期，企业也会有限地举债。

债权人不愿意看到企业的资产负债比例高达100%，因为高负债率对企业利润的稳定性要求非常高。然而，当债权融资不能满足企业的增长需求时，企业会寻找其他的途径来实现企业增长的目标，总的来说，企业会权衡债权融资的利弊作出最优的融资决策。

二是企业进行股利支付面临的困境。企业在作出股利支付决策时同样也会遇到两难的境地。如果企业给股东分配较多的股利，那么企业留存的利润就较少，进行内部融资的空间相应缩小。从理论上讲，股利支付水平与留存利润之间应该是比较稳定的关系。然而，实际上企业经常会选择平衡增长的股利支付政策，这样会增强股东对企业的信心，从而起到稳定股价的作用。而且，留存利润也是属于股东的，与前述债权的思路类似，如果股利支付是稳定的，那么利润的波动就完全反映在留存利润上，不稳定的留存利润不利于企业作出精准的战略决策。同样，企业也会权衡利弊作出最优的股利支付决策。

2) 资本成本与最优资本结构

为了评价上述各种不同的融资方式，需要考察它们给企业带来的融资成本。下面将分别讨论股权融资与债权融资的资本成本，其中重点内容是估计股权融资成本。此外，下面还将讨论影响最优资本结构的主要因素。

估计和计算融资成本有以下四种情况：资本资产定价模型(CAPM)、无风险利率、长期债务资本成本、加权平均资本成本(WACC)。四种计算融资成本的内涵如表3-13所示。

**表3-13　企业资本成本类型对比分析**

| 资本成本类型 | 内　涵 |
|---|---|
| 资本资产定价模型估计权益资本成本(CAPM) | 权益资本是企业股东自己的资金，在企业没有给股东分配利润时就会产生机会成本；企业权益资本成本等于无风险资本成本加上企业的风险溢价，因而企业的权益资本成本可以计算为无风险资本成本与企业风险溢价之和 |
| 无风险利率估计权益资本成本 | 企业先得到无风险债券的利率值，这在大多数国家都是容易获取的指标，然后再综合考虑自身企业的风险，在此利率值的基础上加上几个百分点，最后就是按照这个利率值计算企业的权益资本成本。这种估计方法简单灵活，但同时估计的客观性和精准性也受到很大的质疑 |
| 长期债务资本成本 | 等于各种债务利息费用的加权平均数再扣除税收的效应 |
| 加权平均资本成本(WACC) | 权益资本成本与长期债务资本成本的加权平均 $\text{WACC}=\frac{\text{长期债务成本}\times\text{长期债务总额}}{\text{总资本}}+\frac{\text{权益资本成本}\times\text{权益总额}}{\text{总资本}}$ |

分析资本成本的最终目的是为企业作出最优的资本结构决策提供帮助。资本结构是权益资本与债务资本的比例。所谓最优资本结构，一般是指综合资金成本率最低的资本结构。

资本结构决策要考虑以下因素：企业的盈利水平；股权债权融资成本；企业的举债能

力；管理层对企业的控制能力；企业的资产结构、增长率；税收成本；企业未来战略的经营风险；企业对风险的态度；企业所处行业的风险；竞争对手的资本成本和资本结构；影响利率的因素等。

虽然企业的资本成本计算复杂且不确定，但仍要进行计算。收益若低于资金的融资成本，那么企业就应该放弃该项目。

3) 股利分配策略

讨论股利分配策略应重点关注两方面的内容。

(1) 决定股利分配的因素：

① 留存供未来使用的利润的需要；

② 分配利润的法定要求；

③ 债务契约中的股利约束；

④ 企业的财务杠杆；

⑤ 企业的流动性水平；

⑥ 即将偿还债务的需要；

⑦ 股利对股东和整体金融市场的信号作用。

(2) 股利政策分类及特点如表 3-14 所示。

**表 3-14 企业股利政策分类及特点**

| 股利政策 | 定 义 | 特 点 |
|---|---|---|
| 固定股利政策 | 每年支付固定的或者稳定增长的股利 | 为投资者提供可预测的现金流量，减少管理层将资金转移到盈利能力差的活动的机会，并为成熟的企业提供稳定的现金流，盈余下降时也可能导致股利发放遇到一些困难 |
| 固定股利支付率政策 | 企业发放的每股现金股利除以企业的每股盈余保持不变 | 保持盈余、再投资率和股利现金流之间的稳定关系，但投资者无法预测现金流，无法表明管理层的意图或者期望，并且如果盈余下降或者出现亏损的时候，这种方法就会出现问题 |
| 零股利政策 | 所有剩余盈余都留存企业 | 成长阶段通常会使用这种股利政策，并将其反映在股价的增长中，当成长阶段已经结束，并且项目不再有正的现金净流量时，就需要积累现金并需要新的股利分配政策 |
| 剩余股利政策 | 只有在没有现金净流量为正的项目的时候才会支付股利 | 成长阶段，不能轻松获得其他融资来源的企业比较常见 |

(三) 财务战略的选择

### 1. 基于发展阶段的财务战略选择

企业产品的生命周期理论假设产品都要经过导入期、成长期、成熟期、衰退期四个阶段。

(1) 企业发展各阶段的特征，如表 3-15 所示。

**表 3-15 企业发展各阶段的特征**

| 分析内容 | 企业的发展阶段 | | | |
|---|---|---|---|---|
| | 导入期 | 成长期 | 成熟期 | 衰退期 |
| 经营风险 | 非常高 | 高 | 中等 | 低 |
| 财务风险 | 非常低 | 低 | 中等 | 高 |
| 资本结构 | 权益融资 | 主要是权益融资 | 权益+债务融资 | 权益+债务融资 |
| 资金来源 | 风险资本 | 权益投资增加 | 保留盈余+债务 | 债务 |
| 股利 | 不分配 | 分配率很低 | 分配率高 | 全部分配 |
| 价格/盈余倍数 | 非常高 | 高 | 中 | 低 |
| 股价 | 迅速增长 | 增长并波动 | 稳定 | 下降并波动 |

(2) 企业不同发展阶段的财务战略如表 3-16 所示。

**表 3-16 企业不同发展阶段的财务战略**

| 发展阶段 | 资本结构 | 资本来源 | 股利分配政策 |
|---|---|---|---|
| 导入阶段的财务战略 | 由于导入期的经营风险很高，因此应选择低财务风险战略，应尽量使用权益筹资，避免使用负债 | 引进风险投资者 | 股利支付率大多为零 |
| 成长阶段的财务战略 | 由于此时的经营风险虽然有所降低，但仍然维持较高水平，不宜大量增加负债比例 | 私募或公募 | 采用低股利政策 |
| 成熟阶段的财务战略 | 由于经营风险降低，应当扩大负债筹资的比例 | 负债和权益 | 采用高股利政策或作为替代进行股票回购 |
| 衰退阶段的财务战略 | 应设法进一步提高负债筹资的比例，以获得利息节税的好处 | 选择负债筹资 | 采用高股利政策 |

(3) 财务风险与经营风险的搭配。经营风险的大小是由特定的经营战略决定的，财务风险的大小是由资本结构决定的，它们共同决定了企业的总风险。经营风险与财务风险的结合方式，从逻辑上可划分为四种类型如表 3-17 所示。

**表 3-17 经营风险与财务风险匹配对比**

| 匹配方式 | 特点 | 例子 |
|---|---|---|
| 高经营风险与高财务风险的匹配 | 具有很高的总体风险。该种匹配不符合债权人的要求，符合风险投资者的要求 | 一个初创期的高科技公司，假设能够通过借款取得大部分资金，其破产的概率很大，而成功的可能性很小 |
| 高经营风险与低财务风险的匹配 | 具有中等程度的总体风险。该种匹配是一种可以同时符合股东和债权人期望的现实搭配 | 一个初创期的高科技公司，主要使用权益筹资，较少使用或不使用负债筹资 |
| 低经营风险与高财务风险的匹配 | 具有中等程度的总风险。该种匹配是一种可以同时符合股东和债权人期望的现实搭配 | 一个成熟的公用企业，大量使用借款筹资 |
| 低经营风险与低财务风险的匹配 | 具有很低的总体风险。该种匹配不符合权益投资人的期望，不是一种现实的搭配 | 一个成熟的公用企业，只借入很少的债务资本 |

综上所述，经营风险与财务风险反向搭配是制定资本结构的一项战略性原则。产品或企业的不同发展阶段有不同的经营风险，企业应采用不同的财务战略。

2．基于创造价值或增长率的财务战略选择

创造价值是财务管理的目标，也是财务战略管理的目标，如果这个目标是不变的，那么财务战略的问题就只剩下战略路径问题，也就是如何实现这个目标的问题。

从战略上看，管理者为增加企业价值可以操纵的管理杠杆十分有限。这就如同驾驶飞机一样，虽然有很多仪表显示机器复杂的运转状态，但是驾驶员可以操纵的不外乎是方向、速度和高度等有限的变量，正是依靠对主要变量的控制使飞机安全抵达目的地。如果对主要变量的操作失误就会偏离目标，甚至机毁人亡。为了实现财务目标，必须找到影响创造价值的主要因素，以及它们与创造价值之间的内在联系。

(1) 影响价值创造的主要因素如表 3-18 所示。

表 3-18 影响价值创造的主要因素

| 因 素 | 要点阐释 |
| --- | --- |
| 企业的市场增加值 | 企业市场增加值＝企业资本市场价值－企业占用资本＝权益增加值+债务增加值 |
| 影响企业市场增加值的因素 | 经济增加值＝(投资资本回报率－资本成本)×投资资本<br>$市场增加值=\frac{经济增加值}{资本成本-增长率}=\frac{(投资资本回报率-资本成本)\times 投资资本}{资本成本-增长率}$<br>影响企业市场增加值的因素有三个：投资资本回报率、资本成本、增长率 |
| 影响价值创造的因素 | 影响价值创造的因素主要有：投资资本回报率，与市场增加值同向变化；资本成本，与市场增加值反向变化；增长率，当“投资资本回报率－资本成本”为正值时，增长率与市场增加值同向变化；当“投资资本回报率－资本成本”为负值时，增长率与市场增加值反向变化；可持续增长率 |

① 企业的市场增加值：公式中的“企业资本市场价值”是权益资本和负债资本的市价。如果企业的股票和债券都上市流通，则该数额不难获得。如果企业没有上市，则市场价值需要用另外的方法估计。

公式中的“企业占用资本”是指同一时点估计的企业占用的资本数额(包括权益资本和债券资本)。它可以根据财务报表数据经过调整来获得，这种调整主要是修正会计准则对经济收入和经济成本的扭曲。调整的主要项目包括坏账准备、商誉摊销、研究与发展费用等。

② 权益增加值与债务增加值：通常，债务增加值是由利率变化引起的。如果利率水平不变，举借的债务使占用债务资本和债务市场价值等量增加，则债务增加值为零。在这种情况下，企业市场增加值等于股东权益市场增加值，企业市场增加值最大化等于权益市场增加值最大化。

③ 影响企业市场增加值的因素：既然在利率不变的情况下，企业市场增加值最大化与股东财富最大化具有同等意义，那么，管理人员就应该努力增加企业的市场增加值。

影响企业市场增加值的主要因素分析过程如下：假设企业也是一项资产，可以产生未来现金流量，其价值可以用永续固定增长率模型估计：

$$企业价值=\frac{现金流量}{资本成本-增长率}$$

其中：现金流量=息税前利润×(1－税率)+折旧－营运资本增加额－资本支出
=税后经营利润－(营运资本增加额+资本支出－折旧)
=税后经营利润－投资资本增加额

假设企业价值等于企业的市场价值：

$$\begin{aligned}企业市场增加值&=资产市场价值-投资成本\\&=\frac{税后经营利润-投资增加额}{资本成本-增长率}-投资资本\\&=\left(\frac{税后经营利润}{投资成本}-\frac{投资资本增加额}{投资成本}-资本成本+增长率\right)\times\frac{投资成本}{资本成本-增长率}\end{aligned}$$

由于增长率是固定的：

$$\frac{投资资本增加额}{投资成本}=增长率\qquad\frac{税后经营利润}{投资成本}=投资资本回报率$$

所以：

$$市场增加值=\frac{(投资资本回报率-资本成本)\times投资成本}{资本成本-增长率}$$

这里的企业市场增加值与经济增加值(即经济利润)有联系。经济增加值是分年计量的，而市场增加值是预期各年经济增加值的现值。

$$\begin{aligned}经济增加率&=税后经营利润-资本成本\times投资资本\\&=\left(\frac{税后经营利润}{投资成本}-资本成本\right)\times投资资本\\&=(投资资本回报率-资本成本)\times投资资本\end{aligned}$$

因此：

$$市场增加率=\frac{经济增加值}{资本成本-增长率}$$

经济增加值与企业市场增加值之间有直接联系，为企业业绩考核奠定了最为合理的基础，可以使激励报酬计划与增加企业价值保持一致。

经济增加值与净现值有内在联系。投资的净现值、投资引起的经济增加值现值、投资引起的企业市场增加值三者是相等的。正因为如此，净现值法成为最合理的投资评价方法。

综上所述，影响企业创造价值的因素有三个：第一，投资资本回报率，反映企业的盈利能力，由投资活动和运营活动决定；第二，资本成本，通过加权平均资本成本来计量，反映权益投资和债权人的期望值，由股东和债权人的期望以及资本结构决定；第三，增长率，用预期增长率计量，由外部环境和企业的竞争能力决定。

值得注意的是，这三个因素对企业增加值的影响是不同的。投资资本的回报率是公式的分子，提高盈利能力有助于增加市场增加值；增长率是分母减项，提高增长率对市场增加值的影响，要看分子是正值还是负值。当公式分子的“投资资本回报率 - 资本成本”为正值时，提高增长率使市场增加值变大；当“投资资本回报率 - 资本成本”为负值时，提高增长速率使市场增加值变小(即市场价值减损更多)。因此，高增长率的企业也可能损害股东价值，低增长率的企业也可以创造价值。

增长率的高低虽然不能决定企业是否创造价值，但却可以决定企业是否需要筹资，是制定财务战略的重要依据。

④ 销售增长率、筹资需求与价值创造如表 3-19 所示。

**表 3-19 现金管理相关因素分析**

| 内 容 | 相关分析 | |
|---|---|---|
| 现金余缺 | 现金短缺 | 销售增长率超过可持续增长率 |
| | 现金剩余 | 销售增长率低于可持续增长率 |
| | 现金平衡 | 销售增长率等于可持续增长率 |
| 现金短缺 | 创造价值的现金短缺 | 应当设法筹资以支持高增长，创造更多的市场增加值 |
| | 减损价值的现金短缺 | 应当降低增长率以减少价值减损 |
| 现金剩余 | 创造价值的现金剩余 | 应当用这些现金提高增长率，创造更多的价值 |
| | 减损价值的现金剩余 | 应当把钱还给股东，避免更多的价值减损 |
| 现金平衡 | 当前经营效率和财务政策下产生的现金，与销售增长的需要保持平衡 | 这是一种理论上的状态，现实中的平衡是不存在的 |

综上所述，影响价值创造的因素主要有投资资本回报率、资本成本、增长率、可持续增长率。它们是影响财务战略选择的主要因素，也是管理者为增加企业价值可以操纵的主要内容。

(2) 价值创造和增长率矩阵。根据以上的分析，我们可以通过一个矩阵，把价值创造(投资资本回报率-资本成本)和现金余缺(销售增长率 - 可持续增长率)联系起来。该矩阵称为财务战略矩阵，可以作为评价和制定战略的分析工具，如图 3-5 所示。

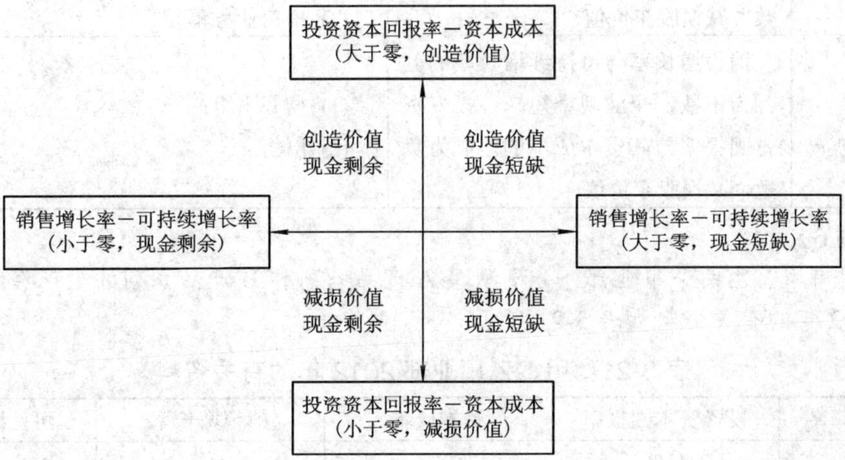


图 3-5 财务战略矩阵

财务战略矩阵假设一个企业有一个或多个业务单位。纵坐标是一个业务单位的投资资本回报率与其资本成本的差额。当差值为正数时，该业务单位为股东创造价值；当差值为负数时，该业务单位为股东减损价值。

据此建立的矩阵有四个象限：处于第一象限的业务属于增值型现金短缺业务；处于第二象限的业务属于增值型现金剩余业务；处于第三象限的业务属于减损型现金剩余业务；处于第四象限的业务属于减损型现金短缺业务。处于不同象限的业务单位(或企业)应当选择不同的财务战略，如表 3-20 所示。

**表 3-20　企业财务战略类型**

| 财务战略类型 | 含　义 | 对　策 |
|---|---|---|
| 增值型现金短缺 | 销售增长率与可持续增长率的差额为正数，企业现金短缺；投资资本回报率与其资本成本的差额为正数，为股东创造价值 | 暂时性高速增长的资金问题可以通过短期借款来解决；长期性高速增长的资金问题有两种解决途径：<br>(1) 提高可持续增长率：① 提高经营效率：降低成本；提高价格；降低营运资金；剥离部分资产；改变供货渠道。② 改变财务政策：停止支付股利；增加借款的比例。<br>(2) 增加权益资本：① 增发股份；② 兼并成熟企业 |
| 增值型现金剩余 | 销售增长率与可持续增长率的差额为负数，企业现金剩余；投资资本回报率与其资本成本的差额为正数，为股东创造价值 | (1) 加速增长：① 内部投资；② 收购相关业务。<br>(2) 分配剩余现金：① 增加股利支付；② 回购股份 |
| 减损型现金剩余 | 销售增长率与可持续增长率的差额为负数，企业现金剩余；投资资本回报率与其资本成本的差额为负数，减损股东价值 | (1) 提高投资资本回报率：① 提高税后经营利润率；② 提高经营资产周转率。<br>(2) 降低资本成本；<br>(3) 出售业务单元 |
| 减损型现金短缺 | 销售增长率与可持续增长率的差额为正数，企业现金短缺；投资资本回报率与其资本成本的差额为负数，减损股东价值 | (1) 彻底重组；<br>(2) 出售 |

**【案例 6】**

某公司有甲、乙两个事业部，分别从事 A 产品系列和 B 产品系列的生产经营。甲、乙事业部 2012 年的有关资料如表 3-21 所示。

**表 3-21　甲、乙事业部 2012 年的有关资料**

| 事业部 | 投资资本回报率 | 资本成本 | 销售增长率 | 可持续增长率 |
|---|---|---|---|---|
| 甲 | 11% | 9% | 5% | 8% |
| 乙 | 7% | 6% | 10% | 7.5% |

要求：

(1) 根据以上资料，说明甲、乙两个事业部价值创造与现金余缺情况；

(2) 基于创造价值/增长率的财务战略选择模型，指出甲、乙两个事业部处于财务战略矩阵的哪个象限，并简要说明相应应采取的财务战略选择。

案例分析：

(1) 甲事业部：投资资本回报率 11%＞资本成本 9%，创造价值；销售增长率 5%＜可持续增长率 8%，现金剩余。

乙事业部：投资资本回报率 7%＞资本成本 6%，创造价值；销售增长率 10%＞可持续增长率 7.5%，现金短缺。

(2) 甲事业部处于财务战略矩阵的第二象限，属于增值型现金剩余。有关的财务战略选择如下：利用剩余的现金加速增长，途径包括内部投资和收购相关业务；分配剩余现金，途径包括增加股利支付和回购股份。

乙事业部处于财务战略矩阵的第一象限，属于增值型现金短缺。有关的财务战略选择如下：对于暂时性高速增长的资金可以通过短期借款来解决。长期性高速增长的资金有两种解决途径，即提高可持续增长率和增加权益资本。

## 二、营销战略

市场营销战略是企业市场营销部门根据公司总体战略与业务单位战略规划，在综合考虑外部市场机会及内部状况等因素的基础上，确定目标市场，选择相应的市场营销策略组合，并予以有效实施和控制的过程。

市场营销战略计划的制订是一个相互作用的过程，是一个创造和反复的过程。

### (一) 确定目标市场

确定目标市场的主要工作是进行市场细分和目标市场的选择。

#### 1. 市场细分

(1) 市场细分的利益：

① 市场细分有利于企业发现最好的市场机会，提高市场占有率；

② 市场细分还可以使企业用最少的经营费用取得最大的经营效益。

(2) 消费者市场细分的依据。细分变量主要有地理、人口、心理和行为四类。

(3) 产业市场细分的依据。细分变量主要有追求利益、使用者情况、使用程度、对品牌的信赖程度、购买准备阶段、使用者对产品的态度、最终用户、顾客规模。

(4) 市场细分的有效标志：可测量性、可进入性、可营利性。

#### 2. 目标市场选择

目标市场就是企业决定要进入的那个市场部分，也就是企业拟投其所好、为之服务的那个顾客群(这个顾客群有颇为相似的需要)。

(1) 无差异市场营销。无差异市场营销的理论基础是成本的经济性。

优点：生产经营品种少、批量大，节省成本费用，提高利润率。

缺点：忽视了需求的差异性，较小市场部分需求得不到满足。

(2) 差异市场营销。差异市场营销是将整体市场划分为若干细分市场，针对每一细分市场制定一套独立的营销方案。

优点：适应了各种不同的需求，能扩大销售，提高市场占有率。

缺点：因为差异营销会增加设计、制造、管理、仓储和促销等方面的成本，所以会造成市场营销成本上升。

(3) 集中市场营销。集中营销则是集中力量进入一个或少数几个细分市场，实行专业化生产和销售。

优点：由于目标集中能更深入地了解市场需要，使产品更加适销对路，有利于树立和强化企业形象及产品形象，在目标市场上建立巩固的地位；同时由于实行专业化经营，可节省生产成本和营销费用，增加盈利。

缺点：目标过于集中，把企业的命运押在一个小范围的市场上，有较大风险。

上述三种目标市场涵盖战略事实上是企业业务单位战略中的三种基本战略在营销战略中的体现，三种战略各有利弊，企业在选择时需考虑以下五个方面的主要因素，即企业资源、产品同质性、市场同质性、产品所处的生命周期阶段、竞争对手的目标市场涵盖战略。

### 3. 市场定位

选择目标市场之后，下一步就是找出这些客户有哪些需求，也就是如何定位企业产品的市场定位。

市场定位的主要方法有：根据属性和利益定位；根据价格和质量定位；根据用途定位；根据使用者定位；根据产品档次定位；根据竞争局势定位；以及各种方法组合定位等。

出现下列情况时需考虑重新定位：竞争者推出的市场定位位于本企业产品的附近，侵占了本企业品牌的部分市场，使本企业品牌的市场占有率有所下降；消费者偏好发生变化，从喜爱本企业某品牌转移到喜爱竞争对手的某品牌。

企业在重新定位前，尚需考虑两个主要因素：

(1) 企业将自己的品牌定位从一个子市场转移到另一个子市场时的全部费用。

(2) 企业将自己的品牌定位在新位置上的收入有多少，而收入多少又取决于该子市场上的购买者和竞争者情况、取决于在该子市场上销售价格能定多高等。

## (二) 设计市场营销组合

市场营销组合是企业市场营销战略的一个重要组成部分。市场营销组合是现代市场营销理论中的一个重要概念。市场营销组合中所包含的可控制的变量很多，可以概括为四个基本变量，即产品、价格、地点和促销。

### 1. 产品策略

产品策略包括产品组合策略、品牌与商标策略和产品开发策略。

#### 1) 产品组合策略

产品组合是指某一企业所生产或销售的全部产品大类、产品项目的组合。

(1) 产品组合的宽度、长度、深度和关联性：产品组合的宽度是指一个企业有多少产品大类。产品组合的长度是指一个企业的产品组合中所包含的产品项目的总数。产品组合的深度是指产品大类中每种产品有多少花色、品种、规格。产品组合的关联性是指一个企业的各个产品大类在最终使用、生产条件、分销渠道等方面的密切相关程度。

(2) 产品组合策略的类型：

① 扩大产品组合，包括拓展产品组合的宽度和加强产品组合的深度。

② 缩减产品组合。

③ 产品延伸，具体做法有向下延伸、向上延伸和双向延伸三种。向下延伸指企业原来生产高档产品，后来决定增加低档产品；向上延伸指企业原来生产低档产品，后来决定增加高档产品；双向延伸即原定位于中档产品市场的企业掌握了市场优势以后，决定向产品大类的上下两个方向延伸，一方面增加高档产品，另一方面增加低档产品，扩大市场阵地。

(3) 产品大类现代化，有逐步现代化、快速现代化两种选择。逐步现代化可以节省资金耗费，但缺点是竞争者很快就会察觉，并有充足的时间重新设计它们的产品大类；快速现代化决策虽然在短时期内耗费资金较多，却可以出其不意，击败竞争对手。

2) *品牌和商标策略*

品牌和商标有三个基本特点：名称、标记、关联性和个性。

(1) 名称：指品牌和商标名称应受法律保护、便于记忆并与产品自身相一致(若可能)。

(2) 标记：使品牌和商标具有可辨认性的设计、商标、符号和一系列视觉特征。

(3) 关联性和个性：有助于使用者通过品牌和商标将企业的产品与竞争性产品区分开来。

企业可采用的品牌策略有单一品牌策略、多品牌策略、自有品牌策略。如可口可乐公司旗下的产品可口可乐、雪碧、醒目、芬达、美汁源等。

3) *产品开发策略*

在新产品开发的过程中，最重要的任务是满足客户需求和实现产品差异化。新产品的定义较为广泛，主要是指打开了新市场的产品、取代了现有产品的产品以及现有产品的替代品。

产品开发的原因包括：

(1) 企业具有较高的市场份额和较强的品牌实力，并在市场中具有独特的竞争优势。

(2) 市场中有潜在增长力。

(3) 客户需求的不断变化需要新产品。持续的产品更新是防止产品被淘汰的唯一途径。

(4) 需要进行技术开发或采用技术开发。

(5) 企业需要对市场的竞争创新作出反应。

然而，产品开发战略具有极大的投资风险。因为如下原因产品开发越来越难以实现：

(1) 在某些产业中，缺乏新产品构思。

(2) 不断变小的细分市场使得容量降低，从而无法证明投资的合理性。

(3) 由于产品涉及复杂的研发过程，因此产品开发失败的概率很高。

(4) 企业通常需要进行许多产品构思来生产好产品，这使得新产品开发非常昂贵。

(5) 即便产品获得成功，但是由于被市场中的竞争者“模仿”并加入其自身的创新和改良，因此新产品的生命周期可能较短。

为了使产品开发失败的概率最小化，要对新产品构思进行筛选。筛选流程包括业务分析、开发、测试上市和商品化，其主要回答如下问题：

(1) 该产品是否符合企业目标、企业战略、资源和竞争？

(2) 潜在客户是否喜欢这一产品？如果是，他们是否能购买该产品？

(3) 该产品在市场上能否获利？

(4) 在技术上和商业上，该产品是否能证明投资的合理性？

(5) 市场测试是否符合预期要求？客户、经销商和竞争者的反应如何？

只有上述答案都是肯定回答时，才能将该项产品上市。

**2. 促销策略**

促销是营销组合中营销部门最具控制权的一个环节。企业将其产品或服务的特性传达给预期客户的方式被称为促销组合。

促销的目的：赢得潜在客户的注意；产生利益；激发客户的购买渴望；刺激客户的购买行为。

企业将其产品或服务的特性传达给预期客户的方式被称为促销组合。促销组合由四个要素构成：广告促销、营业推广、公关宣传、人员推销。

促销组合反映了使产品到达目标客户的各种方式。一般管理层所要确定的是在什么时间对什么产品采用什么样的促销技术。这一问题有多个解决方案，取决于产品的类型、目标客户、可用的沟通渠道等。

**3. 分销策略**

分销策略是确定产品到达客户手上的最佳方式。分销策略要克服地点、时间、数量和所有权上的差异，分销策略要解决如何分销产品以及如何确定实体店的位置等问题。该决策取决于以下一些变量：

(1) 企业产品类型的现有分销渠道。

(2) 为企业产品建立自己的网络所需的费用。

(3) 存货的成本，以及该成本随着分销策略的不同如何变化。

(4) 企业产品类型所处的监管环境。

分销策略应当与价格、产品和促销三个方面密切相关。可获取产品的渠道对于客户对产品的质量感知和状况感知非常重要。分销渠道必须使产品的形象目标与客户的产品感知相符合。

分销功能通过分销渠道来体现。分销渠道包括产品或服务的移动和交换过程中所涉及的所有机构或人员，如零售商、批发商、分销商、代理商、特许经营和直销。零售商是指直接对家庭进行销售的、拥有实体店的中间商。批发商是指从竞争厂家购入一系列的产品作为库存，并将其销售给其他企业的中间商。许多批发商都专门销售特殊的产品。多数批发商销售消费品，但也有一些专门销售工业产品，比如钢铁企业。分销商和经销商是指通过签订合同购买生产商的产品并将其出售给客户的企业。除了销售生产商的产品之外，分销商通常还对产品进行促销并提供售后服务。代理商购买生产商的产品并获取佣金，其佣金与产品销量无关。特许经营者是一家独立的企业，其支付一定加盟费并被允许在母企业名称下从事经营活动并取得一定销售份额，例如麦当劳。直销包括邮件订购、电话订购以及使用互联网或电视购物。

分销渠道的类型包括直接分销和间接分销(间接分销可分为独家分销、选择分销、密集分销)。

评价和评估企业分销结构的标准：

(1) 经济性标准(是否取得最大利润)；

(2) 控制性标准(生产商对渠道的控制程度，如使用代理商会增加控制问题)；

(3) 适应性标准(生产商能否具有适应环境变化的能力)。

**4. 价格策略**

定价是营销工具中最有力的策略。定价目标可能是：

(1) 通过利用需求价格弹性和成本信息使利润最大化，这是经济学理论中的目标。

(2) 实现投资的目标回报率(如 ROI 和 ROCE 指标)，这一目标会导致采用成本导向定价法。

(3) 实现目标市场份额(比如采用渗透定价法)。

(4) 当市场对价格非常敏感时，其目标是增强竞争力而不是领导市场。

营销组合的价格要素能够带来收益。由于要考虑成本和市场因素，因而市场中的企业并不能完全自由地定价，但他们可以在不同情况下采用不同的定价策略。如质优价高的定价、跟随市场领导者或市场的定价策略、产品差别定价法以及产品上市定价法。

(1) 产品差别定价法，是指企业对同种同质的产品或服务以两种或两种以上的价格来销售，价格的不同并不是基于成本的不同，而是企业为满足不同消费层次的要求而构建的价格结构。

差别定价的不同方法如下：

① 人口细分市场。比如乘坐交通工具时，学生和老年人群享受打折优惠。

② 地点细分定价。剧院的座位通常根据其位置出售，这样人们观看同样的演出时便根据其所在的座位类型支付不同的票价。

③ 产品的版本细分定价。移动电话具有“附加”附件的成本价格；通常这一系列产品中高端产品的价格远远高于“附加”附件的成本。

④ 时间细分定价。酒店和机票的价格因季节而异。这种定价方法是通过考虑所供应的商品或服务的平均成本之外的其他变量来定价，从而提高销售额。又或者是有的产品可根据季节不同给予季节折扣，如冬天买电扇，夏天买电暖气，都可以折扣出售，这样可减少积压，加速资金周转。

⑤ 动态定价。产品的价格随着与正常需求形态相比的现有需求程度而变化。廉价航空企业会对未来飞行确定一个较低的初始价格，并通过先进的计算机程序跟踪累计销量；如果销量相对正常或上升较快，则航空企业会提高其价格。

(2) 新产品上市定价法。新产品上市有两个常见的价格策略，渗透定价法和撇脂定价法。

① 渗透定价法，是指在新产品投放市场时确定一个非常低的价格，以便抢占销售渠道和消费者群体，从而使竞争者较难进入市场。因而，这是一种通过牺牲短期利润来换取长

期利润的策略。企业缩短产品生命周期的最初阶段，以便尽快进入成长期和成熟期。

② 撇脂定价法，是指在新产品上市之初确定较高价格，并随着生产能力的提高逐渐降低价格。这一方法旨在产品生命周期的极早阶段获取较高的单位利润。

新产品首次上市时，企业为了赢得客户，在广告和促销上投入了大量成本。随着产品进入生命周期中的后期阶段，企业会逐渐为产品降低价格。这样，在渐进阶段盈利性的“奶油”被“撇”掉，直到仅能以较低的价格维持销量为止。例如，新发布的电脑产品在上市初期定价相对较高，随后价格会逐渐下降。

无论企业选择采用何种定价策略，重要的是企业应懂得价格与其他营销组要素之间具有很强的相互作用。定价必须考虑到相对竞争者而言产品的质量和促销费用。在几乎每个市场都能观察到以下现象：一是质量和广告费用相对较高的品牌会取得最高的价格。反之，质量和广告费用相对降低的品牌，其产品的售价就比较低廉。二是质量中等但广告费用相对较高的品牌能够收取高价。相对不知名的产品而言，消费者显然愿意为知名产品支付更高的价格。

### (三) 营销战略实施与控制

企业的市场营销战略过程的第三个主要步骤即执行和控制市场营销计划，这是整个市场营销管理过程的一个带有关键性的、极其重要的步骤。因为企业制订市场营销计划不是纸上谈兵，而是为了指导企业的市场营销活动，实现企业的战略使命和目标。

(1) 执行计划。企业贯彻执行市场营销计划、有效地进行各种市场营销工作，就必须建立和发展市场营销组织。关键职位有营销总监、营销经理。

(2) 控制计划。市场营销计划控制包括年度计划控制、盈利能力控制、效率控制和战略控制。

年度计划控制的主要目的在于：

(1) 促使年度计划产生连续不断的推动力。

(2) 控制的结果可以作为年终绩效评估的依据。

(3) 发现企业潜在问题并及时予以妥善解决。

(4) 高层管理人员可借此有效地监督各部门的工作。

年度计划控制包括四个主要步骤：

(1) 制定标准，即确定本年度各个季度(或月)的目标，如销售目标、利润目标等。

(2) 绩效测量，即将实际成果与预期成果相比较。

(3) 因果分析，即研究发生偏差的原因。

(4) 改正行政，即采取最佳的改正措施，努力使成果与计划相一致。

企业经理人员核对年度计划目标的实现程度的五种绩效工具：

(1) 销售分析。

(2) 市场占有率分析。

(3) 市场营销费用对销售额比率分析。

(4) 财务分析。

(5) 顾客态度分析。

战略控制的常用工具为市场营销审计。所谓市场营销审计，是对一个企业市场营销环境、目标、战略、组织、方法、程序和业务等作综合的、系统的、独立的和定期性的检查，以便确定困难所在和各项机会，并提出行动计划的建议，改进市场营销管理效果。市场营销审计实际上是在一定时期对企业全部市场营销业务进行总的效果评价，其主要特点是不限于评价某一些问题，而是对全部活动进行评价。

## 三、研发战略

研究与开发(简称研发)被定义为组织层面的企业创新。研究可以是基础研究、应用型研究和开发型研究，其目的在于改良产品或改良流程。基础研究是取得新的科学技术知识或了解的初始研究，没有明显的商业用途或实际目的；应用型研究是指具有明显的商业用途或实际目的的研究；开发型研究是指在开始商业生产运作之前，利用现有的科学技术知识来生产新产品或系统。

研发战略并不能独立于企业的其他部分单独进行。业务单位战略会关注企业想要拥有的广泛产品以及企业想要参与竞争的广泛市场。这种战略需要受到企业的竞争力战略的支持，并集中关注企业成功实施业务战略所需的技术。企业研发的任务包括：转化复杂技术、使流程与当地的原材料相适应、使流程与当地的市场相适应、根据特殊的品位和规范来改进产品。诸如产品开发、市场渗透或市场差异化等战略的实施需要成功地开发新产品，或者极大地改良老产品。

### (一) 研发的类型

研发有两种类型：产品研究和流程研究。

**1. 产品研究——新产品开发**

新产品开发是竞争优势的主要来源，是实施差异化战略的企业战略保障体系中的关键环节。但新产品上市也可能花费大量的资金。必须谨慎控制新产品的开发过程。为确保企业的资源都集中应用在成功几率较高的项目上，进行项目筛选是非常必要的。

**2. 流程研究**

流程研究关注生产产品或提供服务的流程，旨在建立有效流程来节约资金和时间，从而提高生产率。流程研究对提高质量管理也至关重要。所以流程管理无论对于实施成本领先战略的企业，还是对于实施差异化战略的企业而言，都是必不可少的。

### (二) 研发的动力来源

研究与开发可以是需求拉动的，即市场的新需求拉动创新以满足需求；也可以是技术推动的，即创新来自发明的应用。对于需求拉动的研究与开发，研发部门与市场营销部门的协调是非常重要的。尽管研究与开发和生产制造活动从技术角度来看都不属于营销经理的职责，然而营销经理对于顾客需求的了解可以对产品开发提供思路和方向，如果不能很清楚地了解顾客的需求，产品设计人员和工程师就可能会按自己的技术特长来开发和生产产品，而不考虑顾客的需要。但是，最终决定是否购买产品的是顾客，而不是产品设计者或工程师。

### (三) 研发的战略作用

(1) 波特的基本战略。产品创新是产品差异化的来源，流程创新使企业能够采用成本领先战略或差异化战略。

(2) 波特的价值链。研发被纳入价值链的支持性活动，通过提供低成本的产品或改良的差异化产品可以强化价值链。

(3) 安索夫矩阵。研发支持四个战略象限，可以通过产品求精来实现市场渗透战略和市场开发战略。产品开发和产品多元化需要更显著的产品创新。

(4) 产品的生命周期。产品研发会加速现有产品的衰退，因而需要研发来为企业提供替代品。

### (四) 研发定位

企业研发战略至少存在以下三种定位。

(1) 成为向市场推出新技术产品的企业。这是一个富有魅力的、令人兴奋的战略，但同时也是一个风险较大的战略。

(2) 成为成功产品的创新模仿者。这种方法的启动风险和成本最小。这种方法必须有先驱企业开发第一代新产品并证明存在该产品的市场，然后由落后的企业开发类似的产品。这种战略要求企业拥有优质的研发人员和优秀的营销部门。

(3) 成为成功产品的低成本生产者。通过大量生产与创新引入的产品相类似、但价格相对低廉的产品来成为低成本生产者。由于产品已经被客户接受，因此价格对做出购买决定而言越来越重要。规模经营替代人员销售成为主要的销售战略。这种研发战略要求企业对工厂和设备进行不断投资，但与前两种战略相比其所需的研发费用较低。

### (五) 研发技术获取途径选择的依据

对于是获取外部企业的研发技术还是企业内部开发研发技术，许多企业都举棋不定，以下指南有助于企业作出决策：

(1) 如果技术进步速度缓慢、市场增长率适中，并且新的市场进入者有很大的进入障碍，则企业内部研发是最佳选择。原因在于成功的研发能够为企业带来可以利用的、暂时性的产品或流程垄断。

(2) 如果技术变化较快而市场增长缓慢，则花费大量精力进行研发会给企业带来较大风险。原因在于这可能使企业开发出一种完全过时的、没有任何市场的技术。

(3) 如果技术变化速度缓慢但市场增长迅速，则通常没有足够的时间进行企业内部的研发。在这种情况下，最佳方法是从外部企业获取独家或非独家的研发技术。

(4) 如果技术进步和市场增长都很迅速，则应从业内的资深企业取得研发技术。

### (六) 研发政策

调查显示，最成功的企业所采用的研发策略能够将外部机会与内部优势紧密相连，并且研发战略与企业目标紧密相关，而制定得当的研发政策是这一过程中的关键环节。研发政策一般考虑以下方面：

(1) 强化产品或流程改良。

(2) 强化应用型研究的基础。

(3) 成为研发领导者或跟随者。

(4) 开发机器人或手动流程。

(5) 对研发投入高额、适中或低额资金。

(6) 在企业内部进行研发或者将研发外包。

(7) 利用大学研究者或私营企业的研究。

此外，研发战略特别要求管理层制定鼓励创新性构思的政策。这包括以下方面：

(1) 必须给予创新财务支持，并可以通过为研发和市场研究投入资金以及为新构思投入风险资金来实现。

(2) 必须使员工有机会在一个能够产生创新性构思的环境中工作，这需要适当的管理风格和组织结构。

(3) 管理层能积极地鼓励员工和客户提出新构思。下级员工参与到决策中来能够更多地鼓励他们参与开发项目并为项目的成功付出努力。

(4) 组建开发小组并由企业负责项目小组工作。

(5) 在适当情况下，企业的招聘政策应集中于招聘具有必备创新技能的员工。应对员工进行培训并使其与时俱进。

(6) 由特定的管理者负责从环境中或企业的内部沟通中获取与创新构思有关的信息。

(7) 战略计划应有助于创新目标的达成，对成功实现目标的员工应给予奖励。

## 四、运营战略

生产运营战略是企业根据目标市场和产品特点构造其生产运营系统时所遵循的指导思想，以及在这种指导思想下的一系列决策规划、内容和程序。

生产运营战略与企业内流程的设计、实施和控制相关，即如何将投入(材料、人工、其他资源、信息和客户)转化为产出(产品和服务)。生产运营职能被视作以下三种传统核心职能之一：第一，生产运营。生产运营职能负责通过为客户生产产品和提供服务来满足客户的订单和要求；第二，市场营销。市场营销职能负责识别客户的需求、与潜在客户进行沟通使其购买企业产品；第三，研究与开发。研究与开发职能负责改良产品(服务)或改良流程，从而提高企业的盈利能力。

### (一) 生产运营战略所涉及的主要因素和阶段

从生产运营战略的横向考察，所有生产运营流程都涉及转化过程，但是转化过程在四个方面或因素上有所不同，它们分别是批量、种类、需求变动以及可见性。上述每个因素都会影响企业的生产运营方式和管理。

#### 1. 批量

生产运营流程在所处理的投入和产出的批量上有所不同。较高的投入或产出批量能使生产运营流程成为资本密集型流程。在这种流程中，工作专门化并具有完备的系统指导工作的完成，单位成本应当较低。较低的投入或产出批量意味着每名员工都要执行一项以上的任务，这样专业化将无法实现。在这种流程中，系统化程度较低并且与高批量情况相比单位产出成本较高。

2. 种类

种类是指企业提供的产品或服务的范围，或者企业对这些产品或服务投入的范围。如果种类繁多，则企业具有灵活性并能够适应个别客户的需求，但企业的工作会变得较为复杂，并且单位成本较高。如果种类有限，则企业比较容易对生产运营流程进行明确限定，这种生产运营流程具有标准化、常规的运营程序及较低的单位成本。但企业在适应客户差异化需求时灵活性较差。

3. 需求变动

在某些企业中，需求在一年中因季节而异(如旅游业或玩具业)或者在一天中因时间而异(如公共交通的使用量)。需求变动可能是可预测的也可能是无法预测的。当需求变动较大时，生产运营会产生产能利用率的问题。生产运营流程应尽量预测需求变动并相应调整产量。例如，旺季的时候旅游业聘用兼职员工。而在旅游淡季，企业的设备和员工都处于未被充分利用的状态，因而单位成本很可能比较高。当需求稳定时，生产运营流程更可能实现较高的产能利用率，并且成本会相应较低。

4. 可见性

可见性是指生产运营流程为客户所见的程度。许多服务流程都对客户高度可见。生产运营流程的高可见性需要员工具备良好的沟通技巧和人际关系技巧，与可见性低的生产运营流程相比单位成本可能比较高。

当可见性较低时，生产和销售之间可以存在时间间隔，从而允许生产运营流程充分发挥作用。在可见性较低的生产运营流程中，联系客户的技巧并不重要，单位成本也相对较低。

而从生产运营战略的纵向考察，又涉及生产运营战略的几个主要阶段：

(1) 确定生产运营目标。

(2) 将业务战略或营销战略转化为生产运营战略，即确定工作得以具体完成的方式。

(3) 通过与竞争者的绩效相比较来评估企业当前的运营绩效。

(4) 以缺口分析为基础来制定战略。

(5) 执行战略，并通过对环境变化作出反应来不断地检查、改善和改良战略。

### (二) 生产流程计划

生产或运营能力、局限性和政策能够极大地促进或阻碍企业目标的实现。生产流程通常构成了企业总资产中的大部分资产。战略实施流程中大部分都发生在生产现场，以下几个方面的生产流程决策对战略实施的成败具有重大影响：工厂规模、工厂地点、产品设计、设备的选择、工具的类型、库存规模、库存控制、质量控制、成本控制、标准的使用、工作专业化、员工培训、设备与资源利用、运输与包装以及技术创新。

在研究工厂地点和生产设备之前所必须考虑的因素包括：主要资源的可利用性，该地区的当前平均工资水平，与收发货物相关的交通费用，主要市场的地点，该地区所在国家的政治风险以及可用的培训过的员工。对于高技术企业而言，由于经常需要改变主要产品，因此，生产成本与生产灵活性同等重要。

### (三) 产能计划

产能计划是指确定企业所需的生产能力以满足其产品不断变化需要的过程。企业也可以通过引进技术、更新设备材料、增加员工、增加机器数量等办法提高产能。

### (四) 准时生产系统(JIT)

准时生产系统是指生产的产品能够精确地满足客户在时间、质量和数量上的需求。JIT理论的关键要素是不断改进、消除浪费、缩短生产准备时间、工作场所整洁有条理、所有员工积极参与等。

### (五) 质量系统

质量管理是指确定质量方针、目标、职责，并通过质量体系中的质量策划、质量控制、质量保证和质量改进来使其实现的所有管理职能的全部活动。

#### 1. 质量成本

质量成本又称质量费用。是指将产品质量保持在规定的质量水平上所需的有关费用。质量成本是由两部分构成，即运行质量成本(或工作质量成本，或内部质量成本)和外部质量保证成本。

(1) 运行质量成本，是指企业为保证和提高产品质量而付出的一切费用以及因质量故障所造成的的损失费用之和。它又分为四类，即企业内部损失成本、鉴定成本、预防成本和外部损失成本。

① 企业内部损失成本，又称内部故障成本，是指产品出厂前因不满足规定的质量要求而支付的费用。主要包括：户口损失费用、返修损失费用和复试复验费用、停工损失费用、处理质量担风险费用、减少损失及产品降级损失费用等。

② 鉴定成本，指评定产品是否满足真凭实据质量水平所需要的费用。主要包括：进货检验费用、工序检验费用、成品检验费用、质量审核费用、保持检验和试验设备精确性的费用、试验和检验损耗费用、存货复试复验费用、质量分级费用、检验仪器折旧费以及计量工具购置费等。

③ 预防成本，指用于预防产生不合格品与故障等所需的各种费用。主要包括：质量计划费用、质量教育培训费用、新产品评审费用、工序控制费用、质量改进措施费用、质量审核费用、质量奖励费用、专职质量管理人员的工资及其附加费等。

④ 外部损失成本，是指成品出厂后因不满足规定的质量要求，导致索赔、修理、更换或信誉损失等而支付的费用。主要包括：申诉受理费用、保修费用、退换产品的损失费用、折旧损失费用和产品责任损失费用等。

(2) 外部质量保证成本，指为用户提供所要求的客观证据所支付的费用。主要包括：

① 为提供特殊附加的质量保证措施、程序、数据所支付的费用。

② 产品试验和评定的费用。

③ 满足用户要求，进行质量体系认证所发生的费用。

### 2. 全面质量管理

大多数现代管理方法试图在生产过程中保证质量而不是在生产完成或提供服务之后检查货物和服务。全面质量管理(Total Quality Management，TQM)是一项很受欢迎的质量鉴定技术。其所含要素主要有以下几点：

(1) 内部客户和外部供应商。企业的各个部分都与质量问题有关，需要一起合作并会相互影响。TQM 提升了内部客户和内部供应商的概念。内部供应商为内部客户所做的工作最终会影响提供给外部客户的产品或服务的质量。为了满足外部客户的期望，就必须满足整个经营中每个阶段内部客户的期望。因此内部客户与质量链密切相关。内部客户 A 能够满足内部客户 B，内部客户 B 可以满足内部客户 C，C 最终满足外部客户的需求。

(2) 服务水平协议。有些企业通过要求每个内部供应商同其内部客户达成一项服务水平协议来使内部供应商与内部客户的概念书面化。服务水平协议是对服务和供应的标准的一项声明，用于提供给外部客户，包括服务供应商的范围、反应时间和可靠性等方面的问题，责任界定和性能标准也可能包含在这种协议中。

(3) 公司的质量文化。企业中的每个人都会影响质量，质量是每个人的责任。这意味着不仅仅是那些直接参与生产和同客户打交道的人，而且每个在后台支持的人员和行政人员都会影响质量。

(4) 授权。这是确认员工自身通常是关于如何提高或能否提高质量的最好信息来源。授权包括两个关键方面：允许员工能够自由决定如何使用掌握的技能和获得成为一个有效的团队成员所必需的新技能来完成必要的工作；使员工对实现生产目标和质量控制负责。

全面质量管理质量成本模式是基于两个观点：一是预防成本和鉴定费用都服从管理层的影响或控制。在失败发生之前花钱预防比在失败发生之后再去检查产品或服务要好得多。二是内部损失成本和外部损失成本是预防和鉴定方面花费努力的结果。额外的预防努力将会减少内部损失成本，也可以减少外部损失成本。

换句话说，更高的预防成本最终将导致更低的总质量成本，因为评价成本、内部和外部的损失成本都将降低。在开始时就把事情做好，并设计好产品或服务的质量，这才是应该重点关注的。

## 五、采购战略

采购是指企业取得所用的材料、资料、资源和业务服务的过程。采购对企业产品或服务的成本和质量具有重大影响，所有企业都设有采购部门。比如，在制造型企业中，采购部门购买原材料或部件，这样生产部门可以将这些材料或部件加工成成品并交由营销部门来销售。在零售型企业中，采购方会从制造高处采购衣服、玩具、家具及其他商品，并将其零售给最终消费者。采购的任务在于：识别潜在供应商、对潜在供应商进行评价、招标、报价、对价格及支付事项进行谈判、下订单、跟踪已下达的订单、检查进货、对供应商付款。

### (一) 货源策略

货源策略从使用多个供应商以取得较好的价格，发展到与少数供应商建立战略采购关系。当企业确定应从哪个供应商进行采购时可以考虑以下几个策略。

**1. 采购方选择采用单一货源策略**

企业采用单一货源策略具有以下优点：

(1) 采购方能与供应商建立较为稳固的关系。

(2) 便于信息的保密。

(3) 能产生规模经济。

(4) 随着与供应商关系的加深，采购方更可能获得高质量的货源。

企业采用单一货源策略具有以下缺点：

(1) 若无其他供应商，则该供应商的议价能力就会增强。

(2) 采购方容易受到供应中断的影响。

(3) 供应商容易受到订单量变动的影响。

**2. 采购方选择采用多货源策略**

企业采用多货源策略具有以下优点：

(1) 能够取得更多的知识和专门技术。

(2) 一个供应商的供货中断产生的影响较低。

(3) 供应商之间的竞争有利于对供应商压价。

企业采用多货源策略具有以下缺点：

(1) 难以设计有效的质量保证计划。

(2) 供应商的承诺较低。

(3) 疏忽了规模经济。

**3. 由供应商负责交付一个完整的子部件**

企业采用供应商负责完整的子部件策略具有以下优点：

(1) 允许采用外部专家和外部技术。

(2) 可为内部员工安排其他任务。

(3) 采购主体能够就规模经济进行谈判。

企业采用供应商负责完整的子部件策略具有以下缺点：

(1) 第一阶供应商处于显要地位。

(2) 竞争者能够使用相同的外部企业，因此企业在货源上不太可能取得竞争优势。

### (二) 采购组合

业务单位的采购策略会因其采用的基本战略而异。采用低成本战略的企业着重于以尽可能低的成本进行采购；大型企业能够通过要求数量折扣以低成本进行采购，采购量在供应商销量中占较大比重的采购方也具有很强的议价力。小型企业则以其他的方式实现低成本采购。小型企业的采购趋势是组成产业网络，这是指与同一产业内其他小型企业进行合作以集中其采购要求。该网络使小型企业与单一大型企业一样能够要求数量折扣并利用能以低价提供有限供应量的国内外供应商。在许多情况下，可通过广泛的调查来锁定这些供应商。

应注意到的是，低成本并不是采购活动中唯一的考虑要素。更为准确的表达应当是：采用低成本战略的企业应寻求“最佳成本”，该最佳成本应尽可能地降低并与所采购的产品或服务的质量相一致。一方面，如果所采购的产品或服务在生产过程中损坏或者无法满足客户需求，那么即使价格低廉也毫无意义；而另一方面，过度地强调质量也会增加不必要的成本并抬高价格。

企业可通过考虑以下四个领域来获得最佳的采购组合：

(1) 质量。应向生产部门咨询制造流程所要求的产品质量，并向营销部门咨询客户能授受的产品质量。所采购的部件是产品质量的重要组成部分。

(2) 数量。在组合考虑以下两个事项之后确定采购订单的大小和时间：保有库存的成本，其占用的资本、存储空间、存货变质、保险和偷盗风险；库存不足导致的生产延误。库存控制系统将确定最佳的订单量，以及在什么情况下需向另一家供应商进行采购；所采购的货品按时到货以满足需求。

(3) 价格。短期有利的价格趋势会影响购买决策，但采购时应时刻关注一段时期内的最佳值，即应考虑质量、交货、订单的紧急度、库存保有要求等。

(4) 交货。下达订单与交付订单之间的产品交货期，对实现有效的库存控制和生产计划至关重要。企业还应评估供应商安排的可靠性。

### (三) 采购经理的职责

当采购具有战略重要性时，最高级别的采购经理应当是董事会成员或者向执行总监报告。采购经理的职责是：

(1) 成本控制。确保企业在长期取得与质量相匹配的衡工量值。

(2) 管理投入。从供应商处采购企业所有领域的设备，例如文件柜、文具、企业车辆等。

(3) 生产投入。为生产部门取得材料、零部件、组件、消耗品以及固定设备。

(4) 供应商管理。定位供应商进行交易，例如，讨论采购条件、规格、交货间隔期以及交易价格等事项。

(5) 获得有关以下事项的信息，用于评价各种采购方案：可用性、质量、价格、分销以及供应商。

(6) 维持库存水平。

## 六、人力资源战略

### (一) 人力资源战略的作用

企业的经营和职能的有效性在很大程度上取决于其所雇佣的员工。所有管理者都希望自己部门的员工是出色的。要确保实现这一点，管理者需要认清有计划的系统方法对招聘和选择员工的重要性。企业聘用的人员应当具备适当的能力、性能和积极性，否则有关激励、授权以及承诺的理论都会变得毫无用处。

阿姆斯特朗对人力资源管理作出了如下描述：人力资源管理是取得、开发、管理和激发企业的关键资源的一种战略性一贯性方法，企业借此实现可持续竞争优势的目标。

人力资源战略需要考虑以下事项：

(1) 发展人力资源，以增加产品或服务的价值。

(2) 使员工为企业的价值观和目标而努力。

(3) 为人事问题提供战略性解决方法。

(4) 使人力资源的发展与人力资源策略相联系。

为了发挥人力资源战略的有效作用，人力资源管理应具有清晰一致的政策并鼓励所有员工为企业目标的实现付出努力奋斗。人力策略必须具有灵活性，能够对内外变化做出回应；能在约束条件与机遇的框架内发挥作用，为实现企业的整体目标做出贡献。

人力资源战略的作用在公司战略中的作用是显而易见的。任何战略的关键成功因素就是确保在适当的时间、适当的地点有可利用的适当的人力资源。例如，如果企业希望转行做出版业，企业在开始经营之前应确保拥有适当的、可用的相关经验和人员(编辑、校对、作者等)，即在开始之前应确定员工的组成结构和员工招聘计划。

有效的人力资源战略应包括现实的计划和程序，具体应包括如下事项：

(1) 准确识别出企业为实现短期、中期和长期的战略目标所需要的人才类型。

(2) 通过培训、发展和教育来激发员工潜力。

(3) 应尽可能地提高任职早期表现出色的员工在员工总数中所占的比重。

(4) 招聘足够的、有潜力成为出色工作者的年轻新就业者。

(5) 招聘足够的、具备一定经验和成就的人才，并使其迅速适应新的企业文化。

(6) 鼓励有才能的人员实现更高的绩效水平，并激发其对企业的忠诚度。

(7) 创造企业文化，使人才能在这种文化中得到培育并能施展才华。这种文化应当能够将不同特点的人才整合在共享价值观的框架内，从而组建出一个金牌团队。

### (二) 人力资源规划

人力资源规划是指企业为取得、利用、改善和维持企业的人力资源而采取的策略。人才规划的制定为人力资源规划提供了良好的开端。

人才规划包括四个主要阶段：

(1) 分析现有的员工资源，包括优势、劣势、年龄跨度、经验和培训水平等。

(2) 估计资源可能发生的变化，包括资源流入企业、资源在企业内流动、资源在企业外流动以及资源流出企业。

(3) 估计企业未来的人才需求，包括数量、类型、质量及技能构成等。

(4) 确定人才供需之间的缺口，并制定消除该缺口的政策和计划。

人力资源规划流程考虑了更广泛的环境因素(例如，雇员的结构类型、自动化的发展、定性技术的使用等)，因而超出了简单的定量分析。该流程还通过利用适当的激励技术来提高企业内所有员工的绩效。

### (三) 人力资源计划

人力资源计划旨在消除人才的预期供需之间的缺口。内部人才供应的预期包括人员的数量、技术/能力、经验、年龄、职业、激情以及预期的自然损耗；而人才需求的预期包括所需的新技能，所需的新工作态度，工作职责的增长、缩减以及所需的新技术等。要消除人才供需之间的缺口，企业应关注以下几个方面：

(1) 招聘计划。所需招募的员工数量、招聘时间以及招聘渠道。

(2) 培训计划。所需的受训人员的数量或现员工的培训需要。

(3) 再发展计划。用于员工的调动和再培训的计划。

(4) 生产力计划。用于提高生产力、降低人力成本和确定生产力目标的计划。

(5) 冗余计划。选择冗余人员，对冗余人员进行再发展、再培训或再分配的政策，以及对冗余人员实行的支付政策。

(6) 保持计划。为了降低可避免的劳动力浪费和留住人才而采取的行为。

人力资源计划应当包括预算、目标和标准。企业应当分配实施和控制计划的职责(包括报告和监控计划实现的程度)。

### (四) 招聘与选拔

招聘与选拔并没有理想的计划。所有企业都有其自身的招聘方式，并且招聘成功的比例也不相同。重要的是企业应认清过去有用的、成功的招聘和选拔方法，并努力开发出一种适用的、设计良好的体系。

招聘计划包括：说明所招聘的职位的准确性质；确定该工作所需的技术、态度和能力；确定该职位理想候选人的要求以及通过广告或求职网发布招聘信息。

#### 1. 内部招聘

由现有员工来补充空缺职位时称为内部招聘，这种方式通常用于存在某结构的工作，比如具有管理或行政的性质的员工。多数企业总是从其底层员工中选拔主管人员。

企业采用内部招聘政策具有如下优点：

(1) 通过晋升现有员工来进行内部招聘，这种方式能调动员工积极性，培养员工的忠诚度，激发员工的工作热情，并且有助于鼓舞员工的整体士气。

(2) 在管理现有员工时，可通过已知数据进行选拔，并且可通过在内部取得反馈来考察员工是否适合该工作。

(3) 内部招聘能节约大量的招聘和选拔时间及费用。

(4) 如果需要培训，则招聘成本较高；但是，内部招聘通常无需做介绍，并且企业可以仅按照自身需求对员工进行培训。

企业内部招聘的缺点如下：

(1) 未被选拔的员工容易产生负面情绪，或者员工晋升后成为前同事的主管，管理会比较困难。

(2) 适合该工作的员工可能在企业外部。

(3) 会降低“新视点”进入企业而产生的变化。

(4) 由于员工认为晋升只是时间问题，因此内部招聘容易诱发自满情绪。

**2. 外部招聘**

外部招聘是指由企业外部的员工来补充空缺职位。一般而言，外部招聘的优缺点与内部招聘正好相反，外部招聘对于重建人员配备非常有必要。

(1) 当企业无法在内部找到具有特殊技术和技能的员工时，外部招聘必不可少。在某种程度上，外部招聘对于重建人员配备非常有必要。

(2) 有必要给企业注入新鲜血液。由于企业外部的人员具有在其他企业中工作的经验，因而通常能给企业带来新的思想和不同的工作方法。但是，应认识到入职新人很可能难以改变其做事方式并且难以适应新技术和新方法。

**3. 选拔**

招聘与选拔流程的目标在于以流程中最低的成本为适当的工作雇佣适当的人员。选拔流程的标准步骤为：

(1) 填写工作申请表。

(2) 进行初步筛选面试。

(3) 进行能力倾向测试。

(4) 进行深入的选拔面试。

(5) 检查申请者的资质和证书。

(6) 发出工作邀请。

值得注意的是，该流程会因不同企业中的不同级别而异。

### (五) 继任计划

继任计划应当是人力资源计划中不可或缺的一部分，并且应当支持企业所选择的战略。所设计的计划应当能够适应企业经营方式可能发生的任何变体。只有当管理层的发展与企业的发展步调一致的时候，企业的战略目标才有可能实现。

**1. 继任计划的益处**

(1) 如果各个级别管理者的的发展属于继任计划的范围，则会促进其发展。这种计划通过提出与企业需求直接相关的目标来专注于管理层的发展。

(2) 容易实现持续性领导，从而减少方法和政策上不当的变动。

(3) 通过建立相关标准，改善管理能力的评估结果。

**2. 继任计划的基本要求**

(1) 计划应当重点关注需要，特别是战略和文化上的要求。

(2) 计划应当由高级管理层引导，各级管理层也负有重要责任。不应将继任计划看作是人力资源的责任，这一点非常重要。

(3) 管理层的发展与管理层的评估和选择同样重要。

(4) 评估应当客观，最好有一个以上的评估人对各位管理者进行评估。

### (六) 激励和奖励机制

人力资源战略最重要的方面是激励员工，确保他们按照企业的目标高效率地进行有效工作。除了员工的类型和素质之外，战略实施还受激励的程度和性质的影响。

积极的员工是指能够自觉投入工作并通过一定努力来获得其重视的事物的员工。他们所重视的事物因人而异。激励员工可以采用多种方法，比如：职业保障，给予物质激励等；制定自我实现目标以及制定企业或企业内小组(如团队或质量圈)的发展目标。

激励战略的确定取决于企业的理念。企业应创造性地运用激励技术和奖励机制，并且使其与战略实施中的必要因素和目标相关。企业在制定工作实施方面的决策时，应让员工参与其中，使工作变得有趣，使员工有满足感，以及确保有意义的激励结果和事业结果与战略构想的成功实施和战略目标的实现相关联。

企业的奖励和评估机制应当反映出企业的价值观和信念。改变员工绩效和奖励之间的关系能够有效地促进战略实施过程中所需的新的价值行为的发展。

### (七) 绩效评估

绩效评估有助于目标的制定，有助于实现整体战略目标。绩效评估还能发现能力差距和业绩差距，并为奖励水平提供相关信息。

有效的绩效评估机制应在结果的计量和行为的计量上寻求一个平衡点。制定企业目标和个人目标仅仅是一个开始。由于企业可能会制定多种目标并采用多种计量标准，因此企业还需要对企业的绩效进行计量。企业可以通过以下几个要素来计量绩效：工作的效果，目标的实现程序和达成效率，以及实现目标过程中的资源利用情况。

可以采用以下几种方法对个人进行评估：

(1) 员工的等级评定。根据员工的总体绩效为员工评级。这一方法通常带有偏袒性，并且通常不具有反馈价值。

(2) 评级量表。这一方法通常将个人绩效拆分成若干特征或绩效领域，比如可接受工作的数量、工作质量以及主动性等。

(3) 核对表。采用这种方法时，会提供给评分者一份与工作绩效相关的表述清单。评分者必须为每个员工选择最恰当的表述。

(4) 自由报告。这一方法通常是指为每个员工完成一份报告。这一方法可以在评估过程中给予充分的自由度。

(5) 评估面谈。这一方法是许多评估机制的一个共同特点，并且通常与上述的评分方法之一结合使用。它能够为员工提供反馈，员工通过这些反馈能够发现自身的优缺点，并能够讨论提高其未来绩效所需采取的措施。因此，评估面谈是评估过程中的一个关键环节。

建立系统化的员工评估体系的益处有：

(1) 为员工来年目标的统一提供了一个渠道，确保员工所追求的目标与企业的业务战略相一致。

(2) 评估体系提供了概括和应对影响员工绩效的不利因素的机会。

(3) 提供反馈，激励员工并促进员工的发展。

(4) 确定个人发展的需求，使其胜任未来的职位。

(5) 评估体系确定继任和提拔的候选人。

### （八）员工的培训和发展

为确保员工在技术和社交上的能力，促进其职业发展，以及为使其胜任专业部门或管理职位，培训是非常有必要的；并且培训是员工持续发展过程的一部分。

**1. 员工培训的概念**

员工培训就是组织为实现自身和员工个人的发展目标，有计划、有系统地为员工提供学习机会或训练，使之提高与工作相关的知识、技能、能力以及态度等素质，以适应并用于职位工作的战略性人力资本投资活动。

**2. 员工培训的特点**

(1) 目的性。培训目的包括组织目标、个人目标、选择、留用等。

(2) 战略性。员工培训是人力资本投资。

(3) 计划性。员工培训以组织发展战略为指导，以人力资源规划为依据。

(4) 系统性。员工培训包括设计、规划、实施等。

(5) 多样性。员工培训应考虑层次、类型、内容、形式等。

**3. 员工培训的构成要素**

员工培训的构成要素包括受训学员、培训主题、培训教材、培训师资、培训活动、培训条件。

**4. 员工培训的流程**

员工培训的流程包括：培训需要分析、培训目标设置、培训计划设计、培训实施、培训评估。

**5. 培训需求分析**

培训需求分析既是确定培训目标、设计培训规划的前提，也是进行培训的基础，因而成为培训活动的首要环节。

(1) 培训需求分析的层次。包括组织分析、人员分析和任务分析。组织分析是指通过对组织目标、管理、资源、物质和环境等因素的分析，准确地找出组织存在的问题与问题产生的根源；人员分析是指通过对员工的绩效进行评价来找出存在的问题；任务分析是指分析员工所要完成的工作任务以及成功完成任务所需要的技能和知识。

(2) 培训需求的分析方法。培训需求的分析方法主要有：观察法、关键人员谈话法、问卷法。此外，还包括分级讨论法、测试法、文献调查法、记录报告法、自我评价法、工作样本法等。

**6. 培训计划的制订**

(1) 进行课程描述。

(2) 确定培训目标。如自我意识的提高；更新知识，提高技能；使员工增加对组织的认同感和责任感；提高工作效率等。

**7. 培训方法的选择应遵循的原则**

(1) 从成人特点出发。

(2) 从学员需求出发。

(3) 从培训目标出发。

(4) 从实际效果出发。

(5) 从创新开拓出发。

**8. 常用的培训模式**

常用的培训模式有以下几种：① 独立办学培训模式；② 联合型培训模式；③ 全面委托型培训模式；④“学习型组织”培训模式，即以美国学者彼得-圣吉提出的“五项修炼”为基本原则的培训模式。

**9. 培训结果的评估**

(1) 评估的基本环节：反应、学习、行为迁徙、结果。

(2) 评估报告的撰写：评估报告的撰写要求、评估报告的撰写结构和内容。

**10. 职工生涯规划**

职工生涯规划也称职业规划，就是一个人对一生的各个阶段所从事的工作、职务或职业发展道路进行的设计或计划。其特点为：个人性、完整性、相关性、条件性、满意性。

**11. 职业生涯发展的概念**

(1) 霍兰德的人职匹配理论。霍兰德认为，最为理想的职业选择就是个体能够找到与其人格类型相重合的职业环境，在这样的环境中工作，个体容易感到内在的满足，最有可能充分发挥自己的才能。

(2) 帕森斯的特质因素理论。美国波士顿大学教授帕森斯于 1969 年在其《选择一个职业》的著作中提出了人与职业相匹配的焦点的观点，并阐述了这一经典理论。

(3) 施恩的“职业锚”理论。施恩认为，雇员个人及其职业锚不是固定不变的，但这并不意味着个人将停止变化和发展。施恩提出几种类型职业锚：技术或功能性职业锚、管理型职业锚、创造型职业锚、自主与独立型职业锚、安全型职业锚。

(4) 职业发展周期理论。比如，金斯伯格职业发展周期论、萨柏的职业发展周期理论、格林豪斯的职业生涯发展周期理论等。

**12. 影响职业生涯规划的因素**

(1) 需求与职业的匹配。

(2) 性格与职业的匹配。

(3) 兴趣与职业的匹配。

(4) 能力与职业匹配。

(5) 社会环境与职业的匹配。

## 七、信息战略

信息化战略是指企业为适应激烈的环境变化，通过集成聚合现代信息技术，开发应用信息资源，并能够聚合组织制度以期获取未来竞争优势的长远运作机制和体系。

哈佛商学院教授小詹姆斯·卡什等人曾指出：“现在任何组织几乎都有购买任何 IT 的能力，但 IT 本身并不能够促成企业的任何优势，它只是企业运行的必要条件，关键是 IT

的应用如何与企业的战略、组织、流程和管理控制系统等结合起来。”这实际上也就指出了信息化建设需要从战略的角度出发进行规划和设计。

信息化决策和信息化规划是否上升到战略高度，直接决定了企业的战略导向、IT 投资比例以及在项目实施时对涉及的流程、组织变革和文化培训的决心与执行力(关系到 IT 项目的成败)。对于我国的企业来说，制定一个好的信息化战略，是引导本企业信息化向着要效益见成效发展的一个必然选择。

### (一) 信息化战略的内容

企业在信息化决策时应首先制定一个清晰的支持商业战略的信息化战略，即与企业信息功能相关的目标、任务和计划，这是一个包括信息技术、信息资源、信息组织、信息文化等的战略体系，如图 3-6 所示。

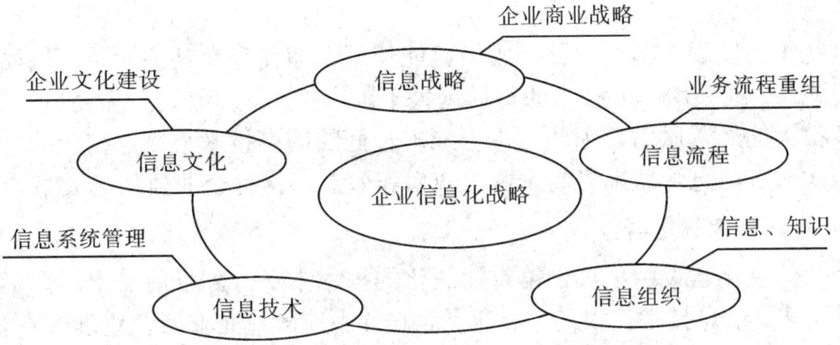


图 3-6 企业信息化战略体系图

图 3-6 中所示的信息化战略强调信息技术、信息资源、信息组织以及电子商务等方面的综合研究，在一个系统的范围内思考诸多管理要素，但并不是说在企业信息化的进程中要齐头并进，而是表明企业信息化是一个战略规划。企业的网络建设、部门软件开发、信息系统应用等都将在企业信息化集成管理的战略框架中逐步实施，在实施一个步骤时能清楚地知道下一个步骤的目标、当前步骤在总体计划中的位置，以及其他部门同时实施的系统情况。

在信息化战略的实施过程中，我们还需要特别重视企业信息系统规划，也就是信息技术和信息系统战略的规划。在我国的企业信息化实践中，信息系统规划的设计功能并没有得到应有的重视，IT 战略、信息系统架构大都缺少统一、整体的规划，通常是 “业务要什么，IT 就做什么”，而由于业务本身通常也缺少规划和优化，从而导致了信息化建设的盲目投资，达不到理想的效果。

### (二) 信息化战略选择的对策分析

#### 1. 变革企业管理思想

企业信息化战略的实施必然导致以计算机为主的现代信息技术进入企业的生产和管理领域，结果促使了大量新的管理思想的涌现，如“虚拟企业”“学习型企业”“业务流程重组”等。所以，为了顺应企业信息化的潮流，企业的管理思想应进行如下的变革：从功能管理向过程管理转变、从利润管理向盈利性管理转变、从产品管理向顾客管理转变、从交易管理向关系管理转变、从库存管理向信息管理转变等。当然，最根本的转变是信息化战略意识的转变，企业管理者应充分、准确认识到企业管理的方法已由制度化和程式化转向了模块化。简明、精确、快速的模块化电子管理程序使得传统的职能计划和信息处理变得异常简单，信息化在企业生产与管理中都起着重大作用，因此，应努力创造良好的企业氛围，有效实施企业信息化战略。

2. 加强企业信息技术的运用

跟随“中国的信息化”应当符合建设创新型国家的战略目标这一原则，在企业进行信息化战略的实施过程中，应尽可能采用国产技术和装备，减少对外技术依存度。这样做将大大降低信息化的成本，从而实现低成本信息化，使绝大多数的企业有能力实现企业信息化；同时，也将大大促进本国信息产业的发展，达到以“信息化带动工业”。在应用的同时，要加强思想上的引导。

经过这些年的发展，国产软硬件大多已能使用，即使存在某些问题，只要通过应用都是可以解决的。企业采用国外技术的得益远大于国内技术，但是企业需要负担昂贵的支出，这给了企业很大的经营压力，因此应基于成本较低的国产技术来制定相应的考核指标，以此来鼓励企业通过信息管理来提高企业的效率和效益，推行企业信息化战略。

3. 加强战略管理的指导

我国企业信息化建设由于过于偏重信息化的技术本身，到目前为止，真正获得很大成效的企业并不多。信息技术仅仅是一种工具，它并不能解决企业经营管理本身存在的问题，企业信息化的关键并不在于信息技术的实施，而在于建立符合现代管理要求的组织模式。这样的组织模式会把企业信息化作为企业的重要经营战略和工作重点，因为企业信息化是一项复杂的系统工程，涉及企业的大多数部门和业务流程，投资大。如果企业信息化不作为企业的经营战略和工作重点，很难得到企业上下的支持和参与，很难取得成功。所以企业要实行信息化战略，从企业战略、管理机制、业务流程和绩效考核以及员工素质和企业文化等方面进行切实地转变和整理。

在具体的信息资源管理中，为减少资源丢失，应将以往的产品信息资源进行分类整理，按照重要性进行排序，有计划地将原有的信息进行转化，实现企业信息资源共享。另外还需完善信息化项目评估系统，通过财务、顾客和公司等角度采用有效的指标，对信息化带来的效益及收益进行评估，以提高投资效益和效果，且有利于发现信息化实施中存在或潜在的风险。同时需要对广义的信息化战略投资进行管理，通过实施各种变革、对业务流程进行管理和优化，把信息化战略的价值潜力发挥出来，提高经营效率和效益。企业信息化实质上就是利用现代管理技术改造企业管理模式的过程。在信息经济时代，信息化战略为企业提供了新的竞争战略选择空间，具有为企业创造竞争优势的潜力。通过把新型竞争战略变为现实，让新战略发挥巨大威力，以帮助企业获取全球化和信息化时代的竞争优势。

### (三) 跨国企业信息化的战略选择

进入21世纪，人类正走进以信息技术为核心的知识经济时代，信息化已逐渐成为企业生存发展和成败的关键因素。作为在国际市场叱咤风云的跨国企业更是具备了很高的信息化水平，为提高核心竞争力奠定了坚实基础。跨国企业经营的思路是利用当地的市场、资源和能力，实现经营管理的高效率、低成本，最好地为整个组织服务。

**1. 跨国企业信息化的内涵**

从硬件方面看，跨国企业信息化是指企业广泛采用信息处理技术，企业内部和外部的信息传输基本实现计算机化和网络化；是指从软件方面看，企业整合已有的信息资源，并且利用信息技术对信息资源进行有效的管理，进而达到对企业内部所有资源的集中控制，从而产生更高的生产效率，表现出更强的竞争力。

跨国企业的信息化主要体现在以下几个方面：① 企业工作流的网络信息化，包括信息的采集、文档的传递、技术研发的信息交互等基本工作流程；② 生产制造业务信息化，如计算机辅助设计、制造，以及产品与原材料的数据管理等；③ 商务流程的信息化，即企业交易业务的信息化，包括采购、销售、库存、盘点等的业务流程；④ 企业运行管理信息化，使整个企业都成为一个完整、畅通的管理控制体系。

**2. 跨国企业信息化战略选择的作用**

(1) 促进国民经济快速发展。由于在 20 世纪 80 年代末对信息技术进行了大规模的投入，美国 90 年代实现了被称为“新经济”的长达 10 年的经济快速增长。信息技术行业在美国经济中所占的比例从 1990 年的 5.8%上升到 2000 年的 8.3%。1990 年代后期，美国约 1/3 的经济增长来自信息化的拉动，超过其他任何行业的拉动作用。

(2) 改革传统经营模式。福特汽车公司通过网上采购，使汽车零部件的采购成本下降了 30%，通用电气公司借助供应链管理手段，2000 年节省成本 16 亿美元；美国的菲利浦·莫利斯公司应用客户关系管理系统，建立了拥有 2.6 亿烟民的个人档案。随后进入了以互联网应用为主要内容的企业信息化时代，20 世纪 90 年代后期，ERP(企业资源计划)的网络功能增强，在世界 500 强企业中有近 80%的企业采用了 ERP 管理软件。

(3) 促进组织结构优化。信息技术的应用，改进和强化了组织收集、处理、利用信息的方式，使企业的物流、商流、资金流、信息流实现了统一，推动了企业业务流程重组乃至组织结构的重组。信息的快速传递和处理，使组织结构扁平化，信息系统将取代中层监督控制部门的大量职能，使决策层与执行层的沟通更为直接有效，从而减少了管理层次，削减了机构规模。

(4) 提高对下属公司的控制能力。跨国企业下属公司往往地域分布分散，企业总部难以及时有效地获取下属子公司的财务数据、业务数据，容易造成管理失控现象。企业信息化以后，企业总部通过信息系统可以实时监控下属公司业务状况，从而大大提高总部对下属公司的控制能力。

(5) 提高综合竞争能力。加强企业信息化建设可以提高企业综合竞争能力。如沃尔玛 1969 年租用了 IBM360 进行货物配送管理，20 世纪 80 年代初又花费 2400 万美元发射了一颗企业自己的人造卫星，用于企业信息系统的管理。沃尔玛的电子信息通信系统是全美最大的民用系统，其规模甚至超过了电信业巨头 AT&T 公司。信息化上的巨大投入为其带来了更大的回报，使沃尔玛雄居世界零售业榜首。

(6) 提高管理者的决策效能。跨国企业管理环节众多，信息量大，上传下达时间长，管理者收集信息所花费时间与用于决策所花费时间相比要多得多，决策效率低下，往往容易贻误战机，而信息系统能够极大地加快信息传递的速度，同时通过决策支持系统和专家系统，可以对大量信息进行分析、梳理，帮助决策者进行决策，从而大大提高管理者决策效能。

### 3. 跨国企业信息化模式

企业的信息化战略应该服务于企业的经营模式，具有不同经营模式的跨国企业的信息化战略应该不同。

跨国企业的主要经营模式有多国模式、全球模式、国际模式和跨国模式。

(1) 多国模式——高度分权式模式。其经营重点在于对当地市场的快速响应。在这种模式下，企业总部下面的绝大多数子公司独立经营或者以非常松散的方式联盟，处在不同国家和地区的各个子公司更多地趋向于本土化，但是各个子公司需要将其运作报告送往总部。因而，一方面子公司能够对不同的本地需求和机遇进行快速的响应，并制定许多决策；另一方面子公司需要向总部提交大量的报告，以便于总部的监督和控制。

(2) 全球模式——高度集权式模式。其经营模式强调效率，企业总部高度集中地控制分布在国外的各个子公司的运营情况，各个子公司的经营资源完全依赖于总部。这种模式具有很好的经济性，其经济性来源于标准的产品设计和全球范围内的生产。对于高度集中控制的全球性经营模式，广泛的通信和控制系统是必不可少的。

(3) 国际模式——部分分权式模式。这种经营模式从形式上和多国经营模式类似，他们的区别仅在于企业总部向子公司的权力下放程度不同。部分分权模式是指在各个国家和地区的子公司在新流程创建和新产品推出方面必须依赖于总部，而在其他方面则具有独立决策的权力。

(4) 跨国模式——全能式模式。这种经营模式要求通过企业总部和国外子公司之间的合作来整合全球的业务活动，一方面，要保证高度集权的高功效，另一方面，还要保证对本地市场的快速响应。其难点在于获得全球整合、功效以及创新的同时去实现快速响应本地需求的灵活性。

### 4. 跨国企业的信息化战略

针对四种不同的经营模式，跨国企业信息化战略也可分为四种：

(1) 高度分权式经营的跨国企业的信息化战略。高度分权式经营的跨国企业的信息化战略是独立运作，是指处在国外的子公司具有相当大的自主权，它们直接从本地的供应商那里获得所需的硬件和软件。处在不同国家的子公司的信息系统的应用可能千差万别，企业总部只是在会计和财务报告上对子公司制定标准，加以监督和控制，因此，各个子公司之间很难共享信息。

(2) 高度集权式经营的跨国企业的信息化战略。高度集权式经营的跨国企业的信息化战略是总部驱动的，是指总部统筹全球范围内的各个子公司的信息系统的开发和应用，以减低系统的开发和运营成本，重点强调信息技术运作的功效。

(3) 部分分权式经营的跨国企业的信息化战略。部分分权式经营的跨国企业的信息化战略是理性协同的，该信息化战略要求总公司将控制权交给当地子公司，总部只是试图通过影响力来指导子公司的选择。子公司应该征求总部的建议，总部应该设法协调各子公司，以减少重复开发，鼓励资源的共享。

(4) 全能式经营的跨国企业的信息化战略。全能式经营的跨国企业的信息化战略是集成全球信息技术的，因为这种模式要求从企业看到各个子公司的所有经营，要共享彼此的信息和其他资源，企业需要为全球提供统一的客户服务标准。该战略下的系统的设计需要考虑来自全世界各个子公司的数据输入。各子公司需要将其数据标准化，并且和数据中心一致，总部要明确指定诸如订单处理这样的公用系统。

在全球经济一体化的形势下，跨国企业将成为一种重要的经济力量。在信息时代，跨国企业的信息化战略对于企业的经营起着关键的作用。跨国经营的企业应该根据其经营模式来选择相应的信息化战略，以提升企业的竞争力。

## 练 习 题

### 一、名词解释

1．发展战略　2．稳定战略　3．收缩战略　4．财务战略

5．营销战略　6．研发战略　7．运营战略　8．采购战略

9．人力资源战略　10．战略实施

### 二、单项选择题

1．下列选项中，不属于企业总体战略的是(　　)。

A．市场渗透战略　B．相关多元化战略

C．差异化战略　D．转向战略

2．福特公司是一家汽车制造公司，为了生产出更优质的汽车以及控制原材料的投入成本，福特公司开设自己的牧场，出产的羊毛专用于生产本公司的汽车坐垫。根据以上描述，福特公司采用的战略属于(　　)。

A．前向一体化战略　B．后向一体化战略

C．横向一体化战略　D．多元化战略

3．下列选项中，不属于前向一体化的适用条件的是(　　)。

A．企业所在行业的规模经济较为显著

B．销售环节的利润率较高

C．现有销售商的销售成本较高

D．销售商可靠性较差

4．下列选项中，关于市场开发战略的说法正确的是(　　)。

A．现有产品和新市场　B．现有产品和现有市场

C．新产品和现有市场　D．新产品和新市场

5．市场渗透战略的基础是增加现有产品或服务的市场份额，或增加正在现有市场中经营的业务，它的目标是通过各种方法来增加产品的使用频率，下列不属于其增长方法的是(　　)。

A．扩大市场份额　B．开发小众市场

C．保持市场份额　　D．开发新市场

6．甲公司是一家玩具生产厂商，为了维持行业第一的地位，拥有庞大的研发团队，不断研发出新型、智能型玩具，广受消费者喜爱。根据材料分析，甲公司采用的总体战略属于(　　)。

A．市场渗透战略　　B．市场开发战略

C．产品开发战略　　D．多元化战略

7．下列有关相关多元化战略说法错误的是(　　)。

A．相关多元化也称同心多元化

B．当前产业或市场缺乏吸引力时会考虑使用此战略

C．相关多元化的相关性可以是产品、生产技术等

D．以现有业务或市场进入相关产业或市场

8．某公司由于内部经营机制管理不善，导致企业业务难以在市场上继续，为了防止利润下滑，管理层对人工成本进行削减，降低材料成本的同时并控制管理费用的支出。该公司采用的战略属于(　　)。

A．稳定战略　　B．集中化战略

C．转向战略　　D．紧缩与集中战略

9．企业并购的形式有很多种，下列按照并购方与被并购方所处的产业相同与否来进行分配的是(　　)。

A．友善并购和敌意并购　　B．产业资本并购和金融资本并购

C．纵向并购和横向并购　　D．杠杆收购和非杠杆收购

10．一个初创期的高科技企业，假设能够通过借款取得大部分资金，它破产的概率很大，而成功的可能性很小。因此，这样的公司正确的风险匹配方式应该是(　　)。

A．高经营风险和低财务风险　　B．高经营风险和高财务风险

C．低经营风险和低财务风险　　D．低经营风险和高财务风险

## 三、多项选择题

1．下列各企业中，适合采用后向一体化战略的有(　　)。

A．市场上的供应商数量有限　　B．市场上的销售商可靠性较差

C．企业的发展潜力较大　　D．销售环节的利润率较高

2．甲公司希望在其现有的基础上扩大市场份额，该公司可以选用的增长方式有(　　)。

A．开发小众市场　　B．改进销售和分销方式

C．开辟新市场　　D．提供折扣或增加广告

3．目前越来越多的企业选择采用多元化战略进行发展，其主要原因包括(　　)。

A．多元化战略有利于企业分散风险

B．方便企业从表现不佳的业务中撤离

C．可以利用未被充分利用的资源

D．在企业无法增长的情况下找到新的增长点

4．下列情况中，适合采用差异化战略的有(　　)。

A．甲公司生产的产品具有一定独特性

B．乙公司所在行业技术发展较快

C．丙公司的规模较小，所拥有的资源有限

D．丁公司面对的消费对象对价格十分敏感

5．甲公司与乙公司正式签订收购协议，协议规定，甲公司以其自有资金收购乙公司，收购后，保持乙公司业务不变，形成甲公司的一项全新的业务，与甲公司目前也无相关性。甲公司的这次收购属于(　　)。

A．多元化并购　　B．友善并购

C．杠杆并购　　D．敌意并购

6．企业在制定财务战略时，需要考虑对其造成阻力的因素，通货膨胀就是构成阻力的因素之一。下列选项中，属于通货膨胀造成的影响有(　　)。

A．牺牲了放款人的利益

B．更高的成本和更高的售价

C．存货的价值将会上升

D．收入重新分配

7．处于衰退期的企业的特征有(　　)。

A．资本结构主要是权益融资和债务融资的结合

B．股价稳定

C．股利支付显著增加

D．负债筹资的比例比较大

8．下列选项中，关于增值型现金短缺说法正确的有(　　)。

A．当高速增长是暂时性问题时，可以通过借款来解决

B．增加权益资本，提供增长所需的资金

C．增加外购以减少自制

D．重构价值链，减少资金占用

9．甲公司主营定向爆破业务，在大型设施设备定向爆破拆除领域具有明显优势。甲公司确定的发展战略，一是向爆破拆除与拆除现场清理的一揽子承包工程拓展，二是向承揽矿山采掘爆破、筑路土方爆破业务拓展。甲公司业务开拓方向是密集型成长战略中的(　　)。

A．市场渗透战略　　B．市场开发战略

C．产品开发战略　　D．多元化战略

10．下列关于企业财务战略矩阵分析的表述中，正确的有(　　)。

A．对增值型现金短缺业务单位，应首先选择提高可持续增长率

B．对增值型现金剩余业务单位，应首先选择提高投资资本回报率

C．对减损型现金剩余业务单位，应首先选择提高投资资本回报率

D．对减损型现金短缺业务单位，应首先选择提高可持续增长率

**四、案例分析题**

1．C国太乐厨具有限公司(简称太乐公司)创办于1996年。近20年来，太乐公司运用成本领先战略，迅速提高市场占有率，在国内外享有较高的知名度。

太乐公司集中全部资源，重点发展厨具小家电产品。公司利用与发达国家企业 OEM 合作方式获得的设备，进行大批量生产，从而获得规模经济优势。在此基础上，公司多次主动大幅度降低产品价格，使得生产该种产品的其他企业都无利可图，在市场上既淘汰了高成本和劣质企业，又令新进入者望而却步。

太乐公司实行 24 小时轮班制，设备的利用率很高，因而其劳动生产率同国外同类企业基本持平。同时，由于国内劳动力成本低，公司产品成本中的人工成本大大低于国外家电业的平均水平。

对于一些成本高且太乐公司自身有生产能力的上游资源，如集成电路等，公司通过多种形式自行配置生产。这样，一方面可以大幅度降低成本，确保质量，降低经营风险，另一方面还可以获得核心元器件的生产和研发技术。而对于一些成本高，自身还不具备生产能力的上游资源，公司由于在其他各环节上成本低于竞争对手，也能够消化这些高成本投入的价格。

近几年来，C 国厨具小家电的销售数量每年递增 30%左右，吸引了众多国内外大型家电企业加入。这些企业放弃了原有在大家电市场的高端产品路线，以中低端的价格进入市场。这些企业认为，在厨具小家电市场，企业销售的都是标准化的产品，消费者大都对价格比较敏感，价格竞争仍然是市场竞争的主要手段。

要求：

(1) 简要分析太乐公司在 C 国厨具小家电市场采用成本领先战略的优势。

(2) 从市场情况和企业资源能力两个方面，简要分析太乐公司在 C 国厨具小家电市场实施成本领先战略的条件。

2．C 国亚威集团是一家国际化矿业公司，其前身是主营五金矿产进出口业务的贸易公司。

2004 年 7 月，亚威集团在“从贸易型企业向资源型企业转型”的战略目标指引下，对北美 N 矿业公司发起近 60 亿美元的收购。当时国际有色金属业正处于低潮，收购时机较好。2005 年 5 月，虽然购并双方进行了多个回合沟通和交流，但 N 矿业公司所在国政府否决了该收购方案，否决的主要理由有两点：一是亚威集团资产负债率高达 69.82%，其收购资金中有 40 亿美元由 C 国国有银行贷款提供，质疑此项收购有 C 国政府支持；二是亚威集团在谈判过程中一直没有与工会接触，只与 N 矿业公司管理层谈判，这可能导致收购方案在管理与企业文化整合方面存在不足。

Z 公司原来是澳洲一家矿产上市公司，其控制的铜、锌、银、铅、金等资源储量非常可观。2008 年，国际金融危机爆发，Z 公司面临巨大的银行债务压力，于当年 11 月停牌。之后 Z 公司努力寻求包括出售股权在内的债务解决方案。亚威有色公司是亚威集团下属子公司，主营业务为生产经营铜、铅、锌、锡等金属产品。2009 年 6 月，经过双方充分协商，亚威有色公司以 70%的自有资金，成功完成对 Z 公司的收购，为获取 Z 公司低价格的有色金属资源奠定了重要条件。

要求：

(1) 根据并购类型，从不同角度简要分析亚威集团和亚威有色公司跨国收购的类型。

(2) 简要分析亚威集团收购 N 矿业公司失败的主要原因。

(3) 简要分析亚威集团和亚威有色公司通过跨国收购实现国际化经营的主要动机。

# 参考文献


[1] 中国注册会计师协会. 公司战略与风险管理[M]. 北京：经济科学出版社，2015.

[2] 杨锡怀. 企业战略管理：理论与案例[M]. 北京：高等教育出版社，2016.

[3] 胡建继. 企业经营战略管理[M]. 上海：复旦大学出版社，1995.

[4] 徐飞. 战略管理[M]. 北京：中国人民大学出版社，2015.

[5] 弗雷德·R，戴维. 战略管理：概念与案例(第 12 版)，2010.

[6] 黄旭. 战略管理[M]. 北京：机械工业出版社，2015.

[7] 阿里巴巴中文网站. http://www.alibaba.com.cn/

[8] 诚信通百度百科. http://baike.baidu.com/view/56070.htm.

# 第四章 战 略 实 施

## 学习目的

(1) 掌握公司组织结构设计的特点及其演化过程的意义；
(2) 了解企业文化的价值及其对战略实施的影响；
(3) 理解和掌握公司战略控制的过程和基本方法；
(4) 理解和掌握战略变革管理的动因、类型、时机选择与实现途径。

## 第一节 组 织 结 构

所谓组织结构，是指企业采用的按不同任务或职位来划分和调配劳动力的方法。组织结构通过管理行为实现共同目标，因而适当的组织结构对战略的有效实施起着关键作用，尤其是组织设计的作用更加明显。组织设计是一个比组织结构更宽泛的概念，包括组织的构建模块和协调机制的配置。其中，构建模块由组织结构与企业的人员、技术以及信息系统构成。设计流程从企业目标和战略的分析开始，阐述待实施的关键任务，接着按照组织结构划分这些任务。

主要的价值链活动中有些关键业务流程是必须执行的，正是这些关键业务才令企业的战略取得成功。这其中有两个关键问题：一是要保持企业持续的竞争优势，即哪些职能是必须妥善执行的；二是哪些价值链活动的执行不当又会危及战略流程，答案往往都是那些企业集中精力实施的关键活动。要使组织结构与战略相匹配，需要将战略上的关键活动和关键部分转化为组织结构中的主要构建模块。领导者和管理者应当理解其价值链中主要职能与支持性职能之间的战略关系，从而将单位绩效与核心竞争力和核心能力关联起来。同时，领导者和管理者需要谨防出现组织设计对战略相关的活动进行不当拆分的情况，并且需要关注最终结果。将支持性活动纳入组织设计的关键就是建立报告和协调活动，使支持性活动对战略任务的贡献达到最大化。

### 一、管理幅度与管理层次

#### (一) 管理幅度、管理层次与组织结构的基本形态

组织的最高管理者因受到时间和精力的限制，需委托一定数量的人分担其管理工作。委托的结果减少了他必须直接从事的业务工作量，与此同时，也增加了他协调受托人之间

关系的工作量。因此，任何管理者能够直接有效地指挥和监督的下属数量总是有限的。这个有限的直接领导的下属数量就被称为管理幅度。

由于同样的理由，最高管理者的被委托人也需要将受托担任的部分管理工作再委托给另一些人来协助进行，并以此类推下去，直至受托人直接安排和协调组织成员的具体业务活动。由此形成组织中最高管理者到具体工作人员之间的不同管理层次。

显然，管理层次受到组织规模和管理幅度的影响。管理层次与组织规模成正比：组织规模越大，包括的成员越多，则层次越多；在组织规模一定的条件下，管理层次与管理幅度成反比：管理者直接控制的下属越多，管理层次越少，相反管理幅度越小，则管理层次越多。

管理层次与管理幅度的反比关系决定了两种基本的管理组织结构形态：扁平形结构形态和锥形结构形态。

扁平形结构是指在组织规模一定，管理幅度较大，管理层次较少时的一种组织结构形态。这种形态的优点是：由于层次少，信息的传递速度快，从而可以使高层尽快地发现信息所反映的问题，并及时采取相应的纠偏措施；同时，由于信息传递经过的层次少，传递过程中失真的可能性也较小；此外，较大的管理幅度使管理者对下属不可能控制得过多过死，从而有利于下属主动性和首创精神的发挥。但过大的管理幅度也会带来一些局限性，比如管理者不能对每位下属进行充分、有效的指导和监督；每个管理者从较多的下属取得信息，众多的信息可能淹没了其中最有价值的部分，从而可能影响信息的及时利用。

锥形结构是管理幅度小，从而管理层次较多的金字塔形态。其优缺点正好与扁平形结构相反：较小的管理幅度可以使每位管理者仔细研究从每个下属那里得到的有限信息，并对每个下属进行详尽的指导；但过多的管理层次不仅影响信息传递的速度和质量，也使得各层级管理者感到自己在组织中的地位相对渺小，从而影响积极性的发挥；过多的管理层次也往往容易使计划的控制工作复杂化。

因此组织设计要尽可能地综合两种基本组织结构形态的优势，克服它们的局限性。

### (二) 影响管理幅度的因素

任何组织都需要解决管理者直接指挥与监督的下属数量问题，但在同样获得成功的组织中，每位管理者直接管理的下属数量却往往是不同的。美国五星上将艾森豪威尔在第二次世界大战中任盟军欧洲部队最高司令官时只有 3 名直属下级，而这 3 名下属没有一个有多于 4 名的下属。1975 年，通用汽车公司的总经理有两名执行副总经理和一个由 13 名副总经理组成的小组向他直接报告工作。这些事实表明，努力去确定一种适用于任何组织的管理幅度是没有意义的，也是不可能有结果的。有效的管理幅度受到如下诸多因素的影响。

#### 1. 工作能力

管理者的综合能力强、理解能力强、表达能力强可以迅速把握问题的关键，就下属的请示提出恰当的指导建议，并使下属明确地理解，从而可以缩短与每一位下属在接触中占用的时间。同样，如果下属具备符合的能力，受过良好的系统培训，则可以在很多问题上根据自己符合组织要求的主见去解决，从而可以提高工作效率。这样，管理幅度可以适当宽一些。

2. 工作内容和性质

管理者的工作在于决策和用人，处理管理系统中不同层次的决策用人的比重各不相同。决策工作量越大，管理者用于指导和协调下属的时间就越少。而越接近组织高层，管理者的决策只能越重要，所以管理者的管理幅度要较中层和基层人员小。

下属从事的工作内容和性质相近，则对每个人工作的指导和建议也大致相同。这种情况，同一管理者对较多下属的指挥和监督困难不大。下属如果单纯地执行计划，计划本身制订得详尽周到且计划的目的和要求明确，管理者对下属的管理活动较少；相反则工作量增加，从而减少有效管理幅度。

3. 工作条件

掌握信息是进行管理的前提，利用先进的技术去搜集、处理和了解下属的工作情况，不仅可以及时地提出忠告和建议，而且可使下属了解更多与自己工作有关的信息，从而能更自如自主地处理分内的事务，这有利于扩大管理者的管理幅度。

不同的下属的工作岗位在地理位置上的分散会增加下属与管理者以及下属之间的沟通困难，从而会影响管理者直属下属的数量。

4. 工作环境

工作环境稳定与否会影响组织活动内容和政策的调整频度与幅度。环境变化越快，变化程度越大，组织中遇到的新问题越多，下属向管理者的请示就越有必要越频繁；同时管理者能用于指导下属工作的时间和精力就越少，因为他必须花更多的时间和精力去关注环境的变化。因此环境越不稳定，各层管理者的管理幅度就越受限制。

近年来的发展趋势是迈向更大的管理幅度，这与管理者追求加快决策速度、提高灵活性、更加贴近顾客、向员工授权以及减少成本是相一致的。管理者开始认识到，如果员工充分了解自己的工作并掌握组织中的各种流程，那么管理者可以应付更大的管理幅度。

## 二、纵向组织结构

管理劳动的分工包括横向和纵向两个方面。纵向组织设计是将管理权力在不同管理层次之间进行分配，组织的不同部门拥有的权利范围不同会导致部门之间、部门与最高管理层之间以及部门与下属部门之间的关系不同，从而组织结构也不同。比如，同是按照产品划分设立的管理单位，既可以是单纯的生产车间，也可以是一个拥有相对自主权的分权化经营单位(事业部或子公司)。这便是纵向组织结构设计所要解决的任务，这主要涉及组织的集权与分权问题。

### (一) 权力的性质与特征

设计一个集权或分权的组织，需要解决的第一个问题是界定权力的含义。权力通常被描述为组织中人与人之间的一种关系，是指处在某一个管理岗位上的人对整个组织或所辖单位与人员的一种影响力，或简称管理者影响别人的能力。定义影响力的权力主要包括三种类型：专长权、个人影响权与制度权。专长权是指管理者因具备某种专业知识或技能而产生的影响能力；个人影响权是指因个人的品质、社会背景等因素而赢得别人的尊重与服从的能力；制度权是与管理职务有关、由管理者在组织中的地位所决定的影响力。与个人的品质、社会背景、知识技能有关的影响力显然不会成为集中或分散对象，因此我们在这里关心的主要是制度权。

作为赋予管理系统的某一职位的权力，制度权的实质是决策的权力：决定干什么的权力，决定如何干的权力，以及决定何时干的权力。制度权的这三个方面从本质上来说是不可分割的：只有决定干什么的权力，而不能决定行动的内容和方式，会影响决策者对目标实现的可行性研究，从而可能导致决策的盲目性；相反，如果只有决定如何干、何时去完成的权力，而无权确定行动的方向，则会影响决策的积极性，降低决策动力。

制度权与组织中的管理职位有关，而与占据这个职位的个人无关。生产经理一旦调任营销或财务主管，对原部门的管理人员不再具有命令或控制的权力；赋予生产经理职位的权力，也并不意味着他可以破坏组织命令统一性原则，他不可以绕过车间主任或工长而直接给某个工人分配任务。制度权只赋予某个职位的管理人员给直接下属发布命令的权力。

### (二) 集权与分权的相对性

集权是指决策在组织系统中较高层次的一定程度的集中，与此相对应，分权是指决策权在组织系统中较低层次的一定程度的分散。

集权和分权是一个相对的概念。绝对的集权意味着组织中的全部权力集中在一个主管手中，组织活动的所有决策均由主管做出，主管直接面对所有的执行者，没有任何中间管理人员，没有任何中层管理机构。这在现代社会经济组织中显然是不可能的。而绝对的分权则意味着全部权力分散在各个管理部门，甚至分散在各个执行者、操作者手中，没有任何集中的权力，因此主管职位显然是多余的，一个统一的组织也不复存在。所以，在现实社会中的组织，可能是集权的成分多一点，也可能是分权的成分多一点。我们需要研究的，不是应该集权还是分权，而是哪些权力宜于集中，哪些权力宜于分散，在什么样的情况下集权的成分多一些，何时又需要较多的分权。

### (三) 分权及其实现途径

#### 1. 分权的标志

评价分权程度的标志主要有四个：

(1) 决策的频度。组织中较低管理层次制定决策的频度与数目越大，则分权程度越高。

(2) 决策的幅度。组织中较低层次决策的范围越广，涉及的职能越多，则分权程度越高。

(3) 决策的重要性。决策的重要性可以从两个方面衡量：一是决策的影响程度，二是决策涉及的费用。如果组织中较低层次的决策只影响该部门的日常管理，不影响部门今后的发展，从而决策对整个组织的影响程度较小，则组织的分权程度较低，反之则较高。

(4) 对决策的控制程度。如果高层对较低层的决策没有任何控制，则分权程度较高；如果底层在决策后要向高一级管理部门报告备案，则分权程度次之；如果低层在决策前要征询上级部门的意见，向其咨询，则分权程度要低。

2. 分权的途径

权力的分散可以通过两个途径来实现：组织设计中的权力分配与管理者在工作中的授权。制度分权与授权的结果虽然相同，是使较低层管理人员行使较多的决策权，即权力的分散化，但实际上这两者是有重要区别的。

制度分权是在组织设计上考虑到组织规模和组织活动的特征，并在工作分析、职务和部门设计的基础上实行的。而授权则是担任一定管理职务的领导者，在实际工作中为充分利用专门人才的知识和技能，或出现新增业务的情况下，将部门解决问题、处理新增业务的权力委任给某个或某些下属。

制度分权和授权的含义不同，决定了它们具有下述区别：

(1) 制度分权是在详细分析、认真论证的基础上进行的，因此具有一定的必然性，而工作中的授权则往往与管理者个人的能力和精力、拥有的下属的特点、业务发展情况相联系，因此具有很大的随机性。

(2) 制度分权是权力分配给某个职位，因此权力的性质、应用范围和程度的确定，需要根据整个结构的要求；而授权是将权力委任给某个下层，因此委任何种权力，委任后应作何种控制，不仅要考虑管理职位的权力，而且要依据下属的工作能力。

(3) 制度分权主要是一项组织工作的原则，以及在此原则指导下的组织设计中的纵向分工；而授权则主要是管理者在管理工作中的一种领导艺术，一种调动下属积极性的方法。

另外必须指出，作为分权的两种途径，制度分权与授权是互相补充的。组织设计中难以预料每个管理岗位上的工作人员的能力，同时也难以预测每个管理部门可能出现的新问题，因此需要各层级的管理者在工作中的授权来补充。

## 三、横向组织结构

横向的分工是根据不同的标准将管理劳动分解成不同岗位和部门的任务，横向分工的结果是部门的设置，或“组织的部门化”；纵向分工是根据管理幅度的限制确定管理系统的层次，并根据管理层次在管理系统中的位置规定管理者的职责和权限，纵向分工的结果是责任分配基础上的管理决策权的相对集中或分散。

### (一) 创业型组织结构

创业型组织结构是工业发展初期企业的一种最早最简单的组织形式。其基本原则是下级从管理者那里直接接受命令，管理者对下级进行综合管理。在这种组织结构下，厂长或经理都是实行没有职能机构的“个人管理”，权限是直线式的，关系是明确的，并且按照有效的管理幅度和企业总人数，决定企业组织的层次与结构。随着企业的发展，所有管理职能都由一个人承担就变得相当困难，因此为了促进企业的发展，应将该结构朝着职能制组织结构进行调整。

例如，某一文具用品品牌在某地区内拥有数家分店，原来由创办人负责所有分店的管理工作，但随着业务量的增加和效益的提高，该文具品牌受到风险投资人的赏识，规模迅速扩大，在全国开设了四十多家连锁文具用品门店。随着企业规模的扩大，对管理的需求不断深入，组织结构应由原来的创业型组织转变为职能制或事业部制的组织结构。

## (二) 职能制组织结构

职能部门化是根据业务活动的相似性来设立管理部门。判断某些活动是否相似的标准是：这些活动的业务性质是否相近，从事活动所需的活动技能是否相同，这些活动的开展对同一目标的实现是否具有紧密相关的作用。

在商品经济中，企业为了实现生存和发展的目标，必须盈利。而盈利的前提是有效地向社会提供人们需要的商品。因此，不同的企业虽然所属的行业、产品类型、制造工艺不同，但它们的活动都围绕着生产条件的筹集与组合、物质产品或劳务的用户寻找以及为这两者提供资金保证来展开的。生产、营销以及财务被认为是企业的基本功能，缺少了其中的任何一项，企业便无法生存。除了这些非常重要的基本职能外，企业还需要一些保证生产经营能顺利开展的辅助性的或次要的职能，如人事、公共关系、法律事务等。如图 4-1 所示是一个典型的职能制组织结构图。

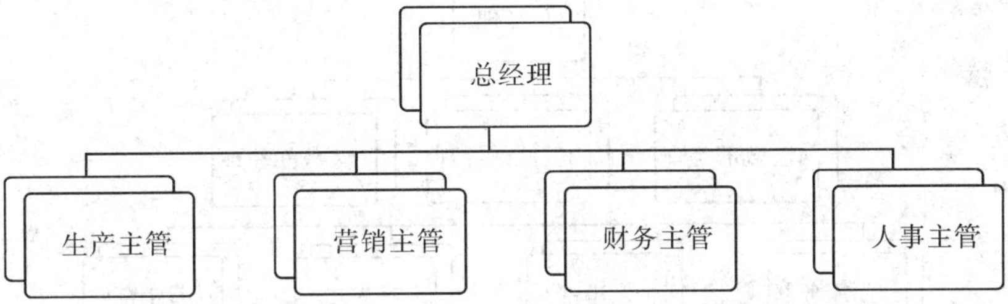


图 4-1 职能制组织结构图

职能制组织结构是一种传统的、普遍的组织形式。这首先因为职能是划分活动类型，从而设立部门的最自然、最方便、最符合逻辑的标准，据此进行的分工和设计的组织结构可以带来专业化分工的种种好处，可以使各部门的管理人员或专心致志地研究产品的开发和制造，或积极努力地探索和开发市场，或认真仔细地记录、分析和评价资金的运作。同时，按职能划分部门，由于各部门在最高主管的领导下从事相互依存的整体活动的一部分，因此有利于维护最高行政指挥的权威，有利于维护组织的统一性。此外，由于各部门只负责一种类型的业务活动，因此有利于工作人员的培训、相互交流，从而提高技术水平。

职能制组织结构的局限性主要表现在以下几个方面：由于各种产品的原料供应、生产制造、产品销售都集中在相同的部门进行，各种产品给企业带来的贡献不易区别，因此不利于指导企业产品结构的调整；由于各部门的负责人长期只从事某种专门业务的管理，缺乏总体眼光，因此不利于高级管理人才的培养；由于活动和业务的性质不同，各职能部门可能只注重依据自己的准则来行动，因此可能使本来相互依存的部门之间的活动不协调，影响组织整体目标的实现。为了克服这些局限性，组织逐渐发展出了事业部制结构。

## (三) 事业部制组织结构

### 1. 区域事业部制结构

组织活动在地理上的分散带来交通和信息沟通困难曾经是区域事业部制结构发展的主要理由。我们很难设想在一个交通和通信联络不方便的区域或国家，公司总部的经理人员能正确合理地遥控指挥一个在千里之外的生产单位的产品制造活动。但是随着通信条件的改善，这个理由已不再那么重要，取而代之的是社会文化环境方面的理由。

随着管理理论研究的深入，人们越来越清楚地认识到社会文化环境对组织活动有着非常重要的影响。不同的文化环境决定了人们不同的价值观，从而使人们的劳动态度、对物质利益或工作成就的重视程度以及消费偏好不一样，因此要求企业采用不同的人事管理或营销方式。文化背景是历史形成的，由于历史上各个地区之间的相互封闭，使得今天一定的文化环境总是同一定的地理区域相联系。因此，根据地理位置的不同设置管理部门，甚至使不同区域的生产、经营单位成为相对自主独立的管理实体，可以更好地针对各地区劳动者和消费者的行为特点来组织经营活动。在国际范围内从事经营业务的跨国公司尤其如此，它们不仅使分散在世界各地的附属公司成为独立的事业部，而且对公司总部协调国际经营的高级管理者的业务划分，也是根据区域标准来进行的。区域事业部制的结构见图 4-2。

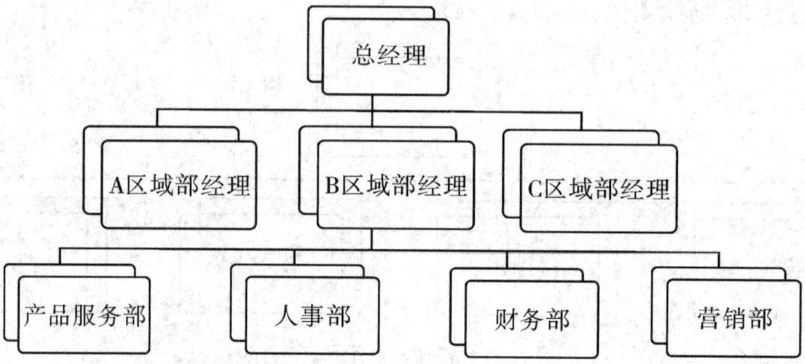


图 4-2 区域事业部制结构

区域事业部制结构由于在区域范围内拥有相对较大的决策权，因此在与客户的联系上更为紧密，能实现更好更快的地区决策，与此同时能大量节约与总部进行信息沟通和业务往来所耗费的成本费用。此外由于对当地环境的熟悉，在企业总部需要做决策时能提供更有价值的信息来源，以便决策者做出正确合理的决策。

区域事业部制结构的局限性主要在于管理成本的重复，每个区域事业部相对经营独立，因此都要设置比较全面的各项职能部门，使得职能部门的开支巨大。同时如果处理跨区域事务则涉及到各事业部间职能部门的协调和沟通，此时有可能会效率低下或需要总部来进行协调。

**2. 产品/品牌事业部制结构**

随着企业的成长和品种多样化，把制造工艺不同和用户特点不同的产品集中在同一生产或销售部门管理，会给部门主管带来日益增加的困难。因此，与扩大企业规模相对应，如果主要产品的数量足够大，这些不同产品的用户或潜在用户足够多，那么组织的最高管理层除了保留公共关系、财务、人事这些必要的职能外，就应该考虑根据产品或品牌来设立事业部：把统一产品或品牌的生产和销售工作集中在相同的部门进行。

品牌是为了设计出用于区别制造商或供应商提供的产品或服务，并使之与竞争对手的产品或服务相区别。品牌可以表示同一企业生产的不同产品以便给客户一种感官差异。各事业部在进行管理活动时，除了各项基本职能外还需要重点关注产品和品牌的推广营销。产品/品牌事业部制的组织结构见图 4-3。

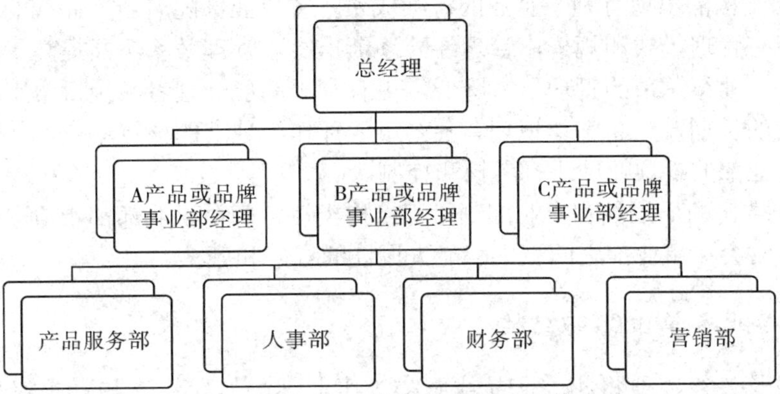


图 4-3 产品/品牌事业部制结构

产品事业部制结构的优势在于能使企业因多元化经营减少市场风险，提高经营的稳定性，又可以使各事业部因专业化经营而提高生产率，降低劳动成本。同时以产品作为衡量业绩的单位，更容易考察和比较不同产品或品牌对企业的贡献，有利于企业及时限制甚至淘汰或扩大发展某种产品的生产，使整个企业的产品或品牌结构更加合理。由于各个事业部对企业的贡献容易辨认，因此有利于促进企业的内部竞争，但要妥善处理防止恶性竞争的出现。最后企业可以利用事业部作为培养有前途的高层管理人才的基地。

产品事业部制的局限性最为明显的是各个事业部为了自身的生存和发展壮大会形成一些利益团体，总部在协调这些事业部的资源分配和战略规划时会难以兼顾且矛盾重重，而且类似于区域制组织结构，各事业部的职能管理机构和企业总部重叠会导致管理费用的增加，从而提高了待摊成本，影响企业竞争力。

### (四) M 型组织结构(多部门结构)

通过企业多元化经营规模的扩大，产品线不断增加，事业部制结构将不再适用，M 型结构在这一阶段逐渐出现并发展起来。M 型组织结构以事业部制结构为基础，通过将多个产品线进行整合成一个事业部来提高企业的竞争力和经营效率。

下面来看 A 企业的例子。A 企业的组织结构曾经非常简单，仅拥有三个产品事业部：燃气设备、洗衣用品以及电器产品。但是通过收购 B 公司(一家空调、冰箱和火炉生产商)和 C 公司(一家小型家电制造商)，企业不断扩张产品线。如图 4-4 所示，M 型结构包含了若干事业部，而每一个事业部都含有一个或多个产品线。

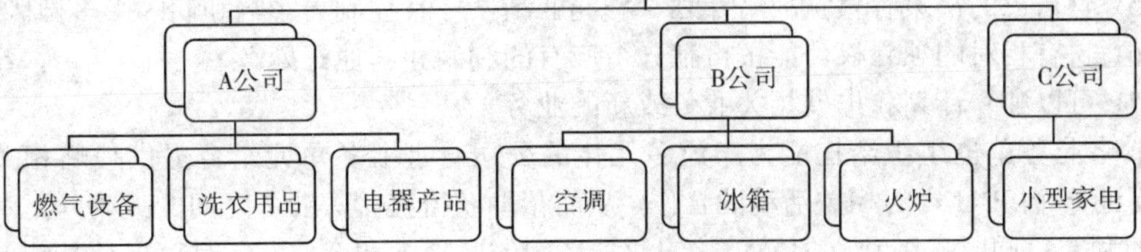


图 4-4 M 型组织结构

M 型组织结构的出现有利于企业的持续成长，各事业部随着新产品线的创建或收购不断整合调整现有管理模式和规模，管理经验逐渐丰富，管理效率不断提高。企业总部放权到事业部中去，使得总部的管理压力降低，更有利于高层管理者减少日常工作，将工作重心关注于企业的长期发展和整体规划。各个事业部作为独立的核算单位，能够通过投资中心的指标对事业部的各项业绩进行考核和控制。

M 型组织结构的局限性和事业部制组织结构类似，每个事业部都希望取得更多的企业资源，因此经常会在事业部之间滋生职能失调性的竞争和摩擦。

### (五) 战略业务单位组织结构

企业的成长最终需要将相关产品线归类为事业部，然后将这些事业部归类为战略业务单位(SBU)。战略业务单位是公司中的一个单位，或者职能单元，它是以企业所服务的独立的产品、行业或市场为基础，由企业若干事业部或事业部的某些部分组成的战略组织。比如通用电气公司把它所经营的范围划分为 49 种，并统称为战略业务单位，如图 4-5 所示。

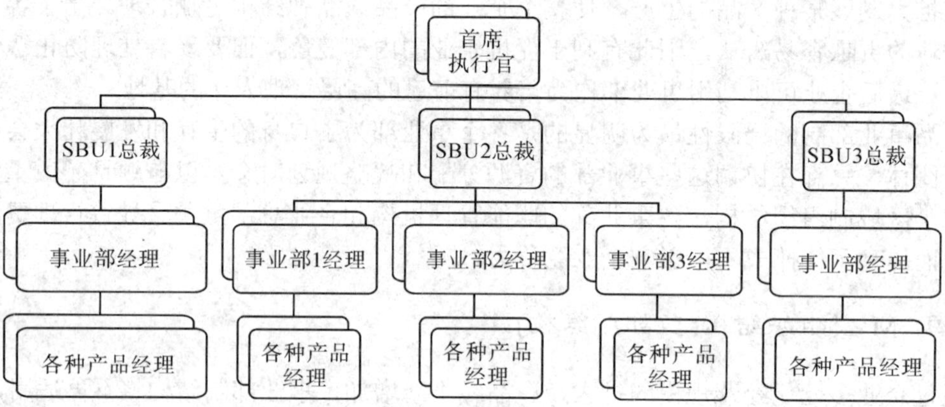


图 4-5　战略业务单位组织结构

一个理想的战略业务单位应该具备以下特征：

(1) 它是一项独立业务或相关业务的集合体，在计划工作中能与公司其他业务分开而单独作业。

(2) 它有区别于其他业务单位的具体任务，大目标相同但从不同的方向去努力。

(3) 在各自的领域都有现实的或潜在的竞争对手。

(4) 掌握公司分配的资源的控制权，以创造新的资源。

(5) 有自己的决策者负责战略计划、利润业绩，并且控制着影响利润的大多数因素。

(6) 它有相对的独立权，能按贡献分得应有的利润和其他好处。

(7) 可以独立计划和扩展相关业务或新的业务。

战略业务单位组织结构能为广泛多元化的公司管理业务单元组合提供战略相关的方法；促进一个 SBU 内的相关活动的合作，从而帮助获得在相关业务之间的战略匹配和资源匹配的利益；同时提高独立但又相关的业务之间的凝聚力和合作；并且可以使战略计划在整个公司最相关的层次上制订，使得高层经理的战略审视更加客观、有效，有助于将公司的资源分配到增长最快和有盈利机会的区域。

战略业务单位组织结构的劣势是容易武断地将业务定义和分组到不同的SBU中，这样除了提供管理上的便利之外，无法达成其他目的。同时在制定未来的方向上，SBU仍然可能缺乏远见，在高层管理中又增加了一个层次，这导致除非战略业务单位的管理者非常愿意在不同的战略业务单元之间进行跨业务单位的合作和协调，否则不可能。

### (六) 矩阵制组织结构

随着外部环境变化越来越快，企业组织也必须随着环境迅速调整。矩阵制管理能够很快适应多变的外部环境，通过项目方式组合内部资源，并实现迅速反应的目的。矩阵制结构对管理能力的要求很高，这也是矩阵制组织结构与职能制组织结构最大的差别所在。这是一种纵横两套系统交叉形成的复合结构，纵向是职能系统，横向是为完成某项专门任务而组成的项目系统，如图 4-6 所示。项目系统没有固定的员工，而是随着任务的进度，根据工作的需要，从各职能部门抽人参加，这些人员参加完与自己有关的工作后，仍回到原来的职能部门。

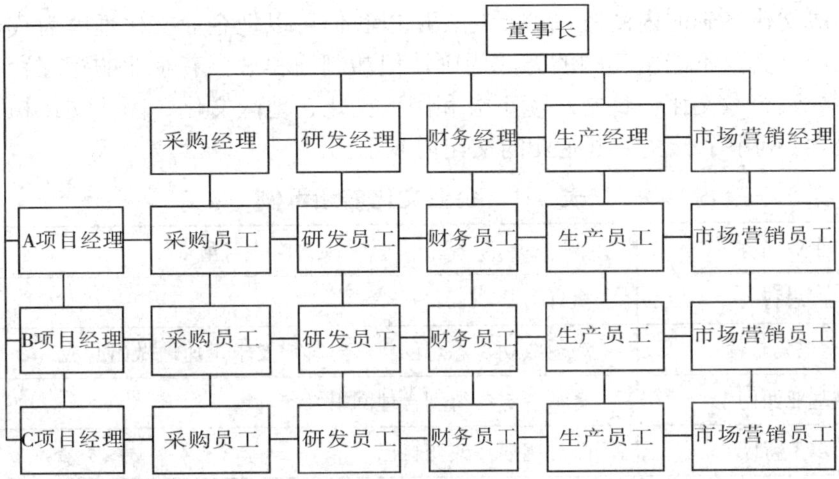


图 4-6　矩阵制组织结构

矩阵制组织结构具有很大的弹性和适应性，可以根据工作的需要集中各种有专门组织知识和技能的人，短期内迅速完成重要的任务。由于在项目小组中汇集了各种专业人才，便于知识和意见的交流，能促进新的观点和设计的产生。但是实际操作中，从职能制组织结构到矩阵制组织结构的过渡非常困难。一方面在转变的初期，职能条线的权利非常强，这对项目组管理者的组织能力、专业能力和协调能力要求都非常高，否则就难以调动职能条线、指导职能条线工作实现项目内部运行；另一方面，因为职能条线提供了员工的常住身份，项目管理者只是短期从事项目执行期间的管理，员工容易产生短期行为；再则，即使员工进入了项目组，职能条线的管理者对其的命令仍然比项目经理更具有权威性。

因此矩阵制组织机构的特点决定了它主要适用于那些工作内容频繁变动、每项工作的完成需要众多技术知识的组织，或者作为一般组织中安排临时性工作任务的补充形式。

矩阵制组织结构的优势在于项目管理者着眼于项目的相关战略，更加有效地优先考虑关键项目，加强对产品和市场的关注，从而避免职能型结构对产品和市场的关注不足。纵横向结构的设计实现了各个部门之间的协作以及各项技能和专门技术的相互交融。双重权力使得企业具有多重定位，这样职能部门的管理者就不会只关注自身业务范围。

矩阵制结构也存在着局限性，该结构有可能导致职能条线和项目条线的权力相互重叠，不能清晰地划分权力范围。下属不知道其工作的各个方面应对哪个上级负责，同时职能条线的管理层可能受项目条线管理者的影响从而产生危机感。

## 第二节 企业文化

### 一、企业文化的类型

企业文化是企业成员共有的哲学、意识形态、价值观、信仰、期望态度和道德规范。由于这些构成文化基础的内涵难以被量化，所以我们可以把企业文化理解为代表了企业内部的行为指南，其虽不能由契约的方式明确，但却制约和规范着企业的管理者和员工。文化的特殊性导致企业文化在特定环境下会和国家文化、地区文化、团体文化相互交织，难以区分，表 4-1 列举了一些大型企业的文化内涵示例。

表 4-1 企业文化内涵示例

| 企业名称 | 文化内涵 |
|---|---|
| 思科 | 执行力 |
| 索尼爱立信 | 渴望成功，思想创新，对客户要求迅速地做出回应 |
| 诺基亚西门子 | 奉献者定当得到合理回报 |
| 阿尔卡特朗讯 | 面对挑战，改变自己 |
| 中兴通讯 | 诚信，顾客至上，学习 |
| 大唐电信 | 内心充满使命感 |
| 华为通信 | 追求卓越，危机意识，尊重员工 |

英国当代最知名的管理大师查尔斯·汉迪 1976 年提出，企业文化可以分成以下四类：权力(Power)导向型文化、角色(Role)导向型文化、任务(Task)导向型文化、人员(People)导向型文化。

#### (一) 权力导向型文化

权力导向型文化也称作集权式文化、铁腕型家长文化，权力中心只有一个，通常是由一位具有领袖魅力的创始人或其继任者，以相当权威化的方式运作。企业的领导方式很强势，有决断力，反应速度很快。而中间管理阶层采取主动的空间不大。

这种企业文化，在决策正确的情况下，有助于公司快速成长；但是，如果决策错误，将为公司带来灾难。在企业运行中明显忽视人的价值和一般福利。这类企业经常被看成是专横和滥用权力的，因此它可能因中层人员的低士气和高流失率而蒙受损失。通常存在于家族式企业和初创企业。

### (二) 角色导向型文化

角色导向型文化也称作各司其职的文化，在大型且注重既定程序的公司里经常可见，每个人的角色、工作程序以及授权程度，均清楚界定。在这种文化之下，既定的工作说明工作程序比个人特质重要。这类组织相当稳定而规律化，但也缺乏弹性、步调迟缓。这种企业被称作官僚机构，此类文化最常见于一些历史悠久的银行与保险公司，以及集团企业(如日本的株式会社)、国有企业等。

角色导向型文化十分重视合法性、忠诚和责任。这类企业的权力仍在上层，这类结构十分强调等级和地位，权利和特权是限定的，大家必须遵守。这类企业采用的组织结构往往是职能制结构。

角色导向型文化具有稳定性、持续性的优点，企业的变革往往是循序渐进，而不是突变。在稳定环境中，这类文化可能导致高效率，但是这类企业不太适合动荡的环境。

### (三) 任务导向型文化

任务导向型文化也称作目标导向型文化，在这种文化中，管理者关心的是不断地和成功地解决问题，对不同职能和活动的评估完全是依据它们对企业目标做出的贡献。这类企业采用的组织结构往往是矩阵式的，为了对付某一特定问题，企业可以从其他部门暂时抽调人力和其他资源，而一旦问题解决，人员将转向其他任务。所以无连续性是这类企业的一个特征。

实现目标是任务导向型企业的主导思想，不允许有任何事情阻挡目标的实现。企业强调的是速度和灵活性，专长是个人权力和职权的主要来源，并且决定一个人在给定情景中的相对权力。这类文化常见于新兴产业中的企业(特别是一些高科技企业)、公关公司、房地产经纪公司以及销售公司等。

这类文化具有很强的适应性，个人能高度掌控自己分内的工作，在十分动荡或经常变化的环境中会很成功。但是，这种文化也会给企业带来很高的成本。由于这种文化有赖于不断地试验和学习，所以建立并长期保持这种文化是十分昂贵的。

### (四) 人员导向型文化

人员导向型文化也称作利他导向型文化，在这种文化中，重视个人的文化，主要由个人主导工作，强调个人价值与专业，员工对企业的忠诚度较低。员工通过示范和助人精神来互相影响，而不是采用正式的职权。这一文化常见于俱乐部、协会、专业团体和小型咨询公司。

这类文化中的人员不易管理，企业能给他们施加的影响很小，因而企业不能靠持有这种文化而存在，因为企业有超越员工集体目标的企业目标。

## 二、企业文化与公司战略

企业文化是全体员工在长期的生产经营活动中培育形成并共同遵守的最高目标、价值标准、基本信念及行为规范。它是一种管理文化、经济文化和微观组织文化的融合。企业文化在企业管理中具有五个方面的作用，即导向、约束、凝聚、激励和辐射。而战略管理是以企业的未来为基点，根据外部环境的变化和内部资源条件，为求得企业长期发展而进行的总体性规划，是企业运作的根本指导思想。当企业在开展战略管理工作时，企业的结构、技能、共同价值、生产作业程序等各种组织要素都会随着战略的制定和实施发生相应的变化，这时需要充分理解企业文化与公司战略之间的联系和矛盾。

### (一) 企业文化与公司战略的相互联系

(1) 企业文化是公司战略制定并取得成功的重要条件。公司战略选择过程中必须考虑自身的企业文化，优秀的企业文化具有企业鲜明的个性和特色，形成员工共同的价值观，在此基础上做出的战略选择才具有可操作性和实践价值。

(2) 企业文化影响着公司战略实施的成败。战略管理的实施需要完善的信息支持系统、组织支持系统和文化支持系统，前两者可以称之为“硬件”，而文化支持系统则是企业的“软件”，往往软件比硬件更为关键和重要。企业的管理者在调动各项有利因素推动战略实施成功的过程中，统一的价值观和良好的氛围更加难以量化和取得。

(3) 企业文化是战略控制的软性黏合剂。战略控制通过将既定的战略目标和企业绩效标准进行比较，发现差距、分析原因并纠正偏差，从战略控制的实际效果来看，属于企业文化的共同价值观、信念以及行为规范等更为有效。它们可以形成企业员工的自觉行动，达到自我控制和自我协调，不依赖于对员工的奖惩来实行战略控制，而是基于员工对企业的依附感和信任感来进行的。

(4) 企业文化是维持战略优势的重要条件。优秀的企业文化体现了企业的历史积累，其竞争对手是难以模仿和复制的，正是这种难以模仿和复制性，才使得企业在很长时间内维持自己的战略优势，在行业竞争中立于不败之地。

### (二) 企业文化与公司战略的矛盾

(1) 企业文化与公司战略可能相抵触，阻碍战略实施或战略转变的成功。当一个企业由收缩战略转变为发展战略时，要求员工到管理者甚至管理制度都发生相应的转变，但企业文化的特点决定了各个职能部门或事业部很难在短期内适应这种转变。在战略实施过程中，如果战略与文化是冲突的，那么企业战略很难得到有效的实施，最终导致企业战略的失败。

(2) 企业自身文化与兼并后的企业文化不相容。这种不相容性最初在一定程度上成为新战略实施的障碍，新企业只有在新战略下对企业文化进行整合，才能使新的企业文化支持战略实施的成功。然而实践证明，企业文化的整合相当困难，许多企业在收购兼并后都遇到了由于文化冲突而导致经营失败的情况。尤其是跨国经营的企业，母国和东道国之间的传统文化、风俗习惯、员工认同及价值观等方面的巨大差异，使得企业文化难以融合甚至发生冲突，这段时期内如果双方或多方文化不能很好磨合，那么战略的实施将面临巨大的障碍，甚至会因为冲突使得企业战略最终失败。

### (三) 企业文化与公司战略的协同

随着企业的发展和外部环境的变化，公司战略会不断发生变化，客观上要求企业文化具有适应战略变化的功能，与企业战略在动态上实现协同。表 4-2 列举了不同的战略类型以及与其相适应的文化类型。

**表 4-2 企业战略与其相应的企业文化类型**

| 战 略 类 型 | 相应企业文化类型 |
|---|---|
| 发展型战略 | 权力导向型文化 |
| 稳定型战略 | 角色导向型文化，任务导向型文化 |
| 收缩型战略 | 角色导向型文化 |
| 成本领先战略 | 权力导向型文化，角色导向型文化 |
| 差异化战略 | 任务导向型文化 |
| 集中化战略 | 权力导向型文化，任务导向型文化 |
| 国际化经营战略 | 权力导向型文化，角色导向型文化 |

## 三、企业文化与公司绩效

### (一) 企业文化创造价值

(1) 企业文化有利于简化企业内部的信息处理过程。

企业文化中的价值观、行为准则和相应的符号，使员工的活动集中于特定的范围的安排之中，没有必要就他们在企业中的工作任务是什么进行讨价还价，因而可以减少决策制定的成本并促进工作的专门化，也使得一起工作的员工分享对他们工作的一系列预期，因而减少了不确定性。同时共同的文化，使得在一起工作的员工始终存在共同关注的焦点。例如本企业的产品与其他企业的区别，本企业在广告和新产品开发上的风险水平，本企业员工、顾客和利益相关者之间相互作用的方式等，从而提高企业的技术效率。

(2) 企业文化有利于补充企业中的正式控制。

文化作为集体价值观和行为准则的集合体，在组织中能发挥一种控制功能。文化对员工行动的控制是基于他们对企业的依附，而不是基于激励和监督。那些在价值观上依附企业文化的员工将会调整他们个人的目标和行动，使之符合企业的目标和行为。如果文化在企业中具有这种功能，那么员工主动地自我控制、员工间的非正式监督和不涉及具体细节的组织准则结合在一起，员工会比在正式制度下更可能地去服从，效果比只有正式控制制度更有效。

(3) 企业文化能有效促进合作和降低讨价还价成本。

在企业内部，由于各种利益相关者讨价还价的权利之争，也会导致市场竞争中出现个体理性与集体理性的冲突。企业文化通过相互强化的道德规范，会减轻企业内权力运动的危害效应，这使得在市场上利己主义的个人之间不能出现的多方受益的合作行为在企业内部可能出现。

### (二) 企业文化与企业绩效的对应特质

企业文化作为维持竞争优势的一个源泉，必须是某个企业特有的。如果一个企业的文化和市场上大多数的企业是相同的，它往往反映的是国家或地区文化或一系列行业规范的影响，那么它不可能导致相对竞争优势。同时企业文化也必须是很难模仿的，也使得其他企业的管理者很难从本质上修改他们企业的文化以显著提高绩效。如果企业文化较容易被模仿，那么一旦该企业成功的话，随着竞争者的大量模仿，该类文化带给企业的优势很快就会消失。表 4-3 列举了不同的企业文化特质与绩效的对应关系。

**表 4-3　企业文化特质与企业绩效关系对应**

| 企业文化特质 | 属　性 | 影响企业的绩效指标 |
|---|---|---|
| 使命和整体性 | 稳定的特质 | 经济绩效量度(资产收益率、投资回报率、净利率) |
| 工作参与和适应性 | 弹性的特质 | 产品研发和创新 |
| 工作参与和整体性 | 以内部发展为中心的特质 | 产品和服务质量、员工满意度和投资收益率 |
| 适应性和使命 | 以内部发展为中心的特质 | 主营业务收益水平、销售增长情况和市场份额 |

# 第三节　战略控制

## 一、战略控制与战略失效

战略控制是指监督战略实施进程，及时纠正偏差，确保战略有效实施，使战略实施结果符合预期战略目标的必要手段。战略控制包括决定企业成功实现战略目标的范围。如果没有达到既定的目标，控制的意向应当是修改企业战略或实施该战略，以便企业达成目标的能力能够得到提高。

在战略实施过程中，不容忽视的就是战略失效。战略失效是指企业战略实施的结果偏离了预定的战略目标或战略管理的理想状态。

导致战略失效的原因主要有以下几方面：

(1) 企业内部缺乏沟通；

(2) 战略实施过程中各种信息的传递和反馈受阻；

(3) 战略实施所需的资源条件与现实存在的资源条件之间出现较大缺口；

(4) 用人不当，主管人员、作业人员不称职或玩忽职守；

(5) 公司管理者决策错误，使战略目标本身存在严重缺陷或错误；

(6) 企业外部环境出现了较大变化，而现有战略一时难以适应。

战略失效按失效的时间可以分成以下三种类型：

(1) 早期失效。在战略实施初期，由于新战略还没有被全体员工理解和接受，或者战略实施者对新的环境、工作还不适应，就有可能导致较高的早期失效率。

(2) 偶然失效。在战略实施过程中，偶然会因为一些意想不到的因素导致战略失效，这就是偶然失效。

(3) 晚期失效。晚期失效是指当战略推进一段时间之后，原先对战略环境条件的预测与现实变化发展的情况之间的差距会随着时间的推移变得越来越大，战略所依赖的基础就越来越糟，从而使失效率大为提高。

应注意的是，一个原始战略是否有效，并不在于它是否能原封不动地运用到底，也不在于它的每个细小目标和环节是否都在实际执行中得以实现，而在于它能否成功地适应不可知的现实，在于能否根据现实情况作出相应的调整和修正，并能最终有效地运用多种资源实现既定的整体目标，这就需要进行战略控制。

## 二、战略控制过程

影响企业竞争优势的重要环境因素瞬息万变，以负向反馈和事后反馈为特点的传统战略控制方法已经不能适应环境因素迅速变化的需要。今天的管理者必须预测重大的环境变化和趋势，这就需要采取更加主动积极的态度对待战略控制，更加着眼于未来的变化。

战略控制区别于经营控制，经营控制即包括目标设定、绩效衡量、绩效与标准对比、反馈等四个阶段的短期循环。经营控制主要是关注特定的部门或活动并且强调短期。

战略控制一般都使用反馈和前馈信息。反馈控制用于衡量产出，控制信息反馈回来与目标进行比较以做出需要的改变。前馈控制在决策初始衡量投入，考虑生产活动和那些可能影响战略计划的环境改变。前馈控制使组织能够选择，并且比单靠产出数据做出反应或观察到组织偏离外部需求才做出反应能够更早地改变计划。战略控制是要求不仅监控组织内部状况，还要监控外部环境状况的一个持续过程。战略控制指导公司的活动趋近于战略目标，绩效数据用来比较以做出恰当的反馈，通过改变战略、产品、市场推广等可行方式反映公司的战略导向。

### (一) 前提控制

在战略拟定的过程中，一个很重要的早期步骤是对内部和外部环境的一系列重要因素提出假设，作为制定战略的前提和基础。这些前提包括所有影响该产业环境的一般环境的重要因素。诸如经济增长率、产品市场需求、竞争状况、原料市场、技术进步等。

由于以这一系列战略前提为基础拟定的战略计划，大多需要数年才能充分贯彻，因此对战略前提持续地进行回顾检讨以保证其持续有效，被普遍认为是战略控制不可缺少的重要组成部分。前提控制要求对所有这些重要的环境因素进行系统地和持续地稽查。当环境因素发生了重大的变化，以此为前提制定的战略也必须做出相应的调整。例如，一家制造商制定了成本领先战略，表 4-4 所列即为其战略前提。

表 4-4　制造企业战略前提的假定条件

| 控 制 要 素 | 控 制 指 标 |
|---|---|
| 经济增长状况 | GNP 增长 8%<br>人均可支配收入增长 5% |
| 对产品的市场需求 | 国内市场需求增长 8%<br>海外市场需求增长 3% |
| 竞争状况 | 主要竞争对手可能降低成本 3%<br>海外竞争对手可能推出新一代的产品 |
| 原料及劳务成本 | 劳动队伍继续保持非工会化<br>工资增长不超过 5% |
| 技术进步状况 | 未预见可大幅度降低成本的重大技术突破<br>行业研究及开发支出占总销售的 2% |
| 消费行为 | 消费者愿意支付较高的价格购买新产品<br>消费者希望更长的产品保用期限 |

当环境因素发生了变化，上述假设未能全部实现。有的可能估计过于保守，比如海外市场对产品的需求迅速增长，超过了 10%；有的则过于乐观，比如主要竞争对手实际成本降低了 10%。为此公司必须不断地以实际情况为前提，对原战略规划及时加以纠正，方能在激烈的竞争中获得竞争优势。

前提控制可以通过环境监控实现。监控首先要追踪找出先前在战略制定阶段已被发现的对公司的战略进程至关重要的事件和趋势。由于这些环境信息意见被采用作为战略制定的前提，稽查便要有系统且持续地对其加以监视和审核，检查这些环境假设是否发生了变化，以致公司的战略方向需要做出相应的调整。目前，许多企业采用的连续环境扫描系统，不仅用于发现新的环境变化，也能追踪监视原已发现的事件和趋势，大大地方便了前提控制的实施。

### (二) 执行控制

执行控制主要包括两方面的内容：一方面它要监督企业的战略是否按计划执行，以保证预期的财务和非财务业绩目标的实现。如，企业的利润、销售增长以及劳动生产率目标是否实现，企业的资源配置是否合理，企业的运作是否在预算计划内执行等；另一方面执行控制要根据环境因素的主要变化，审核企业的战略目标是否依然合适，是否需要因战略前提条件的改变或外部环境中不断发生和发展的趋势及事件加以修改。实际业绩与预算计划的业绩控制标准发生了偏离，并不一定意味着公司战略的失效。执行控制是对实际差异产生的原因加以分析，充分考虑环境因素变化的影响并提出相应的对策。执行控制的内容包括建立合适的奖惩制度和战略管理信息系统，以支持和保证战略的贯彻执行。

执行控制在战略实施的过程中不断地对战略的基本方向是否仍然正确提出质疑。它通过以下三项内容来评价现行战略的进展情况。

(1) 里程碑分析，把发展项目划分成数个重要阶段，诸如需要投入大量资财的关键时候，检查项目的进展是否达到预期的目标。

(2) 中间目标分析，通常选用合适的短期目标，例如成本、投资回报率等来反映项目是否顺利实施。

(3) 战略底线分析，通常规定一个必须达到的水平(必保目标)，比如时间或成本，项目的实际业绩若在规定水准之上，则可继续进行；若未能达到起码的水平，则加以终止。

这些分析根据项目在各个特定的重要时间和阶段所取得的成果来审核项目的继续进行是否合适，或必须改变方向，或必须立即停止以避免更大的损失。

### (三) 战略监视

企业的决策者在制定战略时，未必能把对企业具有现在重大影响的发展趋势一一考虑周全。战略监视的目的是通过对内部和外部环境的密切监视，找出可能出现的对公司战略进程产生影响的重大事件和发展趋势。它们可能会对企业的战略构成威胁，也可能为企业的未来发展提供机会。与前提控制相比，战略监视的内容更加广泛。前提控制的对象是战略制定时假定的前提条件，战略监视则把内部和外部环境中一切可能对企业构成现在威胁或提供发展机会的因素作为对象。持续的战略监控就对企业现行战略正在构成的威胁提出警报，使企业有更多的时间从容考虑和采取相应的对策。

对外部环境因素的战略监视可以通过“环境扫描”系统。这种监视好比雷达的屏幕，不间断地扫描以捕捉新的形象和观点。为了保证环境扫描有系统地进行，企业一般以一定的结构为基础来搜集数据。外部环境扫描把整个外部环境划分为若干个部门(比如经济、工业、社会、市场、政府)，每个部门可采用一系列的变量来反映该部门各个不同的方面(比如经济部门可采用利率、通货膨胀率、商业周期、收入趋势、就业趋势、货币供应量等变量)。选择哪些部门和采用哪些变量作为扫描对象取决于企业的性质特点以及这些变量的相关程度。用于环境扫描的数据，有些可以从组织内部取得，有些则从组织外部搜集，可以是直接的第一手资料，也可以是间接的第二手资料，通常由几个专职人员经常性地阅读大量出版物，例如经济类日报、商业周刊、专业杂志、咨询报告、工商简报、政府报告、备忘录等。信息的收集和核查还可以通过与各种各样的人员交谈取得，比如供应商、竞争对手、政府雇员、工业分析师、营销专家等，而联网的电脑资料库也日益广泛地被加以采用。

对内部环境的监视可以组织一个专门小组，由来自企业各职能部门的经理参加，对企业进行“长短处分析”。企业的长处是成功的基础，也称为关键成功因素，应持续保持。企业的短处则必须加以避免。长短处分析的内容可包括提出一系列关键成功因素，并且经常加以评估，根据竞争条件的变化和要求不断地补充和修正。长短处分析的内容还包括对影响企业的关键成功因素的发展趋势做出分析和预测。表 4-5 列出了若干对关键成功因素产生积极影响和消极影响的趋势。

**表 4-5 长短处分析示例**

| 积 极 因 素 | 消 极 因 素 |
|---|---|
| 开发能显著降低单位不变成本的工艺技术 | 关键岗位的经理或技术人员离职增加 |
| 聘用有能力的研发人员 | 产品质量在消费者心目中下降 |
| 把技术革新成功地应用到企业的多个部门 | 员工消极怠工人数激增 |

## 三、战略控制方法

### (一) 企业绩效衡量

#### 1. 绩效指标的评价标准

绩效衡量可以基于财务信息也可以基于非财务信息，在企业日常的经营过程中需要通过绩效指标来作为战略评价和控制的前提，而科学地确立目标绩效评价标准是关键。

(1) 主导目标与从属目标。衡量公司战略绩效的实质是评估目标实现价值。企业目标体系中存在着一个主导目标和若干个从属目标的关系，主导目标制约着从属目标实现的方向和过程，从属目标统一服务于主导目标的加快实现。无论是主导目标还是从属目标，它们都具有价值实现的标准。从战略控制意义上说，主导目标和从属目标之间的关系实质是战略目标与实现战略目标的手段之间的关系。当公司以获得较大市场份额作为战略目标时，提高企业知名度，或扩大企业经营规模，或实施针对竞争对手的渗透价格策略，或发展实力强、信誉好的经销商等均为从属目标，其实际价值主要表现为实现企业战略目标的有效手段。因此，建立和应用目标评价标准的重点是检验和评估手段与目标在价值上的一致性。

(2) 长期目标和短期目标。战略计划实施实质是一种动态管理的控制过程，从控制的整体过程中体现极为重要的时间概念。战略管理是对企业未来发展的管理，是为实现企业长期发展目标而对现实行为进行控制的一系列活动。从衡量战略行为绩效标准看，一方面衡量标准有其明显的时间界限，有的通过利润指标分析企业当前的经营状况，有的通过资产和利润指标预计企业未来的增长前景，但无论采用何种标准，它们都要用来说明企业未来的状况，为控制现实行为更好地实现长远目标而提供客观依据。另一方面，有些衡量标准是相对较短时间区间的绩效，即短期目标，有些衡量标准是相对较长时间区间的绩效，即长期目标。短期目标和长期目标无论在相对稳定还是在变化较大的情况下，必须保持方向的一致性，尽可能适应市场环境变化，使企业绩效符合战略目标要求，将实现短期目标作为促进实现长期目标的重要手段和递进过程。

(3) 衡量标准的层次结构。从空间上看，衡量企业运作绩效的标准具有不同层次：最高标准、中级标准和低级标准。所谓最高标准，即企业在一个较长时期内以最优方式配置可控资源，利用现存所有的机会实现其长期发展的目标。作为未来绩效的标准，严格地说是不能衡量的，它是一个期望值。之所以将其列入衡量标准，因为它是所有中级和低级标准分析和评价的基础，它成为衡量所有运作绩效的基本尺度和最终标准。所谓中级标准，即在总和程度上影响最高标准实现的各种可具体衡量绩效的因素或变量，如劳动生产率、销售率、市场占有率、利润率、工资增长率及顾客满意率等。中级标准多指中短期目标，若干中短期目标实现情况的综合可衡量企业运营的总体绩效，能及时反映最高目标实现的进程以及成功可能性的大小。所谓低级标准，即根据有关理论和经验衡量具体职能部门运作绩效的标准，它涉及实现中级标准的种种因素和手段，构成一个数量庞大、相互关联的复杂网络结构，如废品率、生产进度、停机时间、产品返修率、技术革新率、加班工时与正常工时之比、缺勤率、员工流动率等标准。从空间上分析衡量标准，不难看出三种不同标准层次实际是一个呈金字塔排列的层次结构，它们相互依存和相互作用，对实现企业战略目标的重要性各不相同，并都具有独特的统计和检测方法，然而它们都必须服务于企业战略目标，在战略目标制约下成为战略控制的手段。

(4) “硬”与“软”的衡量标准。根据具体行为或物体的特性、相互关系进行量化分析的衡量标准，一般可称为“硬”标准，如利润量、利润率、销售量、劳动生产率、产销率和市场占有率等。企业一般都偏向于使用硬变量评价工作绩效，因为它与战略目标具有直接关系，通过硬指标分析可以直接评价企业经营绩效。根据行为者的价值观、态度、相互关系、行为方式进行定性分析和评价的标准，一般称为“软”标准，如员工的满意度、工作动机、合作态度、公司形象、群体凝聚力、顾客忠诚度等。大多数企业管理者往往忽略绩效评价的软标准，而认为硬标准与绩效评价更密切、更具有说服力。其实这是一种十分有害的错误认识。比如，管理人员是否具有在企业内长期干下去的意愿，员工对企业前途是否充满信心，下级对上级是否持有积极合作的态度，股东对追加投资的意愿，老客户对大企业及产品忠实度的变化，在目标市场及社会公众中对企业整体形象的综合评价和基本看法，诸如此类的软变量有时比利润率等硬变量更能说明问题。具体地说，软变量的作用主要体现在两个方面：一是可以帮助最高管理层预测硬标准方面的未来变化，预示企业即将出现的问题或机会；二是可以在硬指标不完全或不可靠的情况下进行有益的补充，为管理层决策提供更综合全面的信息基础。在实现硬指标的过程中，加强对人的行为因素的检测分析，如果分析结构表明管理人员和广大员工的价值观、态度、行为都朝消极方向转化，就应迅速查找原因，及时予以修正，使其成为有利于实现硬标准的行动，保证企业战略目标的有效实现。

**2. 衡量企业业绩的不同观点**

1) 股东至上观

股东至上观是指股东是企业的所有者，企业的财产是由他们投入的实物资本形成的，他们承担了企业的剩余风险，理所当然就应该享有企业的剩余控制权和剩余索取权。企业的经营目标在于股东利益的最大化，管理者只有按照股东的利益行使控制权才是公司治理有效的保证。股东至上观的基本理念是管理者服务于股东，股东是公司剩余风险的承担者，股东拥有使用、处置、转让其产权的权力，管理者的目标就是追求股东利益最大化。应该把股东回报率作为企业业绩的指标。股东回报率的计算由两部分组成——资本利得与股利。由于会计核算反映的是企业过去的经营业绩，因此在衡量股东价值时具有很大的局限性，所以股东至上观提出要使用市场价值的衡量方法。

但是即使使用了市场价值的衡量方法，股东价值的衡量也并非易事。关键的问题在于市场是否是理性的。基于有效市场假说，当资本市场处于理性状态时，可以用市场价值作为衡量股东利益的标准，但是按照目前的技术测定，鲜有资本市场能达到有效的程度。比如资本市场最为活跃和规范的美国被评价为半有效市场，而我国的资本市场则被评价为完全无效市场，在这一情形下基于股票价格的业绩衡量方法可能就是不适宜的衡量方法。此外，如果企业没有上市也就没有相应的市场来估计其资本回报率，那么股东的价值还是需要通过传统的会计指标来计算，比如利润率以及净资产回报率。非营利组织的成立是出于慈善或其他的非营利目的，而用反映盈利指标的业绩衡量方法来评价组织是与其经营目标相违背的。

2) 利益相关者观

利益相关者观强调企业责任高于企业收益，将企业视作为各相关者的联合体，所以企业必须为所有的利益相关者服务。利益相关者价值观认为企业必须承担社会责任，并且只有当企业为所有利益相关者谋取共同利益时，企业才算是尽到社会责任。一个企业不仅仅是股东的“赚钱机器”，它是各种资源提供者的联合体，目的是为所有人创造财富。利益相关者价值观不承认股东较之其他利益相关者对公司有更高的道德诉求，只有承认所有利益相关者的道德诉求，才能够将经济价值以外的更多价值引入企业考虑和追求的范围。利益相关者管理不是为企业创造股东价值服务的，而是企业价值创造的一项基准。只有充分调动所有员工的积极性，在所有相关者之间建立高度的互信，企业才能够为所有利益相关者创造共同价值，而这绝不仅仅是为了实现公平，这最终将造就社会财富的最大化。

企业的利益相关者包括企业的管理层、雇员、工会、客户、供应商，以及对企业具有影响力的政府机构，其对企业提出的要求很可能与股东的利益相冲突。例如，家族企业的经理人要求高增长率，这样容易稀释现有股东的控制权，这与家族企业的股东更在乎企业的控制权相矛盾。其他常见的利益冲突包括以下内容：① 为了企业的长期发展，企业有可能牺牲短期盈利、现金流和工资水平；② 如果企业发展需要通过股权融资或债权融资获取资金，则可能要牺牲财务的独立性；③ 公有制企业在管理过程中由于所有者的缺位会导致管理层不尽责。

3) 两种观点的对比分析

衡量企业业绩的两种价值观的对比见表 4-6。

**表 4-6　两种价值观的对比分析**

| 股东至上观 | 利益相关者观 |
|---|---|
| 支持的理由：<br>(1) 股东的利益偏好较为单一，且基于市场价值体系的衡量标准更容易加总；<br>(2) 企业的价值以及经理人的业绩相对易于衡量 | 支持的理由：<br>(1) 能激励员工加大其对公司的人力资本的投入；<br>(2) 有利于充分调动各资产投入者的积极性，有利于企业最终财富的创造 |
| 反对的理由：<br>(1) 忽略了人力资本是企业价值增值的重要资源；<br>(2) 忽略了外部利益相关者对企业的贡献和利益诉求 | 反对的理由：<br>(1) 无法解决利益相关者利益的加总问题；<br>(2) 对经理人的业绩难以确定有效的衡量，容易引起灾难性的道德风险问题 |

英美企业的绩效标准多采用股东至上观。由于对股东强有力的法律保障和对其他利益相关者的漠视，企业极少依赖于银行融资，并购市场运作活跃，美国企业 100 多年来一直把企业目标定为股东利益最大化。因此，在美国股价对企业的影响举足轻重。首先，它是以发达的竞争性外部市场为前提，存在着活跃的经理人市场，这意味着只有那些投资项目绩效良好，从而被视为具有才能的经理人才能获得相应的高报酬，因此经理人必须注重企

业的短期利益最大化和股东利益最大化，否则，他们就会被淘汰。

德日企业的绩效标准为典型的利益相关者观。其主要特征表现为：公司股权集中持有，保护终身雇员的利益，银行在融资和公司监控方面有实质性的参与。对这类企业来讲，生产高质量无瑕疵的产品，不断扩大企业的市场份额，短期内创造品牌的知名度，对员工的不断培训比满足股东的短期利益目标要重要得多。职业经理人一般终生受雇于一家企业，并且重大决策需征得一致同意的做法分散了责任，也降低了经理人面临的风险，因而不需要特别的激励方案来降低道德风险的发生。

### (二) 预算与预算控制

#### 1. 预算与预算控制的作用

预算是指在管理中对与企业经营相关的投资活动、经营活动和财务活动的未来情况进行预期并控制的管理行为及其制度安排。预算管理是企业的协调工具、控制的标准、考核的依据，是推行内部管理规范化和科学化的基础，也是促进各级管理者自我约束的有效途径。预算一经制定就要付诸实施，管理工作的重心转入控制，即设法使经济活动按计划进行。在执行预算中，各级部门都必须通过计量、计算、对比和分析，寻找预算和实际执行中产生的差异，分析原因，并采取必要措施纠正偏差，使战略实施过程得到有效的控制。预算在战略控制中所起的作用如表 4-7 所示。

表 4-7 预算控制的作用

| | |
|---|---|
| 制订计划 | 预算要求管理层制订详细的计划来规划每个部门、每项业务甚至每个经理的目标，并预计将会出现的问题 |
| 安排计划 | 需要一个正式的系统以确保计划涉及的每个人意识到自己应该做的事情，并且具有双向沟通的性质 |
| 资源分配 | 预算过程中要求预算编制者根据期望的活动层级或者资源水平来判断他们的资源要求，以便资源得到充分的利用 |
| 提供责任计算框架并授权 | 预算责任中心的负责人对预算控制目标负责，当正式的预算一经确认即应当作为对预算中心负责人进行了正式的授权 |
| 建立控制系统 | 通过比较现实结果和预算计划来提供对于实际业绩的控制，分析和调查预算与实际结果的差异应将差异的原因区分为可控和不可控的因素 |
| 提供绩效评估手段 | 针对预算与实际结果比较的结果来评估管理者和员工的绩效 |
| 激励员工提高业绩 | 如果存在一个可以让员工了解其工作完成好坏的系统，员工就可以保持其兴趣和投入程度 |

预算控制是一个过程，总预算由责任中心监督，允许对于实际结果和预算的比较进行持续的监控，通过个人行为保证预算目标的实现，或者为修改预算提供基础。例如，产品研究开发部门得到 1000 万元人民币的预算，该部门就要说明这笔资金将怎样使用，如在人员工资、实验设备和原料采购等方面开支的比例，这些开支将根据规划定期受到审计。预算集中于资源的有效利用、生产成本和提供服务。应当认识到，成本并不是唯一的关键成

功要素，因此预算控制系统通常是和其他绩效管理体系相辅相成的，从而产生了业绩计量的平衡计分卡。

**2. 预算的类型**

预算包含业务预算、财务预算、专项预算三种类型。

(1) 业务预算主要是反映企业在计划期间日常发生的各种具有实质性的基本活动的预算。它主要包括销售预算、生产预算、采购预算、人工预算、费用预算、产品预算等。

(2) 财务预算是指企业在计划期内反映有关现金收支、经营成果和财务状况的预算，主要包括现金预算、预计损益表和预计资产负债表。

(3) 专项预算是指企业为不经常发生的长期投资决策项目或筹资项目所编制的预算。

### (三) 常用业绩评价指标

企业业绩主要通过财务指标和非财务指标来评价。

**1. 财务指标**

财务指标一般采用比率计算的形式来进行绩效评价，其使用较为普遍，主要原因有：① 通过比较各个时期的相应比率可以很容易地发现这些比率的变动规律；② 相比对于实物数量或货币价值的绝对数，比率更易于理解；③ 比率可以进行项目比较并有助于计量绩效；④ 比率提供了总结企业结果的途径，并在类似的企业之间进行比较。

但是比率评价也有一些局限性，如在和同行业的其他企业进行比较时，行业平均值可能在数字上变动比较大。类似公司的数值可能有比较好的指导作用，但是在识别哪些公司是类似公司以及获得足够详细的信息方面可能还有很多问题。如果该企业的股票最近下跌严重，或者即将下跌，或者有其他的潜在变动，那么和企业的历史信息进行比较可能就是有局限性的。如果比较两个企业的流动性比率，一个企业可能比较高，这也许意味着“好”，但是进一步的研究可能表明这种较高的流动性比率是由于营运资本管理较差导致的较高的存货和应收账款所造成的。财务指标控制无法反映企业成败的重要因素，如顾客服务和创新。

1) 盈利能力和回报率指标

(1) 毛利率与净利率。利润通常由收益扣除掉成本和费用后得出，企业的各个组成部分及所有作业都会发生成本，因此企业的成功和成本息息相关。无论企业组织的日常业务是盈利还是亏损，都应当通过毛利率或净利率对盈利能力进行明确的考核。

$$\text{毛利率}=\frac{\text{营业收入}-\text{销售成本}}{\text{营业收入}}\times 100\%$$

$$\text{净利率}=\frac{\text{营业收入}-\text{销售成本}-\text{期间费用}}{\text{营业收入}}\times 100\%$$

企业可用这两个指标进行横向和纵向的比较，纵向比较即当年业绩与上年业绩的比较，横向比较即本企业业绩和竞争对手业绩的比较。通过指标分析，企业可以综合考察产品销售价格的变化、销售数量的变化、销售成本的变化以及企业业务范围变化对企业业绩和竞争力的影响。

(2) 资本报酬率(ROCE)。已动用资本回报率(Return on Capital Employed)用于衡量资本

投资效益指标，是显示公司资本投资效益及盈利能力的比率。换句话说，已动用资本回报率是衡量公司运用资本产生回报情况的一个指标。一般来说，已动用资本回报率应该高于公司的借贷利率，否则的话，就会减少股东收益。

$$\text{资本报酬率(ROCE)} = \frac{\text{息税前利润}}{\text{当期平均已占用资本}} \times 100\%$$

该指标能够对不同规模的部门加以比较，以此识别出创造集团价值或破坏集团价值的部门，并且还可以识别出绩效较高和绩效较低的部门管理者。

2) 股东投资指标

(1) 每股盈余或每股股利。每股盈余或者每股股利是确认企业为股东带来收益的主要指标。没有令人满意的每股盈余或每股股利将导致股东抛售他们的股票。

$$\text{每股盈余} = \frac{\text{净利润}}{\text{股票数量}}$$

$$\text{每股股利} = \frac{\text{现金股利总额} - \text{优先股股利}}{\text{发行在外的普通股股数}}$$

每股股利反映的是上市公司每一普通股获取股利的大小。每股股利越大，则公司股本获利能力就越强；每股股利越小，则公司股本获利能力就越弱。但须注意，上市公司每股股利发放多少，除了受上市公司获利能力大小影响以外，还取决于公司的股利发放政策。如果公司为了增强公司发展的后劲而增加公司的公积金，则当前的每股股利必然会减少；反之，则当前的每股股利会增加。

每股盈余是公司每一普通股所能获得的税后净利润，但上市公司实现的净利润往往不会全部用于分派股利。每股股利通常低于每股盈余，其中一部分作为留存利润用于公司自我积累和发展。但有些年份，每股股利也有可能高于每股盈余。比如在有些年份公司经营状况不佳，税后利润不足以支付股利，或经营亏损无利润可分。按照规定，为保持投资者对公司及其股票的信心，公司仍可按不超过股票面值的一定比例，用历年积存的盈余公积金支付股利，或在弥补亏损以后支付。这时每股盈余为负值，但每股股利却为正值。

(2) 股息率。股息率低表示企业保留大量利润进行再投资。股息率通常高于利息率。股东希望价格上升，并希望得到的回报(股息 + 资本利得)超过投资者从固定收益证券中得到的回报。

$$\text{股息率} = \frac{\text{每股股利}}{\text{每股市价}} \times 100\%$$

(3) 市盈率。市盈率是某种股票每股市价与每股盈利的比率。市场广泛谈及市盈率通常指的是静态市盈率，通常用来作为比较不同价格的股票是否被高估或者低估的指标。用市盈率衡量一家公司股票的质地时，并非总是准确的。一般认为，如果一家公司股票的市盈率过高，那么该股票的价格具有泡沫，价值被高估。当一家公司增长迅速以及未来的业绩增长非常看好时，利用市盈率比较不同股票的投资价值时，这些股票必须属于同一个行业，因为此时公司的每股收益比较接近，相互比较才有效。市盈率高反映了市场对盈余的高速增长或低风险的信心。市盈率会受到利率变动的影响；利率的增加意味着股票的吸引力下降，这意味着市盈率的下降。市盈率也取决于市场预期和信心。

$$市盈率=\frac{每股市价}{每股盈余}\times 100\%$$

2. 非财务指标

许多公司在业绩评价中引进非财务指标是因为财务指标存在一个很大的缺陷：面向过去。财务指标反映的只是去年的绩效，并不能提供创造未来价值的动因。非财务指标则相反，他们往往是面向未来的，比如，开发和研制新产品投入市场，用一定的时间建立市场份额，提高对关键顾客的保持力等。这些指标的改善往往需要管理层付出多年的努力，同时一旦上述指标顺利完成，将明显改善公司财务业绩。

非财务指标有三类：经营、顾客和员工。目前，经常使用的非财务指标主要包括：顾客满意度；产品和服务的质量；战略目标完成度；公司重组和管理层交接；公司潜在发展能力，如员工满意度和保持力、员工培训、团队精神，管理有效性或公共责任；创新能力，如研发投资及其结果、新产品开发能力；技术目标；市场份额等。表 4-8 是评价产品和服务质量、人力资源和创新能力三个领域常用的非财务指标。

表 4-8　非财务指标汇总

| 评价的领域 | 业　绩 |
| --- | --- |
| 产品和服务质量 | 次品废品率<br>顾客回购率<br>顾客投诉数量<br>顾客购买周期 |
| 人力资源 | 员工周转率<br>旷工时间<br>员工培训时间 |
| 创新能力 | 新产品研发速度<br>新产品投产率<br>新产品市场增长率 |

(四) 平衡计分卡

1992 年卡普兰和诺顿提出了名为平衡计分卡的一套全新的业绩评估和管理方法。平衡记分卡源自于组织的愿景和战略，通过因果关系分析使企业组织明确必须要做到哪些事情才可以满足公司的战略目标，并以此为基础建立一个平衡、有效、全面的业绩评价系统。过去传统的财务评价指标固然是衡量业绩的重要指标，但财务指标是最表面和最结果性的一个层面。在财务指标背后，有着众多的财务驱动因素，那些因素是非财务的，是财务指标无法反映的。于是，仅仅关注财务指标，就有可能舍本逐末。而且财务指标是一种事后的经营结果，它更多的是反映了过去一段经营期间的情况，它在很大程度上无助于管理者了解现在正在进行的和未来即将发生的情况。所以，卡普兰和诺顿提出，必须要创造出一种更加全面的管理工具，来把组织的愿景和战略转化为一套有效的业绩监督和考核指标体系。

平衡计分卡作为一种全面衡量组织业绩的工具，应该至少包括以下四个方面(见图4-7)：

• 财务角度：如果成功，我们能为股东带来什么？

• 顾客角度：要实现我们的愿景，必须为顾客做些什么？

• 内部流程角度：要让顾客满意，我们必须擅长什么管理流程？

• 创新与学习角度：要实现企业愿景，组织必须如何持续地学习、改进并创造自己的价值？

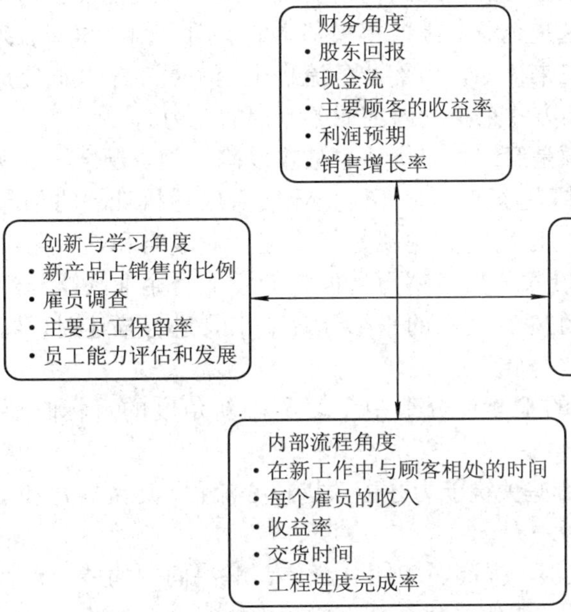


图4-7 平衡计分卡的四个方面

**1. 财务角度**

财务角度包括三个基本维度：获利能力、增长及股东价值。每一个维度都可以由不同的度量指标来衡量。举例来说，获利能力可以用现金流指标来衡量，也可以比较实际利润与目标利润的差别。增长可以用诸如市场份额增长、股权回报率、股价增值、市盈率、股息率等指标来衡量。财务层面要回答的问题直接关系到公司存在的意义：公司能为股东提供多少价值？公司的增长和盈利目标是什么？公司利润的主要来源在哪里？

**2. 顾客角度**

最典型的顾客角度通常包括：定义目标市场和扩大关键细分市场的市场份额。顾客角度的目标和指针可以包括目标市场的销售额(或市场份额)以及客户保留率、新客户开发率、客户满意度和盈利率。卡普兰和诺顿把这些称为滞后指标。他们建议经理人要明确对客户提供的价值定位。在明确价值定位的过程中，卡普兰和诺顿定义了几个与客户满意度有关的驱动指标：时间、质量、价格、可选性、客户关系和企业形象。他们把这些称为潜在的领先指标。领先指标的设定取决于企业的战略和对目标市场的价值定位。在开发平衡计分卡时，需要考虑到这些领先指标。

**3. 内部流程角度**

企业的内部业务流程角度包括产品设计、品牌和市场开发、销售、服务、日常运营以及后勤系统等环节，是连接客户需求和满足顾客需求的中间环节。分析内部流程，可以明确企业的哪些活动为客户创造了价值并获得了期望的财务业绩，也可以明确对于公司的战略来说，哪些流程更重要、更需要改进和提高？哪些可以精简甚至放弃？

分析内部业务流程可以根据三个维度依次进行：业务周期、质量和生产率。

4. 创新与学习角度

创新与学习角度主要关心企业的基础结构：员工的知识和技能；公司所采用的技术；人们工作的氛围和环境等。这是企业业绩取得最基本的层面，因为事情必须由人来完成，市场需求和客户需求要由员工来认知，内部业务流程也是由员工来共同完成的，所以需要界定企业以创新的、更有效的方式来执行内部业务流程的能力。

在现代企业中，人力资源是组织最有价值也最难以确定的资源之一。所有企业都在寻求更有效的方法管理和使用这些资产，对任何企业能否成功执行战略都起到了举足轻重的作用。平衡计分卡能否成功运用的关键就是能否把企业战略和这个角度很好地衔接起来。很多企业都对人力资源投入了很多精力，但它们没能将企业战略与组织的学习和成长衔接起来。卡普兰和诺顿在对其创立的平衡计分卡工具进行描述时，特别强调了这个问题。

高级管理层在设计企业的平衡计分卡中学习和创新角度的目标时要考虑以下几个问题：

(1) 经理(和员工)要提高哪些关键能力才能改进核心流程，达到客户和财务目标从而成功执行企业战略？

(2) 如何通过改善业务流程，提高员工团队合作、解决问题的能力以及工作主动性来提高员工的积极性和建立有效的组织文化，从而成功地执行企业战略？

(3) 应如何通过实施平衡计分卡来创造和支持组织的学习文化并加以持续运用？

下面的例子是一家外卖快餐食品店的平衡计分卡。

欣力食品外卖店是一家处于成长期的公司，其主要通过电话或网络订购的方式销售中式快餐。该公司决定采用平衡计分卡来计量来年的绩效。其平衡计分卡共包括四个方面，每个方面的首要两个计量方法如表4-9所示。

表4-9 欣力食品外卖店的平衡计分卡

| 财务角度 | 顾客角度 |
|---|---|
| 每月收入的增长速度<br>每月顾客订单的增长幅度<br>供应商的支付方式和时间间隔 | 订餐的便捷程度<br>从下单到收到外卖所需要的时间<br>食品的新鲜度和口感满意度 |
| 内部业务流程角度 | 创新与学习角度 |
| 内部的日常操作流程<br>接单到发货所需的时间<br>送餐所需的时间<br>产品可得性信息的更新速度 | 食品的研发<br>所提供的产品线的覆盖范围<br>员工的专业培训<br>送货团队覆盖的送货区域 |

# 第四节 战略变革管理

在当今社会，为适应内外环境的变化任何一个企业都不可能一成不变，变革是战略管理的常态。在战略管理中，几乎没有“以不变应万变”的策略，变革是企业获得持续竞争力的重要保证。因此，优秀的管理者都会根据实际情况的需要，积极推动企业变革，他们是企业变革的重要推动力量。

但是管理者必须认识到，诸如毁坏机器、缺勤、匿名抱怨及不愿合作等形式的变革阻力，不仅时常发生在企业中，而且事实上已成为成功实施战略的最大威胁。战略变革的动力和阻力相交织，动力和阻力的博弈较量给变革管理带来了机会和挑战。如何克服阻力，利用动力，促成战略变革顺利实施，是战略变革者的永恒话题。

## 一、战略变革的动因

如果无须实施变革，管理者的工作也许会相对轻松，计划会变得简单，有效的组织结构设计也会迎刃而解，因为环境是确定的。与此类似，决策过程也会极大地简化，因为每个备选方案的结果都几乎可以精确预测。但现实情况并非如此，变革是一个组织面对的现实，组织面临变革是因为组织内部和外部的因素创造了对变革的需求，构成了战略变革的动因。表 4-10 列出了六种激发变革的力量。

**表 4-10 激发变革的六种力量**

| 动　力 | 例　子 |
|---|---|
| 劳动力的性质 | 文化多元化<br>专业人员的增加<br>大量新员工技术不足 |
| 技术 | 计算机及自动化程度<br>全面质量管理方案<br>技术革新计划 |
| 经济冲击 | 债券市场的暴跌<br>利率波动<br>外汇利率波动 |
| 竞争 | 全球竞争者<br>兼并与联合<br>专门零售商的成长 |
| 社会趋势 | 受大学教育者增多<br>年轻人婚姻推迟<br>离婚率上升 |
| 世界政治 | 战争<br>新经济体的崛起 |

## 二、战略变革的类型

管理者面临三种主要的变革类型：结构、技术以及人员。结构变革包括组织结构变量(例如职权关系、协调机制、员工授权或者职位设计)的任何变化。技术变革包括完成工作的方法及所采用的手段和设备的改变。人员变革指的是个体或群体的态度、期望、认知和行为的改变。

### (一) 结构变革

外部环境或组织战略的改变常常会导致组织结构的变化，因为组织的结构是由如何以及谁来完成工作任务所定义的，所以管理者可以改变这些结构要素中的其中一项或者全部两项。例如，不同部门的职责可以合并，组织层级可以撤销，一位管理者管辖的员工数量可以增加，可以实施更多的规定和程序以提高标准化程度。

另一个选择方案是对实际的结构设计做出重大改变。例如，当惠普公司收购康柏电脑时，公司对自己的结构设计进行了调整，撤销、合并和扩张了许多产品部门。结构设计变革还可能包括从职能型组织结构转变为产品事业部型组织结构，或者是矩阵型组织结构。

### (二) 技术变革

绝大多数的早期管理研究都来源于考察技术变革，例如，科学管理方法就包括实施那些能够提高生产效率的技术变革。技术变革通常包括：引进新的设备、工具或方法；自动化；计算机化。

一个行业中的竞争或者新的发明创造往往要求管理者引进新的设备、工具或者操作方法。例如煤矿企业更新了采煤方法，安装了更有效率的采煤设备，并且改变了工作方法以提高生产率。自动化指的是在某些工作中以机械取代人力的一种技术变化，其在采用程控机器人取代人工的汽车装配流水线上获得广泛使用。最明显的技术变革来自计算机化，绝大多数组织都拥有复杂的信息系统，例如超市和其他零售商都使用能够提供即时库存信息的条形码系统。

### (三) 人员变革

人员变革是指企业员工价值观、工作态度、技能和行为方式的转变，目的是确保员工能按照战略目标行动，这需要员工在变革中改变态度、期望、认知和行为，而这些并不是很容易就能改变的。例如，银行管理层知道一种新的客户销售和服务战略能否成功取决于公司员工态度和行为的改变，在战略变革期间公司的管理层使用了各种不同的组织发展技巧，其中包括团队建设、调查反馈以及群体间关系的开发等。

## 三、战略变革的时机选择

财务报告、质量控制数据、预算和标准成本等财务类信息以及市场占有率、客户满意度、品牌忠诚度等非财务信息都是管理者认识变革力量大小的主要根据。这些数据可以显示外部和内部力量的变化状况。利润率下降、市场份额下降明显地表明企业竞争力量减弱和需要进行战略变革的迹象。遗憾的是，在许多企业里，直到发生了大规模的危机才会认识到战略变革的重要性。一般来说，战略变革时机有以下的三种选择，有远见的企业应该选择第一种，这样能避免为过迟变革付出代价。

### (一) 提前性变革

提前性变革是正确的变革时机选择，在这种情况下管理者能及时地预测到未来的危机，提前进行必要的战略变革。国内外的企业战略管理实践证明，及时地进行提前性战略变革的企业是最具有生命力的企业。

### (二) 反应性变革

当企业在运行过程中遇到阻力或战略目标无法实现，已经能清晰感受到危机的存在，这时进行的变革称为反应性变革。把握时间非常关键，因为已经没有充分的余地可以进行调研和讨论，对管理层而言此时变革的压力也大大增加，有可能会为过迟变革付出一定的代价。

### (三) 危机性变革

如果企业已经存在根本性的危机，不进行战略变革即将面临倒闭和破产的境地，此时不得不进行的变革称之为危机性变革。此时企业陷入了生存的危机进行的变革是一种迫不得已和破釜沉舟式的变革，企业往往付出较大的代价才能取得变革的成效，且很有可能因为各种条件的匮乏导致失败。例如，数码相机的出现使得传统的胶卷制造和冲印产业面临了巨大的危机，柯达公司由于不能应对这种危机性变革于2013年破产重组，至今没有摆脱生存的危机。

## 四、战略变革的模式

企业为了适应环境和生存而实施的变化，按照程度分为渐进性变革和革命性变革。渐进的变化是一系列持续、稳步前进的变化过程，使企业能够保持平稳和正常运转。渐进的变化往往在某一刻影响企业体系当中的某些部分。而革命性的转化是全面性的变化过程，使企业整个体系发生改变。根据战略变革的性质，对变革的管理方法也分为积极主动和消极被动两种(见表4-11)。

表4-11 战略变革模式

| 管理层的作用 | 变革的性质 | |
|---|---|---|
| | 渐进性变革 | 革命性变革 |
| 积极主动 | 协调 | 计划 |
| 消极被动 | 接受 | 迫使 |

例如，当管理层的作用是积极主动的，而变革的性质是增量时，该种变革是一个协调的变革。又如，当管理层的作用是消极被动的，而变革的性质在转化时，该种变革是一个被迫进行的变革。

积极主动管理的重要性在于它适用于企业变革发生在受到事件的影响之前。事实上，可能是由于预测过程和对期望发展的反映所导致的。企业在变革中不采取积极主动的姿态可能是因为发现自己处于被迫的地位，被迫变革是充满了风险的。

变革的需要会影响企业的各个方面。创造新产品或新服务是一种明显的变革，因为它们在发展的过程中被创造和传递出来。然而，变革也可以发生在支持活动及价值链中的必要环节，因为这些领域可以开发出核心竞争力。不可避免的是，在这些模糊领域中，人类的行为是至关重要的。因此，变革管理最为重要也最为困难。

## 五、战略变革的阻力

绝大多数的战略变革是“自上而下”的，是企业的高层管理者首先意识到了变革的必然性，感受到了组织变革的压力。高层管理者常常成为了变革的启动者，并是最需要变革成功的人。但是，如果我们研究和比较那些成功变革的案例，在绝大多数的成功变革中，决定变革成败的关键人物却不是启动变革和最需要变革成功的人，而是广大参与变革、在变革过程中虽没有太多话语权，但自身利益却与变革息息相关的“沉默的大多数”。

问题在于绝大多数人都厌恶不能给他们自己带来利益的变革，对变革的抵制是证据确凿的。人们为何抵制变革？最主要的原因是变革可能会对人们的境遇产生以下重要的影响：

(1) 由于工作模式、工作地点的变化造成的生理上的不适应。

(2) 打破原有的工作和生活习惯，导致人们以习惯性的方式做出应对的本能倾向成为抵制变革的来源。

(3) 变革威胁到人们已经做出的决定和投资。人们在现有体系中投资越多，就会越抵制变革。他们担心失去地位、金钱、友谊、个人便利或者他们重视的其他经济利益。这种担心帮助解释了为什么年龄较大的员工往往比年轻员工更加抵制变革。

(4) 员工认为变革与组织的目标和利益不兼容。例如，如果某位员工认为所提出的新工作程序将会降低产品质量，他就有可能抵制该项变革。如果能够以一种建设性的方式来表达，这种类型的抵制实际上可以使组织获益。

基于上述的不同原因，变革会面临如下阻力：

(1) 文化阻力。结构惯性是企业确保一贯性和质量的累积效果。这些都是变革的障碍。例如，系统程序选出某些人，晋升程序有规则地奖励某些人。当变革和团队或部门的规范不一致之时，或使某些专业人士或技术团队的技能和专业能力弱化甚至冗余之时，团体惯性就可能阻碍变革。

(2) 私人阻力。除了文化障碍之外，也有一些影响个人的障碍，导致他们认为变革是一种威胁。例如：① 习惯，因为工作的习惯是很难改变的，新的不熟悉的工作方式通常让人感觉不舒服，安全也不可避免地受到威胁；② 变革对个人收入的影响可能相当大；③ 对于未知的恐惧降低了人们学习新技能和程序的意愿和兴趣，因为他们可能缺乏自信去迎接新的挑战；④ 选择性的信息处理导致员工去选择应当听什么和忽略什么来判断他们的处境，从而忽略管理层对于变革的要求。

## 六、战略变革的实现

当管理者发现变革阻力影响到组织的正常功能时，应采取有效策略来应对变革阻力。

这些方法包括教育和沟通、参与、促进和支持、谈判、操纵和招揽、强制。表 4-12 对这些策略进行了具体的描述，管理者应把这些策略视为工具，并且根据变革阻力的类型和来源采取最合适的策略。

教育和沟通可以通过帮助员工看到变革努力的逻辑性来减少变革阻力，当然这种方法假设大部分变革阻力源自错误信息或缺乏沟通。

参与指的是让所提议的变革直接影响到的个体参与决策过程。这些个体的参与能够使他们表达自己的感受，提高决策过程的质量，并且增强员工对最终决策的认同。

促进和支持指的是帮助员工应对变革努力给他们带来的担忧和焦虑，这种帮助可以包括员工咨询、治疗、新技能培训，或者短期的带薪假期。

**表 4-12 战略变革的管理策略比较**

| 策 略 | 何时使用 | 优 势 | 劣 势 |
|---|---|---|---|
| 教育和沟通 | 当抵制是由于错误信息的误导时 | 澄清误解 | 当缺乏相互信任和可信度时，可能无济于事 |
| 参与 | 当抵制者拥有能够为组织做出贡献的专业特长时 | 提高参与和认可 | 耗费时间，有可能导致糟糕的解决方案 |
| 促进和支持 | 当抵制者是出于担忧或焦虑时 | 能够促进必需的调整 | 花费大，无法保证成功 |
| 谈判 | 当抵制者来自某个强大的群体时 | 能够获得认可和承诺 | 有可能成本高昂，使其他人也能够对组织施加压力 |
| 操纵和招揽 | 当需要某个强大的群体认可和支持时 | 一种成本低廉的、容易的方式获取支持 | 可能会产生适得其反的后果，从而导致变革推动者失去可信度 |
| 强制 | 当需要某个强大的群体认可和支持时 | 一种成本低廉的、容易的方式获取支持 | 可能是非法的，可能会破坏变革推动者的可信度 |

谈判是指用某种有价值的事物换取一份协议以减少变革阻力。当变革阻力来自某个强大的群体时，这种减少抵制的方法可能相当有用。

操纵和招揽指的是尝试以各种隐藏的方式或手段来影响其他人对变革的看法，这种方法可能包括歪曲事实以使变革显得更有吸引力。

强制也可以用来应对变革阻力，强制包括对抵制者施加直接的威胁或武力。

# 练 习 题

## 一、名词解释

1．管理幅度　2．集权与分权　3．企业文化　4．职能制组织结构
5．事业部制组织结构　6．战略失效　7．战略控制　8．平衡记分卡

9．矩阵制组织结构　　10．战略变革管理

## 二、单项选择题

1．下列关于集权型决策的表述中，错误的是(　　)。

A．易于协调各职能间的决策

B．危急情况下能够做出快速决策

C．有助于实现规模经济

D．减少了信息沟通的障碍，提高了企业反应能力

2．甲企业管理层由一名总经理和一名副总经理组成。公司所有重要的经营决策都由此二人共同商议决定。在日常经营中所有事务均向总经理汇报，并经其签字认可后才能执行。根据以上信息可以判断，该企业采取的组织结构类型属于(　　)。

A．创业型组织结构　　B．职能制组织结构

C．战略业务单位组织结构　　D．矩阵制组织结构

3．一些房地产企业预计国家将对住房产业政策进行调整，迅速从高档豪华房地产项目开发转向经济适用型住房的开发，这属于(　　)。

A．危机性变革　　B．反应性变革

C．提前性变革　　D．随机应变性变革

4．甲公司是一家国际化的企业，为了更好地处理各国业务，决定将企业的活动和人员按照北美区域、东南亚区域以及中东区域进行划分。每个区域负责该地区的所有活动、所有产品以及所有客户。根据上述信息判断该企业采用的组织结构类型是(　　)。

A．区域事业部制结构　　B．职能制组织结构

C．矩阵制组织结构　　D．产品/品牌事业部制结构

5．甲公司是一家家电生产企业，分为白色家电部和黑色家电部，在年底采用平衡计分卡的业绩衡量中，两个部门其他方面的考核指标值基本一致，只是在主要员工的保留率、新产品占销售的比例上差距很大，但是公司总经理最后的评价是两个部门业绩基本相同，这说明公司总经理不重视的业绩角度是(　　)。

A．财务角度　　B．顾客角度

C．内部流程角度　　D．创新与学习角度

6．员工拥有两个直接上级的组合结构是(　　)。

A．职能制组织结构　　B．矩阵制组织结构

C．M 型组织结构　　D．区域事业部制结构

7．在战略变革模式中，如果管理层的作用是消极被动，而变革的性质是革命性的，则该变革属于(　　)。

A．协调　　B．计划

C．迫使　　D．接受

8．A 公司是一家家具销售公司，公司一直以来都非常重视客户。随着公司的不断发展壮大，公司准备开发一套平衡记分卡用于业绩评价，为此需要考虑一些与客户有关的领先指标，下列各项中不属于领先指标的是(　　)。

A．企业形象　　B．客户关系

C．价格　　D．客户满意度

9．甲集团负责人王某正在决定对某事业部的管理人员张某授予多少权责进行谋划，以便很好地控制企业创造价值的活动，甲集团的组织分工属于(　　)。

A．集权分工　　B．分权分工

C．横向分工　　D．纵向分工

10．某公司所在生产部门正在进行业绩考核，从关键性业绩指标角度考虑，下列指标中符合该生产部门考核指标的是(　　)。

A．市场份额　　B．服务水平

C．投诉率　　D．利用能力

三、多项选择题

1．下列关于文化与绩效的相关说法中，错误的有(　　)。

A．文化可能与高绩效相联系，但是它不一定是高绩效的必然原因

B．企业文化中的价值观、行为准则和相应的符号，可以使员工的活动集中于特定的有范围的安排之中

C．专家权作为集体价值观和行为准则的集合体，在组织中能发挥一种控制功能

D．大多数企业运用市场控制、团体控制两种控制技术的结合

2．公司准备开发一套平衡计分卡用于业绩评价，由于公司一直非常重视客户，需要从客户的角度考虑一些指标。下列各项中属于最典型的客户角度的有(　　)。

A．定义目标市场　　B．优化售后服务

C．扩大销售渠道　　D．扩大关键细分市场的市场份额

3．下列各项中，属于纵向分工结构基本形式的有(　　)。

A．高长型组织结构　　B．创业型组织结构

C．扁平型组织结构　　D．职能制组织结构

4．下列属于权利与职能的区别的有(　　)。

A．权力的影响力在各个方面，而职权沿着企业的管理层次方向从上而下

B．受制权力的人不一定能够接受这种权力

C．权力来自各个方面，而职权包含在企业指定的职位或功能之内

D．权力很容易确定，而职权很难识别和标榜

5．以下属于战略变革管理策略的有(　　)。

A．教育和沟通　　B．促进和支持

C．操纵和招揽　　D．强制

6．下列各项中，属于企业文化为企业创造价值的途径有(　　)。

A．文化带动员工积极性　　B．文化简化了信息处理

C．文化补充了正式控制　　D．文化促进合作并减少讨价还价

7．下列各项中能体现企业业绩衡量股东观的有(　　)。

A．企业应基于股东的利益存在

B．应把股东回报率作为企业业绩的指标

C．股东回报率的计算以会计数据为基础

D．股东回报率的计算以市场价值为基础

8．A 公司向银行申请短期借款，银行需要评估该企业提供服务和避免拖欠债务的能力，则银行可以选择的指标有(　　)。

A．流动比率　　B．速动比率

C．每股盈余　　D．现金流量比率

9．甲集团以往效益一直不错，目前正在试图改变自己的主要产品和市场，以适应新的要求，由于企业固有的企业文化的大力支持，实行新战略没有大的困难，在这种情况下，甲集团处理战略与文化关系的重点包括(　　)。

A．企业在进行重大变革时，必须考虑与企业基本使命的关系

B．发挥企业现有人员在战略变革中的作用

C．在调整企业的奖励系统时，必须注意与企业组织目前的奖励行为保持一致

D．考虑进行与组织目前的文化相适应的变革，不要破坏企业已有的行为准则

10．乙公司是一家生产电灯的民营企业，2006 年公司为未来 5 年的发展目标制定了与当时的实际情况相符合的战略。然而，在 2010 年由于种种原因使得该战略无法继续下去。其中可能的原因包括(　　)。

A．用人不当，主管人员、作业人员玩忽职守

B．2008 年的金融危机，导致该公司无法适应突如其来的外部环境

C．该公司出现资金缺口，但可以通过银行贷款解决

D．平衡计分卡

## 四、简答题

1．简述战略控制的概念及战略控制流程。

2．简述横向组织结构的基本类型及各自的优缺点。

3．简述企业文化的不同类型特征。

4．简述平衡记分卡的四个角度及各自指标。

5．简述战略变革管理的主要策略及优劣势。

## 五、案例分析题

1．好时代公司是一家大型运动用品零售集团，品牌连锁店分布于欧洲和亚洲，占公司收入的 80%和 20%。由于全球经济的不利影响，欧洲业务未见起色，公司在未来两年希望将业务慢慢地转攻内地和台湾。由于欧洲业务营运成本不断增加，收入连续数年下滑，欧洲一些地区业务甚至出现严重亏损，公司面临着巨大的财务压力。另一方面，近年来亚洲及内地城市网上商城盛行，加剧了零售行业的竞争。为了开源节流，集团董事会正考虑在运营上可能实施的变革和重组方案，其中包括以下计划：

(1) 将东南亚地区的行政、支持性部门，包括人力资源部、会计部、采购部等工作重组为共享服务中心的运作模式，在重庆市集中处理，但是，公司的首席执行官担心此变革不能得到各地区领导层及员工的接受。

(2) 开拓网上商城的市场，希望吸引喜欢使用网上消费的群组进行网上购物。

(3) 在中国及新加坡增设二十多家专卖店，以进一步扩大销售网络，但预计所需投入资金最少四千万人民币，对公司来说是一个最大的财务挑战。

要求：

(1) 针对变革时机的选择，简要分析好时代公司整个变革方案的类别。

(2) 简要分析好时代公司各地区领导层及员工可能反对变革计划(1)的原因，并指出首席执行官在处理该变革阻力时应考虑哪些因素。

2．某香烟生产企业经过分析后，决定采用产品开发策略，针对本国现有的女性吸烟人群推出一款新型的香烟。为使产品打进市场，在对市场进行深入调查分析后，决定以白领女性顾客群体作为其目标市场。产品最初推向市场时，为使自己的产品获得稳定的销路，给消费者留下美好的印象，该公司着力培养自己产品的特色，取得了较好的效果。但不曾想到的事情是，随后的几年中，由于越来越多的女性消费者认识到吸烟的危害，开始戒烟；同时，很多公司开始要求员工不能在办公室吸烟，女性吸烟消费者的数量开始急剧下降，造成该公司的产品销售开始下滑。针对这一情况，该公司决定改变策略，决定将其女士香烟产品推向女性吸烟者数量很多的邻国。经过努力，该公司在邻国市场上取得良好的业绩，销售增长率、相对市场占有率均较高。

要求：

(1) 该公司在本国市场上战略失效属于什么类型？

(2) 根据波士顿矩阵法，该公司产品在邻国市场上属于什么类型的产品？

# 参考文献

[1] 斯蒂芬·罗宾斯. 管理学[M]. 北京：中国人民大学出版社，2012.

[2] 中国注册会计师协会. 公司战略与风险管理[M]. 北京：经济科学出版社，2015.

[3] 陈传明. 管理学原理[M]. 北京：机械工业出版社，2012.

[4] 徐飞. 战略管理[M]. 北京：中国人民大学出版社，2015.

[5] 冯巧根. 管理会计[M]. 北京：中国人民大学出版社，2013.

[6] 高汝熹. 管理经济学[M]. 北京：北京师范大学出版社，2007.

[7] 黄旭. 战略管理[M]. 北京：机械工业出版社，2015.

[8] 陈奇睿，葛健. 竞争战略[M]. 北京：清华大学出版社，2012.

[9] 肖海比. 企业战略管理[M]. 北京：中国人民大学出版社，2015.

[10] 刘志刚，谭云清. 战略管理：理论、案例与盈利模式[M]. 上海：上海交通大学出版社，2010.

[11] 韩德昌. 公司战略管理[M]. 太原：山西经济出版社，2012.

# 第五章 战略风险识别

**学习目的**

(1) 明确公司战略的外部风险及内部风险的分类；
(2) 理解各公司战略风险的相关概念；
(3) 掌握战略风险的识别方法。

## 第一节 公司战略的外部风险

企业面对的主要风险分为两大类：外部风险和内部风险。外部风险主要包括政治风险、法律风险、社会文化风险、技术风险、自然环境风险、市场风险、产业风险、信用风险等。内部风险主要包括战略风险、操作风险、运营风险、财务风险等。以下将分别予以介绍。

### 一、政治风险

#### (一) 政治风险概述

**1．政治风险的定义**

政治风险(Political Risk)，也称为国家风险，主要是指东道国政治、法律及各种社会不确定因素给跨国公司经营活动带来的风险。政府的不作为或直接干预也可能对企业产生政治风险。政府的不作为是指政府未能发出企业要求的许可证，或者政府未能实施当地法律。直接干预包括：不履行合同、货币不可兑换、不利的税法、关税壁垒、没收资产或限制将利润带回母国。政治风险也指企业因一国政府或人民的举动而遭受损失的风险。企业目标与东道国的国民愿望之间如存在冲突，则会产生政治风险。显然，政治风险是全球性企业面临的一个特殊问题，因为它们在全球各地都有经营业务，所以要同时面对来自不同国家的政治风险。政府既对发展和增长持鼓励态度，同时又不想受跨国企业的剥削。极端的情况是，发生战争或企业被没收时，企业可能会损失它们的资产。最可能出现的问题是，从东道国将现金汇向本国的相关规定出现变化。在国家风险中，政治因素所引起的风险处于关键地位。

通常，政治风险主要具有以下特点：① 使该国经营环境急剧变化，具有不连续性；

② 难以预测经营环境的变化，具有很大的不确定性；③ 整个社会中的各种政治力量的权利与权威关系极为复杂；④ 由于上述原因，使跨国公司的利润或其他目标的实现受到显著影响。

### 2. 政治风险的种类

从政治风险的种类来看，主要包括以下几种：

(1) 征收风险：是东道国政府对外资企业实行征用、没收或国有化的风险。东道国中央、地方政府不公开宣布直接征用企业的有形财产，而是以种种措施阻碍外国投资者有效控制、使用和处置本企业的财产，使得外国投资者的股东权利受到限制等而构成事实上的征用行为。

(2) 汇兑限制风险：也称转移风险，指在跨国经济往来中所获得的收益由于东道国政府的外汇管制或歧视性行为而无法汇回投资国，从而给外国投资者造成损失的风险。

(3) 战争和内乱风险：指东道国发生革命、战争和内乱，致使外商及其财产蒙受重大损失，直至无法继续经营的风险。

(4) 政府违约风险：指东道国政府非法解除与投资项目相关的协议或者非法违反或不履行与投资者签订的合同项目的义务的风险。

(5) 延迟支付风险：是由于东道国政府停止支付或延期支付，致使外商无法按时、足额收回到期债券本息和投资利润带来的风险。

政治风险也可分为两大类：

(1) 宏观政治风险。宏观政治风险对一国之内的所有企业都有潜在影响。恐怖活动、内战或军事等剧烈变化的事件都可能对企业产生威胁。例如，某国近年来发生的街头抗议暴动事件对其观光与进出口相关产业等造成重大的经济损失。政府强占企业资产而不予赔偿也会产生宏观政治风险。但是，就某一国来说，更为常见的宏观政治风险是不利的经济环境产生的潜在威胁，它使企业无法确定其未来投资计划或已启动的项目是否安全，令企业担心经营业绩。不利的经济威胁包括：经济出现衰退、对多类产品的总需求下降。类似地，通货膨胀率或税率的提高，除了会导致犯罪、劳资冲突或突如其来的国家衰退外，还可能对所有企业产生不利影响。

(2) 微观政治风险。微观政治风险仅对特定企业、行业或投资类型产生影响。此类风险可能包括设立新的监管机构或对本国内的特殊企业征税。另外，当地业务合作伙伴如果被政府发现有不当行为，也会对本企业产生不利的影响。

### 3. 政治风险的来源

政治风险的来源包括政府推行有关外汇管制、进口配额和关税、当地投资人的最低持股比例和组织结构等的规定；还包括歧视性措施，比如对外国企业征收额外税收、在当地银行借款受到限制及没收资产等。

(1) 外汇管制的规定。通常欠发达国家制定的外汇管制规定更为严格。例如，外币供应实行定量配给，从而限制东道国的企业从外国购买商品和禁止其向外国股东支付股利，这些企业继而可能会陷入资金被冻结的局面。

(2) 进口配额和关税。规定进口配额可以限制在东道国内的子公司从其控股公司购买以投放到国内市场上销售的商品数量。子公司可以从控股公司进口商品，但是价格比国内生产的产品要高得多。有时候东道国会要求征收额外税收，即对外国企业按高于本地企业的税率征税，目的是为本地企业提供优越条件。甚至有可能故意征收超高税率，使得外国企业难以盈利。例如，某国近年来不断提高石油和木材的出口关税，导致木材及加工业的外国投资企业遭受重大损失。

(3) 组织结构及要求最低持股比例。凭借要求所有投资必须采取与东道国的公司联营的方式，东道国政府可决定组织结构。最低持股比例是指外资公司的部分股权必须由当地投资人持有。

(4) 限制向东道国的银行借款。限制甚至禁止外资企业向东道国的银行和发展基金按最低利率借款。某些国家仅向本国的企业提供获取外币的渠道，以迫使外资企业将外币带入本国。

(5) 没收资产。处于国家利益的考虑，东道国可能会没收外国财产。国际法认为，这是主权国的权利，但主权国要按照公平的市场价格迅速地以可自由兑换的货币进行赔偿。问题常常出现在“迅速”和“公平”这两个词所代表的准确含义、货币的选择，以及如果对主权国提出的赔偿不满，企业可以采取哪些措施等方面。

### (二) 政治风险案例

测量政治风险首先要区分微观政治风险和宏观政治风险。微观政治风险是指东道国的一个行业、企业或项目所特有的风险。例如，自 20 世纪 70 年代以来，烟草有行业在全球遭遇了越来越多的反对，尤以美国为甚。越来越多的迹象表明，烟草可能被列为毒品，烟草公司可能连续被诉讼。这是由于美国及其他地区的社会及政治环境的改变造成的。相反，对于那些希望在伊拉克开展业务的机构，伊拉克的动荡就代表了宏观政治风险，这一风险会使这些机构面临资产损失或人员伤亡的威胁。

## 二、法律风险

### (一) 法律风险的定义

法律风险是指在法律实施过程中，由于行为人做出的具体法律行为不规范而导致的，与企业所期望达到的目标相违背的法律不利后果发生的可能性。

### (二) 法律风险的特征

学者们认为法律风险的特征应当包括：发生领域广泛性、发生原因法定性、后果不利性、可预见性(可防可控)，这四个方面是共识。但是还有学者主张，法律风险具有相对的确定性，即法律风险的发生和给企业带来的经济损失是相对确定的，还有学者认为法律风险具有可预见性但不具有不可保险性。

### (三) 法律风险的产生原因

学者们一般认为，法律风险的产生来自于内、外因两个方面。在外因方面，有法律环境变化，国家法律调整变化，国家立法不完备和行政机关执法不严、不公正，个别企业和个人恶意合同违约、合同欺诈等问题；在内因方面，企业自身法律意识淡薄，防范法律风险的意识不强，对社会法律大环境认知不足，在经营决策中不考虑法律因素，管理疏漏和控制不力等问题。

## 三、社会文化风险

在探讨文化对企业经营活动的影响时，人们多运用“文化冲突”这一概念。文化风险就是指文化这一不确定性因素的影响结合企业经营活动带来损失的可能性。马克·赫斯切(Mark Hirschey)认为文化风险产生于那些追求全球投资战略的公司(但这一风险的概念同样适用于在一国市场经营的企业)，因不同的社会习惯而存在的产品市场差异，使人们难以预测哪种产品会在外国市场上受欢迎。赫斯切举例说，在美国、加拿大和英国，早餐麦片极受欢迎，是最盈利的行业之一。但是，在法国、德国、意大利以及其他很多国家，早餐麦片就不怎么受欢迎，利润也不高。文化风险存在并作用于企业经营的更深领域，主要表现为：

(1) 跨国经营活动引发的文化风险。跨国经营使企业面临东道国文化与母国文化的差异，这种文化的差异直接影响着管理的实践，构成经营中的文化风险。在一种特定文化环境中行之有效的管理方法，应用到另一种文化环境中，也许会产生截然相反的结果。随着经济全球化进程的加快，各国公司、企业跨文化的经济活动日益频繁，大量跨国公司的出现使一个公司内部的跨文化经营管理活动大量增加。由于文化不同，跨国经营管理中产生了许多误会和不必要的摩擦，影响了公司工作的有效运行。文化因素是各国企业特别是跨国经营企业走向经济全球化时面临的巨大挑战，企业必须具备识别和处理文化风险的能力，才能立于不败之地。

(2) 企业并购活动引发的文化风险。并购活动导致企业双方文化的直接碰撞与交流。在并购活动中许多企业往往把注意力集中在金融财务和法律方面，很少关注组织文化可能带来的问题。而许多并购案例证明，文化整合恰恰是并购过程中最困难的任务。尤其对于跨国并购而言，面临组织文化与民族文化的双重风险。因为一个组织的文化是其所有成员共同遵循的行为模式，是保证其成员的行为能够确定地指向组织目标的某种思想体系。如果一个组织之中存在两种或两种以上的组织文化，对于任何一个成员来说，识别组织的目标都将是困难的；同样，在为达成组织目标而努力时，判断应当针对不同情境做出何种行为也会是困难的。因为在这种情况下，组织的价值观直至其行为惯例都会是模糊不清的。所以企业并购活动中，如何正确评估所面临的文化差异的基本特征及风险，探寻科学有效的管理策略，是企业并购时必须面对和解决的一个重要现实问题。

(3) 组织内部因素引发的文化因素。组织文化的变革、组织员工队伍的多元文化背景会导致个人层面的文化风险。越来越多的组织从不同的国家和地区招募员工，广泛开展跨国跨地区的经济合作与往来，从而使组织内部的价值观念、经营思想与决策方式不断面临冲击、更新与交替，进而在组织内部引发多种文化的碰撞与交流。即使没有并购和跨国经营，企业也会面临组织文化与地区文化、外来文化的交流问题以及组织文化的更新问题。所以，由于员工队伍多元化、组织文化变革等内部因素引发的文化风险虽然不如并购和跨国经营中的风险显著，但由于其具有潜伏性和持续性，也会给企业的经营活动造成十分重要的影响。

## 四、技术风险

技术风险是指所研制的项目在规定时间内，在一定经费的条件下，无法达到其技术指标的要求的一种可能性。或者研制过程中某个部分发生意料之外的结果，从而对整个系统的效能产生不利影响的后果及概率，即因技术条件的不确定性而可能引起的损失。

技术风险是在技术被应用过程中发现的，它主要来源于技术的社会选择和应用、科学认识的局限性等，具有突变性与渐变性、潜在性与显在性、可控性与不可控性等特点。它主要取决于技术复杂程度、科研储备能力、研制人员的素质以及科技管理水平等。

常见的技术风险主要是产品技术风险和产品研发过程技术风险。产品技术风险是指产品结构配置不合理，产品设计存在缺陷，主要功能、参数指标未达到生产要求，或产品的产能、安全指标达不到标准，产生废品或次品。产品研发过程技术风险是指由于产品研发过程规划与设计不合理而导致的研发周期延长、成本增加或产品质量下降。产品研发过程技术风险中以高新技术产品的研发过程最具代表性。高新技术从构思到形成产品的过程中会遇到材料、工艺设备、技术设计、安全标准等各方面要求，但是由于这些高新技术难度较大或者不够成熟，还处于不断的探索和改进中，往往也很不稳定，因此在研究开发、试制过程中很可能遇到较大困难，并且由于不能确定研制周期，所以也很难抓住市场需求的最佳时机。另外，就技术本身而言，也存在很多的不确定因素，比如高科技产品的技术质量是否过关、消费者对高科技产品的偏好程度、需求程度、产品的设计是否安全实用以及新产品的更新速度等，所有以上的因素都可能导致高科技产品拥有较低的成功率以及较大的不确定风险。

## 五、自然环境风险

自然环境风险指因为客观存在的恶劣自然条件，行为人可能遇到的恶劣气候以及自然环境、恶劣的现场条件、恢复生态的环保约束及一些诸如地震、爆炸、台风、海啸等不可抗力引起特殊风险造成的损失。自然环境风险在近几年来逐渐赢得了广泛关注，这主要源于“绿色行动”的环保者提高了公众的环保意识，并使其更加关心人类行为有意或无意造成的自然环境破坏。

自然环境风险的构成主要有以下三个方面：恶劣的自然条件；突发性不可抗力风险；环保制约风险。

## 六、市场风险

自全球性金融危机爆发开始，金融市场波动剧烈，从豪赌原油期货而亏损 5.5 亿美元的中航油，到法国兴业银行股指期货巨亏 71 亿美元，又到雷曼兄弟因次贷资产巨亏而破产，再到我国蓝筹公司中信泰富外汇合约巨亏，从国外到国内，从金融到实体，企业市场风险愈演愈烈。不断加强对市场风险的管理成为各国监管部门和公司亟待解决的课题。市场风险(Market Risk)是指未来利率、汇率、商品价格和股票价格等市场价格的不确定性对企业实现其既定目标的不利影响。市场风险可分为利率风险、汇率风险、股票价格风险和商品价格风险，这些市场因素可能直接对企业产生影响，也可能是通过其竞争者、供应商或者消费者间接对企业产生影响。限于篇幅，本文仅对利率风险及汇率风险进行简单介绍。

## (一) 利率风险

利率风险(Interest Rate Risk)是整个金融市场中最重要的风险。由于利率是资金的机会成本，汇率、股票和商品的价格皆离不开利率；同时由于信贷关系是银行与其客户之间最重要的关系，因此利率风险是银行经营活动中面临的最主要风险。在我国，由于经济转型尚未完成，市场化程度仍有待提高，利率市场化进程也刚刚起步，利率风险问题方才显露。虽然以存贷利率为标志的利率市场化进程已经推进，但是目前我国基准利率市场化还没有开始，影响利率的市场因素仍不明朗，而且市场仍然没有有效的收益率曲线，利率风险将逐步成为我国金融业最主要的市场风险。

### 1. 利率和利率的种类

#### 1) 利率

利率或利息率(Interest Rate)，是借款人需向其所借金钱支付的代价，也是放款人延迟消费，借给借款人所获得的回报。利率通常以一年期利息与本金的百分比计算。利率是调节货币政策的重要工具，也用以控制投资、通货膨胀及失业率等，继而影响经济增长。

就表现形式来说，利率是指一定时期内利息额同接待资本总额的比率。利率是单位货币在单位事件内的利息水平，表明利息的多少。利率通常由国家的中央银行控制，在美国由联邦储备委员会管理。现在，所有国家都把利率作为宏观经济调控的重要工具之一。当经济过热、通货膨胀上升时，便提高利率、收紧信贷；当过热的经济和通货膨胀得到控制时，便会把利率适当地调低。因此，利率是重要的基本经济因素之一。利率是经济学中一个重要的金融变量，几乎所有的金融现象、金融资产均与利率有着或多或少的联系。当前，世界各国频繁运用利率杠杆实施宏观调控，利率政策已成为各国中央银行调控货币供求，进而调控经济的主要手段，利率政策在中央银行货币政策中的地位越来越重要。合理的利率，对发挥社会信用和利率的经济杠杆作用有着重要的意义，而合理利率的计算方法正是我们关心的问题。

影响利率的因素，主要有资本的边际生产力或资本的供求关系，还有承诺交付货币的时间长度以及所承担风险的程度。利息率政策是西方宏观货币政策的主要措施，政府为了干预经济，可通过变动利息率的办法来间接调节通货。在萧条时期，降低利息率，扩大货币供应，刺激经济发展。在膨胀时期，提高利息率，减少货币供应，抑制经济的恶性发展。

#### 2) 利率的种类

根据计算方法不同，利率分为单利和复利。单利是指在借贷期限内，只在原来本金上计算利息，对本金所产生利息不再另外计算利息。复利是指在借贷期限内，除了在原来本金上计算利息外，还要把本金所产生的利息重新计入本金、重复计算利息，俗称“利滚利”。

根据与通货膨胀的关系，利率分为名义利率和实际利率。名义利率是指没有剔除通货膨胀因素的利率，也就是借款合同或单据上标明的利率。实际利率是指剔除通货膨胀因素后的利率。

根据确定方式不同，利率分为法定利率和市场利率。法定利率是指由政府金融管理部门或者中央银行确定的利率。市场利率是指由金融机构或银行业协会按照协商办法确定的利率，这种利率标准只适合于参加该协会的金融机构，对其他机构不具约束力，利率标准也通常介于法定利率和市场利率之间。市场利率是指根据市场资金借贷关系紧张程度所确定的利率。

根据国家政策意向不同，利率分为一般利率和优惠利率。一般利率是指在不享受任何优惠条件下的利率。优惠利率是指对某些部门、行业、个人所制定的利率优惠政策下的利率。

根据银行业务要求不同，利率分为存款利率、贷款利率。存款利率是指在金融机构存款所获得的利息与本金的比率。贷款利率是指从金融机构贷款所支付的利息与本金的比率。

根据利率之间的变动关系，利率分为基准利率和套算利率。基准利率是在多重利率并存的条件下起决定作用的利率，我国是中国人民银行对商业银行贷款的利率。

根据市场利率的供求关系，利率分为固定利率和浮动利率。一家公司可以按照固定利率或浮动利率借入债务或用盈余资金做投资。利率固定(如每年 5%)的债务或投资将产生固定的利息支出或带来固定的利息收入，而浮动利率的债务利息支出或投资利息收入在借款或投资的期限内是变化的。浮动利率通常是以商定的参考利率加一定百分比的形式表示，并定期予以重新设定，通常是每隔 3 个月调整一次。例如，浮动利率可能设定为 SIBOR+2%。

对于利率浮动的债务或投资来说，短期利率的变化会对债务利息支出或投资利息收入产生重大影响。利率上升使借款成本增加，利率下降使投资收益减少。因此，尽管利率浮动的债务或投资具有一定的灵活性，但是，一旦利率上升，公司可能因债务而发生亏损，或者一旦利率下降，公司可能因投资产生亏损。

固定利率将产生已知的、固定的利息支出或带来已知的、固定的利息收入，而与利率的未来变动无关。不过，利率固定的债务或投资也存在一些风险。如果利率固定的短期债务(投资)需要定期重新磋商，其与利率浮动的债务或投资所面临的风险可能是一样的。对于长期债务或投资而言，如果利率在未来下降(上升)，锁定在高(低)利率的做法可能使公司面临风险。

3) 同业拆借利率

同业拆借利率是指金融机构同业之间的短期资金借贷利率。同业拆借利率是拆借市场的资金价格，是货币市场的核心利率，也是整个金融市场上具有代表性的利率，它能够及时、灵敏、准确地反映货币市场乃至整个金融市场短期资金供求关系。当同业拆借利率持续上升时，反映资金需求大于供给，预示市场流动性可能下降，当同业拆借利率下降时，情况相反。目前，国际货币市场上较有代表性的同业拆借利率有四种，即美国联邦基金利率、伦敦同业拆借利率、新加坡同业拆借利率和中国香港银行同业拆借利率等，此外，还有上海银行间同业拆借利率、欧元银行同业拆借利率、纽约同业拆借利率等。

(1) 美国联邦基金利率。美国联邦基金利率(Federal Funds Rate)是美国同业拆借市场的利率，是最重要的隔夜拆借利率。这种利率的变动能够敏感地反映银行之间资金的余缺。

美联储瞄准并调节同业拆借利率就能直接影响商业银行的资金成本，并且将同业拆借市场的资金余缺传递给工商企业，进而影响消费、投资和国民经济。联邦基金利率是反映货币市场银根松紧最为敏感的指示器。作为同业拆借市场的最大参与者，美联储并不是一开始就具有调节同业拆借利率的能力的，因为它能够调节的只是自己的拆借利率，所以能够决定整个市场的联邦基金利率。其作用机制应该是这样的，如果美联储降低其拆借利率，商业银行之间的拆借就会转向商业银行与美联储之间，因为向美联储拆借的成本低，整个市场的拆借利率就将随之下降；如果美联储提高拆借利率，在市场资金比较短缺的情况下，联邦基金利率本身就承受上升的压力，所以它必然随着美联储的拆借利率一起上升。在市场资金比较宽松的情况下，美联储提高拆借利率，向美联储拆借的商业银行就会转向其他商业银行，听任美联储的拆借利率孤零零地“高处不胜寒”。但是，美联储可以在公开市场上抛出国债，吸纳商业银行过剩的超额准备，造成同业拆借市场的资金紧张，迫使联邦基金利率与美联储的拆借利率同步上升。因为，美联储有这样干预市场利率的能力，其反复多次的操作，就会形成合理的市场预期，只要美联储提高自己的拆借利率，整个市场就会闻风而动，进而美联储能够直接宣布联邦基金利率的变动，至于美联储是否要辅之以其他操作手段也就变得不那么重要了。

(2) 伦敦同业拆借利率。伦敦同业拆借利率(London Inter Bank Offered Rate，LIBOR)即伦敦银行同业拆放利率。按照《路透金融词典》的解释，LIBOR 指伦敦银行业市场拆借短期资金(隔夜至一年)的利率，代表国际货币市场的拆借利率，可作为贷款或浮动利率票据的利率基准。20 世纪 70 年代，路透社全球知名咨询供应商通过向伦敦各家银行咨询有关利率报价，进行计算后公开发布。这便是 LIBOR 的雏形。后来，英国银行协会公布了 LIBOR 的生成机制，包括计算公式、公布时间等。其过程依然由供应商每天通过向有资格的入选金融机构咨询有关报价，然后按照各银行的报价进行排序，选取中间 50%数据处理，最后在每天伦敦当地时间中午 11 点 30 分进行公布。

(3) 新加坡同业拆借利率。新加坡同业拆借利率(Singapore Inter Bank Offered Rate，SIBOR)指新加坡货币市场上，银行与银行之间的一年期以下的短期资金借贷利率，是从 LIBOR 变化出来的。SIBOR 的单位通常为基点，一个基点相当于 0.01%，比如 SIBOR 当天的短期利率为 3.4%，上浮 20 个基点，则利率为 3.6%。SIBOR 与房市有着千丝万缕的关系，SIBOR 的变动会影响到房市的变动。如本地房贷自 2007 年其皆采取与 SIBOR 或 SOR 挂钩的浮动利率制，因此，若 SIBOR 突然上升并停留在高点，不少人将发现每个月需偿还房贷的金额将突然增加、占收入绝大比例。

(4) 中国香港银行同业拆借利率。中国香港银行同业拆借利率(HongKong Inter Bank Offered Rate，HIBOR)是中国香港货币市场上，银行与银行之间的一年期以下的短期资金借贷利率，也是从 LIBOR 变化出来的。

### 2. 利率风险的种类

利率风险是指因利率提高或降低而产生预期之外损失的风险。巴塞尔委员会在 1997 年发布的《利率风险管理原则》中将利率风险定义为：利率变化使商业银行的实际收益与预期收益或实际成本与预期成本发生背离，使其实际收益低于预期收益，或实际成本高于预期成本，从而使商业银行遭受损失的可能性。原本投资于固定利率的金融工具，当市场利率上升时，可能导致其价格下跌的风险。利率波动对不同公司产生的影响可能不同，但是几乎每家公司都会受到利率波动的影响。

利率风险按照来源的不同，可以分为重新定价风险、收益率曲线风险、基准风险和期权性风险。

(1) 重新定价风险(Repricing Risk)也称为期限错配风险，是最主要和最常见的利率风险形式，源于银行资产、负债和表外业务到期期限(就固定利率而言)或重新定价期限(就浮动利率而言)之间所存在的差异。这种重新定价的不对称性使银行的收益或内在经济价值会随着利率的变动而发生变化。

(2) 收益率曲线风险(Yield Curve Risk)的不对称性也会使收益率曲线的斜率、形态发生变化，即收益率曲线的非平行移动，对银行的收益或内在经济价值产生不利的影响，从而形成收益率曲线风险，也称为利率期限结构变化风险。

(3) 基准风险(Basis Risk)也称利率定价基础风险，也是一种重要的利率风险。在利息收入和利息支出所依据的基准利率变动不一致的情况下，虽然资产、负债和表外业务的重新定价特征相似，但是因其现金流和收益的利差发生了变化，也会对银行的收益或内在经济价值产生不利的影响。

(4) 期权性风险(Optionality)是一种越来越重要的利率风险，源于银行资产、负债和表外业务中所隐含的期权。

### (二) 汇率风险

汇率风险是市场风险的重要组成部分。随着我国经济持续增长，越来越多的国内企业将走出国门投资海外，汇率风险也随之增加。随着人民币汇率形成机制的进一步完善，市场因素在汇率形成机制中的作用会进一步加大，我国银行业的汇率风险也将进一步提升，加强汇率风险管理和监管变得越来越重要。汇率波动对于有着大量国际交易活动、不可避免地频繁发生资本流动的跨国公司来说有着重要的影响，使跨国公司未来的经营成果和现金流量面临很大的不确定性，这种不确定性就称为汇率风险。

汇率风险(Currency Risk)又称外汇风险，是指经济主体在持有或运用外汇时，因汇率变动而蒙受经济损失的可能性，是预期以外的汇率变动对企业价值的影响。汇率风险通过交易、外币折现和经济风险而产生。它也可能由以商品为基础的商品价格或由外币决定的交易而产生。

#### 1. 交易风险

交易风险(Transaction Exposure)也称交易结算风险，是指运用外币进行计价收付的交易中，经济主体因外汇汇率变动而蒙受损失的可能性。它是一种流量风险。

交易风险主要表现为：在商品、劳务的进出口交易中，从合同的签订到货款结算的这一期间，外汇汇率变化所产生的风险；在以外币计价的国际信贷中，债权债务未清偿之前存在的风险；外汇银行在外汇买卖中持有外汇头寸的多头或空头，也会因汇率变动而遭受风险。

大多数企业的业务都会直接或间接地受到交易风险的影响。例如，某公司于 12 月 1 日购入一种澳大利亚生产的设备，开具的发票面值为 70 000 澳元，付款期限为下一年 1

月底。由于 12 月 1 日的即期汇率是 1 澳元兑 7 元人民币，这批产品以人民币 490 000 元入账。但是，如果人民币相对于澳元走弱，在 1 月底汇率变成 1 澳元兑 7.2 元人民币，那么公司将要花费人民币 504 000 元才能兑换足以结清发票的澳元，这就意味着多支出人民币 14 000 元。

2. 折算风险

折算风险(Translation Exposure)是指对财务报表，尤其是资产负债表的资产和负债进行会计折算时产生的波动。折算风险主要有三类表现方式：存量折算风险、固定资产折算风险和长期债务折算风险。当资产、负债或利润由交易货币折算成报告货币(如母公司的报告货币)时，就会出现外币折算风险。从另一角度看，折算风险会通过影响资产负债表项目价值来影响企业，如应付账款和应收账款、外币现金和存款以及外币债务。与国外业务相关的长期资产和负债很可能会受到特别的影响。外币债务也可视为折算风险的一个来源。如果一个企业用外币借款，但没有抵消货币资产或现金流量，外币升值则意味着外币负债的折算市场价值增加。

例如，一家英国公司在 1 英镑兑 10 克朗(丹麦货币单位)时借入 10 000 万克朗。当时如果将这笔借款计入资产负债表，则应按 100 万英镑入账。不过第二年，英镑下跌至 1 英镑兑 8 克朗，这笔借款现在折合 125 万英镑。很明显，公司年末账簿上将显示亏损 25 万英镑。但是，如果不予偿还，这笔借款在下一年或几年后可能“扭亏为盈”，亏损也可能减少或者增加。

3. 经济风险

经济风险(Economic Risk)又称经营风险，是指意料之外的汇率波动引起公司或企业未来一定期间的收益或现金流量变化的一种潜在风险。可能导致经济风险的事件包括：① 企业从外国购入资源。比如 A 公司在意大利购买设备，目的是为中国市场提供产品或服务。在这种情况下，该公司的成本是以欧元计价，而预期收入是以人民币计价。一旦人民币相对于欧元走弱，那么，从运营成本来看，这并不划算。② 企业坚持仅以本国货币进行交易，以避免折算风险，但是这样可能导致供货商和客户更愿意与竞争对手交易的风险。③ 企业为在某国(比如英国)启动一项营销活动投入资金，目的是提供产品或服务，并在随后的几个月中与当地的生产商竞争。一旦人民币相对于英镑走强，那么，适当的英镑价格折合成人民币后，可能无法收回投资。

(三) 案例

【案例 1】

12 家银行因涉嫌操纵 LIBOR 遭调查

由于业内有专业人士认为世界上的一小部分人在控制着世界的结算利率，因此，全球约有 10 个监管部门在调查 LIBOR 潜在的操纵行为，欧盟也打算指控 12 家涉嫌串谋操控欧洲银行同业拆借利率的金融机构。据 P 新闻社数据，至 2012 年 12 月，监管机构已针对 R 集团(支付了 15 亿美元)、B 银行(支付了 2.9 亿英镑)、S 银行(支付了 3.9 亿英镑)和 I 公司(支付了 5500 万英镑)等 9 家欧洲大型银行开出至少 13 笔金额在 500 万美元以上的罚单。其中，H 银行除被指控操作 LIBOR 外，还被指控操作欧洲银行间拆借利率，而将成为此次调查中遭受罚款数量位居第二的金融机构；同时，其分行的货币经理还可能面临刑事指控。

【案例 2】

**Q 银行消除利率风险的措施**

20 世纪 80 年代中期，美国 M 银行预测未来的利率水平将会下跌，购买了大量政府债券。1986 年，利率水平如期下跌，带来不少的账面收益。但 1987 年和 1988 年利率水平却不断上扬，债券价格下跌，导致该行的损失高达 5 亿美元，最终不得不卖掉其总部大楼。在残酷的事实面前，西方商业银行开始越来越重视对利率风险的研究与管理。

Q 银行则在利率风险管理方面树立了一个成功的榜样。1984 年，Q 银行的执行副总裁设计了一种管理人员在制定资产负债管理决策时所使用的主要的财务报表，它有助于监控和理解 Q 银行风险头寸能力的利率敏感性报表。报表形式为：

① 在资产方，银行有 2000 万美元是对利率敏感的浮动利率型资产，其利率变动频繁，每年至少要变动一次；而 8000 万美元的资产是固定利率型，其利率长期(至少 1 年以上)保持不变。

② 在负债方，银行有 5000 万美元的利率敏感型负债和 5000 万美元的固定利率负债。

副总裁分析后认为：若利率提高 3%，该银行将增加 60 万美元的资产收益(3% × 2000 万美元浮动利率型资产 = 60 万美元)，而其对负债的支付则增加了 150 万美元(3% × 5000 万美元浮动利率型负债 = 150 万美元)。这样 Q 银行的利润减少了 90 万美元(60 万美元 − 150 万美元 = −90 万美元)。反之，若利率水平降低 3%，则 Q 银行利润将增加 90 万美元。

副总裁根据 1984 年当地和全国的经济前景的分析，认为利率在未来 12 个月升幅将会超过 3%。他向 Q 银行资产负债管理委员会建议将 3000 万美元的固定利率资产转换为 3000 万美元的浮动利率型资产，以此消除利率风险。随后建议被采纳。与此同时，S 银行愿意将其 3000 万美元的浮动利率资产转换成 3000 万美元的固定利率资产。S 银行与 Q 银行达成资产互换协议。随后，1984 年美国利率持续上升，升幅达到 4%。该项建议为 Q 银行减少了 120 万美元的损失。

## 七、产业风险

产业风险是指在特定产业中与经营相关的风险，这一风险与企业选择在哪个行业中经营直接相关。在考虑企业可能面对的产业风险时，以下三个因素是非常关键的：

(1) 每个产业都有其自身的发展周期，通常会经历导入期、成长期、成熟期以及衰退期。在不同的生命周期会面临不同的产业风险。在导入期，产业风险非常高，由于没有太多的企业涉足这一相关领域，只得自身去探索，极易碰到各种未曾遇到的问题，产业也极有可能被外部环境影响扼杀在萌芽之中。在成长期，由于产业的增长可以弥补相应的产业风险，在这一时期，企业可以采取一些积极的措施冒险发展。在成熟期，企业将会面临周期性的品牌问题，企业需要应对产品市场饱和，技术和服务质量改变缓慢的问题。在衰退期，企业需要决定什么时候退出市场。

(2) 产业是否有波动性。波动性产业会涉及较大的不确定性，使企业在计划和决策方面出现一定的困境。

(3) 新产品的冲击。

## 八、信用风险

### (一) 信用风险的概念

信用风险的概念有广义和狭义之分。广义的信用风险既包括银行信贷风险，也包括除信贷以外的其他金融风险，以及所有的商业性风险。狭义的信用风险是指银行信用风险，即信贷风险，也就是由于借款人主观违约或客观上还款出现困难，而导致借款本息不能按时偿还，而给放款银行带来损失的风险。

(1) 传统的观点认为，信用风险是指债务人未能如期偿还其债务造成违约而给经济主体经营带来的风险。随着现代风险环境的变化和风险管理技术的发展，传统的定义已经不能反映现代信用风险及其管理的本质。

(2) 现代意义上的信用风险是指由于借款人或市场交易对手违约而导致的损失的可能性；更为一般地讲，信用风险还包括由于借款人的信用评级的变动和履约能力的变化导致其债务的市场价值变动而引起损失的可能性。

### (二) 信用风险的特征

#### 1. 风险概率分布的可偏性

企业违约的小概率事件以及贷款收益和损失的不对称，造成了信用风险概率分布的偏离。市场价格的波动是以其期望值为中性的，主要集中于相近的两侧，通常市场风险的收益分布相对来说是对称的，大致可以用正态分布曲线来描述。相比之下，信用风险的分布是不对称的，而是有偏的，收益分布曲线的一端向左下倾斜，并在左侧出现肥尾现象。这种特点是由于贷款信用违约风险造成的，即银行在贷款合约期限有较大的可能性收回贷款并获得事先约定的利润，但贷款一旦违约，则会使银行面临相对较大规模的损失，这种损失要比利息收益大很多。换句话说，贷款的收益是固定和有上限的，它的损失则是变化的和没有下限的。另外，银行不能从企业经营业绩中获得对等的收益，贷款的预期收益不会随企业经营业绩的改善而增加，相反随着企业经营业绩的恶化，贷款的预期损失却会增加。

#### 2. 信用风险数据的获取困难

由于信用资产的流动性较差，贷款等信用交易存在明显的信息不对称性以及贷款持有期长、违约时间频率少等原因，信用风险不像市场风险那样具有数据的可得性，这也导致了信用风险定价模型有效性检验的困难。正是由于信用风险具有这些特点，因此信用风险的衡量比市场风险的衡量困难得多，也成为造成信用风险的定价研究滞后于市场风险量化研究的原因。同时，缺少连续、周期长的历史数据用于量化分析。这一方面由于信用事件并不是天天发生，另一方面由于当事机构对于信用风险事件均不愿披露，因为它们担心这些信息会对自己的信用评级或正在进行中的信用业务产生负面影响。

#### 3. 信用风险往往还具有正反馈放大机制

在信用事件的影响下，信用风险的承受者本身的资信状况会受到其他相关业务往来机构的质疑或下调，接受更严格的信用审查机制，从而处于雪上加霜的处境，这将加重信用风险的破坏作用。

### (三) 信用风险的影响因素

信用风险是外部因素和内部因素共同作用的结果。外部因素是指由外界决定、商业银行无法控制的因素，如国家经济状况的改变、社会政治因素的变动以及自然灾害等不可抗拒因素。内部因素是指商业银行对待信贷风险的态度，它直接决定了其信贷资产质量的高低和信贷风险的大小，这种因素渗透到商业银行的贷款政策、信用分析和贷款监督等信贷管理的各个方面。

### (四) 案例

**【案例 3】**

**汽车分期付款业务的信用风险和操作风险**

近年来，为让消费者提前享受有车生活，各商业银行纷纷推出各类汽车金融产品。与传统车贷相比，贷记卡汽车分期业务由于费率低、速度快、优化了贷记卡客户群体、增加了中间业务收入、增强了市场号召力等优势，备受银行和客户的青睐。然而，不断涌现的案件表明，银行要在扩大贷记卡汽车分期业务规模的同时，也要做好充分的风险防控工作以保障业务的健康发展。

1. 风险点

市民王某为购买汽车，于 2015 年 7 月使用在某银行办理的贷记卡，申请办理了贷记卡汽车分期付款业务，约定的贷款金额为 10 万元，首付为 4.5 万元，每月偿还 4000 元，2 年还请。但自 2015 年 10 月开始，虽发卡银行多次催收还款，但王某以各种理由推脱不还。当月，王某因涉嫌信用卡诈骗罪被刑事拘留，但由于无法偿还车贷欠款，造成银行的贷款本息无法收回。

2. 案例分析

从定义上讲，信用风险是借款人因各种原因未能及时、足额偿还债务或银行贷款而违约的可能性。若银行在发放贷记卡时审查不严，对客户状况预判不够准确，一旦持卡人的经济状况和信誉状况恶化，将可能无法及时偿还债务，诱发风险。上述案例中，银行对持卡人准入风险把控不严，造成了王某当期账单无法按期还款的情形，充分暴露了银行贷记卡汽车分期付款业务中无法回避的信用风险。

## 第二节　公司战略的内部风险

### 一、战略选择风险

战略选择风险是指决策人员选择某一战略而放弃其他战略产生风险的可能性。具体是指行为人选择某战略前，对自身条件和困难缺乏充分的分析，对自身的优势和劣势缺乏正确认识，对战略选择后面临的机会和威胁缺乏全面的了解的情况下，出现的高估优势低估劣势、高估机会低估威胁、低估优势高估劣势、低估机会高估威胁等情况。如果出现前两种情况，行为人就会采取激进的战略；如果出现后两种情况，行为人会采取保守的态度，可能会错失良机。

## 二、运营风险

运营风险是指企业在运营过程中，由于外部环境的复杂性和变动性以及主体对环境的认知能力和适应能力的有限性，而导致的运营失败或使运营活动达不到预期的目标的可能性及其损失。运营风险并不是指某一种具体特定的风险，而是包含一系列具体的风险。

运营风险通过一个包含各种政策、流程与程序的框架加以管理，同时各业务单元通过该框架来确定、评估、监督与控制减轻其运营风险。这些运营风险管理流程与程序包括运营风险自我评估(ORSA)、运营风险行动计划(ORAP)、关键性运营风险指标(KORIs)、运营风险事件与损失分析。运营风险自我评估(ORSA)涉及确认与评估内在风险以及评估控制手段对减轻已确认风险的有效性。应对问题的行动计划加以记录并根据运营风险行动计划(ORAP)予以监督。关键性运营风险指标(KORIs)是业务单元与业务支持单元持续收集与监督的统计数据，能够帮助早期发现潜在的运营控制薄弱环节。集团还应展开趋势分析，以确认需要应对的系统性问题。

## 三、操作风险

尽管操作风险一直被视为“其他”风险中的一部分(在信用风险和市场风险领域之外)，然而它已迅速占领金融领域的最前沿。新《巴塞尔协议》将操作风险列为与信用风险、市场风险并列的三大风险之一。操作风险存在于商业银行的各个领域，近几年银行业案件呈高发态势，其中由于操作风险造成损失的事件也连续不断。据有关资料统计，从国际上看，2001—2005 年，美国排名前 12 位的银行因风险造成的损失占其净收入的 4%～5%，至少两家大银行遭遇了操作风险损失，且占其税前净收入的 10%。我国商业银行操作风险也呈现上升趋势，并且开始出现涉案数量多、金额大、损失严重等新特点。2001—2008 年共发生五起轰动全国的操作风险案件，涉案金额 139 亿元。其中 2001 年的“开平案”、2005 年的“高山案”、2007 年的“邯郸案”让人们记忆深刻。事实证明，操作风险管理在商业银行风险管理中越来越重要。

### (一) 操作风险的含义

操作风险是银行与生俱来的古老风险，近年来操作风险的管理逐渐受到各国商业银行的重视，新《巴塞尔协议》也将其纳入到风险资本管理的范畴。然而，对于操作风险的定义在业内并没有达成共识。目前，关于操作风险的界定可以归纳为以下四种观点。

(1) 广义的操作风险指除市场风险和信用风险以外的所有风险。如我国银监会 2004 年《商业银行操作风险管理指引》将操作风险定义为除市场风险和信用风险以外的所有风险。其特点是：① 主要来源于金融机构的日常营运，人为因素是主要原因。② 事件发生频率很低，但是一旦发生就会造成极大的损失，甚至危及银行的生存。③ 单个的操作风险因素与操作性损失之间不存在清晰的、可以定量界定的数量关系。这种定义过于笼统，无法计量。

(2) 狭义的操作风险是指只与金融机构中运营部门相关的风险，即由于控制、系统及运营过程中的错误或疏忽而可能导致潜在损失的风险。最狭义的定义是将操作风险定义为与操作部门相关的风险，或称为操作性风险。

(3) 新《巴塞尔协议》(2004)沿用了英国银行家协会(BBA)的操作风险定义：由于不完善或有问题的内部程序、人员及系统或外部事件所造成损失的风险。这一定义包括法律风险，但不包括策略风险和声誉风险。这是因为，法律风险是由于银行在经营活动中对所涉及的法律问题处理不当或由于外部法律环境的变化而导致银行遭受损失的风险。银行的法律活动是银行为完成经营任务而采取的手段之一，基本上是操作性质的活动。而策略风险和声誉风险则是由于银行董事会对银行的重大发展方向和目标的决策失误而导致银行损失的风险，这是决策性质的风险而不是操作风险。而且，从为风险配置资本的角度讲，对策略风险和声誉风险进行测定并配置资本几乎是不可能做到的。新《巴塞尔协议》的定义是介于广义和狭义之间的操作风险的定义，这种定义以狭义的操作风险界定为基础，并对其所涵盖的风险内容进行扩展，寻求内涵的完备性与计量管理之间的平衡。

(4) 从非金融机构的一般企业角度，将操作风险定义为企业在进行基本的操作时经受的风险，例如由人员、程序、技术引起损失的可能性。换句话说，操作风险是指因不充分的或失灵的内部程序、人员和系统或者外部事件而发生损失的风险。因此，企业需要对操作风险进行定义，包括终端产品、资源及用于生产该产品的程序。操作风险是大多数企业面临的最大风险领域之一。然而，传统的管理方法对于这个领域并未采用有组织的方式。许多公司早已设立了信贷部门，但是直到现在，设置操作风险部门的公司还很少。操作风险与企业的运作有着紧密关联。例如，一名售货员将女衬衫的价签弄错了，因此向买了这件商品的顾客少收了钱；飞行员对飞机距离地面过低的警报置之不理，导致飞机撞上山腰，机上人员无一生还；在记录客户的电话号码时，业务员一不小心将两个数字的位置颠倒了，所以联系不到客户，没有办法电话跟进。操作风险与其他类型的风险不同，它出现的原因在于它不是管理未知事项，而是处理已确立的程序。由于操作风险不是应付重大的未知事项，因此，在企业面临的所有风险类型中，操作风险是最便于管理的，它并不涉及任何对于未来事项的推测。就操作风险而言，企业面临的主要风险是在执行已明确的工作时，采取错误的步骤。

### (二) 操作风险的类型

按照发生的频率和损失大小，巴塞尔委员会将操作风险分为七类。

(1) 内部欺诈：故意欺骗，盗用财产或违反规则、法律、公司政策的行为。

(2) 外部欺诈：第三方故意欺骗、盗用财产或违反法律的行为。

(3) 雇用合同以及工作状况带来的风险事件：由个人伤害赔偿金支付或差别及歧视事件引起的违反雇员健康或安全相关法律或协议的行为。

(4) 客户、产品以及商业行为引起的风险事件：无意或由于疏忽没能履行对特定客户的专业职责，或者由于产品的性质或设计产生类似结果。

(5) 有形资产的损失：自然灾害或其他事件造成的实物损失或损坏。

(6) 经营中断和系统出错：业务的意外中断或系统出现错误。

(7) 执行、交割以及交易过程管理的风险事件：由于与交易对方的关系而产生的交易过程错误或过程管理不善。

### (三) 企业操作风险的来源

在业务操作过程中，实施某个程序时可能出错的地方有很多。以下是一些较为常见的操作风险来源。

#### 1. 缺乏规定程序

对小型企业来说，随机应变的操作可能是不错的选择，原因在于它的交易量很少，不必设置复杂的程序。但是，随着业务量的增加，业务越来越复杂，设立正规的程序变得日益重要。当程序滞后于其日益复杂的操作时，缺乏程序和效率会对企业发展产生遏制作用。

#### 2. 雇员缺乏培训

缺乏培训的雇员，可能犯致命错误。错误的一步可能使本已糟糕的情况演变成“噩梦”。尽管有时候公司已意识到培训的重要性，但是管理者不为员工提供培训，原因有很多：① 培训被视为一项昂贵的管理费用，而且常常不能立即帮助企业提高获利能力；② 雇员接受培训时将无法工作，因此，培训通常会使雇员的手头工作中断；③ 接受培训与应用新技能之间往往存在时间上的滞后；④ 培训的效力往往并非易见的，当然，对雇员进行如何正确使用设备的培训，能够产生明显的效果，但是软技能的培训(比如有效沟通的课程)效果常常并不明显；⑤ 人员流动频繁，如果员工很可能在几个月内离开公司，那么为员工提供培训看起来似乎很不值得。

#### 3. 疏忽

操作风险的一大成因被称为“疏忽”，这是指某人在执行任务时并未将注意力放在这件工作上。由于注意力不集中，就会犯错误。疏忽的根源一般是疲劳、分心和厌烦。

#### 4. 设备及软件维护不足或已报废

设备和软件的维护是指为了保持设备和软件的正常运转而对其开展的一系列活动。预防性维修就是其中一种维护类型。例如，在管理公司的车队时，为每行使3000英里的汽车发动机更换机油，这就是一种预防性维修。另一种维修类型是在事故发生时对设备进行修理。

#### 5. 缺乏职业道德和存在舞弊意识

如果管理层对业务程序的控制松散，那么就给一些员工创造了利用公司资产，甚至从事任何非法或舞弊活动的机会。可能导致舞弊的一种典型的情况是企业内不存在职责划分。例如，如果负责现金收取的收银员还要负责在分类账上记录交易，这就为该收银员擅自拿走现金而不记录相关交易创造了机会。此外，工作人员可能为了达到不现实的利润指标而造假或进行高风险的交易，一个人或更多人出错及欺诈的风险都属于这一领域。由于资产以及金融交易的规模和数量都较大，大型的错误或欺诈行为的潜在危害是巨大的。

6. 不妥善的外包安排

不妥善的外包安排将无法为企业带来所需的专长，或者帮助其实现商业目标。服务外包造成的问题主要是产品规格不明，这使承包商可能无法交付企业期望的产品，或者企业严重依赖承包商而未对其产品和服务进行检查。

## 四、财务风险

### (一) 财务风险的含义

财务风险(Financial Risk)是指企业在各项财务活动中由于各种难以预料和无法控制的因素，使企业在一定时期、一定范围内所获取的最终财务成果与预期的经营目标发生偏差，从而形成的使企业蒙受经济损失或更大收益的可能性。企业的财务活动贯穿于生产经营的整个过程中，筹措资金、长短期投资、分配利润等都可能产生风险。

### (二) 财务风险的基本类型

根据风险的来源可以将财务风险划分为筹资风险、投资风险、经营风险、存货管理风险和流动性风险。

1. 筹资风险

筹资风险指的是由于资金供需市场、宏观经济环境的变化，企业筹集资金给财务成果带来的不确定性。筹资风险主要包括利率风险、再融资风险、财务杠杆效应、汇率风险、购买力风险。利率风险是指由于金融市场金融资产的波动而导致筹资成本的变动；再融资风险是指由于金融市场上金融工具品种、融资方式的变动，导致企业再次融资产生不确定性，或企业本身筹资结构的不合理导致再融资产生困难；财务杠杆效应是指由于企业使用杠杆融资给利益相关者的利益带来不确定性；汇率风险是指由于汇率变动引起的企业外汇业务成果的不确定性；购买力风险是指由于币值的变动给筹资带来的影响。

2. 投资风险

投资风险指企业投入一定资金后，因市场需求变化而影响最终收益与预期收益偏离的风险。企业对外投资主要有直接投资和证券投资两种形式。在我国，根据《公司法》的规定，股东拥有企业股权的25%以上应该视为直接投资。证券投资主要有股票投资和债券投资两种形式。股票投资是风险共担、利益共享的投资形式；债券投资与被投资企业的财务活动没有直接关系，只是定期收取固定的利息，所面临的是被投资者无力偿还债务的风险。投资风险主要包括利率风险、再投资风险、汇率风险、通货膨胀风险、金融衍生工具风险、道德风险、违约风险等。

3. 经营风险

经营风险又称营业风险，是指在企业的生产经营过程中，供、产、销各个环节不确定性因素的影响所导致企业资金运动的迟滞，产生企业价值的变动。经营风险主要包括采购风险、生产风险、存货变现风险、应收账款变现风险等。采购风险是指由于原材料市场供应商的变动而产生的供应不足的可能性，以及由于信用条件与付款方式的变动而导致实际付款期限与平均付款期的偏离；生产风险是指由于信息、能源、技术及人员的变动而导致生产工艺流程的变化，以及由于库存不足所导致的停工待料或销售迟滞的可能性；存货变现风险是指由于产品市场变动而导致产品销售受阻的可能性；应收账款变现风险是指由于赊销业务过多导致应收账款管理成本增大的可能性，以及由于赊销政策的改变导致实际回收期与预期的偏离等。

4. 存货管理风险

企业保持一定量的存货对于其进行正常生产来说是至关重要的，但如何确定最优库存量是一个比较棘手的问题。存货太多会导致产品积压，占用企业资金，风险较高；存货太少又可能导致原料供应不及时，影响企业的正常生产，严重时可能造成对客户的违约，影响企业的信誉。

5. 流动性风险

流动性风险是指企业资产不能正常和确定性地转移为现金或企业债务和付现责任不能正常履行的可能性。从这个意义上说，可以把企业的流动性风险从企业的变现力和偿付能力两方面分析与评价。由于企业支付能力和偿债能力发生的问题，称为现金不足及现金不能清偿风险。由于企业资产不能确定性地转移为现金而发生的问题则称为变现力风险。

### (三) 企业财务风险的成因

企业的财务风险产生的原因很多，既有企业外部的原因，也有企业自身的原因，而且不同的财务风险形成的具体原因也不尽相同。

1. 外部原因

企业经营的外部环境是形成企业财务风险的外部原因，主要包括宏观经济环境和政策的影响、行业背景。

(1) 企业财务管理宏观环境的复杂性。企业财务管理的宏观环境复杂多变，而企业管理系统难以适应复杂多变的宏观环境。财务管理的宏观环境包括经济环境、法律环境、市场环境、社会文化环境、资源环境等因素。如果宏观经济运行良好，企业总体盈利水平会提高，财务状况趋好，财务风险降低；如果宏观经济运行不容乐观，企业投资和经营会受到影响，盈利下降，可能面临财务风险。

(2) 行业背景。行业背景是连接宏观经济分析和公司分析的桥梁，也是分析企业财务状况的重要环节。行业本身在国民经济中所处的地位，以及行业所处的生命周期的不同发展阶段，使得行业的投资价值不一样，投资风险也不一样。

2. 内部原因

(1) 资本结构不合理。当企业资金中的自有资金和借入资金比例不恰当，就会造成企业资本结构不合理，从而引发财务风险。如果举债规模过大，会加重企业支付利息的负担，企业的偿债能力会受到影响，容易产生财务风险。如果企业不举债，或者举债比例很小，导致企业运营资金不足，也会影响企业的盈利能力。

(2) 投资决策不合理。投资决策对企业未来的发展有至关重要的作用，正确的投资决策可以降低企业风险，增加企业盈利；错误的投资决策可能会给企业带来灾难性的损失。错误的投资决策往往没有充分认识到投资的风险，同时对企业自身承受风险的能力预估有误。

(3) 财务管理制度不完善。企业的财务管理的内容涵盖了企业基本活动的各个方面，总的来说包括筹资、投资和营运资本管理。财务管理制度应该是对财务管理内容的进一步细化，包括制定财务决策、制定预算和标准、记录实际数据、对比标准与实际、评价与考核等各个环节。如果财务管理制度不能覆盖企业的所有部门、所有操作环节，很容易造成财务的漏洞，给企业带来财务风险。

(4) 财务人员风险意识淡薄。实际工作中，企业财务人员缺乏风险意识，对财务风险的客观性认识不足，忽视了对企业财务风险的预测和预警，导致企业在突发事件发生时应变能力不足，容易带来财务风险。

(5) 收益分配政策不科学。股利分配政策对企业未来的发展有重大影响，分配方法的选择会影响企业的声誉，影响投资者对企业未来发展的判断，进而影响投资者的投资决策。如果对企业利润的分配脱离企业实际情况，缺乏合理的控制制度，必将影响企业的财务结构，从而可能形成财务风险。

## 第三节　公司战略风险的识别方法

风险识别是风险管理的首要步骤。我们生活中面临的风险是错综复杂的，需要对其进行准确的识别和分析。风险识别在整个风险管理中占有重要位置，只有全面、准确地发现和识别风险，才能度量风险和选择相应的风险管理技术。而风险识别又是风险度量的前提，是风险管理单位有针对性地处理风险的基础。准确地掌握和运用风险识别的方法，可以预防风险事故的发生，做到防患于未然。

风险识别(Risk Identification)又称风险辨识，是在风险事故发生之前，感知各种风险事故，分析风险事故的潜在原因，找到危险源，建立相应的风险数据库。其中，事故指个人或集体在实现某种意图而进行的活动过程中，突然发生的、违反人的意志的、迫使活动暂时或永久停止的事件。危险源指可能导致事故的潜在的不安全因素。

风险识别的方法有很多，各有其优缺点和适用条件。世界上没有一种能适用于全部风险识别的最好方法。企业不同，识别风险的方法就不同；风险不同，识别的方法也不完全一样。实际上，特定的风险识别方法对一些企业比对另一些企业更有用，对一些风险识别比对另一些风险识别更有用。因此，试图用一种最好的方法识别企业所面临的全部风险的想法是不现实的。这也说明，识别企业的风险不能依靠单一的方法或工具。在实际工作中，即使识别同一种风险也可以同时使用几种方法。要根据企业经营活动的特点、内外环境变化和经营管理的需要，对风险识别方法做出适当的选择和组合。风险识别方法既要关注过去，也应着眼于将来。关注过去是为了从风险事故中总结经验，便于从惊人相似的风险事故原因中识别风险。着眼于未来是因为风险就是未来的不确定性，要预测未来发展趋势。不论采用什么方法，只要确实把风险识别出来就行。不能过分强调定量分析模型，简单的或许就是有用的。

风险的定性分析往往带有较强的主观性，需要凭借分析者的经验和直觉，或者是以行业标准和惯例为风险各要素的大小或高低程度定性分级，要求分析者具备较高的经验和能力，否则会因操作者经验和直觉的偏差而使分析结果失准。定量分析是对构成风险的各个要素和潜在损失的水平赋予数值或货币金额，当度量风险的所有要素都被赋值，风险分析和评估过程与结果得以量化。定量分析比较客观，但对数据要求较高，同时还需借助数学工具和计算机程序，其操作难度较大。

## 一、战略风险的定性识别法

### (一) 专家调查法

专家调查法也称专家咨询法、专家意见法、经验分析法，是基于专家的知识、经验和直觉，发现潜在风险的分析方法。采用专家调查法时，专家应有合理的规模，人数取决于项目的特点、规模、复杂程度和风险的性质，没有绝对规定，一般应在10～20位。专家调查法适用于风险分析的全过程。在进行风险识别时，主要包括头脑风暴法、德尔菲法、风险专家调查列举法、风险识别调查表、风险对照检查表。

#### 1. 头脑风暴法

1) 头脑风暴法的含义

头脑风暴法(Brain Storming，BS)是由美国创造学家 A. F. 奥斯本于 1939 年首次提出，于 1953 年正式发表的一种激发性思维的方法。此法经各国创造学研究者的实践和发展，现已形成了一个发明技法群，如奥斯本智力激励法、默写式智力激励法、卡片式智力激励法等。

在群体决策中，由于群体成员心理相互作用影响，易屈服于权威或大多数人意见，形成所谓的群体思维。群体思维削弱了群体的批判精神和创造力，损害了决策的质量。为了保证群体决策的创造性，提高决策质量，管理上发展了一系列改善群体决策的方法，头脑风暴法是较为典型的一个。

头脑风暴法又可分为直接头脑风暴法(通常简称为头脑风暴法)和质疑头脑风暴法(也称为反头脑风暴法)。前者是专家群体在决策中尽可能激发创造性，产生尽可能多的设想的方法，后者则是对前者提出的设想、方案逐一质疑，分析其现实可行性的方法。

采用头脑风暴法组织群体决策时，要集中有关专家召开专题会议，主持者以明确的方式向所有参与者阐明问题，说明会议的规则，尽力创造融洽轻松的会议气氛；一般不发表意见，以免影响会议的自由气氛，由专家们“自由”提出尽可能多的方案。

2) 对头脑风暴法的评价

实践经验表明，头脑风暴法可以排除折中方案，对所讨论问题通过客观、连续的分析，找到一组切实可行的方案，因而头脑风暴法在军事决策和民用决策中得到了较广泛的应用。例如，在美国国防部制定长远科技规划中，曾邀请 50 名专家采取头脑风暴法开了两周会议。

参加者的任务是对事先提出的长远规划提出异议。通过讨论，得到一个使原规划文件变为协调一致的报告，在原规划文件中，只有 25%～30%的意见得到保留，由此可以看到头脑风暴法的价值。

当然，头脑风暴法实施的成本(时间、费用等)是很高的。另外，头脑风暴法要求参与者有较好的素质。这些因素是否满足会影响头脑风暴法实施的效果。

3) 头脑风暴法的流程

系统化处理程序如下：

(1) 对所有提出的设想编制名称一览表；

(2) 用通用术语说明每一设想的要点；

(3) 找出重复的和互为补充的设想，并在此基础上形成综合设想；

(4) 提出对设想进行评价的准则；

(5) 分组编制设想一览表。

### 2. 德尔菲法

德尔菲法(Delphi)是一种集中众人智慧进行科学预测的分析方法，由美国咨询机构兰德公司首先提出，它主要是借助有关专家的知识、经验和判断来对企业的潜在风险加以估计和分析。德尔菲法依据系统的程序，采用匿名发表意见的方式，即专家之间不得互相讨论，不发生横向联系，只能与调查人员发生关系；通过多轮次调查专家对问卷所提问题的看法，经过反复征询、归纳、修改，最后汇总成专家基本一致的看法，作为预测的结果。这种方法具有广泛的代表性，较为可靠。

1) 德尔菲法的步骤

德尔菲法的具体实施步骤如下：

(1) 组成专家组。按照课题所需要的知识范围确定专家。专家人数的多少，可根据预测课题的大小和涉及面的宽窄而定，一般不超过 20 人。

(2) 向所有专家提出所要预测的问题及有关要求，并附上有关这个问题的所有背景材料，同时请专家提出还需要什么材料。然后，由专家做书面答复。

(3) 各个专家根据他们所收到的材料，提出自己的预测意见，并说明自己是怎样利用这些材料并提出预测值的。

(4) 将各位专家第一次判断意见汇总，列成图表，进行对比，再分发给各位专家，让专家比较自己同他人的不同意见，修改自己的意见和判断。也可以把各位专家的意见加以整理，或请身份更高的其他专家加以评论，然后把这些意见再分送给各位专家，以便他们参考后修改自己的意见。

(5) 将所有专家的修改意见收集起来，汇总，再次分发给各位专家，以便做第二次修改。逐轮收集意见并为专家反馈信息是德尔菲法的主要环节。收集意见和信息反馈一般要经过三四轮。在向专家进行反馈的时候，只给出各种意见，但并不说明发表各种意见的专家的具体姓名。这一过程重复进行，直到每一个专家不再改变自己的意见为止。

(6) 对专家的意见进行综合处理。

2) 德尔菲法的优缺点

德尔菲法能发挥头脑风暴法的优点：① 能充分发挥各位专家的作用，集思广益，准确性高；② 能把各位专家意见的分歧点表达出来，取各家之长，避各家之短；③ 适用范围广，高效快捷，成本低，简单易行。

同时，德尔菲法又能避免头脑风暴法的缺点：① 权威人士的意见影响他人的意见；② 有些专家碍于情面，不愿意发表与其他人不同的意见；③ 出于自尊心而不愿意修改自己原来不全面的意见。

德尔菲法的主要缺点：① 过程比较复杂，花费时间较长；② 专家意见是主观判断；③ 有时意见难以统一；④ 并非万能，要与其他方法结合。

3) 德尔菲法示例

某书刊经销商采用德尔菲法对某一专著销售量进行预测。该经销商首先选择若干书店经理、书评家、读者、编审、销售代表和海外公司经理组成专家小组，将该专著和一些相应的背景材料发给各位专家，要求大家给出该专著最低销售量、最可能销售量和最高销售量的三个数字，同时说明自己做出判断的主要理由。将专家们的意见收集起来，归纳整理后返回给各位专家，然后要求专家们参考他人的意见对自己的预测重新考虑。专家们完成第一次预测并得到第一次预测的汇总结果以后，除书店经理 B 外，其他专家在第二次预测中都做了不同程度的修正。重复进行的第三次预测中，大多数专家又一次修改了自己的看法。第四次预测时，所有专家都不再修改自己的意见。因此，专家意见收集过程在第四次以后停止。最终预测结果为最低销售量 26 万册，最高销售量 60 万册，最可能销售量 46 万册。

### 3. 风险专家调查列举法

风险专定调查列举法是由风险管理者对该企业、单位可能面临的风险逐一列出，并根据不同的标准进行分类。专家所涉及的面应尽可能广泛些，有一定的代表性。一般的分类标准为：直接或间接、财务或非财务、政治性或经济性等。

采用风险专家调查列举法进行风险识别可以利用两种形式：① 通过保险险种一览表。企业可以根据保险公司或者专门保险刊物的保险险种一览表，选择适合本企业需要的险种。这种方法仅仅对可保风险进行识别，对不可保风险则无能为力。② 委托保险人或者保险咨询服务机构对本企业的风险管理进行调查设计，找出各种财产和责任存在的风险。

### 4. 风险识别调查表

风险识别调查表主要采用定性的方法，描述风险的来源与类型、风险特征、对项目目标的影响等，如表 5-1 所示。

表 5-1 风险识别调查表

| 编号 | 时间 |
| --- | --- |
| 项目名称 | |
| 风险类型 | |
| 风险描述 | |
| 风险对项目目标的影响 | |
| 风险的来源、特征 | |

#### 5. 风险对照检查表

风险对照检查表是一种规范化的定性风险分析工具，具有系统、全面、简单、快捷、高效等优点，容易集中专家的智慧和意见，不容易遗漏主要风险；对风险分析人员有启发思路、开拓思路的作用。

风险对照检查表的适用范围：当有丰富的经验和充分的专业技能时，项目风险识别相对简单，并可以取得良好的效果。风险对照检查表的设计和确定是建立在众多类似项目经验基础上的，需要大量类似项目的数据；而对于新的项目或完全不同环境下的项目，则难以适应。需要针对项目的类型和特点，制定专门的风险对照检查表。

### (二) 流程图法

#### 1. 流程图法的含义

“无论做什么，都画一个流程图吧！如果你不这样做，你不知道你自己在做什么。”爱德华兹·戴明(W.Edwards Deming)博士如是说。流程图法(Flow Charts)是指企业风险管理部门将整个企业生产过程一切环节系统化、顺序化，制成流程图，从而便于发现企业面临的风险。流程图法可以通过分析企业的生产制造或管理流程的不同层次，寻找并识别关键的风险点。通过对关键风险点进行历史资料分析，可评估风险事件发生的频率；结合投入产出分析技术对风险兑现时的损失幅度进行有效的评估。对一个涉及许多产品、原料在不同环节上流动的生产过程来说，流程图是一个合适的风险识别方法。在企业中存在着产品流程、服务流程、财务会计流程、市场营销流程、分配流程等。从企业的价值流角度来看，企业的流程可分为外部流程和内部流程。外部流程是指原辅材料的采购、产品的销售以及材料与产品的运输、仓储等。内部流程是企业内部生产制造或服务提供的流程，是指在生产工艺中，从原料投入到成品产出，通过一定的设备按顺序连续地进行加工的过程。例如，某钢铁制造企业的铁矿粉造块与炼焦、高炉炼铁、转炉炼钢、钢水连铸、轧钢等。

流程图是揭示和掌握封闭系统运动状况的有效方式。作为诊断工具，它能够辅助决策制定，让管理者清楚地知道，问题可能出在什么地方，从而确定出可供选择的行动方案。也可以把事故发生过程、事故原因构成等用流程图的方法表示出来，使人们能一目了然。它根据事故发生的事件顺序，按事故发生前、事故发生过程中和事故发生后三个阶段，来分析事故构成要素(人员、物、设备、地点、环境、作业过程等)的变化情况。流程图法的缺点是：需要耗费大量的时间制作；过于笼统，不利于对细节的描述，易造成风险遗漏；缺乏定量分析。

#### 2. 流程图法分析步骤

流程图法的分析步骤为：识别生产过程的各个阶段；设计流程图；解释流程图；综合流程图；预测可能的风险状况并制订计划。流程图的优点是能把一个问题分成若干个可以进行管理的部分，便于阅读分析。

#### 3. 流程图法示例

为便于识别，绘制流程图的习惯做法是：事实描述用椭圆形标示，行动方案用矩形标示，问题用菱形标示，箭头代表流动方向，如图 5-1 所示。

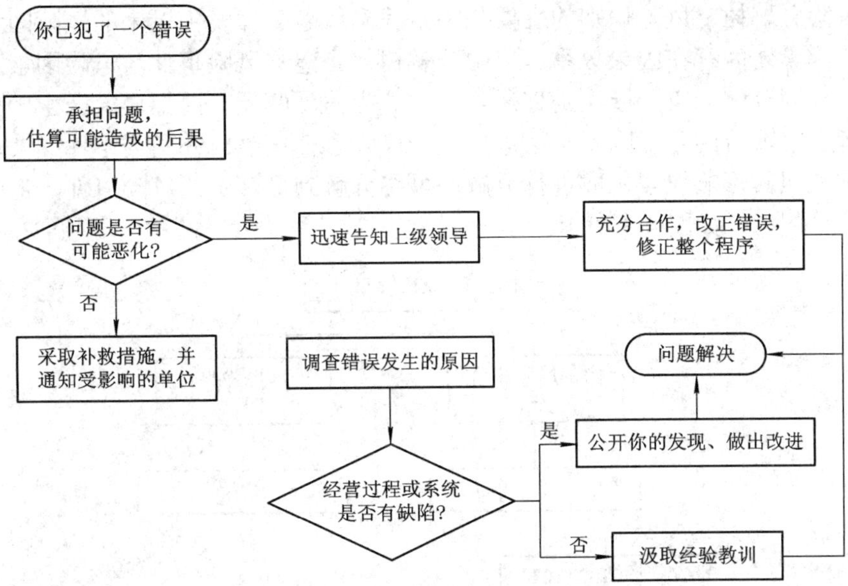


图 5-1 流程图分析步骤

### (三) 工作—风险分解法

工作—风险分解法(Work Breakdown System－Risk Breakdown System，WBS-RBS)是将工作分解成 WBS 树，风险分解成 RBS 树，然后以工作分解树和风险分解树交叉构成的 WBS-RBS 矩阵进行风险识别的方法。

#### 1. 适用范围

通过工作—风险分解法，对风险识别进行定性分析。

#### 2. 实施步骤

工作—风险分解法的具体实施步骤如下：

(1) 工作分解。

(2) 风险分解。

(3) 套用 WBS-RBS 矩阵判断风险是否存在。

在工作分解形成工作分解树时，主要是对风险主体与子部分，以及子部分之间的结构关系和工作流程进行分解。工作分解树如图 5-2 所示。

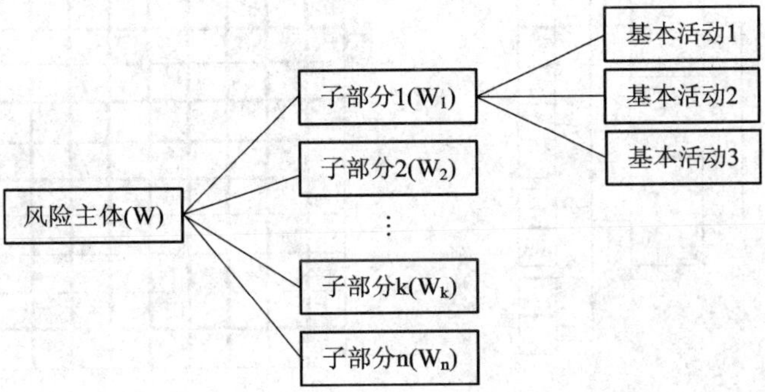


图 5-2 工作分解树

构造风险分解树，风险识别的主要任务是找到风险事件发生以来的风险因素，而风险事件与风险因素之间存在因果关系。风险分解树就是建立风险事件与风险因素之间的因果联系模型。风险分解的第一层次是把风险事件分为内外两类，内部风险产生于项目本身，外部风险源自于项目的环境因素。第二层次的风险事件按照内外两类事件继续往下细分，每层风险都按照其影响因素构成进行分解，最终分解到最基本的风险事件，把各层风险组合形成风险分解树，如图 5-3 所示。

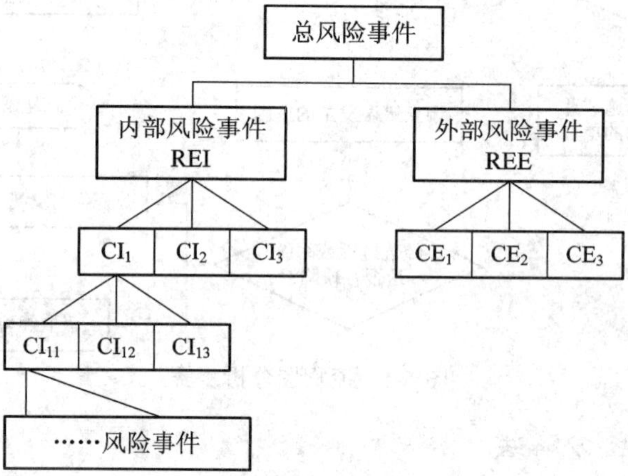


图 5-3　风险分解树

在工作分解与风险分解完成以后，将工作分解树与风险分解树交叉构成风险识别矩阵，如图 5-4 所示，WBS-RBS 矩阵的行向量是工作分解到底层形成的基本工作包，矩阵的列向量是风险分解到底层形成的基本子因素。风险识别过程是按照矩阵元素逐一判断某一工作是否在该矩阵元素横向所对应的风险上。

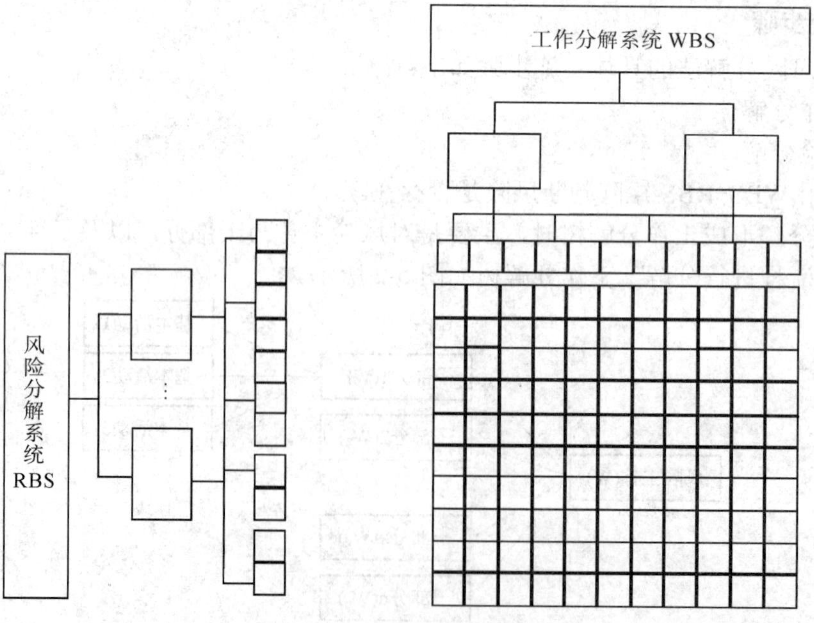


图 5-4　WBS-RBS 矩阵

### 3. 主要优点和局限性

WBS-RBS 法是一种可定量分析的风险识别方法，其优点是：① 可操作性强，能全面系统地识别项目整个生命周期内的风险，不容易遗漏风险因素，满足风险识别全面、系统、准确和深入的要求；② 工作分解在项目管理的前期准备工作中已经完成，因此省去了这部分的工作量；③ 通过构建 WBS-RBS 矩阵识别风险并最终汇编成风险清单，过程简明清晰并具有明显的层次结构，方便后续的风险评价和控制研究。

局限性是对大型项目来说，WBS-RBS 矩阵较为复杂，但这是所有大型项目风险识别共同面临的问题。

### 4. 工作—风险分解法示例

中央商务区(Central Business District，CBD)项目开发工作繁多，涉及风险因素识别的工作量也比较大，如果我们对 CBD 风险的预测就像对待盖房子那样简单处理，就可能铸成更大的风险问题。采用 WBS-RBS 法对 CBD 风险识别既符合 CBD 风险预测的要求，又符合 CBD 风险识别的系统性原则要求，该方法将工作进行层层分解，这样风险源就会逐级地呈现在作业分解树上，从而不容易漏掉某些风险因素。用 WBS-RBS 法的另外一个好处就是在进行预测中可以估计出各层次作业的相对权重，虽然只是初步权重，但是也为后期的评价工作打下了一定的数量基础。WBS-RBS 法对工作分解风险的细化，体现了 CBD 风险预测完整性的要求，在初始阶段细化工作与风险一定程度上规避了笼统凭借主观判断识别风险的弊端。定性分析风险的过程中体现定量的思路，使得风险识别变得相对简单，能够更容易、全面地识别风险，是 CBD 这类复杂项目进行风险识别的首选方法。

用 WBS-RBS 法对 CBD 项目投资决策进行风险识别的过程如下：

第一步，构造 CBD 项目工作分解树。风险主体 CBD 项目开发中的子部分工作包括项目审批、项目融资、设计招标、施工招标、企业引入等，各个子部分细分活动，形成工作分解树。

第二步，构造 CBD 项目投资决策风险分解树。CBD 投资决策风险构成总风险事件，内部风险事件细分为技术风险、管理风险等，外部风险事件细分为社会风险、经济风险、政治风险、自然风险等，进一步细分到具体造成风险的事件，形成风险分解树。

第三步，构造 WBS-RBS 矩阵。

第四步，判断每一个矩阵元素的风险状态和风险转化条件，常用形式是发放风险调查表和实地考察，实地考察中包括直接咨询相关人员和类似项目的历史资料分析。工作目的就是判断风险是否存在，所以相应的风险状态就是“有”和“无”两种。采用数字表示“有”“无”判断，矩阵元素取值为“0”，就代表该项作业的风险不存在，或是影响很小，可以忽略；如果取值为“1”则代表该项工作的风险存在。最终形成以“0”“1”表示的矩阵，如表 5-2 所示。

针对 CBD 进行 WBS-RBS 风险识别，可向城市发展规划部门、商业地产开发涉足者、建筑承包商、市场建材供应商、银行等企业的专家发放问卷，问卷数量以越多越好进行发放，回收汇总，最终得到一个可以进行后期风险管理的风险库。该风险库可包含 CBD 项目开发的一级风险因素(包括外部风险因素、内部风险因素和系统交错风险因素)和二级具体的子风险因素。CBD 项目开发风险库的建立为具体 CBD 项目开发风险预测提供借鉴和参考。

表 5-2 某项目的一级作业分解的风险识别矩阵

| 项目 | $R_{11}$ | $R_{12}$ | $R_{13}$ | $R_{21}$ | $R_{22}$ | $R_{31}$ | $R_{32}$ |
|---|---|---|---|---|---|---|---|
| $W_1$ | 1 | 1 | 1 | 1 | 1 | 0 | 1 |
| $W_2$ | 0 | 0 | 1 | 1 | 0 | 1 | 0 |
| $W_3$ | 1 | 1 | 0 | 1 | 0 | 0 | 0 |
| $W_4$ | 1 | 1 | 1 | 1 | 0 | 1 | 1 |
| $W_5$ | 0 | 1 | 1 | 0 | 1 | 1 | 1 |

### (四) 因果图法

风险管理实务中，导致风险事故的因素很多，通过对这些因素进行全面系统的观察和分析，可以找出其中的因果关系。因果图法是日本东京大学教授石川馨于 1953 年首次提出的。石川馨教授和他的助手在研究活动中，用因果图法分析影响产品质量的因素获得了很大的成功，并被世界许多国家的风险管理部门采纳。

#### 1. 因果图的绘制

因果图法是一种用于分析风险事故与影响风险事故原因之间关系的比较有效的分析方法。在风险管理中，导致风险事故的原因可以归纳为类别和子原因，画成形似鱼刺的图。因此，因果图又称为鱼刺图。因果图是按照以下步骤绘制的：

(1) 确定风险事故。因果图中的风险事故是根据具体的风险管理目标确定的，因果图分析有助于识别风险事故。

(2) 将风险事故绘在图纸的右侧，从左至右画一个箭头，作为风险因素分析的主骨，接下来将影响结果的主要原因作为大骨，即风险识别的第一层次原因。

(3) 列出影响大骨(主要原因)的原因作为中骨，作为风险分析的第二层次原因；用小骨列出影响中骨的原因，作为风险分析的第三层次原因，以此类推。

(4) 根据影响风险事故各因素的重要程度，将对风险事故产生显著影响的重要因素标示出来，有助于识别导致风险事故的原因。在确定各风险因素对风险事故影响程度的过程中，常用的方法是实验法。实验法是指在可控条件下，对一个或多个风险因素进行操纵，以测定这些因素之间的关系。

(5) 记录必要的相关信息。在因果图中，所有的因素与结果不一定有紧密的联系，将对结果有显著影响的风险因素作出标记，可以比较清楚地再现出风险因素和风险事故的内在关系。

#### 2. 绘制因果图的注意事项

在绘制因果图时，应该注意以下几个方面的问题：

(1) 重要原因不遗漏。在确定引发风险事故的原因时，需要充分调查引发风险事故的各种原因，尽可能找出影响结果的重要原因，以免遗漏。在引发风险事故的各种原因中，确定重要原因对结果造成的影响，是因果图分析的关键；确定为非重要的原因，可以不绘制在因果图上。

(2) 确定原因应尽可能具体。如果确定的导致风险的原因很抽象，分析出来的原因只能是一个大概，尽管这种因果分析图不会出现太大的错误，但是，对于解决具体问题的作用不大。

(3) 风险事故的因果图需要根据结果分别绘制。例如，同一批产品的长度和质量都存在问题，这需要绘制两张因果图来分析长度和质量波动的原因。若许多结果用同一张因果图来分析，势必使因果图庞大而复杂，管理的难度大，难以找到解决问题的对策。

(4) 因果图的验证。如果分析的导致风险事故的原因无法采取措施加以解决，说明问题还没有得到解决，需要进一步细分原因，直到能够采取相应的措施为止；绘制出来的图形如果不能采取具体的措施，则不能称之为因果图。因果图在使用的过程中，需要不断地加以改进。例如，有些因素需要删减，有些因素需要修改，还有些因素需要增加，在反复改进因果图的过程中，可以得到对于识别风险有用的因果图。

**3. 因果图法的局限性**

在运用因果图法识别风险的过程中，因果图分析具有以下几个方面的局限：

(1) 对于导致风险事故原因调查的疏漏，会影响因果图分析的结论。从某种意义上说，风险因素调查是否充分，影响着因果图分析的结论。

(2) 不同风险管理者对风险因素重要性的认识不同，会影响因果图分析的结论。由于风险管理者的风险意识、观念不同，风险管理者对于风险因素重要性的认识也不同。因此，风险管理者对于风险因素重要性的认识是否合乎逻辑，会影响因果图分析的结论，会影响到风险识别的结果。

(3) 风险管理者的观念影响因果图识别风险的结论。风险管理者的主观想法或者印象，影响着风险管理的结论。因此，在运用因果图分析问题时，可以借助统计数据来分析风险因素的重要性，这种分析比较科学，又合乎逻辑。

## 二、战略风险的定量识别法

### (一) 事故树分析法

事故树分析法是识别风险的一种比较有效的技术，事故树分析常常能够提供防止事故发生的手段和方法。这种风险识别方法起源于 20 世纪 60 年代，是美国贝尔电话实验室在从事空间项目研究时发明的。后来，这种方法被广泛采用，用来分析可能产生风险事故的事件。事故树分析法就是从某一事故出发，运用逻辑推理的方法，寻找引起事故的原因，即从结果推导出引发风险事故的原因。事故树分析法也是我国国家标准局规定的事故分析方法之一。

**1. 事故树分析**

事故树分析法的理论基础是，任何一个风险事故的发生，必定是一系列事故按照事件顺序相继出现的结果，前一事件的出现是随后发生事件的条件，在事件的发展过程中，每一事件有两种可能的状态，即成功或者失败。

下面介绍事故树的编制程序。

第一步，确定顶上事件。

顶上事件就是所要分析的事故。选择顶上事件，一定要在详细占有系统情况、有关事故的发生情况和发生可能，以及事故的严重程度和事故发生概率等资料的情况下进行，而且事先要仔细寻找造成事故的直接原因和间接原因。然后，根据事故的严重程度和发生概率确定要分析的顶上事件，将其扼要地填写在矩形框内。

顶上事件也可以是在运输生产中已经发生过的事故，如车辆追尾、道口火车与汽车相撞等事故。通过编制事故树找出事故原因，制定具体措施，防止事故再次发生。

第二步，调查或分析造成顶上事件的各种原因。

顶上事件确定之后，为了编制好事故树，必须将造成顶上事件的所有直接原因事件找出来，尽可能不漏掉。直接原因事件可以是机械故障、人的因素或环境原因等。

要找出直接原因可采取对造成顶上事件的原因进行调查，召开有关人员座谈会，也可根据以往的一些经验进行分析，确定造成顶上事件的原因。

第三步，绘制事故树。

在找出造成顶上事件的各种原因之后，就可以用相应事件符号和适当的逻辑门把它们从上到下分层连接起来，层层向下，直到最基本的原因事件，这样就构成一个事故树。

在用逻辑门连接上下层之间的事件原因时，最下层事件必须全部同时发生，上层事件才会发生时，就用“与门”连接。逻辑门的连接问题在事故树中是非常重要的，含糊不得，它涉及各种事件之间的逻辑关系，直接影响着以后的定性分析和定量分析。

第四步，认真审定事故树。

绘成的事故树图是逻辑模型事件的表达。既然是逻辑模型，那么各个事件之间的逻辑关系就应该相当严密、合理。否则在计算过程中将会出现许多意想不到的问题。因此，对事故树的绘制要十分慎重。在制作过程中，一般要进行反复推敲、修改，除局部更改外，有的甚至要推倒重来，有时还要反复进行多次，直到符合实际情况，比较严密为止。

了解了事故树的编制程序后，我们来介绍事故树分析的程序。事故树分析虽然根据对象系统的性质、分析目的的不同，分析的程序也不同。但是，一般都有下面十个基本程序。有时，使用者还可根据实际需要和要求来确定分析程序。

(1) 熟悉系统。要求要确实了解系统情况，包括工作程序、各种重要参数、作业情况。必要时画出工艺流程图和布置图。

(2) 调查事故。要求在过去事故实例、有关事故统计基础上，尽量广泛地调查所能预想到的事故，即包括已发生的事故和可能发生的事故。

(3) 确定顶上事件。所谓顶上事件就是需要分析的对象事件。分析系统发生事故的损失和频率大小，从中找出后果严重且较容易发生的事故，作为分析的顶上事件。

(4) 确定目标。根据以往的事故记录和同类系统的事故资料进行统计分析，求出事故发生的概率(或频率)，然后根据这一事故的严重程度，确定我们要控制的事故发生概率的目标值。

(5) 调查原因事件。调查与事故有关的所有原因事件和各种因素，包括设备故障、机械故障、操作者的失误、管理和指挥失误、环境因素等，尽量详细查清原因和影响。

(6) 画出事故树。根据上述资料，从顶上事件起进行演绎分析，一级一级地找出所有直接原因事件，指导所要分析的深度，按照其逻辑关系画出事故树。

(7) 定性分析。根据事故树结构进行化简，求出最小割集和最小径集，确定各基本事件的结构重要度排序。

(8) 计算顶上事件发生概率。首先根据所调查的情况和资料，确定所有原因事件的发生概率，并标在事故树上。根据这些基本数据，求出顶上事件(事故)发生概率。

(9) 进行比较。根据可维修系统和不可维修系统分别考虑。对可维修系统，把求出的概率与通过统计分析得出的概率进行比较，如果二者不符，则必须重新研究，看原因事件是否齐全，事故树逻辑关系是否清楚，基本原因事件的数值是否设定得过高或过低等。对不可维修系统，求出顶上事件发生概率即可。

(10) 定量分析。定量分析包括下列三个方面的内容：

① 当事故发生概率超过预定的目标值时，要研究降低事故发生概率的所有可能途径，可从最小割集着手，从中选出最佳答案。

② 利用最小径集，找出根除事故的可能性，从中选出最佳方案。

③ 求各基本事件的临界重要度系数，从而对需要治理的原因事件按临界重要度系数大小进行排序或编出安全检查表，以求加强人为控制。

事故树分析法原则上是这十个步骤。但在具体分析时，可以根据分析的目的、投入人力物力的多少、人的分析能力的高低，以及对基础数据的掌握程度等，分别进行到不同的步骤。如果事故树规模很大，也可以借助电子计算机进行分析。

**2. 事故树分析法识别风险的优点**

(1) 运用事故树分析法可以有效地识别风险。

(2) 运用事故树分析法可以判断系统内部发生变化的灵敏度。

(3) 运用事故树分析法可以确定消除风险事故的措施。

**3. 事故树分析法识别风险的缺点**

事故树分析法是以某一风险事件为出发点，按照逻辑推理，推导出各风险事件可能产生的结果，以及产生结果的途径。事故树分析法也存在着一些局限性，主要表现在以下几个方面：

(1) 事故树的绘制需要专门的技术。在风险识别中，事故树的绘制需要专门的技术，这也是风险管理人员较少使用事故树法识别风险的重要原因。只有风险事故造成的损失较大或者存在很大的安全隐患、难以通过其他方法识别风险时，需要采用事故树分析法对系统进行整体分析。

(2) 采用事故树分析法识别风险的管理成本比较高。由于风险管理经费的限制和不断增加的风险管理工作，会使风险管理受到经费的限制。事故树分析风险事故的方法需要花费大量的时间，需要收集大量的资料，这会导致风险管理成本的增加。

(3) 相关概率的准确程度直接影响着估测的结果。在事故树分析中，有关事件概率统计的准确程度，直接影响风险识别的结果。

### (二) 失效模式影响和危害度分析法

失效模式影响和危害度分析法(Failure Mode Effects and Criticality Analysis)简称为FMECA，是一种 bottom-up 分析方法，可用来分析、审查系统的潜在故障模式。FMECA按规定的规则记录系统中所有可能存在的影响因素，分析每种因素对系统的工作及状态的影响，将每种影响因素按其影响的严重度及发生概率排序，从而发现系统中潜在的薄弱环节，提出可能采取的预防改进措施，以消除或减少风险发生的可能性，保证系统的可靠性。根据其重要性和危害程度，FMECA 可对每种被识别的失效模式进行排序。FMECA 可协助挑选具有高可靠性的替代性设计方案；确保所有的失效模式及其对运行成功的影响得到分析；列出潜在的故障并识别其影响的严重性；为测试及维修工作的规划提供依据；为定量的可靠性及可用性分析提供依据。FMECA 可以为其他风险方法(例如，定性及定量的故障树分析)提供数据支持。

### 1. FMECA 的基本概念

(1) 失效模式。失效模式是指能被观察到的一种失效与损失现象。如高压输电线路光缆断线、建筑物因吸烟引起火灾、工厂由于偷税而破产、轴承疲劳断裂等。彻底弄清所研究的问题的可能潜在失效模式是至关重要的，因为 FMECA 本质上是建立在这个失效模式清单上的。

失效模式的两种分类方法：

① 按时间过程分类。如项目开工前投资未到位导致工程失败，建造过程中技术问题引起工程失败，正式运转后原材料或市场因素使得工程失败等。

② 按工作性质分类。如电线短路、人为操作、超过限度、机械磨损、经营不善等。

(2) 失效效应。失效效应是指某种潜在的失效模式对有关局部或整个系统的功能、人员安全、环境条件、经营状况等造成的影响。根据影响是涉及局部还是涉及整个系统，可将失效效应分为局部效应和最终效应。

(3) 失效机理。失效机理是指特定的失效模式何以会发生。

一般来说，失效机理产生失效模式，而失效模式又造成失效效应。失效效应、失效模式和失效机理从系统与局部这两个不同的角度看，它们之间既有区别又有联系。

(4) 危害度。失效效应的严重程度是一个相对的量，为了便于定量分析，一般将它划分为四个等级，即安全、临界、危害、灾难，根据这四个等级，引进不同的严重性系数予以定量化。危害度定义为某种失效模式发生的概率与严重性系数相乘的结果。

### 2. 故障分析

一般把系统地追查失效损失原因的工作，称为故障分析或故障识别。

在进行故障分析和找出故障原因以及建立防范对策时，有必要把引起故障的“对象”与查找原因进行评价和建立防范对策的我们(也就是“对策方”)分开来考虑。

故障分析要素如图 5-5 所示。

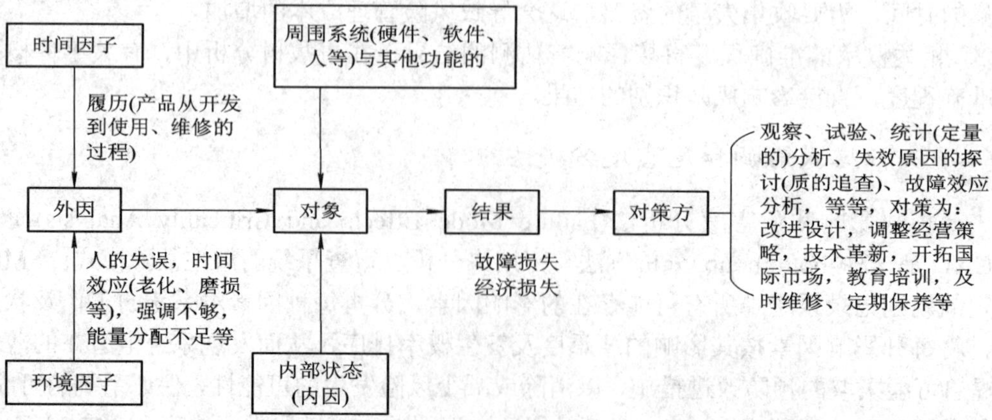


图 5-5　与故障分析有关的故障机理和主要因素

下面来研究与故障分析有关联的主要因素。

(1) 失效机理。导致失效损失，除了内在的、潜在的固有缺陷和风险之外，在外部也存在着各种各样足以引发失效损失的因素。

失效机理变化过程大致如下：

$$\text{I}\left\{\begin{array}{l}\text{对象的状态}\\ \text{内因、起因}\end{array}\right. + \text{II}\left\{\begin{array}{l}\text{外因}\\ \text{诱因}\end{array}\right. \rightarrow \text{III}\left\{\begin{array}{l}\text{作为结果的}\\ \text{失效损失}\end{array}\right.$$

与 I + II → III 密切相关的有以下几个方面。

① 功能关系：指发生失效损失的对象与包围它的周围事物(系统)的功能关系。例如比装置更复杂的上一级系统，或构成装置的下一级元件、零部件之间的功能关系，以及人和装置的相互关系等。要理解对象的失效损失对这些相关事物会带来什么样的影响，影响是怎样波及的，会产生何种程度的损害以及如何才能阻止这种失效损失。

② 环境因子：分析对象所处的环境，如温度、尘埃、振动、应力、腐蚀环境等。

③ 时间因子：对象的状态随着时间的老化、变动和环境的迁移，以及产品的不同使用时期和阶段所产生的种种变化等。

为了理解失效机理，必须对这一系列的原因，对象的状态，结果(现象、失效模式等)很好地进行观察和计量，以掌握其发生和发展的线索。此外，作为手段之一，还要通过状态检测或状态监视来预防异常情况的发生。

如图 5-5 所示，对象由于具有内在的缺陷(内因)，加上外部原因(外因或诱因)而逐渐发展成为问题和故障。在这种情况下，环境因子和时间因子一般是引发故障的原因。例如，环境温度上升或长时间使用对老化起促进作用等。但是，这种环境和时间因子有时也起抑制作用。例如，降雨对火灾、装置在停止使用的修理期间避免了地震发生可能导致的致命伤害等。

此外，虽然企业在投资前已经进行了可行性论证，或者设备在设计时安全问题已经考虑得比较充分，但是随着时间的推移，环境因子发生了变化，如市场消费的热点出现了新趋势而使企业投资失败，或加大了设备的负载而造成破坏，诸如此类事情也不时发生。这显然是由于时间和环境的因素交错在一起而成为导致最终失效损失的原因。

(2) 局部功能与全体功能的关系。研究对象所属的层次不同，失效机理也会有很大的变化。低级层次上的局部失效损失并不一定都会导致系统级的最终失效损失，但在有些情况下，当低级层次的局部失效得不到有效控制，就会引起系统的整个失效损失。因此，有必要把研究对象的上级层次和下级层次的功能关系了解清楚。

一般来说，层次越高的系统故障，其失效损失的危害也越大。

(3) 对策方的评价与分析。对策方必须要掌握故障或失效的状态、发生故障或失效的时间及过程情况，以便进行评价，并及时采取对策。

对策方的分析通常由以下三个阶段构成：

① 事前分析：事前的准备或设计阶段所作的方案论证、预测、试验、评价以及以此为基础的改进。

② 过程分析：根据状态计量，掌握故障发生的过程，根据对状态的监视进行预防维修，及时采取避免故障的措施。

③ 事后分析：发生失效损失后进行事后分析，建立有关故障机理和原因的假定，并加

以求证，以便杜绝此类失效损失的重复发生。

事后分析固然重要，但经常性的事前预测分析和过程分析怎么强调也是不过分的。此外，决策方还要从因果规律的角度出发考虑问题，设法追查出潜在的缺陷。

(4) 故障分析方法。故障分析方法根据对象的不同，方法也不尽完全相同。但必须注意“猎人看不见森林”的语言，切勿只看见树木(现象)而看不见森林(真正的原因)，要从全局出发，综合分析各种信息(也包括统计分析)，进而分别借用物理的、化学的、机械的、电气的、冶金的、金属学的、生理的、心理的、人机工程学等具体的方法深入地进行微观分析。总的来说，故障分析要从宏观统计和微观个别、质和量两个侧面结合起来进行分析。

### 3. 适用范围

FMELA 适用于对失效模式、影响及危害进行定性或定量分析，还可以为其他风险识别方法提供数据支持。

### 4. FMECA 的一般步骤

1) 步骤

(1) 将系统分成组件或过程步骤，并确认各部分出现明显故障的方式，造成这些失效模式的具体机制，故障可能产生的影响，失败是无害的还是有破坏性的以及故障如何检测。

(2) 根据故障结果的严重性，将每个识别出的失效模式进行分类并确定风险等级。通常情况下，风险等级可以通过故障模式后果与故障发生的概率的组合获得，并以定性的、半定量的或定量的方式表达。

(3) 识别风险优先级，这是一种半定量的危害度测量方法，其将故障后果、可能性和发现问题的能力(如果故障很难发现，则认为其优先级较高)进行等级赋值(通常在 1～10 之间)并相乘的方法来获得危险度。

(4) FMECA 将获得一份故障模式、失效机制及其对各组件或者系统或过程步骤影响的清单，该清单将包含系统失效的可能性、失效模式导致的风险程度等结果，如果使用了合适的故障率资料和定量后果，FMECA 可以输出定量结果。

2) 表格

进行 FMECA 分析时，常采用失效模式和效应分析表。分析表的格式如表 5-3 所示。

**表 5-3　失效模式和效应分析表**

代号__________　　序号__________

分析者__________　设计者__________　日期__________

| 装置名称 | 功能 | 装置数量 | 失效模式 | 失效原因 | 失效效应 | | 失效检测 | 可能预防措施 | 失效的严重性系数 | 失效模式发生概率 | 危害度及有关备注 |
|---|---|---|---|---|---|---|---|---|---|---|---|
| | | | | | 局部 | 最终 | | | | | |
| | | 1 | | | | | | | | | |
| | | 2 | | | | | | | | | |
| | | 3 | | | | | | | | | |
| | | … | | | | | | | | | |

### 5. 主要优点和局限性

FMECA 主要优点：① 广泛适用于人力、设备和系统失效模式，以及硬件、软件和程序；② 识别组件失效模式及其原因和对系统的影响，同时用可读性较强的形式表现出来；③ 能够在设计初期发现问题，从而避免了开支较大的设备改造；④ 识别单点失效模式以及对冗余或安全系统的需要。

FMECA 局限性：① 只能识别单个失效模式，无法同时识别多个失效模式；② 除非得到充分控制并集中充分精力，否则研究工作既耗时且开支较大。

### (三) 蒙特卡洛随机模拟法

蒙特卡洛随机模拟法的原理是当问题或对象本身具有概率特征时，可以用计算机模拟的方法产生抽样结果，根据抽样计算统计量或者参数的值；随着模拟次数的增多，可以通过对各次的统计量或参数的估计值求平均的方法得到稳定结论。

#### 1. 适用范围

蒙特卡洛随机模拟法适用于较为复杂的大中型项目风险管理。

#### 2. 实施步骤

(1) 根据提出的问题构造一个简单、适用的概率模型或随机模型，使问题的解对应于该模型中随机变量的某些特征(如概率、均值和方差等)，所构造的模型在主要特征参量方面要与实际问题或系统相一致。

(2) 根据模型中各个随机变量的分布，在计算机上产生随机数，实现一次模拟过程所需的足够数量的随机数。

(3) 根据概率模型的特点和随机变量的分布特性，设计和选取合适的抽样方法，并对每个随机变量进行抽样(包括直接抽样、分层抽样、相关抽样、重要抽样等)。

(4) 按照所建立的模型进行仿真试验、计算，求出问题的随机解。

(5) 统计分析模拟试验结果，给出问题的概率解以及解的精度估计。

#### 3. 主要优点和局限性

蒙特卡洛随机模拟法的主要优点：① 该方法适用于任何类型分布的输入变量，包括产生于对相关系统观察的实证分布；② 模型便于开发，并可根据需要进行拓展，实际产生的任何影响或关系都可以进行表示，包括微妙的影响；③ 模型便于理解，因为输入数据与输出结果之间的关系是透明的；④ 提供了一个结果准确性的衡量，软件便于获取且价格便宜。

蒙特卡洛随机模拟法的局限性：① 解决方案的准确性取决于可执行的模拟次数(随着计算机运行速度的加快，这一限制越来越小)；② 依赖于能够代表参数不确定性的有效分布；③ 该技术可能无法取得满意的结果和较低的可能性事项，因此无法让组织的风险偏好体现在分析中；④ 此方法较注重对风险因素相关性的识别和评价，这给使用此法带来了困难，通常费用也较高。

### (四) 情景分析法

情景分析法可用来预计威胁和机遇可能发生的方式，以及如何将威胁和机遇用于各类长期及短期的风险。概括地说，情景分析的整个过程是通过对环境的研究，识别影响研究主体或主体发展的外部因素，模拟外部因素可能发生的多种交叉情景以分析和预测各种可能的前景。情景分析首先要进行情景设计，通常借助讨论，形成关于未来情况的各种可能的看法。

情景分析比较灵活，其应用涵盖了两种情况：第一，利用目前的环境进行直接的向外的趋势预测；第二，向目前环境中人为增加新的条件，对趋势进行观察。因此，研究人员更容易应用抽象思维处理复杂的社会、经济问题，尤其是一些包含过多不确定因素的问题。在实际应用中，情景分析逐步形成了四种基本模式，各种模式的研究主题如表 5-4 所示。

**表 5-4　情景分析的四种基本模式**

| 情景分析模式 | 美国模式 | 法国模式 | OECD 模式 | 欧洲共同体模式 |
|---|---|---|---|---|
| 模式使用条件 | 环境不确定 | | | |
| 研究主题 | 单个组织(企业)的发展规划 | 多个组织共同发展的协调 | 多个利益冲突的组织发展战略 | 欧洲共同体发展战略 |

**1．适用范围**

通过模拟不确定性情景，对企业面临的风险进行定性和定量分析。

**2．实施步骤**

(1) 在建立了团队和相关沟通渠道，同时确定了需要处理的问题和事件的背景之后，下一步就是确定可能出现变化的性质。

(2) 对主要趋势、趋势变化的可能时机以及对未来的预见进行研究。

**3．主要优点和局限性**

情景分析法的主要优点：对于未来变化不大的情况能够给出比较精确的模拟结果。

情景分析法的局限性：① 在存在较大不确定性的情况下，有些情景可能不够现实；② 在运用情景分析时，主要的难点涉及数据的有效性以及分析师和决策者开发现实情景的能力，这些难点对结果的分析具有修正作用；③ 如果将情景分析作为一种决策工具，其危险在于所用情景可能缺乏充分的基础，数据可能具有随机性，同时可能无法发现那些不切实际的结果。

**4．与传统预测法的比较**

情景分析法并不排斥传统的趋势外推预测方法，而是有效地利用趋势外推预测法作稳定环境下系统的短期预测，并在此基础上对其长远预测的不可靠部分进行弥补和拓展，由此形成了新的思维。情景分析法与传统的预测方法的比较如表 5-5 所示。

**表 5-5　情景分析法与传统预测方法比较**

| | 情景分析 | 传统预测 |
|---|---|---|
| 输入 | 定性、定量的数据；定性的信息常用专家打分法、德尔菲法、交叉影响分析法等 | 在定量分析时，通常不包括准确的定性分析结果；在定性分析时，追求专家知识的一致性 |
| 输出 | 通常提供多重未来情景，在假设重大事件不一定但有可能发生的基础上，提供未来发展多重情景状态和路径情景 | 有集中于单项预测的倾向，缺少弹性，通常提及重大事件的影响，但无法对重大事件发生后的未来态势做出预测 |
| 预测成本 | 成本介于传统预测和系统分析之间 | 成本较低 |
| 用途 | 适用于处于环境变化中的系统长期战略决策和规则所需的预测，也适用于检验规划和战略对环境变化的灵敏度 | 适用于制订企业短期计划，并在缺少时间、资金和人力的情况下，做“粗略”估计之用 |

5. 情景分析法示例

下面举例说明一家企业在评估一项投资项目的风险时所进行的情景分析，如表 5-6 所示。

表 5-6 情景分析

| | 因素 | 最佳情景 | 基准情景 | 最差情景 |
|---|---|---|---|---|
| 影响因素 | 市场需求 | 不断提升 | 不变 | 下降 |
| | 经济增长 | 增长 5%～10% | 增长<5% | 负增长 |
| 发生概率 | | 20% | 45% | 35% |
| 结果 | | 投资项目可在 5 年达到收支平衡 | 投资项目可在 10～15 年达到收支平衡 | 不确定 |

(五) 决策树法

决策树(Decision Tree)法是在已知各种情况发生概率的基础上，通过构成决策树来求取净现值的期望值大于等于零的概率，评价项目风险，判断其可行性的决策分析方法，是直观运用概率分析的一种图解法。由于这种决策分支画成图形很像一棵树的枝干，故称决策树。决策树是一种树形结构，其中每个内部节点表示一个属性上的测试，每个分支代表一个测试输出，每个叶节点代表一种类别。

1. 适用范围

决策树法适用于对不确定性投资方案期望收益的定量分析。

2. 实施步骤

(1) 绘制决策树图。按照从左到右的顺序画决策树，此过程本身就是对决策问题的再分析过程。

(2) 按从右到左的顺序计算各方案的期望值，并将结果写在相应方案节点上方。期望值的计算是从右到左沿着决策树的反方向进行计算的。

(3) 对比各方案的期望值的大小，将期望值小的方案(即劣等方案)剪掉，所剩的最后方案为最佳方案。

3. 主要优点与局限性

决策树法的主要优点：① 决策树易于理解和实现，在学习过程中不需要使用者了解很多的背景知识，这同时是它能够直接体现数据的特点，只要通过解释后都有能力去理解决策树所表达的意义；② 对于决策树，数据的准备往往是简单或者是不必要的，而且能够同时处理数据型和常规型属性的数据，在相对短的时间内能够对大型数据源做出可行且效果良好的结果；③ 易于通过静态测试来对模型进行评测，可以测定模型可信度，如果给定一个观察的模型，那么根据所产生的决策树很容易推出相应的逻辑表达式。

决策树法的局限性：① 对连续性的字段比较难预测；② 对有时间顺序的数据，需要很多预处理的工作；③ 当类别太多时，错误可能就会增加得比较快；④ 一般的算法分类的时候，只是根据一个字段来分类。

4. 决策树示例

某企业现在生产某产品，生产规模不大。根据市场预测分析，明年产品的销路有两种可能：销路好(市场需求大增)与销路一般(与今年的市场需求持平)，各种情况出现的概率分别为 0.7 和 0.3。为适应市场需求可能的变化，企业在今年第四季度有两种方案可供选择：新建生产线(可以满足销路好的需求)、改进生产线(可以满足销路一般的需求)。

如果今年没有上新生产线，到明年市场需求旺盛，企业还可以采取两种方案：紧急安装新生产线、加班生产和外包。

各种方案的收益值在表 5-7 中给出。

表 5-7　各生产力方案在不同市场情况下的收益

| 项　　目 | 销路好 / 元 | 销路一般 / 元 |
|---|---|---|
| 新建生产线 | 3000 | −200 |
| 改进生产线 | | 500 |
| 紧急安装新生产线 | 1500 | |
| 加班生产和外包 | 2000 | |

图 5-6 是解决这一问题的决策树。图中的矩形节点称为决策点，节点 A 代表今年的决策，节点 B 代表明年的决策，从决策点引出的分支为方案枝；圆形节点称为状态点，从状态点引出的分支称为状态枝。图 5-6 中标出了相应的概率和收益值。

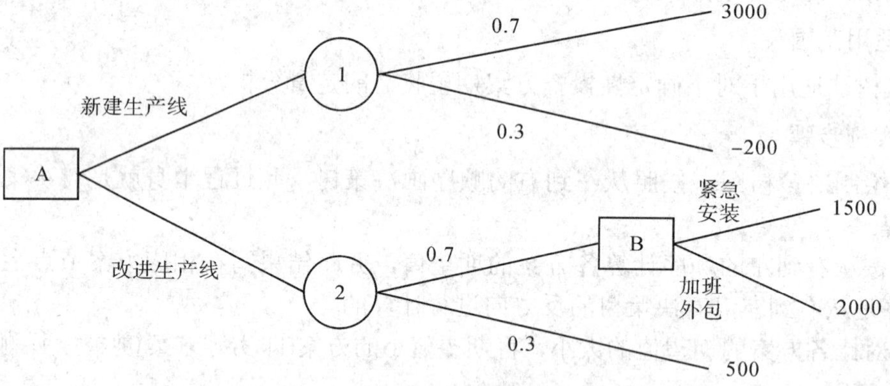


图 5-6　决策树

求解的次序从决策树的末端开始，求解的基本步骤如下：

(1) 先遇到决策点 B，取从该决策点出发的方案枝中的最大值，作为该决策点的值。

(2) 遇到状态点，依据各种状态的概率计算期望收益。

状态点 1 的期望收益 = 0.7 × 3000 + 0.3 × (−200) − 450 = 2040

状态点 2 的期望收益 = 0.7 × 2000 + 0.3 × 500 = 1550

状态节点 1 期望收益为 2040，状态节点 2 的期望收益为 1550。取其中收益较大的作为采用的方案。

(六) 财务报表分析法

任何单位的财务状况都是识别企业可能存在的各种潜在损失的重要环节。财务报表法就是由此提出的一种系统方法，它用于确定一特定企业会遭受上述潜在损失一览表中的哪些损失，以及在何种情况下会遭受这些损失。

众所周知，一个经济实体存在的许多问题均有可能从财务报表中出来，因此可以按照企业的资产负债表、财务目标、损益计算书等资料，对企业的固定资产和流动资产分布情况进行风险分析。通常企业的总账和成本科目的账目数据，不仅可以说明企业的业务类型、原材料供应单位和客户的相近情况，而且可以说明资金融通、资金流向和资金运作的信息。通过财务报表法可以分析各种原材料和产品的买卖情况，有利于发现企业对任何一个原材料供应单位或销货单位的依赖程度，从而识别与之有关的潜在损失。财务报表还是度量风险大小，控制与减少风险的一种有效方法。

财务报表分析是由 A. H. 克里德尔于 1962 年提出的一种风险识别方法。虽然，克里德尔发明这种方法的本意是用来分析私营企业的资产状况，但是财务报表分析里的很多概念也能运用于公共部门的管理。克里德尔认为，通过分析资产负债表、营业报表和相关的支持性文件，风险管理人员可以识别风险管理单位的财产风险、责任风险和人力资本风险等。

**1. 财务报表识别风险的方法**

风险管理单位的经营活动最终会涉及货币或财产，货币或者财产的状况会反映在财务报表中。运用财务报表可以发现、识别风险管理单位面临的各种风险。财务报表分析识别风险的方法主要有以下三种。

1) 趋势分析法

趋势分析法是指根据风险管理单位两期或连续期的财务报表，将报表中的相同指标进行对比分析，确定指标增减变动的方向、数额和幅度，以反映风险管理单位的财务状况和经营成果的变动趋势，并对风险管理单位发展前景作出判断。趋势分析法一般采用编制比较财务报表的方法，将两期或者两期以上的财务报表所提供的信息并行列示，相互比较，了解指标增减变动的情况，揭示风险管理单位的发展趋势。比较财务报表有横向比较法和纵向比较法两种方法。

(1) 横向比较法。横向比较法是指在财务报表中用绝对额或者百分比的形式，将财务报表上的同一项目作横向比较，分析项目的变化趋势。

(2) 纵向比较法。纵向比较法是指对财务报表上有关项目之间的关系进行对比分析，它是将财务报表中某一关键项目的金额作为 100%，然后分别计算其中各项目所占的比重，以分析项目结构上相对变化的情况。

2) 比率分析法

比率分析法是指将财务报表中相关项目的金额进行对比，计算出相应的财务比率，并将该比率与上期比率、计划比率或者同行业平均比率进行比较，以说明风险管理单位的发展情况、计划完成情况或者与同行业平均水平的差距。比率分析法可以为风险管理单位改善经营管理、提高竞争力和预防经营损失等方面指明方向。比率分析法运用的比较广泛，其主要分析指标有以下三种：

(1) 构成比率法。构成比率法又称结构比率法，它以某项经济指标的各组成部分占总体比重为依据，分析部分与总体的关系，了解项目指标结构上的变化。

(2) 相关比率法。相关比率法是指以某一指标同其他指标进行对比，求出二者的比率。

该比率能够反映风险管理单位有关经济活动的相互关系，可以为深入了解风险管理单位的生产经营活动情况提供依据。例如，利润与销售收入的比率就反映了每销售 1 元创造的利润。

(3) 效率比率法。效率比率法是指以某一项活动的所费同所得进行对比，求出二者的比率，该比率反映了投入与产出的相互关系。例如，销售成本与销售收入的比率、资金占用额与销售收入的比率等，可以反映风险管理单位获利能力的大小。

在采用比率分析法时，应该注意的问题是：

(1) 对比内容具有相关性。不具有相关性的指标，即使进行了比率对比，也不能说明问题。

(2) 对比指标计算口径具有一致性。对比指标的计算口径不同，得出的结果也是不同的。因此，在进行比率分析时，应该注意对比指标计算口径的一致性。

(3) 度量标准具有科学性。度量标准不同，得出的结论也不同。因此，在进行比率分析时，应该注意度量标准的科学性。

3) 因素分析法

因素分析法又称连锁替代法，是指在测定各因素对某一财务指标的影响程度时，必须对有关因素按顺序进行分析。具体分析程序如下：

(1) 确定影响某一财务指标的各个因素；

(2) 确定各个因素同该财务指标的关系；

(3) 按一定顺序用各个因素逐个替代，分析各个因素对该财务指标变动的影响程度。

运用因素分析法时，应注意以下问题：

(1) 运用因素分析法时，必须假设当一个因素变动时，其他因素保持不变；

(2) 因素替代的顺序应依次进行，不能随意颠倒。假定某项财务指标 $A$ 的影响因素为 $a$、$b$、$c$，这三个因素与该财务指标的关系为乘积，其表达式为：

计划指标：$A_0 = a_0 \times b_0 \times c_0$；

实际指标：$A_n = \mathrm{a}_n \times b_n \times c_n$；

$a$ 因素变动的影响：$(a_n - a_0) \times b_0 \times c_0 = A_1 - A_0$；

$b$ 因素变动的影响：$a_n \times (b_n - b_0) \times c_0 = A_2 - A_1$；

$c$ 因素变动的影响：$a_n \times b_n \times (c_n - c_0) = A_3 - A_2$；

总影响：$A_n - A_0$。

### 2. 财务报表分析的指标

风险管理单位在运用财务报表识别风险时，需要借助一些财务指标，这些财务指标是风险管理者识别风险的重要依据。下面分别从短期偿债能力、长期偿债能力、营运能力和盈利能力四个方面介绍这些指标。

1) 短期偿债能力分析

短期偿债能力是指风险管理单位以流动资产偿还流动负债的能力，它反映风险管理单位偿还到期短期债务的能力。流动资产是指在一年内变现或者被耗用的资产，主要包括现金、银行存款、各种应收账款、预付赔款、物料用品、拆出资金、短期投资等。

(1) 流动比率。流动比率是指流动资产总额与流动负债总额的比率，该比率表示每 1

元流动负债需要有多少流动资产作为偿还的保证，这一比例反映了风险管理单位资产的流动状况，即短期内资产能够转换为现金的容易程度。流动比率越高，反映风险管理单位短期偿债能力越强；该比率越高，反映风险管理单位拥有抵偿短期债务的运营资金就越多，而且也表明该风险管理单位可以变现的资产数据比较大，债权人的风险比较小。一般来说，该比率维持在 2∶1 是比较合理的。流动比率越高，说明风险管理单位流动资产占用比较大。在流动资产结构中，如果存货、应收账款过多，则其偿还债务的能力也是没有保证的。因此，在分析流动比率时，还要注意分析流动资产的结构、流动资金的周转情况、流动负债的数量和结构等。

(2) 速动比率。速动比率又称酸性测试比率，是指流动资产中速动资产与流动负债的比率。其计算公式为：

$$速动比率=\frac{速动资产}{流动负债}$$

$$速动资产=流动资产-存货$$

$$速动资产=流动资产-存货-预付账款-待摊费用$$

在计算速动资产时，通常要扣除存货，这是因为存货在流动资产中变现速度最慢，并且有些存货可能滞销，根本无法变现。至于预付账款和待摊费用根本不具有变现能力，只是减少企业未来的现金流出量，所以，从理论上也应该加以提出。但是，在财务管理实务中，由于预付账款和待摊费用在流动资产中所占的比重较小，计算速动资产时，也可以不扣除。一般来说，速动比率维持在 1∶1 是正常的，表明企业的每 1 元流动负债就有 1 元易于变现的流动资产来偿还，风险管理单位的短期偿债能力是有保证的。

(3) 现金比率。现金比率是指现金资产与流动资产的比率，它是度量风险管理单位短期偿债能力的重要参考指标。其计算公式为：

$$现金比率=\frac{现金类资产}{流动负债}\times 100\%$$

$$现金类资产=速动资产-应收账款$$

现金类资产包括货币资金和有价证券，是速动资产扣除应收账款后的余额，因为应收账款存在着坏账及延期收回的可能性。现金比率越高，表明风险管理单位直接偿付债务的能力越强。但是，在正常情况下，风险管理单位不可能也没有必要始终保持过多的现金类资产，否则，就会失去某些获利的机会和投资机会。

2) 长期偿债能力分析

长期偿债能力是指风险管理单位偿还长期负债的能力，是反映风险管理单位财务状况稳定程度与安全程度的重要指标。其主要分析指标有以下几种：

(1) 资产负债率。资产负债率又称负债比率，是负债总额与资产总额的比率，它表示风险管理单位的资产总额中，债权人提供资金所占的比重，以及资产对债权人权益的保障程度。其计算公式为：

$$资产负债率=\frac{负债总额}{资产总额}\times 100\%$$

一般来说，风险管理单位的资产负债率应控制在合理的水平，如果负债比率过高，说明总资产中仅有小部分资产是股东提供的，而大部分资金是由债权人提供的，债权人担当的风险比较高。如果负债比率过高，表明风险管理单位的经营风险比较大，对债权人和所有者会产生不利的影响。

(2) 负债与所有者权益比率。负债与所有者权益比率又称产权比率，是指负债总额与所有者权益总额的比例关系，是风险管理单位财务结构稳健与否的重要标志。其计算公式为：

$$负债与所有者权益比率=\frac{负债总额}{所有者权益总额}\times 100\%$$

该比例反映了所有者权益对债权人权益的保障程度，即风险管理单位在被清算时债权人权益的保障程度。

(3) 负债与有形净资产比率。负债与有形净资产比率是指负债总额与有形净资产的比率，表示风险管理单位有形净资产对债权人权益的保障程度。其计算公式为：

$$负债与有形净资产比率=\frac{负债总额}{有形净资产}\times 100\%$$

$$有形净资产=所有者权益-无形资产-递延资产$$

一般来说，风险管理单位的无形资产、递延资产等难以作为偿债的保证，应从净资产中将其剔除。该比率可以更合理地度量企业清算时对债权人权益的保障程度，该比率越低，表明长期偿债能力越强。

(4) 利息保障倍数。利息保障倍数又称已获利倍数，是息税前利润与利息费用的比率，是度量风险管理单位偿付负债利息能力的重要指标。其计算公式为：

$$利息保障倍数=\frac{息税前利润}{利息费用}$$

其中，利息费用是指本期发生的全部应付利息，包括流动负债的利息费用、长期负债中计入损益的利息费用，以及固定资产原价中的资本化利息。利息保障倍数越高，说明风险管理单位支付利息费用的能力越强，一般来说，该指标不低于1。如果低于1，说明难以用经营所得来及时、足额支付负债利息。如果风险管理单位无法支付借债利息，也就无法偿还本金。

3) 营运能力分析

营运能力分析是指通过计算风险管理单位资金周转的有关指标，分析其资产利用的效率，是对风险管理单位管理水平和资金运用能力的分析。营运能力大小是影响风险管理单位偿债能力和盈利能力大小的重要因素之一。营运能力强，资金周转速度就快，风险管理单位就有足够的现金来偿付流动负债，则短期偿债能力就强。同时，风险管理单位就会取得更多的收入和利润，用足够的资金偿还本金和利息，其长期偿债能力就强。反映风险管理单位营运能力的指标主要有以下几种：

(1) 总资产周转率。总资产周转率是指销售收入净额与资产总额的比率，该指标反映了风险管理单位全部资产的适用效率。其计算公式为：

$$总资产周转率=\frac{销售收入净额}{资产平均占用额}$$

$$资产平均占用额=\frac{期初资产余额+期末资产余额}{2}$$

总资产周转率高，说明全部资产的经营效率高，取得的收入多；总资产周转率低，说明全部资产的经营效率低，取得的收入少，最终会影响风险管理单位的盈利能力。

(2) 固定资产周转率。固定资产周转率是销售收入净额与固定资产平均净值的比率，是度量风险管理单位固定资产利用效率高低的指标。其计算公式为：

$$固定资产周转率=\frac{销售收入净额}{固定资产平均净值}$$

$$固定资产平均净值=\frac{期初固定资产净值+期末固定资产净值}{2}$$

固定资产周转率高，不仅表明风险管理单位充分利用了固定资产，同时，也表明风险管理单位固定资产投资得当，固定资产结构合理，能够充分发挥其效率；固定资产周转率低，表明风险管理单位使用固定资产的效率孤高，营运能力欠佳。

在实际分析该指标时，应剔除下列影响因素：固定资产的净值随着折旧计提而逐渐减少；随着固定资产的更新，固定资产净值会突然增加；折旧方法不同，会计算出不同的固定资产净值，这些数据之间不具有可比性。

(3) 应收款项周转率。应收款项周转率又称应收款项周转次数，是指一定时期内赊销收入净额与应收款项平均余额的比率，这里的应收款项仅指因销售而引起的应收账款和应收票据。应收款项周转率是反映风险管理单位应收款项周转速度的一项重要指标。其计算公式为：

$$应收款项周转率=\frac{赊销收入净额}{应收款项平均余额}$$

$$赊销收入净额=销售收入-现销收入=销售退回-销售折让-销售折扣$$

$$应收款项平均余额=\frac{期初应收款项+期末应收款项}{2}$$

这里，应收款项是指应收款项余额扣除坏账准备后的净额，应收票据如果已向银行办理了贴现手续，则不应该包括在应收款项余额内。一般来说，“赊销收入净额”在财务报表中很少表明，可以采取销售收入净额替代。

应收款项周转率越高，表明风险管理单位应收款项的回收速度越快，出现坏账的风险比较小，资产流动性较强，短期偿债能力较强。但是，在评价一个风险管理单位应收款项周转率是否合理时，应与同行业的平均水平相比较来确定。

(4) 存货周转率。存货周转率也称存货周转次数，是指风险管理单位在一定时期内的销售成本与存货平均余额的比率，它是反映风险管理单位存货周转速度与销货能力的一项指标，也是度量风险管理单位的生产经营中存货营运效率的一项综合性指标。存货周转速度的快慢，不仅反映风险管理单位流动资产变现能力的大小，而且也反映风险管理单位经营管理的好坏和盈利能力的大小。存货周转率越高，存货占用水平越低，存货积压的风险就越小，变现能力及资金使用效率就越高。

4) 盈利能力分析

盈利能力反映风险管理单位赚取利润的能力。对于债权人来说，盈利能力在某种程度上比偿债能力更重要，因为风险管理单位正常经营生产的利润是偿还债务的前提条件。风险管理单位盈利能力越强，其偿还债务的能力就越强，债权人面临损失的风险就越小；反之，债权人面临损失的风险就越大。盈利能力也从某个侧面反映了风险管理单位资产保值增值的情况，如果盈利能力比较高，则其资产保值增值的能力就比较强。反映风险管理单位盈利能力的指标主要有以下几种：

(1) 销售毛利率。销售毛利率是指销售毛利润与销售收入净额的比率，该指标反映风险管理单位产品或商品销售的初始获利能力。一般来说，销售毛利率越高，表明取得同样销售收入的销售成本就越低，销售利润就越高。

(2) 销售利润率。销售利润率是指利润与销售收入净额的比率，该指标反映风险管理单位每 1 元销售收入净额带来的利润。该指标越高，说明风险管理单位经营活动的盈利水平越高，其发展前景就比较好；相反，则其发展就面临着危机。

(3) 总资产收益率。总资产收益率又称总资产报酬率，是息税前利润与资产平均余额的比率，该指标反映风险管理单位资产综合利用的效果。总资产收益率越高，表明风险管理单位资产利用的效率越高，盈利能力越强；反之，则风险管理单位资产利用的效率越低。

(4) 净资产收益率。净资产收益率又称所有者权益收益率或股东权益收益率，是净利润与净资产平均余额的比率，该指标从所有者角度分析风险管理单位盈利能力的大小。该指标越高，表明所有者投资带来的收益越高，风险管理单位具有投资价值；反之，则不具有投资价值。

(5) 资本保值增值率。资本保值增值率是指期末所有者权益总额与期初所有者权益总额的比率，该指标从所有者角度分析风险管理单位资产增值的能力。一般情况下，资本保值增值率大于 1，表明所有者权益增加，风险管理单位增值能力比较强。但是，在运用该指标进行实际分析时，应考虑风险管理单位的利润情况及通货膨胀的影响等。

表 5-8 提供了一个财务报表风险分析的案例。

**表 5-8　某股份有限公司资产损益表**

1999 年 1 月 1 日至 12 月 31 日　　　　单位：元

| 项　目 | 本来累计数 | 上年同期数 |
|---|---|---|
| 一、主营业务收入 | 1 212 800 000 | 1 026 500 000 |
| 减：营业成本 | 1 095 000 000 | 901 000 000 |
| 销售费用 | 20 201 500 | 10 080 300 |
| 管理费用 | 10 718 810 | 13 500 000 |
| 财务费用 | 5 000 000 | 4 400 000 |
| 销售税金 | 19 310 000 | 27 100 000 |
| 二、主营业务利润 | 62 569 690 | 70 419 700 |
| 加：其他业务利润 | 11 336 000 | 7 090 700 |

续表

| 项　　目 | 本来累计数 | 上年同期数 |
|---|---|---|
| 三、营业利润 | 73 905 690 | 77 510 400 |
| 加：投资收益 | — | — |
| 营业外收入 | 27 562 400 | — |
| 减：营业外支出 | 696 690 | 1 126 000 |
| 四、利润总额 | 100 771 400 | 76 384 400 |
| 减：所得税 | 10 187 989 | 7 642 259 |
| 五、税后利润 | 90 583 411 | 68 742 141 |
| 减：公税金 | 4 911 405 | — |
| 公益金 | 1 227 405 | 3 745 298 |
| 加：以前预付未分配利润 | 32 046 000 | 25 450 000 |
| 六、可供分配利润 | 116 490 601 | 90 446 843 |
| 减：已分配利润 | 116 490 601 | 58 400 000 |
| 七、未分配利润 | — | 32 046 843 |

综合分析该股份有限公司的财务报表可以看到，其销售收入、利润总额、税后净利润等项目，与上年相比都有较大幅度的增长。其中，销售收入增长了18.15%，利润总额增长了31.93%，税后净利润增长了31.77%。这些数据反映了该公司在1999年的整体经营状况和业绩。另外，还要将该公司与同行业的其他企业进行比较，通过比较分析，才能发现问题，看出优劣，从而识别可能存在的潜在风险。

### 3. 财务报表法识别风险的优缺点

只要使用恰当，财务报表就可以成为风险识别有价值的信息渠道。资产负债表和损益表都是关于企业经营基本情况的信息来源。尽管财务报表仅仅是企业记录系统中的一个方面，但它们确实是风险识别所需数据的重要来源。例如，企业的资产负债表可以展示企业所拥有的各种资产，了解这些资产的情况可促使风险识别人员去寻找这样的资产面临的风险。资产负债表也可以告诉别人企业有多少现金和其他资源，以度量企业自担损失的能力。资产负债表中的股东权益也是企业自担风险能力的一个指标。

损益表中的收入和成本情况也揭示了风险经理本来不清楚的企业经营状况。损益表提供了间接损失风险的一种度量，例如营业中断损失等。损益表还揭示了企业以往的收入流量，这对评估企业消化损失的能力是很有用的。

尽管财务报表在风险识别中很有用处，但在判断其所揭示风险的重要性时，它们常常缺乏必要的详细信息。例如，虽然财务报表中反映出企业有大额的现金，但是，这笔现金存在银行里的风险与存放在公司不同地方的保险箱，其风险是极其不同的。可惜的是，多数财务报表并没有说明现金是存款还是放在手头上。

利用财务报表的另一个基本困难是风险经理不仅仅要关注总的价值，还要注意价值的分散与集中，以及在资产和经营方面的变化。财务报表可能没有告诉风险经理企业的财产在各个经营场所是如何分布的。在各个经营场所的动产价值，可能是由企业托管的他人财产。

1) 财务报表法识别风险的优点

(1) 财务报表法能够识别风险。财务报表法综合反映了一个单位的财务状况，风险管理单位存在的一些风险隐患能够从财务报表中反映出来。例如，企业资本保值增值率小于1，说明企业面临着生存和发展的问题，企业亟待转变现有的经营状况。

(2) 财务报表法识别风险具有真实性。财务报表是基于风险管理单位容易得到的资料编制的，这些资料用于风险识别具有可靠性和客观性的特点。风险管理单位在运用财务报表分析时，应对每个会计科目进行深入的研究和分析，这样，可以识别风险管理单位隐藏的潜在风险，可以防患于未然。

(3) 财务报表法可以为风险融资提供依据。风险管理单位的投资能力、水平会通过财务报表反映出来。例如，投资风险管理的资金、风险融资的数额等财务资料，这些资料的积累有助于风险管理单位预测风险管理投资后获得的安全保障水平，可以为风险投资决策和风险融资提供依据。

(4) 财务报表法提供的分析方法，可以用来分析其他相关问题。

2) 财务报表法识别风险的缺点

(1) 专业性强。如果风险管理人员缺乏财务管理的专业知识，就无法识别风险管理单位的风险。

(2) 财务报表法识别风险的基础是财务信息具有真实性。如果财务报表不真实，风险管理人员就无法识别风险管理单位面临的潜在风险。

(3) 财务报表法识别风险的基础是财务信息具有全面性。风险管理人员只有全面搜集、整理相关的财务信息，才能识别风险。

## 练 习 题

### 一、名词解释

1. 政治风险　2. 技术风险　3. 市场风险　4. 运营风险　5. 专家调查法
6. 存货周转率　7. 汇率风险　8. 风险识别　9. 失效效应　10. 速动比率

### 二、单项选择题

1. 以下不属于政治风险的是(　　)。
   A. 征收风险　　B. 汇兑限制风险
   C. 延迟支付风险　　D. 基准风险
2. 以下不反映盈利能力指标的是(　　)。
   A. 应收款项周转率　　B. 销售毛利率
   C. 销售利润率　　D. 净资产收益率
3. (　　)被用于分析影响产品质量的因素。
   A. 因果图法　　B. 流程图法

C．情景分析法　　D．德尔菲法

4．风险识别是在风险事故发生(　　)感知各种风险事故。

A．之前　　B．之初

C．之中　　D．之后

5．以下属于定性风险识别的方法为(　　)。

A．流程图法　　B．蒙特卡洛随机模拟法

C．事故树法　　D．FMECA 法

6．以下属于外部风险的是(　　)。

A．自然环境风险　　B．战略选择风险

C．运营风险　　D．操作风险

7．以下属于内部风险的是(　　)。

A．运营风险　　B．自然环境风险

C．社会文化风险　　D．政治风险

8．以下不属于财务风险的是(　　)。

A．筹资风险　　B．投资风险

C．经营风险　　D．内部欺诈

9．以下不属于比率分析法的是(　　)。

A．构成比率法　　B．相关比率法

C．效率比例法　　D．对比比率法

10．(　　)是流动资产中速动资产与流动负债比率。

A．酸性测试比率　　B．现金比率

C．流动比率　　D．资产负债率

## 三、多项选择题

1．市场风险主要可分为(　　)。

A．利率风险　　B．汇率风险

C．股票价格风险　　D．商品价格风险

2．根据确定方式不同，利率分为(　　)。

A．法定利率　　B．市场利率

C．实际利率　　D．名义利率

3．长期偿债能力分析指标包括(　　)。

A．资产负债率　　B．负债与所有者权益比率

C．负债与有形净资产比率　　D．利息保障倍数

4．财务风险的基本类型是(　　)。

A．投资风险　　B．筹资风险

C．经营风险　　D．存货管理风险

5．以下属于情景分析模式的是(　　)。

A．美国模式　　B．法国模式

C．OECD 模式　　D．日本模式

6．根据与通货膨胀的关系，利率分为(　　)。

A．名义利率　　B．实际利率

C．市场利率　　D．法定利率

7．利率风险按照来源可分为(　　)。

A．重新定价风险　　B．收益率曲线风险

C．基准风险　　D．期权性风险

8．以下属于专家调查法的是(　　)。

A．头脑风暴法　　B．德尔菲法

C．风险识别调查表　　D．风险对照检查表

9．信用风险的影响因素是(　　)。

A．国家经济状况的改变　　B．社会政治因素的变动

C．自然灾害　　D．商业银行对信贷风险的态度

10．以下属于操作风险的是(　　)。

A．故意欺骗　　B．盗用财产

C．客户引起的风险事件　　D．有形资产损失

## 四、简答题

1．政治风险的主要来源有哪些?

2．影响汇率的主要因素是什么?

3．财务风险的成因有哪些?

4．试述头脑风暴法的流程。

5．试述财务报表法识别风险的特点。

## 五、案例分析题

1．诺兰达，总部位于加拿大多伦多，是全球第九大铜生产商，第三大镍、锌精矿生产商，截至2003年年底，公司总资产82亿美元，股东权益为26亿美元，位列加拿大上市公司市值第四十一位，但利润额只排在全部加拿大公司的第一百八十位左右。

2004年6月，诺兰达董事会委托专门机构，开始就股权转让进行招标。巴西淡水河谷公司、英美资源集团、瑞士的斯特拉塔公司、澳大利亚的必和必拓公司、中国的五矿集团公司、美国的菲尔普斯道奇公司和来自俄罗斯的诺里亚斯克公司等参加竞标。最终，中国五矿集团公司(以下简称“五矿”)使出全部收购、现金收购、保留管理层、尽快完成交易四招之后，获得了诺兰达收购的独家谈判权。

但是由于加拿大政府部门出面干预，2005年3月9日诺兰达宣布与旗下控股的鹰桥换股合并。诺兰达将斥资30亿加元(24.7亿美元)，以每股41.24加元作价，增持鹰桥41.2%的股份。此前，诺兰达拥有鹰桥58.8%的股份，此后，鹰桥成为诺兰达的全资子公司。

自此，五矿与诺兰达原先考虑的收购计划已经不可能了。五矿的收购计划彻底失败。

要求：

(1) 简述一般环境分析的内容，并分析该资料体现的是哪个因素的影响。

(2) 分析中国五矿集团公司面临的主要风险是什么，并说明该种风险的类型主要有哪些。

(3) 根据第(2)问题的结论，分析如何应对以上风险。

2. 富华贸易有限公司是一家主营外贸的企业，与天海货运建立长期合作，对外出口主要以海运为主。富华贸易有限公司目前采取如下具体措施规避风险：

(1) 为防止进口商拖欠货款，富华贸易公司向中信购买了相应保险，一单出口交易一个保单。

(2) 在过去五年，发生过货物在海运过程中遭遇恶劣天气损毁的情况，使富华公司蒙受较大损失，为此，富华贸易也进行了投保。

(3) 为避免因进口商造成的坏账导致无法按时支付供应商货款、支付工资及缴税，富华贸易向银行申请了可循环使用的信用透支额度。

(4) 目前人民币对美元日趋坚挺，为避免由此可能引发的结汇风险，富华和银行签订了远期外汇买卖协议。

要求：

请分别指出富华贸易公司面临的风险类型及其采取的风险应对策略的类型。

# 参考文献


[1] 周三多. 管理学[M]. 北京：高等教育出版社，2010.
[2] 陈诚. 基于 AFS 理论的模糊分类器设计[D]. 大连：大连理工大学，2010.
[3] 谢非. 风险管理原理与方法[M]. 重庆：重庆大学出版社，2013.
[4] 孙立新. 风险管理：原理、方法与应用[M]. 北京：经济管理出版社，2014.
[5] 武培森. CNG 项目融资风险管理研究[D]. 济南：山东大学，2010.
[6] 康乐. 电子商务在陕西旅游业应用中的风险分析[D]. 西安：西安建筑科技大学，2013.
[7] 王京坡. 风险投资项目的风险评价体系研究[D]. 西安：西北工业大学，2003.
[8] 胡柯柯. 工程项目风险管理及预警管理[D]. 乌鲁木齐：新疆农业大学，2006.
[9] 任秀梅. 国有企业资本运营风险研究[D]. 长春：吉林大学，2007.
[10] 陈景辉. 集团公司面风险评价及其影响效应研究[D]. 大连：大连理工大学，2011.
[11] 孟洁. 技术风险的伦理评估与对策研究[D]. 大连：大连理工大学，2008.
[12] 呼文敏. 技术风险的社会根源及其规避对策[D]. 沈阳：东北大学，2009.
[13] 张英. 论中小企业经营的法律风险及防控[D]. 保定：河北大学，2013.
[14] 汤奇. 企业战略实施风险预警研究[D]. 西安：西安理工大学，2005.
[15] 沈宇宸. 我国文化企业跨国并购风险研究：以凤凰传媒并购美国 PIL 公司为例[D]. 济南：山东财经大学，2015.
[16] 夏庆. 政府投资项目代建制模式风险管理研究[D]. 重庆：重庆大学，2008.
[17] 谢科范，袁鸣鹏，彭华涛. 企业风险管理[M]. 武汉：武汉理工大学出版社，2004.
[18] 姚德良. 利率风险管理著名案例：奎克国民银行[EB/OL]. 数字财富，2004-4-09.
[19] 白新哲. 从飞龙集团失误谈企业战略风险管理[J]. 国际商务会计，2009，11.

# 第六章　战略风险管理

学习目的

(1) 明确战略风险管理的目标与要素；
(2) 掌握战略风险管理的五个流程；
(3) 理解和掌握战略风险五大管理体系。

## 第一节　战略风险管理的目标与特征

### 一、战略风险管理的目标

战略风险管理强调风险优化必须和公司战略目标相结合，在我国《中央企业全面风险管理指引》中对风险管理的总体目标设定如下：

(1) 确保风险控制与公司总体目标相适应，并在可承受的范围内；

(2) 编制和提供真实、可靠的财务报告，确保内外部，尤其是企业与股东之间实现真实、可靠的信息沟通；

(3) 确保遵守有关法律法规；

(4) 保障经营管理的有效性，提高经营活动的效率和效果，降低实现经营目标的不确定性，确保贯彻执行企业有关规章制度和为实现经营目标而采取的重大措施；

(5) 保护企业不因灾害性风险或人为失误而遭受重大损失，确保企业建立针对各项重大风险发生后的危机处理计划。

### 二、战略风险管理的要素

战略风险管理必须是包罗万象的，能应对商业计划的所有方面，比如策略计划、营销计划、运营计划、研发计划、管理及组织计划、预测和财务数据、融资、风险管理程序及业务控制等。战略风险管理主要包括以下几个要素。

#### 1. 调整风险偏好和策略

没有哪一个风险管理程序能够创造出无风险的环境。相反，战略风险管理使管理层能够在充满波动风险的商业环境中更为有效地经营企业。战略风险管理能提高企业将其风险偏好和策略关联起来的能力。在评估备选策略时，管理层首先应考虑企业的风险偏好，然后为风险设定上下限。

2. 加强风险应对决策

战略风险管理严格地规定了对风险对策的选择和识别，可能的选择是风险降低、风险消除、风险转移和风险保留。

3. 降低经营性意外和损失

实施战略风险管理后，企业能够使运营意外造成的损失降至最低。企业识别潜在风险事件、评估风险及作出反应的能力得到提高，从而降低发生令人不悦的意外及附带成本或损失的情况。

4. 识别和管理多重和跨企业的风险

任何企业都面临着众多对该企业的不同部分产生影响的风险，战略风险管理应能识别并管理多重和跨企业的风险。战略风险管理的优势是能整合和综合企业内部的不同风险管理方法。企业可通过三种方法实现整合和综合：集中风险报告，整合风险转移策略，将风险管理纳入企业的商业流程。

5. 抓住机遇

战略风险管理不仅是一种防御机制，还是一种使商机最大化的工具。风险管理还能与企业的增长、风险及回报挂钩。企业接受风险是创造和保存财富的一环，并预期将获得与风险相当的回报。战略风险管理能提高识别风险和评估风险，确立与潜在增长及目标实现有关的可接受的风险水平的能力。而且，关于风险敞口的高质量信息能使管理层更加有效地了解自身总体需求，并改善资本分配。此外，用于识别风险的适当程序能激励相关人员深入思考，通过全面考虑各种可能的事件，管理层能致力于识别和积极把握各种机遇。

# 第二节 战略风险管理的流程

## 一、收集风险信息

管理层需要充分了解企业所面临的风险和损失来自何处。作为战略风险管理的起点，企业应通过正式的检查程序来全面分析风险和损失。这种风险审查允许企业评估真正的成本驱动因素，以便设计适当的损失控制和预防计划，来减少高风险的活动和高成本的损失事件。

因此，管理层应尽力收集所有可能对企业取得成功产生影响的风险信息，包括整个业务面临的较大或重大的风险信息，以及与每个项目或较小的业务单位关联的不太主要的风险信息。风险信息收集程序要求采用一种有计划的、经过深思熟虑的方法，来收集业务的每个方面存在的潜在风险信息，并收集可能在合理的时间段内影响每项业务的较为重大的风险信息。目的并不只是罗列每个可能的风险，而是收集那些可能对运营产生影响的风险信息。即在合理的时间段内，发生风险的可能性的大小。

风险信息收集程序应在企业内的多个层级执行。对每个业务单位或项目有影响的风险，可能不会对整个企业产生同样大甚至更大的影响。因此，对整个经济体产生影响的主要风险会分流到各个企业及其独立的业务单位。某些主要风险发生时会产生很大的影响，但发生的频率不高，所以这种风险较难认定。

风险信息收集的方法之一是集体讨论可能的风险领域。通过这种方法动员知悉情况的人员迅速给予答复，把他们脑子里第一个想到的事情说出来。指定的主持人向每个小组提出一个与风险有关的问题，然后要求小组成员依次说出他们的想法。之后由风险管理小组对集体讨论后收集的所有风险信息进行复核，并且认定核心风险。由于风险信息收集程序一直伴随着讨论和分析活动进行，最后认定的风险与最初收集的一组风险信息相比，可能会有所改变。企业及具体的经营单位最后认定的组织风险，应提供给负责经营和财务管理的人员以及参与集体讨论的小组。

之后，为收集风险信息进行的集体讨论的结果，应提供给未参与讨论的其他单位。应按照来自整个企业的评论和讨论增加风险信息。风险信息收集并非详尽的分析和讨论活动，但是每个人在短时间内产生的想法或评论，会对其他人的想法和评论起到抛砖引玉的作用。

启动风险信息收集程序的一种不错的方法是找出列明属于企业层面的重要设施及经营单位的高层级的组织结构图。每个重要的经营单位都可能在全球许多地方建立了设施，也可能开展多种不同的业务。每个单独的设施也会有自己的部门或职能，其中一些部门相互之间是密切关联的。应在整个企业范围内实施风险信息收集程序以识别各独立领域的所有风险。诚然，这很困难，有时甚至是比较复杂的任务，而且企业内处于不同级别的不同成员将从不同的角度考虑某些相同的风险。更高级的管理层一般会注意与经营相关的一组风险信息，但这些风险的水平不尽相同。所有这些风险信息至少应被收集起来，并分别按照每一个经营单位及整个企业层面来考虑。

要使风险信息收集程序生效，就要求不只是简单地向所有经营单位发出邮件，还应要求列出其单位面对的主要风险，其获得的答复不一致且涉及范围广泛，并且没有通用的方法。更好的方式是弄清楚企业内各级别的人员，要求他们担任风险评估人。对每个重大的经营单位，应识别负责运营、财务、会计、信息技术和单位管理的各类主要人员。这些人员将以识别及帮助评估其所在单位的风险为目标，而这些单位应该是包括在风险信息收集模型架构之内的。这样的方式可由企业风险管理小组或类似的部门来牵头，比如内部审计部。

## 二、进行风险评估

风险通常是相互依存的。应依据组织结构考虑和评价风险间的相互依存关系。企业应关注企业内各层级的风险，但实际上各层级可能仅对其范围内的风险实施了控制。每个经营单位负责管理其面临的风险，但是可能受到组织结构中上一级单位或下一级单位的风险事件的影响。企业的每个经营单位应认识到，自身遇到的许多风险均可能对企业内其他单位产生影响。

收集到对企业的各个层级有影响的重大风险信息后，接下来是对风险发生的可能性及相对重大程度进行评估。这对于通过集体讨论快速收集到的风险信息尤为重要。可用于评估风险的方法有很多，包括最佳猜想定性法( best-guess qualitative approach，这种方法相对比较快)，以及一些详尽的、非常精确的定量方法。

此外，还有大量工具可用来确定风险对企业的影响，比如情景设计、敏感性分析、决策树(decision tree)、计算机模拟、软件包和对现有数据的分析。

(1) 情景设计。通常借助企业内部的讨论，形成关于未来情况的各种可能的看法。

(2) 敏感性分析。该分析从改变可能影响分析结果的不同因素的数值入手，估计结果对这些变量的变动的敏感程度。

(3) 决策树。常用于目标管理中，以证实每个阶段存在的不确定性，根据每种可能的结果出现的可能性及包含的现金流量，评估项目的期望值。

(4) 计算机模拟。利用概率分布并重复运行，为某项目识别许多可能的情景和结果。

(5) 软件包。旨在协助风险识别和分析程序。

(6) 对现有数据的分析。对现有数据作出分析能够有效地掌握过去风险的影响。

在评估风险时，应留意的是概率与不确定性。特别是在识别出大量风险后，评估小组应逐个考虑风险的可能性以及发生的情况(以概率表示，范围为 0～1)。需要强调的是，本质上来说，风险不会保持不变，也不是100%会发生，不得将独立的概率估计相加得出综合估值。

## 三、确定风险评级

企业的成功常常可以归结为确认和管理伴随潜在机会及收益的可能风险。大多数企业面临的风险类型是不同的，且范围广泛。风险一般分为财务风险和运营风险两大类别。风险类型包括市场价格波动的敞口、对手信贷违约和法律责任等。在采取风险管理行动时，收集风险信息和进行风险评估是至关重要的。

接下来，企业的典型做法是确定风险评级，并得出一份列明潜在风险的清单。系统化的程序有助于收集风险信息以及按照数量对风险评级，这可以作为关键的一步。风险的计量和估值是风险管理中最有难度的工作，花费一定的时间和资金，利用工具和专门技术，正确地量化公司的主要风险，对于后期的风险管理流程是有帮助的。此外，在识别、量化和缓解风险时，需要注意的一个关键要素是风险之间的相互影响和相互关系。例如，信贷风险的敞口还可能影响市场价格风险；而运营风险，比如舞弊可能造成法律及名誉风险。应认识到不同公司活动的风险相互影响，这是现在大企业广泛采用的风险管理方法的一个基础。

下一步是按照已确定的风险的重大程度和可能性估值，计算风险评分，并识别最为重大的风险。根据影响及可能性，对风险进行优先次序的排列。评分较高的风险被称作风险推动因素或主要风险。然后，企业应将注意力继续放在这些主要风险上。

进行优先次序排列时，不应仅考虑财务方面的影响，更重要的是考虑对实现企业目标的潜在影响。并非所有的风险经过识别后都是重大风险。非重大的风险应定期复核，特别是在外部事项发生变化时，应检查这些风险是否仍为非重大风险。

企业风险评估小组应逐个识别各个单位的风险，以确定各层级的风险已评估完毕，而且从整个企业来说，风险的可能性和重要估值是适当的。值得留意的是，远离企业总部、在偏远的地方发生的风险事件可能常常给整个企业带来重大问题。

然后，风险评估小组要监察每一被识别的风险，估计承担风险的成本。之后用成本乘以风险因素概率，得出风险的期望值。风险评估小组应与企业内的其他专业人员合作计算风险估值。计算期望值时，无需对成本进行详细的研究，也不需要使用大量的历史趋势和估计作为支持。已识别风险的估值可作为持续的风险矫正决策的基础。

由于市场条件和波动性水平会改变，对手的财力会变化，物理环境会变化，地缘政治形势也会变化，所有这些变化可能突然出现，也可能悄悄出现，不易被发现。企业活动产生的风险敞口也可能发生改变。有效的风险管理要求企业持续对风险进行重新评估，并且在企业风险管理架构中加入程序，以评估当前存在的及预期的风险敞口。预测未来敞口是必要的，因为风险管理的决策是以预期风险水平为基础的。

## 四、提出风险应对策略

管理层可针对已评估的关键性风险作出回应。应对风险的策略有风险降低、风险消除、风险转移和风险保留。管理层可以选择一个或多个策略结合使用。

(1) 风险降低。风险降低的应对策略，亦称作风险缓解。不同的实际情况适用不同的风险降低方法。常用的一种形式是风险分散，即通过分散的形式来降低风险，比如在多种股票而非单一股票上投资。不愿“将所有的鸡蛋放在一个篮子里”的企业会采用风险分散策略。

风险降低是基于企业不愿意被动接受特定的后果分布状态，而通过自身的努力改变不利后果。为改变后果分布状态所作的努力，称为风险缓解。企业成功地降低风险后，其成果分布状态将不再是极端的。

缓解风险可以采取多种形式，包括采用套期。套期是交易商建立证券、商品或货币对冲持仓，从而抵消所面临的风险。企业还可以采用其他许多方法降低风险敞口，包括市场研究、地区及产品线的多样化、筛选和监控客户、外包、给产品定价时分配风险酬金、存货或股权计入生产量中，以及推行已制定的程序，以将经营风险降至最低。但这种策略在很大程度上取决于套期成本、企业承受风险及潜在损失的能力。为进行套期开展的交易活动，不应出于交易可能被误解为投机行为的担忧而放弃。但是，不同的套期工具对于各个公司及环境来说，成本效益可能不同，是否合适也另当别论。

(2) 风险消除。风险消除策略包括风险避免、风险化解、风险排斥和风险终止。采用风险消除的目的是预期出现不利后果时，一并化解风险。

(3) 风险转移。采用风险转移的目的是将风险转移给另一家企业、公司或机构。合同及财务协议是转移风险的主要方式。转移风险并不会降低其可能的严重程度，只是从一方移除后转给另外一方。

转移风险时，管理层应考虑各方的目标、转移的能力、存在风险的情景以及成本效益。其中一种转移风险的方式是购买保险，购买保险具体来说就是企业通过向非关联的第三方付款，让其代为承担风险。接受被转移风险的一方，通常要收取保费。问题是，所支付的保费是否低于风险发生时吸收风险的财务影响的可能成本。即使企业相信其转移了风险，但通常它并不可能完全不受影响。比如，如果将某一工程项目的风险转移给承包人，而承包人未能管理风险，导致项目推迟交付。即使承包人可能因推迟交付而面临处罚，但是项目推迟已是在所难免。

(4) 风险保留。风险保留包括风险接受、风险吸收和风险容忍。采取风险保留的策略，或者是因为这是比较经济的策略，或者是因为没有其他备选方法(比如降低、消除或转移)。采用风险保留时，管理层需考虑所有的方案，即如果没有其他备选方案，管理层需确定是否已对所有可能的消除、降低或转移方法进行了分析来决定最后保留风险。此外，商业环境从来不是一成不变的，因此，企业在短期内可能出现新的备选方法，比如保险合同、外包或开发其他市场等。通过定期风险复核，控制风险情景并清楚何时应作出决策，这是非常重要的。要确保不会与备选措施失之交臂，需进行积极的风险管理。而且，如果已经特意作出了保留风险的决策，那么管理层应对付诸实施的影响及风险发生的可能性十分清楚。

总之，风险策略是战略风险管理流程至关重要的一部分。应参照以前的活动制订风险对策。由于情况是不断发生变化的，必须紧跟风险信息收集和评估，立即实施应对策略。应仔细分析四种风险应对策略，即风险降低、风险消除、风险转移和风险保留，一旦为一种特殊风险确定了风险应对类型，则必须制定具体措施，以落实这一应对策略。一般来说，风险不可能被完全消除。因此，如果能将风险降低至可接受的范围，且风险应对措施的成本未超过收益，那么，可在保留风险的同时，执行风险降低策略。

## 五、风险管理监督

对主要风险信息的收集，绝不是一个单一的、一次性的过程。经正规的集体讨论或其他程序收集的一系列风险信息所在的环境，将随着这些已识别风险性质的改变而迅速出现变化。某些环境条件改变后，可能使风险变成更严重的威胁。例如，参与集体讨论的小组可能对某个欠发达国家识别出一些潜在的政治风险，但是事情常常在短时间内发生，这个国家发生的政治变革可能使得这样的担忧变得更具危险性。企业则需要设立一项机制，对已识别的风险进行监测。监测内容包括目标的实现过程，并关注新的风险和相关损失。

风险识别程序不是连续的。正如一个机构在编制年度预算后可能在每季度对预算进行修改一样，风险识别程序常常是每年或每季度执行一次。一旦风险被识别，企业必须对风险进行监督，并在需要时不断作出调整。风险监督者定期检查正在发生的损失，以了解他们的控制建议得以实施，并设计过程来改善风险管理的过程，制定一项战略来应对出现的新风险。

风险监督可由程序的所有者或独立审查人员执行，如企业风险管理部门或内部审计师。

程序的所有者或负责风险领域的企业风险管理小组的成员能不断提供最佳的风险状况信息。企业根据正确的信息进行分析和预测，并持续对这些风险进行调研，提供对已识别风险的可能性的最新评估。企业应利用信息，加强跟踪反馈，以便进行风险管理，精确调整损失控制程序，并采取新的行动进一步减少损失。如果企业能够识别可能导致重大损失、名誉损害或经营中断的主要缺陷，并且可以有效减轻这些风险，避免产生重大影响，他们将实现风险评估和改进流程的最终目标。

程序的所有者常常能提供某一时点对风险性质的最公正的评估。只有特定几类风险，其风险识别程序的所有者可能无法提供完全公正的信息。例如，除非有新产品问世，否则存在丧失市场份额的风险，则程序的所有者可能由于风险解决方案太过明显，反而无法给出完全公正的跟进评估。

内部审计师也常常能提供非常可靠且完善的信息，来监督已识别风险的当前状态。内部审计师可通过调查或面对面的会谈来收集此类信息。内部审计师常常特别值得信赖且非常权威，因此，当他们提出有关某些已识别风险领域的状况时，负责相关领域的人员应尽量提供准确的信息。如果内部审计师无法取得关于某些已识别风险的状况的信息，他们还能安排实地勘察，以更好地了解风险领域的性质。

准确的监督程序是风险管理中至关重要的一部分。企业可能已执行了为识别较重大风险而精心设立的程序，但是仍然必须定期对风险的当前状况进行监督，必要时对已识别的风险作出变更。

## 第三节 战略风险管理体系

### 一、战略风险管理策略

#### (一) 战略风险管理策略的地位与作用

《中央企业全面风险管理指引》指出，战略风险管理策略指企业根据自身条件和外部环境，围绕企业发展战略，确定风险偏好、风险承受度、风险管理有效性标准，选择风险承担、风险规避、风险转移、风险转换、风险对冲、风险补偿、风险控制等适合的风险管理工具的总体策略，并确定风险管理所需人力和财力资源的配置原则。

**1. 战略风险管理策略的地位**

(1) 战略风险管理策略是全面风险管理的总体策略，它是根据企业经营战略制定形成；

(2) 在整个风险管理体系中，战略风险管理策略起着统领全局的作用；

(3) 制定与企业战略保持一致的战略风险管理策略减少了企业战略错误的可能性，战略风险管理策略在企业战略管理的过程中起着承上启下的作用。

**2. 战略风险管理策略的作用**

(1) 为企业的总体战略服务，是企业经营目标实现的保证；

(2) 是企业的整体经营战略和运营活动之间连接的桥梁和纽带；

(3) 为企业的一切风险管理活动提供战略性指导；

(4) 可具体分解为各领域的风险管理指导方针。

#### (二) 战略风险管理策略的组成要素

(1) 风险偏好，明确公司要承担什么风险。

(2) 风险承受度，明确公司要承担多少风险。

(3) 战略风险管理的有效性标准，明确企业战略风险管理工作成效如何衡量。

(4) 战略风险管理工具的选择，明确面对重大风险如何进行管理。

(5) 战略风险管理的资源配置，明确人力、财力、物资、外部资源等战略风险管理资源如何进行合理安排。

### (三) 战略风险管理策略工具

战略风险管理策略工具包括风险承担、风险规避、风险转移、风险转换、风险对冲、风险补偿和风险控制七种。

#### 1. 风险承担

风险承担亦称风险自留，是指企业自己非理性或理性地主动承担风险，即指一个企业以其内部的资源来弥补损失。就具体项目而言，是指项目风险保留在风险管理主体内部，通过采取内部控制措施等来化解风险或者对这些保留下来的项目风险不采取任何措施。风险承担与其他风险对策的根本区别在于：它不改变项目风险的客观性质，既不改变项目风险的发生概率，也不改变项目风险潜在损失的严重性。

对于发生频率高，损失程度小的风险，企业往往采用风险承担的手段更为有利。这是因为损失在一段较长的时间内发生的损失总额会比较稳定，采用风险承担作为管理风险的手段，焦虑成本和管理费用比较低，投保会令企业觉得得不偿失。对于发生频率小、造成损失金额大的风险，企业则会在风险承担和投保两种方式之间进行权衡。从风险管理的发展趋势来看，会有越来越多的企业运用风险承担的手段取代保险的手段来处理频率小、损失程度大的风险。但应注意，企业采用风险承担的手段来处理这些风险时还需要考虑以下条件：① 企业具有大量的风险部位；② 各风险部位发生损失的情况(概率和程度)较为相似；③ 风险部位之间相互独立(特别是应当有一个合理的地理分布)；④ 企业应具有充足的财务力量来吸收损失。

只有当企业的力量比较强大，在国内甚至国际上拥有多家分支企业的时候才能满足这样的条件。随着企业的逐渐发展壮大，分支企业的数量增加，可以在其内部分摊损失，具有较好的损失管理经验，筹资能力增强，会逐渐用风险承担来取代保险管理的损失风险。在风险承担形式的选择上，企业往往会选择建立内部基金。因为建立内部基金在提供弥补损失的一定流动性的同时，不会给财务带来过大的冲击，而且不必向第三方支付费用，另外还能带来一定的投资收益。

#### 2. 风险规避

风险规避是指通过有计划的变更来消除风险或风险发生的条件，保护目标免受风险的影响。风险规避并不意味着完全消除风险，我们所要规避的是风险可能给我们造成的损失。一是要降低损失发生的概率，这主要是采取事先控制措施；二是要降低损失程度，这主要包括事先控制、事后补救两个方面。

(1) 筹资风险规避。首先，充分利用自有资金，加强对自有资金的控管，对各种借支款项要严格审批并及时催收。其次，选择合理的资本结构，即债务资本和自有资本的比例要适当，充分利用债务资本的财务杠杆作用，选择总风险较低的最佳融资组合。第三，注意长短期债务资本的搭配，避免债务资本的还本付息期过于集中。第四，选择多种筹资渠道。例如发行股票、债券、从银行或非金融机构借款、充分利用应付账款、应付票据、预收账款等商业信用。第五，提高资金的使用效益。无论是自有资金，还是债务资金，只有资金使用效益提高，才能保障企业的偿债能力和盈利能力。

(2) 投资风险规避。首先，要谨慎投资，在资金运转良好或有剩余资金的情况下，才去考虑获取额外报酬的对外投资。第二，如果投资是生产经营的必须环节或是进行风险性投资，必须拟定严谨的投资计划，进行科学的投资回收评估和论证，选择最佳的资金投入时间，以避免造成资金短缺或运转不灵。第三，合理进行投资组合。投资组合包括不同投资品种的组合、不同行业或部门的投资项目的组合，长短期限不同的投资组合等，以追求一种收益性、风险性、稳健性的最佳组合。第四，加强对证券投资的系统风险和非系统风险的研究，以减轻和抵消对证券投资收益的影响。

(3) 资金回收风险是指资金不能及时周转或资金流出后不能及时收回的风险。要规避资金回收风险必须做好资金来源、资金占用、资金分配和资金回收的测算和平衡，以保证资金的安全性、效益性和流动性。应收账款回收控制风险可以通过以下方法加以规避：一是利用"五 C"系统对客户进行科学评估，对不同的客户给予不同的信用期间、信用额度和不同的现金折扣，制定合理的资信等级和信用政策。二是在现销和赊销之间权衡，当赊销所增加的盈利超过所增加的成本时，才应当实施应收账款赊销。三是定期编制账龄分析表，确定合理的应收账款比例，对应收账款回收情况进行监督，对坏账损失事先做好准备。四是针对不同的客户、不同的阶段采取不同的收账政策，既要保证账款的有效收回，又要注意避免伤及客我关系，同时，制定收账政策时要考虑收账费用与坏账损失的大小。存货的流转控制风险通常是指存货及时销售变现的风险。存货的科学储存和流转变现可以通过制定合理的安全储备、订货批量和进货时间来保证和控制。

### 3. 风险转移

风险转移是指通过合同或非合同的方式将风险转嫁给另一个人或单位的一种风险处理方式。转移风险是从一方移除后转移到另一方，并不会降低其可能的严重程度。

(1) 保险：投保人根据合同约定，向保险人支付保险费，保险人对于合同约定的可能发生的事故因其发生所造成的财产损失承担赔偿保险金责任。

(2) 风险证券化：对于在一定时间区间内发生的不确定、但在总体上具有某种确定的事件，将其作为保险标的，通过出售与之相对应的证券化的金融产品在全国乃至全世界分散这种风险的金融手段。

### 4. 风险转换

风险转换是指企业通过战略调整等手段将企业面临的不可接受风险转换成另一个企业可以接受的风险。换句话说，风险转换就是在减少某一风险的同时，增加另一风险，因此企业总的风险相对保持不变。企业可以通过风险转换在两个或多个风险之间进行调整，以达到最佳效果。风险转换的手段通常包括战略调整和衍生产品等。例如，通过提高交易客户信用标准，提高了应收账款的及时回收率，但同时也导致了销售额的下降。

风险转换的手段如果运用得当，风险转换可以在低成本或者无成本的情况下达到目的。

### 5. 风险对冲

风险对冲是管理利率风险、汇率风险、股票风险和商品风险非常有效的办法。与风险分散策略不同，风险对冲可以管理系统性风险和非系统性风险，还可以根据投资者的风险承受能力和偏好，通过对冲比率的调节将风险降低到预期水平。利用风险对冲策略管理风险的关键问题在于对冲比率的确定，这一比率直接关系到风险管理的效果和成本。

风险对冲必须涉及风险组合，如资产组合使用、多种货币结算和使用、战略上的多种经营等。对于单一风险，只能进行风险规避、风险控制。

#### 6. 风险补偿

风险补偿主要是指事前(损失发生以前)对风险承担的价格补偿。对于那些无法通过风险分散、风险对冲或风险转移进行管理，而且又无法规避、不得不承担的风险，投资者可以采取在交易价格上附加风险溢价，即通过提高风险回报的方式，获得承担风险的价格补偿。

简而言之，风险补偿是企业对风险可能造成的损失采取适当的措施进行补偿。其主要方式有：

(1) 对于无法通过风险转移、风险转换、风险对冲或风险控制进行管理，而且又无法规避、不得不承担的较重大风险，投资者可以采取在交易价格上附加风险溢价，即通过提高风险回报的方式，获得承担风险的价格补偿。商业银行可以预先在金融资产定价中充分考虑到各种风险因素，通过价格调整来获得合理的风险回报。

(2) 当意外损失发生后，企业无法依靠内部资金渡过财务危机时，企业可以向银行寻求特别贷款或从其他渠道融资。由于风险事故的突发性和损失的不确定性，企业也可以在风险事故发生前，与银行达成一项应急贷款协议，一旦风险事故发生，企业可以获得及时的贷款应急，并按协议约定条件还款。

(3) 建立专业自保公司。这是企业实行风险补偿的高级形式。

(4) 建立意外损失基金。企业根据风险评估所了解的风险特征，并根据企业本身的财务能力，预先提取以补偿风险事件所致损失的一种基金。这种方式通常处理那些可能引起较大损失，但这一损失又无法摊入经营成本的风险。例如，对大额应收账款计提坏账准备金。

从以上的分析可以看出，风险补偿的主要特征有：事前性、重大性、主动性。

#### 7. 风险控制

总会有些事情是不能控制的，风险总是存在的。作为管理者会采取各种措施减小风险事件发生的可能性，或者把可能的损失控制在一定的范围内，以避免在风险事件发生时带来的难以承担的损失。

风险控制内容包括：决策风险、项目可行性研究风险、决策体制风险、投资成本控制风险、投资体制风险、项目法人责任制风险、项目建设考核风险、项目建设后评估制度、投资前的风险控制措施、投资中的风险控制实施及风险发生后的补救措施、制定内部风险控制制度等方面。

《中央企业全面风险管理指引》指出，一般情况下，对能够通过保险、期货、对冲等金融手段进行理财的风险，可以采用风险转移、风险对冲和风险补偿等方法。对战略、财务、运营和法律风险，可采取风险承担、风险规避、风险转换和风险控制等方法。

### (四) 确定风险偏好和风险承受度

《中央企业全面风险管理指引》指出，“确定风险偏好和风险承受度，要正确认识和把握风险与收益的平衡，防止和纠正忽视风险、片面追求收益而不讲条件、范围，认为风险越大收益越高的观念和做法；同时，也要防止单纯为规避风险而放弃发展机遇。”风险偏好和风险承受度是风险管理策略的重要组成部分，企业的风险偏好与企业的战略直接相关。为了能够帮助企业的管理者在不同战略间选择与企业的风险偏好相一致的战略，企业在制定战略时，应考虑将该战略的既定收益与企业的风险偏好结合起来。

确定企业整体风险偏好要考虑的因素包括：风险个体(每一个风险都可以确定风险偏好和风险承受度)、相互关系(既要考虑同一个风险在各个业务单位或子公司之间的分配，又要考虑不同风险之间的关系)、整体形状(基于针对每一个风险的风险偏好和风险承受度形成一个企业的整体风险偏好和风险承受度)、行业因素(同一风险在不同行业会有不同风险偏好)。

### (五) 风险度量

风险偏好可以定性，但风险承受度需要定量。企业可以采取统一制定的风险度量模型，对所采取的风险度量取得共识；允许对不同的风险采取不同的度量方法。

(1) 最大可能损失。最大可能损失指风险事件发生后可能造成的最大损失。企业一般在无法判断发生概率或无须判断概率的时候，使用最大可能损失作为风险的衡量。

(2) 概率值。概率值是对随机事件发生的可能性的度量，一般以一个 0 到 1 之间的实数表示一个事件发生的可能性大小。越接近 1，该事件越可能发生；越接近 0，则该事件越不可能发生。其是客观论证而非主观验证，通常用于测量风险事件发生的可能性或造成损失的可能性。

(3) 期望值。期望值是随机试验在同样的机会下重复多次的结果计算出的等同“期望”的平均值。需要注意的是，期望值并不一定等同于常识中的“期望”——期望值也许与每一个结果都不相等。换句话说，期望值是该变量输出值的平均数。期望值并不一定包含于变量的输出值集合里。期望值的办法综合了概率和最大损失两种方法。

(4) 在险值。在险值又称 VaR，是指在市场正常波动下，某一金融资产或证券组合的最大可能损失。更为确切的是指，在一定概率水平(置信度)下，某一金融资产或证券组合价值在未来特定时期内的最大可能损失。在险值从统计的意义上讲，本身是个数字，是指面临“正常”的市场波动时“处于风险状态的价值”。即在给定的置信水平和一定的持有期限内，预期的最大损失量。

(5) 直观判断法。直观判断法是指预测者凭着以往的知识经验和综合分析能力，或依靠群众的智慧和经验进行预测的方法，是一种传统的预测方法，又称“经验判断”。当统计数据不足或需要度量结果包括人们的偏好时，可以使用直观判断法。

(6) 选择适当的度量模型。对不同种类的风险要使用不同的度量模型。对外部风险的度量包括市场指标、景气指数等。对内部运营风险的度量相对来讲比较容易，如各种质量指标、执行效果、安全指数等。对战略风险度量比较困难，一般可以考虑财务表现、市场竞争力指标、创新能力系数等。要找到一种普遍性的风险度量是很困难的，也没有必要，因为人们有不同的目的和偏好。

风险量化的困难主要体现在方法误差(企业情况很复杂，致使建立的风险度量不能够准确反映企业的实际情况)、数据(企业的有关风险数据不足，质量不好)、信息系统(企业的信息传递不够理想，导致需要的信息未能及时到达)、整合管理(在数据和管理水平的现实条件下，不能与现存的管理连接，有效应用结果)等方面。

### (六) 战略风险管理的有效性标准

战略风险管理的有效性标准是指企业对企业风险管理是否有效的衡量标准。其作用是帮助企业了解企业风险是否优化(即现在的风险是否在风险承受度范围之内)和风险的变化是否优化(即企业风险状况的变化是否是所要求的)。量化的企业风险管理的有效性标准与企业风险承受度有相同的度量基础。

战略风险管理有效性标准的原则包括：针对企业的重大风险，能够反映企业重大风险管理的现状；对照全面风险管理的总体目标，在所有五个方面保证企业的运营效果；在企业的风险评估中应用，并根据风险的变化随时调整；用于衡量全面风险管理体系的运行效果。

### (七) 战略风险管理的优先顺序

《中央企业全面风险管理指引》指出，企业应根据风险与收益相平衡的原则以及各风险在风险坐标图上的位置，进一步确定风险管理的优先顺序，明确风险管理成本的资金预算和控制风险的组织体系、人力资源、应对措施等总体安排。

战略风险管理的资源包括物资、人才、组织设置、政策、设备、信息、经验、知识、技术、信息系统、资金等。由于全面风险管理覆盖面广，资源的使用一般是多方面的、综合性的。企业应当统筹兼顾，依据风险与收益相平衡的原则，在风险评估结果的基础上，全面考虑风险与收益。将各类资源用于管理需要优先管理的重大风险，首先解决“颠覆性”风险问题，保证企业持续发展。

确定战略风险管理的优先顺序时，可以考虑的因素包括：风险管理的难度；风险的价值或管理可能带来的收益；风险事件发生的可能性和影响；对企业技术准备、人力、资金的需求；合规的需要；利益相关者的要求。

### (八) 战略风险管理定期检查

《中央企业全面风险管理指引》指出，企业应定期总结和分析已制定的风险管理策略的有效性和合理性，结合实际不断修订和完善。其中，应重点检查依据风险偏好、风险承受度和风险控制预警线实施的结果是否有效，并提出定性或定量的有效性标准。战略风险管理策略要随着企业经营状况的变化、经营战略的变化和外部环境风险的变化而调整。

## 二、战略风险理财措施

战略风险理财是建立在公司理财的基础上，但它又超出了公司理财的范畴。

### (一) 公司理财的概念

公司理财是对公司财务活动所进行的管理，MBA、EMBA 等主流商业管理教育均将其作为一项企业价值管理活动涵括在内。公司理财主要是根据资金的运动规律，对公司生产经营活动中资金的筹集、使用和分配，进行预测、决策、计划、控制、核算和分析，提高资金运用效果，实现资本保值增值的管理工作。

### (二) 公司理财的演化过程

公司理财在企业管理中所发挥的作用经历了从核算型财务到管理型财务、从管理型财务到战略型财务、从战略型财务到价值型财务的演化过程。在此过程中，财务的功能得到不断提升。

所谓核算型财务，即把财务的功能等同于会计，其主要任务是以核算为中心，算账、出报表。此时的财务部实际上就是会计部。当企业发展到一定阶段后，财务的单一核算功能不能满足企业经营决策的需要。因此，从核算型财务转变为管理型财务就成为必然。财务部变成了管理部门，即财务的职责要超出会计的范畴，融入公司的管理和控制过程中。

战略型财务是以公司发展战略为中心，从战略的角度思考公司财务的功能定位，通过财务决策的制定和财务资源的配置，确保公司达成战略目标。为此，财务部门可以成为公司的“冷静头脑”，质疑所要实施的各种投融资决策，积极主动地管理公司的业务结构、资本结构和债务政策。

管理型财务向战略型财务转化意味着“两化”的实现，即财务人员的非财务化和非财务人员的财务化。首先，财务人员的非财务化意味着财务人员在公司的角色转换，从只负责具体的数据核算分析到主动与业务管理人员建立合作关系，指导、建议和支持各部门做出正确的决策，并且协助制定和执行公司战略。其次，非财务人员的财务化意味着各级管理层必须充分了解理财的基本原理和方法，学会从财务的视角审视管理中遇到的问题。

从本质上讲，公司理财和公司战略研究的是同一个问题，即如何使得公司价值最大化。因此，财务与战略的融合不仅是可能的，而且是必然的，其结果就是所谓的价值型财务。价值型财务以价值创造为中心，不再将财务战略视为公司战略体系中的一个子战略，而是强调从战略和全局的高度整合公司的财务资源，以获得持续的竞争优势。因此，它是战略型财务的进一步升华。

价值型财务突出以创造价值为导向的目标定位，通过价值导向的企业经营规划和价值导向的绩效衡量体系设计，使薪酬制度与创造价值相联结，重视建立与资本市场的沟通渠道，重塑高层管理者的功能角色，形成一套系统的管理体系。

### (三) 公司理财的对象

现代市场经济中，商品生产和交换所形成的错综复杂的经济关系，均以资金为载体，资金运动成为各种经济关系的体现。公司理财全部围绕资金运动而展开。现金是企业资金运动的起点和终点，其他资产都是现金在流转中的转化形式，现金运动是企业资金运动的动态表现，因此公司理财的对象也可以说是现金及其流转。企业资金运动有三种类型：经营性现金流动(指同企业产品的生产与销售和服务提供相联系的交易形成的现金流入与流出)、投资性现金流动(指同企业固定资产与长期证券的购进与出售相联系的交易形成的现金流入与流出)和融资性现金流动(指同企业股东权益、长期债务筹资与短期债务融资相联系的交易形成的现金流入与流出)。

### (四) 公司理财的特点

公司理财具有三大特点：开放性、动态性、综合性。

(1) 现代市场经济以金融市场为主导，金融市场作为企业资金融通的场所和联结企业资金供求双方的纽带，对企业财务行为的社会化具有决定性影响。金融市场体系的开放性决定了企业财务行为的开放性。

(2) 公司理财以资金运动为对象，而资金运动是对企业经营过程一般的与本质的抽象，是对企业再生产运行过程的全面再现。于是，以资金管理为中心的公司理财活动是一个动态管理系统。

(3) 公司理财围绕资金运动展开，资金运动作为企业生产经营主要过程和主要方面的综合表现，具有最大的综合性。掌握了资金运动，犹如牵住了企业生产经营的“牛鼻子”，“牵一发而动全身”。综合性是理财的重要特征。

### (五) 战略风险理财与公司理财

战略风险理财能通过使用金融工具来承担额外的风险，改善公司的财务状况，创造价值。它与传统公司理财的区别表现在：战略风险理财注重风险因素对现金流的影响；战略风险理财影响公司资本结构，注意以最低成本获得现金流；战略风险理财成为公司战略的有机部分，其风险经营的结果直接影响公司整体价值的提升。

### (六) 战略风险理财的策略与方案

#### 1. 选择战略风险理财策略要考虑的因素

(1) 与整体风险管理策略一致，通盘考虑。

(2) 要根据所面对的风险的性质，采用与之相匹配的风险理财手段。

(3) 风险理财工具有多种。企业在选择这些风险理财工具时，要考虑如下几点：合规的要求；可操作性；法律法规环境；企业的熟悉程度；风险理财工具的风险特征；不同的风险理财手段可能适用于同一风险。

(4) 考虑成本与收益的平衡。选择风险理财策略时，也要考虑风险管理的成本与收益的平衡的原则。

#### 2. 战略风险理财方案的选择

战略风险理财方案的选择要考虑风险的性质、企业的资源能力等多方面因素。在企业选择风险理财的策略与方案时，涉及对金融衍生产品的选择。衍生产品是其价值决定于一种或多种基础资产或指数的金融合约。常用衍生产品包括：远期合约、期货、互换、期权等。

运用衍生产品进行风险管理要满足以下条件：

(1) 达到合规性要求；

(2) 战略风险理财方案与公司的业务和发展战略保持一致；

(3) 建立包括授权、计划、报告、监督、决策等流程和规范在内的完善的内部控制措施；

(4) 明确头寸、损失、风险限额，风险计量方法必须能够准确反映风险状况；

(5) 以保证头寸、损失、风险敞口的报告及时可靠为目标，完善信息沟通机制；

(6) 操作人员必须符合要求。

### (七) 损失事件管理

#### 1. 损失融资

损失融资指在意外事件发生时通过获取资金而支付或抵偿损失。它的主要措施包括自留、保险以及以合同方式将损失转由保险公司以外的其他人承担。在大中型公司中往往都有一个正式的损失融资计划。简单地说，损失融资就是为风险事件造成的财务损失融资，是从风险理财的角度进行损失事件的事后管理。

损失事件融资可分为预期损失融资和非预期损失融资。预期损失融资一般作为运营资本的一部分，而非预期损失融资则是属于风险资本的范畴。

#### 2. 风险资本

从管理的角度而言，风险资本是基于全部风险之上的资本，是一种虚拟的资本。风险资本是当代金融业高度发达和面临风险日趋复杂的客观现实下，开始注重内部资本管理，并出现了超越资本监管的要求而产生的全新风险管理理念。风险资本不仅能防范风险，而且能创造价值。风险资本是在给定的偿付能力标准下，在极端的市场、商业以及营运条件下，仍旧保持偿付能力以及业务正常运作所需要的资本。

风险资本的定义包含两个要点：一是衡量潜在的损失在极端的情况下(例如，一百年发生一次的事件)；二是衡量损失使用经济价值而非账面价值。另外，风险资本的计算还要考虑特定的信用级别或者置信区间以及合理的时间跨度。由于风险资本是针对公司面临的风险对公司市值盈余的影响，而要求保险公司持有的以保持一定的信用评级水平的资本，所以计算风险资本首先就是对风险的定量描述。

因此，风险资本就是描述在一定的置信度水平上(如 99%)，一定时间内(如一年)，为了弥补企业的非预计损失(unexpected losses)所需要的资本。它是根据企业资产的风险程度的大小计算出来的。计算风险资本的前提是必须要对企业的风险进行模型化、量化。这样还能计算出各个业务部门或各个业务产品所需要的资本来。其实，现在比较普遍使用的计算市场风险的模型(VaR)所计算出来的资本就是风险资本的概念。风险资本的一个重要特点，就是指所“需要的”资本，“应该有”多少资本，而不是企业实实在在已经拥有的资本。

#### 3. 应急资本

应急资本又称为或有资本，作为非传统风险转移方式的解决方案之一，目前是一种崭新的战略风险融资工具。具体而言，应急资本并不是一种真正意义上的保险风险证券化方式，而是一种融资工具。应急资本实现了保险风险向资本市场的转移，与其他非传统风险转移方式不同，应急资本不能起到平滑经营业绩的作用。应急资本主要用于在发生重大损失后维持企业的运营，其目的是要避免因缺乏可支配资金而导致企业破产和对有关计划投资项目的威胁，应急资本解决了企业发生损失后对额外资本的需求问题，从而可以使企业的资本结构与计划中的业务需求更加吻合，使企业的资本得到高效和优化投入。

应急资本的特点如下：

(1) 应急资本的提供方只是在事件发生并造成损失后提供用于弥补损失、持续经营的资金，而并不承担特定事件发生的风险。

(2) 应急资本与保险不同，应急资本不涉及风险的转移，是一个综合运用保险和资本市场技术设计和定价的产品，是企业风险补偿策略的一种方式。

(3) 公司可以不使用应急资本，它只是一个在一定条件下的融资选择权利。

(4) 应急资本可以为经营的持续性提供保证。

**4. 保险**

从经济角度看，保险是分摊意外事故损失的一种财务安排；从法律角度看，保险是一种合同行为，是一方同意补偿另一方损失的一种合同安排；从风险管理角度看，保险是风险管理的一种方法。

商业保险大致可分为：财产保险、人身保险、责任保险、信用保险、津贴型保险、海上保险。

大类别按照保险保障范围分类，小类别按照保险标的的种类分类。

按照保险保障范围分为：人身保险、财产保险、责任保险、信用保证保险。

(1) 火灾保险是承保陆地上存放在一定地域范围内，基本上处于静止状态下的财产，比如机器、建筑物、各种原材料或产品、家庭生活用具等因火灾引起的损失。

(2) 海上保险实质上是一种运输保险，它是各类保险业务中发展最早的一种保险，保险人对海上危险引起的保险标的的损失负赔偿责任。

(3) 货物运输保险是除了海上运输以外的货物运输保险，主要承保内陆、江河、沿海以及航空运输过程中货物所发生的损失。

(4) 各种运输工具保险主要承保各种运输工具在行驶和停放过程中所发生的损失。主要包括汽车保险、航空保险、船舶保险、铁路车辆保险。

(5) 工程保险承保各种工程期间一切意外损失和第三者人身伤害与财产损失。

(6) 灾后利益损失保险指保险人对财产遭受保险事故后可能引起的各种无形利益损失承担保险责任的保险。

(7) 盗窃保险承保财物因强盗抢劫或者窃贼偷窃等行为造成的损失。

(8) 农业保险主要承保各种农作物或经济作物和各类牲畜、家禽等因自然灾害或意外事故造成的损失。

(9) 责任保险是以被保险人的民事损害赔偿责任作为保险标的的保险。不论企业、团体、家庭或个人，在进行各项生产业务活动或在日常生活中，由于疏忽、过失等行为造成对他人的损害，根据法律或契约对受害人承担的经济赔偿责任，都可以在投保有关责任保险之后，由保险公司负责赔偿。

(10) 公众责任保险承保被保险人对其他人造成的人身伤亡或财产损失应负的法律赔偿责任。

(11) 雇主责任保险承保雇主根据法律或者雇佣合同对雇员的人身伤亡应该承担的经济赔偿责任。

(12) 产品责任保险承保被保险人因制造或销售的产品的缺陷导致消费者或使用人等遭受人身伤亡或者其他损失引起的赔偿责任。

(13) 职业责任保险承保医生、律师、会计师、设计师等自由职业者因工作中的过失而造成他人的人身伤亡和财产损失的赔偿责任。

(14) 信用保险是以订立合同的一方要求保险人承担合同的对方的信用风险为内容的保险。

(15) 保证保险是以义务人为被保证人按照合同规定要求保险人担保对权利人应履行义务的保险。

(16) 定期死亡保险是以被保险人保险期间死亡为给付条件的保险。

(17) 终身死亡保险是以被保险人终身死亡为给付条件的保险。

(18) 两全保险是以被保险人保险期限内死亡或者保险期间届满仍旧生存为给付条件的保险，有储蓄的性质。

(19) 年金保险是以被保险人的生存为给付条件，保证被保险人在固定的期限内，按照一定的时间间隔领取款项的保险。

(20) 财产保险是以各种物质财产为保险标的的保险，保险人对物质财产或者物质财产利益的损失负赔偿责任。

(21) 人身保险是以人的身体或者生命作为保险标的的保险，保险人承担被保险人保险期间遭受到人身伤亡，或者保险期满被保险人伤亡或者生存时，给付保险金的责任。人身保险除了包括人寿保险外，还有健康保险和人身意外伤害险。

(22) 疾病保险又称健康保险，是保险人对被保险人因疾病而支出的医疗费用，或者因疾病而丧失劳动能力，按照保险单的约定给付保险金的保险。

(23) 人寿保险简称寿险，是一种以人的生死为保险对象的保险，是被保险人在保险责任期内生存或死亡，由保险人根据契约规定给付保险金的一种保险。

(24) 分红保险，就是指保险公司在每个会计年度结束后，将上一会计年度该类分红保险的可分配盈余，按一定的比例，以现金红利或增值红利的方式，分配给客户的一种人寿保险。

从法律意义上说，保险是一种合同行为，即通过签订保险合同，明确双方当事人的权利与义务，被保险人以缴纳保费获取保险合同规定范围内的赔偿，保险人则有收受保费的权利和提供赔偿的义务。保险具有以下特征。

(1) 保险是一种合同法律关系；

(2) 保险合同对双方当事人均有约束力；

(3) 保险合同中所约定的事故或事件是否发生必须是不确定的，即具有偶然性；

(4) 事故的发生是保险合同的另一方当事人即被保险人无法控制的；

(5) 保险人在保险事故发生后承担给付金钱或其他类似的补偿；

(6) 保险应通过保险单的形式经营。

**5. 专业自保**

专业自保公司是那些由其母公司拥有的，主要业务对象即被保险人为其母公司的保险公司。它是一种由其组织上隶属的母公司紧密控制的，专为其母公司提供保险服务的组织机构。母公司直接影响并支配着该专业自保公司的运营，包括承保、索赔处理的政策和投资行为等。专业自保公司是决定自留风险的企业避免不合理税收的技术性产物，也是企业利用内部基金进行风险融资的高级形式。

专业自保公司根据其所有权、经营范围、运作功能和注册地点的不同而有所差别。因此，可将专业自保公司分为以下几类。

(1) 按所有权(ownership)划分。专业自保公司既可以由一家独立的企业拥有，也可以代表多个彼此并不相关企业的利益。前者被称为单亲专业自保公司(single- parent captive)，占了全球专业自保公司总数量的 75%，后者被称为多亲专业自保公司(multi-parent captive)，各参与公司共出保费，共担风险，这种方式在美国十分流行。另外，还有一种协会专业自保公司(association captive)，其组织框架和经营目的方面同多亲专业自保公司相似，区别仅在于专业自保公司是由专业组织、贸易协会和其他类似机构组建的。

(2) 按经营范围(scope of operation)划分。专业自保公司可以分为纯粹专业自保公司(pure captive)和开放市场专业自保公司(open-market captive)。前者是仅仅承保其母公司业务的专业自保公司。大多数专业自保公司建立在这一基础之上。后者除了承保其母公司的业务之外，还承保其他公司的风险，即承保所谓“非相关业务”。

(3) 按运作功能(function)划分。一家专业自保公司既可以在直接基础上经营，也可以在再保险的基础上经营。基于直接方式运作的专业自保公司直接向客户签发保单；而基于再保险方式运作的专业自保公司将通过公司出面与保险人(Fronting Insurer)签发保单。由于许多国家对于部分或全部业务仅允许那些被授权或那些因符合法律中的地域要求而得到批准的保险公司来经营，所以直接专业自保公司在业务上受到了限制。

### 6．套期保值

#### 1) 套期保值与投机

期货(或期权)市场主要有两类业务：套期保值和投机。套期保值是指为了配合现货市场的买入(或卖出)行为，冲抵现货市场价格波动的风险，而通过期货(或期权)市场从事反向交易活动，即卖出(或买入)相应的期货(或期权)合约的行为，其目的是为了对冲价格波动的风险；投机是指单纯的买卖期货(或期权)合约，其目的是为了获得期货(或期权)合约价格波动的投机差价。套期保值的结果是降低了风险；而投机的结果是增加了风险。

#### 2) 期货套期保值

(1) 期货合约的含义。期货合约是指由期货交易所统一制定的、规定在将来某一特定的时间和地点交割一定数量和质量商品的标准化合约。它是期货交易的对象，期货交易参与者正是通过在期货交易所买卖期货合约，转移价格风险，获取风险收益。期货合约是在现货合同和现货远期合约的基础上发展起来的，但它们最本质的区别在于期货合约条款的标准化。在期货市场交易的期货合约，其标的物的数量、质量等级和交割等级及替代品升贴水标准、交割地点、交割月份等条款都是标准化的，使期货合约具有普遍性特征。期货合约中，只有期货价格是唯一变量，在交易所以公开竞价方式产生。

(2) 期货合约的特点。

① 期货合约的商品品种、数量、质量、等级、交货时间、交货地点等条款都是既定的，是标准化的，唯一的变量是价格。期货合约的标准通常由期货交易所设计，经国家监管机

构审批上市。

② 期货合约是在期货交易所组织下成交的，具有法律效力。期货价格是在交易所的交易厅里通过公开竞价方式产生的。国外大多采用公开喊价方式，而我国均采用电脑交易。

③ 期货合约的履行由交易所担保，不允许私下交易。

④ 期货合约可通过交收现货或进行对冲交易履行或解除合约义务。

(3) 期货价格与现货价格。

基于现货市场和期货市场是两个不同类型的市场，在某个时点标的物的现货价格与期货价格往往会有差异，"基差"的概念用来表示标的物的现货价格与其期货价格之差。基差在期货合约到期日为零，在此之前可正可负。一般而言，离到期日越近，现货价格与期货价格的走势越一致，基差就越小。

(4) 期货的套期保值。

期货的套期保值交易之所以能够回避价格风险，其基本原理就在于某一特定商品的期货价格和现货价格受相同经济因素的影响和制约，价格走势是一致的。

期货套期保值有两种方式。空头(卖出)期货套期保值，是指交易者先在期货市场卖出期货，当现货价格下跌时以期货市场的盈利来弥补现货市场的损失，从而达到保值的一种期货交易方式。空头套期保值为了防止现货价格在交割时下跌的风险而先在期货市场卖出与现货数量相当的合约所进行的交易方式。持有空头头寸，来为交易者将要在现货市场上卖出的现货而进行保值。多头(买入)套期保值，交易者先在期货市场买进期货，以便在将来现货市场买进时不至于因价格上涨而给自己造成经济损失的一种期货交易方式。

① 原料生产企业的空头(卖出)期货套期保值。向市场提供铜、锡、铅、石油等基础原材料的企业，作为社会商品的供应者，为了保证其已经生产出来准备提供给市场或尚在生产过程中将来要向市场出售商品的合理的经济利润，以防止正式出售时价格的可能下跌而遭受损失，可采用卖出期货套期保值的交易方式来减小价格风险，即在期货市场以卖主的身份售出数量相等的期货作为保值手段。

② 商业企业的空头(卖出)期货套期保值。对于商业企业来说，它所面临的市场风险是商品收购后尚未转售出去时，商品价格下跌，这将会使它的经营利润减少甚至发生亏损。为回避此类市场风险，经营者可采用卖出期货套期保值方式来进行价格保险。

③ 产品加工企业的综合套期保值。对于产品加工企业来说，市场风险来自买和卖两个方面；它既担心原材料价格上涨，又担心成品价格下跌，更怕原材料上升、成品价格下跌局面的出现。只要该加工企业所需的材料及加工后的成品都可进入期货市场进行交易，那么它就可以利用期货市场进行综合套期保值，即对购进的原材料进行多头(买入)套期保值，对其产品进行空头(卖出)期货套期保值，就可解除其后顾之忧，锁牢加工利润，从而专门进行加工生产。

【案例 1】

### S 公司商品期货套期保值巨亏

201×年年初，S 公司根据其年度生产经营计划以及销售合同和中标业务，由其两个全资子公司分别通过上海东证和南华两个期货公司对铜进行套期保值。基于此，公司在铜期货市场上针对未来打算要买的铜原材料进行与现货买入方向相反的套期保值。S 公司突然在10月底发布公告称，因"有事项在论证"，决定公司股票需要临时停牌两日。11月初公司出台公告称公司套期保值业务亏损已经累计有3.7亿元。然后根据公司的半年报公布的数据我们可以发现，企业铜期货以及套期保值的期末数额为3.79亿元，企业铜期货仓位亏损了0.6亿元(根据公司公允价值变动损益发现)，可以知道公司由于套期保值造成的损失已经占了其投入成本的15.97%。截至2012年9月30日，S公司交易性金融资产期末余额为0.81亿元，第三季度又亏了2.29亿元，投资收益变成了−0.41亿元。由上述数据可知，至9月底，S公司套期保值造成的损失已经达到了2.98亿元，占了其投入成本的78.69%。截至11月初，公司称其期货套期保值业务的损失累计约3.70亿元。随后，董事会出示公告解释该套期保值亏损原因是公司相关人员违反了公司保值业务内部控制制度中的相关规定，并没有完全按照公司的套保业务内控制度来进行，越权卖出了期铜，最终导致了这一巨额亏损。

**【案例2】**

## X集团利用商品期权进行套期保值

201×年4月底，某白糖贸易商欲购买30 000吨白糖，特向X集团询价。此时，公司管理层认为，当下正值白糖压榨后的库存高峰期，大规模的销售白糖将有利于企业回收资金，及时向蔗农支付款项。但考虑到白糖现货价格位于6600元/吨附近，如果直接出售公司将无法盈利，在国内白糖市场总体上供不应求的情形下，X集团不愿低价出售。X集团与贸易商进行协商，约定参照白糖SR1709期货合约进行盘面点价交易，同时借助白糖场外期权进行套期保值。具体的协议为：白糖贸易商在价格较低时买入SR1709期货合约，等待X集团进行点价后，再将持有多头头寸卖出平仓，以确保自身利益，防范白糖价格上涨带来的损失。

与此同时，X集团为防止自身对市场价格走势判断失误，通过买入场外白糖看跌期权进行"保险"。若白糖保障救济政策出台后，白糖价格不升反降，公司可以借助白糖看跌期权以弥补损失(套期保值)；若如自身所料，白糖价格上涨，集团可以选择高位点价，卖出白糖，所得的利润也将弥补购入看跌期权的成本(期权费)。进行套期保值操作后，本次销售总收入约为1.95亿元，价格不及最初预期，现货部位亏损约300万元，但通过场外期权在与期货相比较少资金占用量的情况下，减少了200万元的亏损。

**【案例3】**

## 杭州K贸易有限公司外汇衍生品选择策略

K公司是一家以出口为主的中型外贸企业，产品结构比较单一，目标客户、结算方式、结算货币等虽较为稳定，但因市场竞争充分，所以议价能力并不高。而在贸易订单确认后，因存在生产运输和收汇的时滞，外汇风险敞口较大，签订订单时的汇率与实际结汇时的汇率高低差会直接影响到企业的收益和利润。为了规避人民币单边升值的汇率风险，K公司选择外汇衍生品进行保值，并在产品选择上使用了最为基础的外汇远期，这也与该公司人员结构相对简单、缺乏专业的外汇交易人员、对汇率走势的判断基本依靠外部分析有关。另外，K公司属于风险中性的企业，在人民币兑美元汇率单边升值时，除了日常的对外支付，基本不保留外汇风险敞口；而在汇率双向波动时，会选择预留一定的风险敞口，在套期保值的同时也保留获取更多收益的机会。在选择外汇衍生品时，除了缩短现有的择期结汇时间区间，以提高远期汇率外，K公司也可以尝试选择买入单边期权或零成本的期权组合产品，将收汇资金更灵活地实现增值。

(5) 期货投机的风险。

期货投机(Futures speculation)是指在期货市场上以获取价差收益为目的的期货交易行为。投机者根据自己对期货价格走势的判断，做出买进或卖出的决定，如果这种判断与市场价格走势相同，则投机者平仓出局后可获取投机利润；如果判断与价格走势相反，则投机者平仓出局后承担投机损失。

进行期货投机的关键在于对期货市场价格变动趋势的分析预测是否准确，由于影响期货市场价格变动的因素很多，特别是投机心理等偶然性因素难以预测，因此，正确判断难度较大，所以这种投机的风险较大。

3) 期权套期保值

(1) 期权的含义。

期权(Options)是一种选择权，期权的买方向卖方支付一定数额的权利金后，就获得这种权利，即拥有在一定时间内以一定的价格(执行价格)出售或购买一定数量的标的物(实物商品、证券或期货合约)的权利(即期权交易)。期权的买方行使权利时，卖方必须按期权合约规定的内容履行义务。相反，买方可以放弃行使权利，此时买方只是损失权利金，同时，卖方则赚取权利金。总之，期权的买方拥有执行期权的权利，无执行的义务；而期权的卖方只是履行期权的义务。

(2) 期权合约的构成要素。

期权合约是一种赋予交易双方在未来某一日期，即到期日之前或到期日当天，以一定的价格——履约价或执行价——买入或卖出一定相关工具或资产的权利，而不是义务的合约。期权合约的买入者为拥有这种权利而向卖出者支付的价格称为期权费。期权合约是关于在将来一定时间以一定价格买卖特定商品的权利的合约。

期权的标的资产包括：股票、股票指数、外汇、债务工具、商品和期货合约。期权有两种基本类型，看涨期权和看跌期权，亦称买入期权和卖出期权。看涨期权的持有者有权在某一确定时间以某一确定的价格购买标的资产。看跌期权的持有者有权在某一确定时间以某一确定的价格出售标的资产。期权合约中的价格被称为执行价格或敲定价格。合约中的日期为到期日、执行日或期满日。美式期权可在期权有效期内任何时候执行。欧式期权只能在到期日执行。在交易所中交易的大多数期权为美式期权。但是，欧式期权通常比美式期权更容易分析，并且美式期权的一些性质总是可由欧式期权的性质推导出来。

期权合约的构成要素包括：交易单位(每手期权合约所代表标的的数量)、最小变动价位、每日价格最大波动限制(期权合约在一个交易日中的权利金波动价格不得高于或低于规定的涨跌幅度，超出该涨跌幅度的报价视为无效)、执行价格(期权的买方行使权利时事先规定的买卖价格)、执行价格间距(相邻两个执行价格之间的差，并在期权合约中载明)、合约月份(期权合约的交易月份)、最后交易日(某一期权合约能够进行交易的最后一日)、期权费(期权的价格)、执行价格(期权的买方行使权利时事先规定的买卖价格)、合约到期日(期权合约必须履行的最后日期)。

## 三、战略风险管理的组织职能体系

企业应建立健全战略风险管理组织职能体系，主要包括规范的公司法人治理结构、风险管理职能部门、内部审计部门和法律事务部门以及其他有关职能部门、业务单位的组织领导机构及其职责。

### (一) 公司治理结构中各权力主体在战略风险管理中的职责分工

股东承担企业经营的最终风险，即以其出资额为限承担有限责任。因此股东本能地关心企业产生的各种风险，要求企业控制风险。

董事会的主要职责是对企业进行战略性监控。为此，需要每一位董事认真审核需表决的方案，但仅仅靠此是不够的，必须依据全面风险管理，才有可靠保障。因此，董事会要督导公司建立全面风险管理体系。当然，董事会进行战略性监控并不意味着凡是有风险的决策董事会都予以反对。因为风险与机遇并存，有多大机遇就有多大风险。董事会应当对风险度加以控制，不能超越企业的承受范围，并在这个范围内把握机遇，并对风险判断、风险控制的结果负总责。

监事会可以考虑逐步将对董事会及总经理全面风险管理工作进行评价和监督纳入职责范围。

总经理对企业日常全面风险管理工作负责，全面管理风险的能力作为判断总经理是否称职的重要条件。

因此，企业应建立健全规范的公司法人治理结构，股东(大)会、董事会、监事会、经理层依法履行职责，形成高效运转、有效制衡的监督约束机制。同时，还应建立外部董事、独立董事制度，外部董事、独立董事人数应超过董事会全部成员的半数，以保证董事会能够在重大决策、重大风险管理等方面做出独立于经理层的判断和选择。

### (二) 风险管理委员会

《中央企业全面风险管理指引》规定，具备条件的企业，董事会可下设风险管理委员会。该委员会的召集人应由不兼任总经理的董事长担任；董事长兼任总经理的，召集人应由外部董事或独立董事担任。该委员会成员中必须有熟悉企业重要管理及业务流程的董事，以及具备风险管理监管知识或经验、具有一定法律知识的董事。

风险管理委员会对审计委员会负责，主要履行以下职责：

(1) 提交全面风险管理年度报告；

(2) 审议风险管理策略和重大风险管理解决方案；

(3) 审议重大决策、重大风险、重大事件和重要业务流程的判断标准或判断机制，以及重大决策的风险评估报告；

(4) 审议内部审计部门提交的风险管理监督评价审计综合报告；

(5) 审议风险管理组织机构设置及其职责方案；

(6) 办理董事会授权的有关全面风险管理的其他事项。

企业总经理对全面风险管理工作的有效性向董事会负责。总经理或总经理委托的高级管理人员，负责主持全面风险管理的日常工作，负责组织拟订企业风险管理组织机构设置及其职责方案。

### (三) 战略风险管理职能部门

企业应设立战略风险管理专职部门或确定相关职能部门履行战略风险管理的职责。该部门对总经理或其委托的高级管理人员负责，应定期对各个部门和业务单位风险管理工作实施情况和有效性进行检查和检验，对风险管理策略进行评估，对跨部门和业务单位的风险管理解决方案进行评价，提出调整或整改意见，出具评价和建议报告，及时报送企业总经理或委托分管风险管理工作的高级管理人员。

作为战略风险管理的专业部门，战略风险管理部门的职责应当体现风险管理流程的各个环节，主要包括以下几个方面：

(1) 收集风险管理初始信息，掌握企业面临的风险状况；

(2) 采用专业并适用的系统评估方法进行风险评估；

(3) 协调风险管理的内部各方的工作，保证各项工作有效开展；

(4) 合理利用外部专业机构的服务，提供风险管理专业性，保证工作的效率和效果。

### (四) 审计委员会

企业应在董事会下设立审计委员会，企业内部审计部门对审计委员会负责。内部审计部门在风险管理方面，主要负责研究提出全面风险管理监督评价体系，制定监督评价相关制度，开展监督与评价，出具监督评价审计报告。

企业内部审计部门应至少每年一次对包括风险管理职能部门在内的各有关部门和业务单位能否按照有关规定开展风险管理工作及其工作效果进行监督评价，监督评价报告直接报送董事会或董事会下属的风险管理委员会和审计委员会。此项工作也可结合年度审计、任期审计或专项审计工作一并开展。

### (五) 企业其他职能部门与各业务单位

《中央企业全面风险管理指引》规定，企业其他职能部门及各业务单位在全面风险管理工作中，应接受风险管理职能部门和内部审计部门的组织、协调、指导和监督，主要履行以下职责：

(1) 执行风险管理基本流程；

(2) 研究提出本职能部门或业务单位重大决策、重大风险、重大事件和重要业务流程的判断标准或判断机制；

(3) 研究提出本职能部门或业务单位的重大决策风险评估报告；

(4) 做好本职能部门或业务单位建立风险管理信息系统的工作；

(5) 做好培育风险管理文化的有关工作；

(6) 建立健全本职能部门或业务单位的风险管理内部控制子系统；

(7) 办理风险管理其他有关工作。

(六) 下属子公司

企业应通过法定程序，指导和监督其全资、控股子企业建立与企业相适应或符合全资、控股子企业自身特点、能有效发挥作用的风险管理组织体系。

## 四、战略风险管理信息系统

(一) 企业信息系统

数据是指根据经验、观察、实验、计算机内部程序以及一组假设条件所收集到的事实集合体。数据包含数字、词语以及影像，尤其是一组变量的测度或观察的结果。

信息是经过处理以后的数据，是一种很有价值的资源，是追求竞争优势的关键工具。信息的可用性、及时性以及质量已成为企业成功的重要因素。例如：生产者在特定市场开发新产品之前，需要运用信息分析目标客户的支出行为、偏好以及对产品的预期。

信息系统包括所有涉及信息收集、储存、产生和分配的系统和程序。信息系统的主要作用是向管理层提供所需的合适种类和数量的信息，以帮助管理者选择、执行和控制经营战略。企业需要不同类型的信息系统来为一定范围内的不同职能领域提供不同层次的信息。信息系统可分为七类：

(1) 事务处理系统。该系统执行和处理常规事务，收集与商业交易相关的源数据，如顾客订单、销售、采购和库存变动等相关数据，并定期对这些信息进行报告。事务处理报告对控制和审计而言是很重要的，但是只能提供很少量的管理决策信息。

(2) 管理信息系统。该系统将主要来自内部的数据转化成综合性的信息。它从事务处理系统获得数据并生成报告，并且多是标准报告。该系统可使管理层对所负责的活动领域有关的计划、指导和控制及时作出有效的决策。

(3) 企业资源计划系统。该系统是企业进行生产管理及决策的平台工具。基于以“企业整体”系统化的管理为依据，为企业合理调配资源，最大化地创造价值，实现企业内部决策和管理的应用信息系统平台。企业资源计划系统有助于整合数据流和访问与整个公司范围的活动有关的信息。企业资源计划系统的发展有三个方向：面向供应商，满足供应链的需要；面向客户，具有客户关系管理功能；面向管理层，通过战略性企业管理系统，来满足管理层的信息需求和决策需要。

(4) 战略性企业管理系统。该系统是一种为战略管理过程提供所需支持的信息系统，它能使企业各个层次的决策过程变得更快更完善。

(5) 决策支持系统。该系统包含了一些数据分析模式，这些分析模式能使管理层模拟并提出“如果发生了某事，应该怎么办？”的问题，从而使管理层在决策过程中能考虑到不同的选项并获得对决策有帮助的信息。决策支持系统可被包含在一张电子表或复杂的软件包中。

(6) 经理信息系统。该系统是提供决策支持的系统，它包含了对摘要数据(通常是图表格式)的访问，使高层经理能对与企业及其环境有关的信息进行评价。经理信息系统采用“向下钻取”功能，从总计数据下移到更具体详细的层次(如客户、产品、业务单位)。

(7) 专家系统。该系统储存从专家处获得的与专门领域相关的数据，并且将其保存在结构化的格式或知识库中。专家系统为那些需要酌情判断的问题提供解决方案。用户通过图表式的用户界面来向系统提问，系统会要求提供更多的信息。然后，专家系统采用各种规则作出决策。

### (二) 信息系统相关的风险控制

信息系统中的控制可分为：一般控制、应用控制、软件控制和网络控制。

#### 1. 一般控制

一般控制是从总体上确保企业对其信息系统控制的有效性，保证计算机系统的正确使用和安全性，防止数据丢失。

(1) 人员控制。涉及人员招募、训练和监督的人员控制必须确保程序和数据职责完成。人员控制包括部门内部职责的分离和数据处理部门的分离。例如，企业应立即停止已离开公司职员所有的访问权限。

(2) 逻辑访问控制。逻辑访问控制对未经授权的访问提供了安全防范。最普遍的安全访问是使用密码，可对密码定义其格式、长度、加密和常规的变化。

(3) 设备控制。设备控制是对计算机设备进行物理保护，如把他们锁在一间保护室或保护柜中，并使用报警系统，如果计算机从其位置上发生移动，报警系统将被激活。

(4) 业务连续性。在系统故障、设备操作系统、程序或数据丢失或毁坏的情况下，业务持续性或灾难恢复计划可从信息系统中恢复关键的业务信息。

#### 2. 应用控制

应用控制与管理政策配合，对程序和输入、处理和输出数据进行适当的控制，可以弥补一般控制的某些不足。

(1) 输入控制。输入控制的目的是发现和防止错误的交易数据的录入，其中包括：① 交易前的数据录入，如在发票与收到的货物，文件和采购订单相匹配后，核准供应商的发票；② 数据输入屏幕的规定格式，令使用者不得跳过强制输入字段；③ 输入体系内容的合理性检查，如检查给予顾客的折扣是否在允许的限度内。

(2) 过程控制。过程控制确保过程的发生按照公司的要求进行，没有被忽略或处理不当的交易发生。最常见的控制是交易记录、分批平衡和总量控制系统。

(3) 输出控制。输出控制确保输入和处理活动已经被执行，而且生成的信息可靠并分发给用户。主要的输出控制形式是交易清单和例外报告等。

#### 3. 软件控制

软件受著作权法和知识产权法的保护。软件控制防止制作或安装未经授权的软件拷贝，防止因非法使用造成经济处罚的风险。因此，从有信誉的经销商处购买正版软件是重要的控制方式，可以减小上述风险，并且维护好所有软件的实物存盘是必不可少的。

#### 4. 网络控制

计算机和数据安全的具体问题来自于数据处理和电子商务的增长。主要风险是黑客、计算机病毒、电子窃听机密信息、计算机系统故障或自然灾害。基于以上原因，控制必须存在，以防止未经授权的访问，并确保数据的完整性。随着电子商务的增加，这一点变得尤为重要。最常用的网络控制措施有防火墙、数据加密、授权和病毒防护。

(1) 防火墙。它包括相应的硬件和软件，存在于企业内部网和公共网络之间。它是一套控制程序，既允许公众访问公司计算机系统的某些部分，同时限制其访问其他部分。

(2) 数据加密。数据在传输前被转化成非可读格式，在传输后重新转换回来。这些数据只能被匹配的解密接收器读取。

(3) 授权。客户通过身份验证和密码进行注册。

(4) 病毒防护。病毒是一种计算机程序，它能够自我复制，并在被感染的计算机之间传播。病毒能够修改、删除文件，甚至删除计算机硬盘驱动中的所有内容。因此，使用病毒检测和防护软件扫描病毒，更改用户和删除病毒有助于避免计算机数据遭到破坏。

### (三) 战略风险管理信息系统建设规划

已建立或基本建立管理信息系统的企业，应补充、调整、更新已有的管理流程和管理程序，建立完善的战略风险管理信息系统。该系统应涵盖风险管理基本流程和内部控制系统各环节，将信息技术应用于包括信息的采集、存储、加工、分析、测试、传递、报告、披露等在内的风险管理的各项工作。该系统应能够进行对各种风险的计量和定量分析、定量测试；能实时反映风险矩阵和排序频谱、重大风险和重要业务流程的监控状态；能对超过风险预警上限的重大风险实施信息报警；能满足风险管理内部信息报告制度和企业对外信息披露管理制度的要求。该系统应实现信息在各职能部门、业务单位之间的集成与共享，既能满足单项业务风险管理的要求，也能满足企业整体和跨职能部门、业务单位的风险管理综合要求。企业应确保战略风险管理信息系统的稳定运行和安全，并根据实际需要不断进行改进、完善或更新。

## 五、战略风险管理框架下的内部控制系统

内部控制系统，指围绕风险管理策略目标，针对企业战略、规划、产品研发、投融资、市场运营、财务、内部审计、法律事务、人力资源、采购、加工制造、销售、物流、质量、安全生产、环境保护等各项业务管理及其重要业务流程，通过执行风险管理基本流程，制定并执行的规章制度、程序和措施。

### (一) 企业内部控制理论的演变与发展

#### 1. 内部牵制阶段

第一阶段，起步阶段，即内部牵制阶段。最初的内部控制定义就是内部牵制，它基本是以查错防弊为目的，以岗位分离和账目核对为手段，以钱、账、物等会计事项为主要控制对象。其核心主要关注于会计领域。

#### 2. 内部控制制度阶段

第二阶段，进化阶段，即内部控制制度阶段。20世纪50年代至70年代，内部控制的发展进入到内部控制制度阶段。内部控制制度有两类，即内部会计控制制度和内部管理控

制制度。内部控制的目标除了保护组织财产的安全之外，还包括增进会计信息的可靠性、提高经营效率和遵循既定管理方针。

### 3. 内部控制结构阶段

第三阶段，提高阶段，即内部控制结构阶段。20 世纪 80 年代至 90 年代初，内部控制的发展进入内部控制结构阶段。在该阶段正式将内部控制环境纳入内部控制范畴，同时不再区分内部会计控制和内部管理控制。内部控制被认为是为合理保证企业特定目标的实现而建立的各种政策和程序，内部控制由三个要素组成：内部控制环境、会计制度和控制程序。

### 4. 内部控制整合框架阶段

第四阶段，演进阶段，即内部控制整合框架阶段。1992 年 9 月，美国反虚假财务报告委员会的发起组织委员会(COSO)发布了一份报告《内部控制——整合框架》(1994 年进行了增补)，即 COSO 内部控制整合框架。该框架指出“内部控制是受企业董事会、管理层和其他人员影响，为经营的效率和效果、财务报告的可靠性、相关法规的遵循性等目标的实现而提供合理保证的过程。”

内部控制的三项目标包括：取得经营的效率和效果；确保财务报告的可靠性；遵循适用的法律法规。

内部控制的五大要素包括：控制环境、风险评估、控制活动、信息与沟通、监督。这些要素从管理当局运营的业务中衍生出来，并整合在管理过程当中。

### 5. 全面风险管理阶段

第五阶段，提升阶段，即全面风险管理阶段。2004 年 9 月，COSO 发布了《企业风险管理——整合框架》。

企业风险管理整合框架认为：“企业风险管理是一个过程，它由一个主体的董事会、管理当局和其他人员实施，应用于战略制定并贯穿于企业之中，旨在识别可能会影响主体的潜在事项，管理风险以使其在该主体的风险容量之内，并为主体目标的实现提供合理保证。”风险管理整合框架文本中指出风险管理框架将内部控制框架涵盖在其中。

风险管理整合框架有三个维度，第一维度是企业的目标；第二维度是全面风险管理要素；第三维是企业的各个层级。第一维度企业的目标有四个，即战略目标、经营目标、报告目标和合规目标。第二维度风险管理要素有八个，即内部环境、目标设定、事项识别、风险评估、风险应对、控制活动、信息与沟通、监督。第三个维度是企业的层级，包括主体层次、各分部、各业务单元及下属各子公司。

风险管理整合框架三个维度的关系是：风险管理的八个要素都是为企业的四个目标服务的；企业各个层级都要坚持同样的四个目标；每个层次都必须从以上八个方面进行风险管理。

与 COSO 内部控制整合框架相比，风险管理整合框架具有下列六个方面的主要特点：

(1) 内部控制涵盖在企业风险管理活动之中，是其不可分割的组成部分。

(2) 拓展了所需实现目标的内容。首先，在实现目标方面增加了统驭经营、财务报告和遵循法律法规的最高层次——战略目标；其次，将财务报告扩展为企业编制的所有报告，包括出于内部管理目的而编制的报告和其他外部报告，如监管申报材料和其他报送给外部利益相关者的报告；最后，引入风险偏好和风险容忍度的概念。

(3) 引入风险组合观，使企业在考虑实现企业目标的过程中关注风险之外，还有必要从企业角度和业务单元两个角度以“组合”的方式考虑复合风险。

(4) 更加强调风险评估在风险管理中的基础地位，将 COSO 报告的风险评估扩展为由四个要素组成的过程——目标设定、事项识别、风险评估和风险应对，并相应地在岗位设置上做出具体安排，如设置首席风险官。

(5) 扩展了控制环境的内涵，强调风险管理概念和董事会的独立性。

(6) 扩展了信息与沟通要素，企业不仅要关注历史信息，还要关注现在和未来可能影响目标实现的各种事项的影响。

### (二) 我国内部控制规范体系的建立与发展

#### 1.《企业内部控制基本规范》

2008 年 6 月 28 日，财政部会同证监会、审计署、银监会、保监会制定并印发《企业内部控制基本规范》(以下简称《基本规范》)，自 2009 年 7 月 1 日起适用于中华人民共和国境内设立的大中型企业(包括上市公司)执行，同时鼓励小企业和其他单位参照其内容建立与实施内部控制。

《基本规范》要求企业建立内部控制体系时应符合以下目标：合理保证企业经营管理合法合规、资产安全、财务报告及相关信息真实完整；提高经营效率和效果；促进企业实现发展战略。目标的设置在 COSO 风险管理整合框架的四个目标基础上又增加了一项“资产安全”。

《基本规范》借鉴了以美国 COSO 内部控制整合框架为代表的国际内部控制框架，并结合中国国情，要求企业所建立与实施的内部控制，应当包括五个要素：内部环境、风险评估、控制活动、信息与沟通以及内部监督。

《基本规范》在形式上借鉴了 COSO 内部控制整合框架五要素框架，在内容上体现了 COSO 风险管理整合框架八要素框架的实质。其八要素实质主要指细化表述了风险管理的流程：风险识别、风险分析和风险应对策略，并且在风险应对策略中比照 COSO 风险管理整合框架说明了风险规避、风险降低、风险分担和风险承受四种应对策略。另外，在五要素之外间接表述了企业的目标。

#### 2.《企业内部控制配套指引》

财政部、证监会、审计署、银监会及保监会于 2010 年 4 月 26 日联合发布了《企业内部控制配套指引》，其中包括《企业内部控制应用指引》《企业内部控制评价指引》和《企业内部控制审计指引》。

《企业内部控制配套指引》自 2011 年 1 月 1 日起在境内外不同类型的上市公司施行。同时，鼓励相关非上市大中型企业提前执行。

《企业内部控制应用指引》的 18 项指引可以划分为三类，即内部环境类指引、控制活动类指引和控制手段类指引，基本涵盖了企业资金流、实物流、人力流和信息流等各项业务和事项。

《企业内部控制评价指引》为企业对内部控制的有效性进行全面评价，形成评价结论、出具评价报告提供指引。

《企业内部控制审计指引》为会计师事务所对特定基准日与财务报告相关内部控制设计与执行有效性进行审计提供指引。

### (三) 内部控制规范的框架体系

总结我国内部控制规范体系，包括基本规范、应用指引、评价和审计三个类别，依次是核心统领、应用指引和事后鉴定三种类型。

(1)《基本规范》规定内部控制的基本目标、基本要素、基本原则和总体要求，是内部控制的总体框架，在内部控制标准体系中起统领作用。

(2) 内控体系的有效实施，还需要一些具有可操作性的具体应用规范。《应用指引》是对企业按照内部控制原则和内部控制“五要素”建立健全本企业内部控制所提供的指引，在配套指引乃至整个内部控制规范体系中占据主体地位。

(3)《评价指引》和《审计指引》是对企业按照内部控制原则和内部控制五要素建立健全本企业“事后控制”的指引，是对企业贯彻《基本规范》和《应用指引》效果的评价与检验。

### (四) 内部控制的要素

借鉴 COSO 框架，《基本规范》将内部控制的要素归纳为内部环境、风险评估、控制活动、信息与沟通、内部监督五个方面。

#### 1. 内部环境

《基本规范》将内部环境的要素归纳为六个方面，即公司治理结构、内部机构设置与职责分工、内部审计、人力资源政策、企业文化和法制环境。

#### 2. 风险评估

《基本规范》将风险评估的要素归纳为四个方面，即确定风险承受度、识别风险(包括内部和外部风险)、风险分析和风险应对。

#### 3. 控制活动

《基本规范》将控制活动概括为七个方面，即不相容职务分离控制、授权审批控制、会计系统控制、财产保护控制、预算控制、运营分析控制和绩效考评控制等。

(1) 不相容职务分离控制要求企业全面系统地分析、梳理业务流程中所涉及的不相容职务，实施相应的分离措施，形成各司其职、各负其责、相互制约的工作机制。

(2) 授权审批控制要求企业根据常规授权和特别授权的规定，明确各岗位办理业务和事项的权限范围、审批程序和相应责任。

常规授权是指企业在日常经营管理活动中按照既定的职责和程序进行的授权。特别授权是指企业在特殊情况、特定条件下进行的授权。

企业各级管理人员应当在授权范围内行使职权和承担责任。

企业对于重大的业务和事项，应当实行集体决策审批或者联签制度，任何个人不得单独进行决策或者擅自改变集体决策。

(3) 会计系统控制要求企业严格执行国家统一的会计准则制度，加强会计基础工作，明确会计凭证、会计账簿和财务会计报告的处理程序，保证会计资料真实完整。企业应当依法设置会计机构，配备会计从业人员。

从事会计工作的人员，必须取得会计从业资格证书。会计机构负责人应当具备会计师以上专业技术职务资格。

大中型企业应当设置总会计师。设置总会计师的企业不得设置与总会计师职权重叠的副职。

(4) 财产保护控制要求企业建立财产日常管理制度和定期清查制度，采取财产记录、实物保管、定期盘点、账实核对等措施，确保财产安全。企业应当严格限制未经授权的人员接触和处置财产。

(5) 预算控制要求企业实施全面预算管理制度，明确各责任单位在预算管理中的职责权限，规范预算的编制、审定、下达和执行程序，强化预算约束。

(6) 运营分析控制要求企业建立运营情况分析制度，经理层应当综合运用生产、购销、投资、筹资、财务等方面的信息，通过因素分析、对比分析、趋势分析等方法，定期开展运营情况分析，发现存在的问题，及时查明原因并加以改进。

(7) 绩效考评控制要求企业建立和实施绩效考评制度，科学设置考核指标体系，对企业内部各责任单位和全体员工的业绩进行定期考核和客观评价，将考评结果作为确定员工薪酬以及职务晋升、评优、降级、调岗、辞退等的依据。

#### 4. 信息与沟通

信息与沟通是企业及时、准确地收集、传递与内部控制相关的信息，确保信息在企业内部、企业与外部之间进行有效沟通。

#### 5. 内部监督

内部监督是企业对内部控制建立与实施情况进行监督检查，评价内部控制的有效性，发现内部控制缺陷，应当及时加以改进。

### (五) 内部控制评价

内部控制评价是指企业董事会或类似权力机构对内部控制有效性进行全面评价、形成评价结论、出具评价报告的过程。在企业内部控制实务中，内部控制评价是极为重要的一环。

企业董事会应当对内部控制评价报告的真实性负责。

#### 1. 内部控制评价应当遵循的原则

根据《企业内部控制评价指引》的要求，内部控制评价应遵循以下三个原则：

(1) 全面性原则。评价工作应当包括内部控制的设计与运行，涵盖企业及其所属单位的各种业务和事项。

(2) 重要性原则。评价工作应当在全面评价的基础上，关注重要业务单位、重大业务事项和高风险领域。

(3) 客观性原则。评价工作应当准确地揭示经营管理的风险状况，如实反映内部控制设计与运行的有效性。

2. 内部控制评价的内容

《企业内部控制评价指引》对内部控制评价内容的有关规定，是我国内部控制规范体系建设的一大创新。要求企业根据《企业内部控制基本规范》《企业内部控制评价指引》以及本企业的内部控制制度，围绕内部环境、风险评估、控制活动、信息与沟通、内部监督等要素，对内部控制有效性进行全面评价，包括财务报告内部控制有效性和非财务报告内部控制有效性。

3. 内部控制评价的程序

1) 制订评价控制方案

(1) 能够独立行使对内部控制系统建立与运行过程及结果进行监督的权力；

(2) 具备与监督和评价内部控制系统相适应的专业胜任能力和职业道德素养；

(3) 与企业其他职能机构就监督与评价内部控制系统方面应当保持协调一致，在工作中相互配合、相互制约；

(4) 能够得到企业董事会和经理层的支持，通常直接接受董事会及其审计委员会的领导和监事会的监督，有足够的权威性来保证内部控制评价工作的顺利开展。

2) 组成评价工作组

评价工作组成员应具备独立性、业务胜任能力和职业道德素养，应吸收企业内部相关机构熟悉情况、参与日常监控的负责人或业务骨干参加。如果企业决定利用外聘会计师事务所为其提供内部控制评价服务，根据《基本规范》的要求，该事务所不应同时为企业提供内部控制的审计服务。

3) 实施评价工作与测试

(1) 了解公司层面基本情况。

(2) 了解各业务层面的主要流程及风险。评价工作组可审阅的内控流程文档可能有：风险控制矩阵文档、流程图文档、审批权限表文档。

(3) 确定检查评价范围和重点。

(4) 开展现场检查测试。

4) 认定内部控制缺陷

(1) 内部控制缺陷的分类：

① 按照内部控制缺陷的本质分为设计缺陷和运行缺陷。

② 按照内部控制缺陷的严重程度分为重大缺陷、重要缺陷和一般缺陷。

(2) 内部控制缺陷的认定程序与整改。

对于重大缺陷和重要缺陷的整改方案，应向董事会(审计委员会)、监事会或经理层报告并审定。如果出现不适合向经理层报告的情形，例如，存在与管理层舞弊相关的内部控制缺陷，内部控制评价组应当直接向董事会(审计委员会)、监事会报告。重要缺陷并不影响企业内部控制的整体有效性，但是应当引起董事会和管理层的重视。对于一般缺陷，可以向企业管理层报告，并视情况考虑是否需要向董事会(审计委员会)、监事会报告。

5) 汇总评价结果

企业内部控制评价工作组应当建立评价质量交叉复核制度，有关评价报告应由评价工作组负责人严格审核确认，与被评价单位进行通报，在提交内部控制评价部门或机构前得到被评价单位相关责任人签字确认。如果在评价工作中发现的所有差异，如穿行测试及控制测试中发现的与访谈结果的差异、与流程手册的差异，也应在汇总中适当地记录。

重大缺陷应当由董事会予以最终认定。企业对于认定的重大缺陷，应当及时采取应对策略，切实将风险控制在可承受度之内，并追究有关部门或相关人员的责任。

6) 编报内部控制评价报告

《企业内部控制评价指引》要求，内部控制评价报告应当报经董事会或类似权力机构批准后对外披露或报送相关部门，即企业董事会或类似权力机构应当对内部控制评价报告的真实性负责。

企业应当以 12 月 31 日作为年度内部控制评价报告的基准日，并于基准日后 4 个月内报出内部控制评价报告。

《企业内部控制评价指引》专门对内部控制评价报告进行了规范，要求企业在评价报告中至少披露以下内容：

(1) 董事会对内部控制报告真实性的声明，实质就是董事会全体成员对内部控制有效性负责。

(2) 内部控制评价工作的总体情况，即概要说明。

(3) 内部控制评价的依据。

(4) 内部控制评价的范围。

(5) 内部控制评价的程序和方法。

(6) 内部控制缺陷及其认定情况，根据内部控制缺陷认定标准，确定评价期末存在的重大缺陷、重要缺陷和一般缺陷。

(7) 内部控制缺陷的整改情况及对重大缺陷拟采取的整改措施。

(8) 内部控制有效性的结论。对不存在重大缺陷的情形，出具评价期末内部控制有效结论，对存在重大缺陷的情形不得做出内部控制有效的结论，并需描述该重大缺陷的成因、表现形式及其对实现相关控制目标的重要程度。

## 练 习 题

### 一、名词解释

1．战略风险管理　2．风险评估　3．风险管理策略　4．风险承担
5．风险转移　6．风险对冲　7．套期保值　8．内部控制
9．战略选择　10．管理信息系统

### 二、单项选择题

1．下列各项中，不属于分析企业战略风险应收集的信息是(　　)。

A．市场对企业产品服务的需求

B．主要客户、供应商及竞争对手的有关情况

C．企业组织效能和管理状况

D．科技进步、技术创新的有关内容

2．下列各项中，属于企业一般不应把风险承担作为风险管理策略的情况是(　　)。

A．企业管理层及全体员工都未辨识出风险

B．企业从成本效益考虑认为选择风险承担是最适宜的方案

C．企业缺乏能力对已经辨识出的风险进行有效管理与控制

D．企业面临影响企业目标实现的重大风险

3．甲公司是一家生产遮阳用品的企业。2013 年，公司在保留原有业务的同时，进入雨具生产业务，从风险管理策略的角度看，甲公司采取的策略是(　　)。

A．风险规避　　B．风险转换

C．风险对冲　　D．风险承担

4．大华公司是一家大型家电企业。2014 年初，公司领导召开会议，集体通过以下决定：① 将手中多余资金 1.2 亿元投资于国家发行的三年期国债、某能源集团发行的三年期重点企业债券，以及业绩优良的公司股票。② 预提 1000 万元准备金用于可能发生的异地员工劳动争议。③ 在厂区内全面禁止吸烟。④ 针对公司固定资产加强投保，防止出现意外损失。根据以上信息可以判断，该公司以上决策中属于风险补偿策略的是(　　)。

A．①　　B．②　　C．③　　D．④

5．企业对所面临的风险采取接受的态度，从而承担风险带来的后果，其原因不包括(　　)。

A．企业未能辨识出风险

B．企业能够采取措施以补偿风险造成的损失

C．企业没有其他备选方案

D．企业缺乏能力进行主动的风险管理

6．企业在无法判断发生概率或无须判断概率的时候，度量风险一般使用(　　)。

A．在险值　　B．效用期望值

C．最大可能损失　　D．统计期望值

7．下列各项中，属于风险管理委员会职责的是(　　)。

A．督导企业风险管理文化的培育

B．组织协调全面风险管理日常工作

C．批准重大决策的风险评估报告

D．审议风险管理策略和重大风险管理解决方案

8．甲公司每年最低运营资本是 1000 万元，但是有 5%的可能性需要 1500 万元才能维持运营，如果该公司风险资本为 510 万元，该公司生存的概率是(　　)。

A．95%　　B．5%　　C．大于 95%　　D．小于 5%

9．宏远海运公司为了加强对损失事件的管理成立了一家附属机构，这家附属机构的职责是用母公司提供的资金建立损失储备金，并为母公司提供保险。宏远海运公司管理损失事件的方法属于(　　)。

A．损失融资　　B．风险资本

C．保险　　D．专业自保

10．下列风险管理技术与方法中，能够对风险进行定量分析的是(　　)。

A．事件树分析法　　B．专家意见法
C．风险评估系统图法　　D．流程图分析法

## 三、多项选择题

1．下列各项关于企业全面风险管理的表述中，正确的有(　　)。
A．企业全面风险管理是增进企业价值的过程
B．企业全面风险管理旨在把风险控制在风险容量以内
C．企业全面风险管理的参与者由管理层和全体员工组成
D．企业全面风险管理对企业所有风险进行管理

2．下列关于企业全面风险管理特征的表述中，正确的有(　　)。
A．主要运用于企业的日常风险管理层面
B．使用系统的、规范的方法，以确保所有的风险都得到识别
C．由风险管理专业人才实施专业化管理
D．对企业所有风险进行管理

3. 分析企业运营风险，企业应至少收集与该企业、本行业相关的信息，其中包括(　　)。
A．企业风险管理的现状和能力
B．潜在竞争者、竞争者及其主要产品、替代品情况
C．期货等衍生产品业务曾发生或易发生失误的流程和环节
D．新市场开发、市场营销策略

4．甲公司是一家生产高档不锈钢表壳的企业，产品以出口为主，以美元为结算货币。公司管理层召开会议讨论如何管理汇率风险，与会人员提出不少对策。关于这些对策，以下表述正确的有(　　)。
A．部门经理刘某提出“风险规避”策略：从国外进口相关的原材料，这样可以用外币支付采购货款，抵消部分人民币升值带来的影响
B．财务部小王提出“风险转移”策略：干脆公司把目标客户群从国外转移到国内，退出国外市场，这样就从根本上消除了汇率风险
C．负责出口业务的副总张某提出“风险控制”策略：加强对汇率变动趋势的分析和研究，以减少汇率风险带来的损失
D．业务员李某提出“风险对冲”策略：运用套期保值工具来控制汇率风险

5．星云公司制造手机所需要的部分零部件由奇象公司提供。星云公司为了防范和应对采购过程中可能出现的风险，与奇象公司签订了严格而规范的合同，其中一项规定是如果由于外界不可抗力因素造成奇象公司不能按时供货而给星云公司带来损失，只要损失额超过一定数量，那么超过的部分由奇象公司予以赔偿。在上述案例中，星云公司采取的风险管理工具有(　　)。
A．风险规避　　B．风险转移
C．风险补偿　　D．风险承担

6．下列风险度量方法中，建立在概率基础上的方法有(　　)。
A．在险值法　　B．层次分析法
C．期望值法　　D．最大可能损失法

7. 某公司设置了内部审计部、风险管理部和审计委员会，制定了本企业的风险管理监督与改进措施。下列选项中，符合《中央企业全面风险管理指引》要求的有(　　)。

A. 各有关部门定期对风险管理工作进行自查和检验，及时发现缺陷并改进，将风险管理报告报送企业总经理

B. 外聘风险管理中介机构进行风险管理评价并出具报告

C. 风险管理部对跨部门和业务单位的风险管理解决方案进行评价，提出建议和出具报告，报送公司决策层

D. 内部审计部门每年至少一次对风险管理部和各业务部门的风险管理工作及效果进行监督评价，评价报告直接报送审计委员会

8. 某商品经销商在期货市场上做与现货市场商品相同或者相近但交易部位相反的买卖行为，以便将现货市场价格波动的风险在期货市场上抵消。下列各项中，对该经销商采用的风险管理方法表述正确的有(　　)。

A. 该经销商采用的风险管理方法主要是为了盈利

B. 该经销商采用的风险管理方法是风险对冲

C. 该经销商采用的风险管理方法回避了价格风险

D. 该经销商采用的风险管理方法主要是为了管理财务风险

9. 甲企业是一家大型纺织企业，主要生产原材料为棉花，甲企业预计未来棉花价格将持续增长。为了降低已经承接的纺织品订单的生产成本上涨风险，甲企业决定以套期保值的方式规避棉花现货风险。下列选项中，符合套期保值特征的是(　　)。

A. 甲企业从事棉花套期保值的目的是通过降低棉花价格变动风险而获利

B. 甲企业棉花期货合约开仓时的价格反映了市场参与者对棉花的远期预期价格

C. 甲企业持有的棉花期货合约对应的“基差”反映了棉花现货和棉花期货的价格差异，该差异在期货合约到期日之前，既可以为正，也可以为负

D. 甲企业为套期保值所持有的棉花期货合约可以在到期日之前卖出平仓或者到期交割

10. 乙公司是一家国内知名的互联网企业。乙公司去年以来推出了多款新的互联网金融产品，为了消除部分客户对其产品风险的质疑，乙公司组织了来自学术界、企业界以及政府相关职能部门的专家，通过电子信箱发送问卷的调查方式征询专家对公司产品风险的意见，下列各项对乙公司采用的风险管理技术与方法优点的表述中，不正确的是(　　)。

A. 这种方法通过专家群体决策，产生尽可能多的设想

B. 这种方法速度较快，容易开展

C. 这种方法能够激发专家们的想象力

D. 这种方法更有可能表达出那些不受欢迎的看法

## 四、简答题

1. 战略风险管理的目标主要体现在哪些方面？

2. 战略风险管理的流程包括哪些步骤？

3. 风险管理工具有哪些？

4．企业内部控制理论的演变与发展经历了哪些阶段？

5．战略风险管理体系包括哪些内容？

**五、案例分析题**

1．爱宝公司是 B 国一家婴幼儿用品生产商，公司的产品包括婴儿床、婴儿车、婴幼儿学习及个人卫生用品等。产品主要在 B 国内销，B 国近年生育率一直处于高位，为婴幼儿用品市场创造了不少商机。

最近，爱宝公司的客户服务单位分别从互联网及投诉信件两个途径，收到 15 宗与其刚推出市场三个月的新型号婴儿车(产品编号 AB2202)有关的客户投诉。对于这些投诉，客户服务部主管已经向爱宝公司的运营部主管张大宏通报。投诉内容主要是婴儿车的前扶手及两侧的金属铰链容易卡住小孩的手指甚至脖子而导致婴儿受伤。

张大宏针对客户投诉与产品设计部主管胡总和生产部主管刘总商讨该新型号婴儿车在产品设计或生产程序上是否有改进的必要。在讨论过程中，胡总及刘总坚持 AB2202 号婴儿车的设计与生产程序没有问题，虽然 B 国没有任何针对该产品的设计及安全标准，但依据他们多年的工作经验，AB2202 号婴儿车的设计与生产程序不会对婴儿产生任何安全问题。

此后，张大宏仍然非常担忧这类投诉会接踵而至，如果那样局面将可能一发而不可收拾，因为 B 国婴儿用品质量始终是公众非常关注的问题。两个星期后，张大宏收到客户服务部主管的电邮，告知对 AB2202 型号婴儿车的投诉又增加了七宗，同时公司还收到报社记者对相关投诉的查询，公司在互联网上也发现有关投诉的言论。

要求：

简述法律风险与合规风险的内涵，分析如果爱宝公司生产销售 AB2202 号婴儿车确实存在严重的质量问题，爱宝公司将面临的法律风险与合规风险。

2．东方公司是一家中等规模的地方炼油企业，产品包括汽油、柴油等主要产品及其副产品，在本省以及周边省份出售给经销商或终端客户。

东方公司面临的竞争压力既来自国有特大型炼油企业，还来自本省数量众多的其他炼油企业。为了掌握销售主动权和吸引客户，公司销售政策规定：对于资产额在 1000 万元至 3000 万的客户，给予 50 万元的赊销额度；对于资产额在 3000 万元至 1 亿元的客户，给予 100 万元的赊销额度；对于资产额在 1 亿元以上的客户，给予 200 万元的赊销额度。

公司对销售程序作出如下规定：

(1) 客户申请赊销额度时，需提供经审计的上一年度资产负债表，由销售部负责审核。额度经公司批准后不得变更。销售部负责客户信用档案的管理。对于重要客户的资信等材料一般情况下不得变更。同时，对于所有客户都建立严格的信用保证制度。

(2) 重大的销售业务须由销售部开具销售订单，订单上的内容包括：销售期、客户名称、产品名称、产品单价、总价款、付款方式。销售订单经客户签字盖章，交由公司销售部部长加盖销售专用章后生效。

(3) 由财务部门定期与客户进行对账并负责催收。

要求：

(1) 根据《企业内部控制应用指引第 9 号——销售业务》，简要分析东方公司制定赊销政策需防范的主要风险。

(2) 根据《企业内部控制应用指引第 9 号——销售业务》，分析东方公司销售程序规定中存在的内部控制弱点，并提出改进建议。

# 参 考 文 献

[1] 辛聪. 基于平衡计分卡的小米公司战略风险管理研究[D]. 河北师范大学硕士论文，2019.
[2] 中国注册会计师协会. 公司战略与风险管理[M]. 北京：经济科学出版社，2019.
[3] 刘珍珍. 三普药业商品期货套期保值巨亏案例分析[D]. 西南政法大学硕士论文，2018.
[4] 李娜. 利用商品期权进行套期保值的案例研究[D]. 天津工业大学硕士论文，2019.
[5] 黄效稷. 我国进出口企业外汇衍生品选择策略研究[D]. 浙江大学硕士论文，2017.
[6] 王凯丽. 惠而浦(中国)内部控制环境研究[D]. 河北经贸大学硕士论文，2019.

# 附录一 《企业内部控制基本规范》

## 第一章 总 则

第一条 为了加强和规范企业内部控制，提高企业经营管理水平和风险防范能力，促进企业可持续发展，维护社会主义市场经济秩序和社会公众利益，根据《中华人民共和国公司法》《中华人民共和国证券法》《中华人民共和国会计法》和其他有关法律法规，制定本规范。

第二条 本规范适用于中华人民共和国境内设立的大中型企业。

小企业和其他单位可以参照本规范建立与实施内部控制。

大中型企业和小企业的划分标准根据国家有关规定执行。

第三条 本规范所称内部控制，是由企业董事会、监事会、经理层和全体员工实施的、旨在实现控制目标的过程。

内部控制的目标是合理保证企业经营管理合法合规、资产安全、财务报告及相关信息真实完整，提高经营效率和效果，促进企业实现发展战略。

第四条 企业建立与实施内部控制，应当遵循下列原则：

(一) 全面性原则。内部控制应当贯穿决策、执行和监督全过程，覆盖企业及其所属单位的各种业务和事项。

(二) 重要性原则。内部控制应当在全面控制的基础上，关注重要业务事项和高风险领域。

(三) 制衡性原则。内部控制应当在治理结构、机构设置及权责分配、业务流程等方面形成相互制约、相互监督，同时兼顾运营效率。

(四) 适应性原则。内部控制应当与企业经营规模、业务范围、竞争状况和风险水平等相适应，并随着情况的变化及时加以调整。

(五) 成本效益原则。内部控制应当权衡实施成本与预期效益，以适当的成本实现有效控制。

第五条 企业建立与实施有效的内部控制，应当包括下列要素：

(一) 内部环境。内部环境是企业实施内部控制的基础，一般包括治理结构、机构设置及权责分配、内部审计、人力资源政策、企业文化等。

(二) 风险评估。风险评估是企业及时识别、系统分析经营活动中与实现内部控制目标相关的风险，合理确定风险应对策略。

(三) 控制活动。控制活动是企业根据风险评估结果，采用相应的控制措施，将风险控制在可承受度之内。

(四) 信息与沟通。信息与沟通是企业及时、准确地收集、传递与内部控制相关的信息，确保信息在企业内部、企业与外部之间进行有效沟通。

(五) 内部监督。内部监督是企业对内部控制建立与实施情况进行监督检查，评价内部控制的有效性，发现内部控制缺陷，应当及时加以改进。

第六条　企业应当根据有关法律法规、本规范及其配套办法，制定本企业的内部控制制度并组织实施。

第七条　企业应当运用信息技术加强内部控制，建立与经营管理相适应的信息系统，促进内部控制流程与信息系统的有机结合，实现对业务和事项的自动控制，减少或消除人为操纵因素。

第八条　企业应当建立内部控制实施的激励约束机制，将各责任单位和全体员工实施内部控制的情况纳入绩效考评体系，促进内部控制的有效实施。

第九条　国务院有关部门可以根据法律法规、本规范及其配套办法，明确贯彻实施本规范的具体要求，对企业建立与实施内部控制的情况进行监督检查。

第十条　接受企业委托从事内部控制审计的会计师事务所，应当根据本规范及其配套办法和相关执业准则，对企业内部控制的有效性进行审计，出具审计报告。会计师事务所及其签字的从业人员应当对发表的内部控制审计意见负责。

为企业内部控制提供咨询的会计师事务所，不得同时为同一企业提供内部控制审计服务。

## 第二章　内部环境

第十一条　企业应当根据国家有关法律法规和企业章程，建立规范的公司治理结构和议事规则，明确决策、执行、监督等方面的职责权限，形成科学有效的职责分工和制衡机制。

股东(大)会享有法律法规和企业章程规定的合法权利，依法行使企业经营方针、筹资、投资、利润分配等重大事项的表决权。

董事会对股东(大)会负责，依法行使企业的经营决策权。

监事会对股东(大)会负责，监督企业董事、经理和其他高级管理人员依法履行职责。

经理层负责组织实施股东(大)会、董事会决议事项，主持企业的生产经营管理工作。

第十二条　董事会负责内部控制的建立健全和有效实施。监事会对董事会建立与实施内部控制进行监督。经理层负责组织领导企业内部控制的日常运行。

企业应当成立专门机构或者指定适当的机构具体负责组织协调内部控制的建立实施及日常工作。

第十三条　企业应当在董事会下设立审计委员会。审计委员会负责审查企业内部控制，监督内部控制的有效实施和内部控制自我评价情况，协调内部控制审计及其他相关事宜等。

审计委员会负责人应当具备相应的独立性、良好的职业操守和专业胜任能力。

第十四条　企业应当结合业务特点和内部控制要求设置内部机构，明确职责权限，将权利与责任落实到各责任单位。

企业应当通过编制内部管理手册，使全体员工掌握内部机构设置、岗位职责、业务流程等情况，明确权责分配，正确行使职权。

第十五条　企业应当加强内部审计工作，保证内部审计机构设置、人员配备和工作的独立性。

内部审计机构应当结合内部审计监督，对内部控制的有效性进行监督检查。内部审计机构对监督检查中发现的内部控制缺陷，应当按照企业内部审计工作程序进行报告；对监督检查中发现的内部控制重大缺陷，有权直接向董事会及其审计委员会、监事会报告。

第十六条　企业应当制定和实施有利于企业可持续发展的人力资源政策。人力资源政策应当包括下列内容：

(一) 员工的聘用、培训、辞退与辞职。

(二) 员工的薪酬、考核、晋升与奖惩。

(三) 关键岗位员工的强制休假制度和定期岗位轮换制度。

(四) 掌握国家秘密或重要商业秘密的员工离岗的限制性规定。

(五) 有关人力资源管理的其他政策。

第十七条　企业应当将职业道德修养和专业胜任能力作为选拔和聘用员工的重要标准，切实加强员工培训和继续教育，不断提升员工素质。

第十八条　企业应当加强文化建设，培育积极向上的价值观和社会责任感，倡导诚实守信、爱岗敬业、开拓创新和团队协作精神，树立现代管理理念，强化风险意识。

董事、监事、经理及其他高级管理人员应当在企业文化建设中发挥主导作用。

企业员工应当遵守员工行为守则，认真履行岗位职责。

第十九条　企业应当加强法制教育，增强董事、监事、经理及其他高级管理人员和员工的法制观念，严格依法决策、依法办事、依法监督，建立健全法律顾问制度和重大法律纠纷案件备案制度。

## 第三章　风险评估

第二十条　企业应当根据设定的控制目标，全面、系统、持续地收集相关信息，结合实际情况，及时进行风险评估。

第二十一条　企业开展风险评估，应当准确识别与实现控制目标相关的内部风险和外部风险，确定相应的风险承受度。

风险承受度是企业能够承担的风险限度，包括整体风险承受能力和业务层面的可接受风险水平。

第二十二条　企业识别内部风险，应当关注下列因素：

(一) 董事、监事、经理及其他高级管理人员的职业操守、员工专业胜任能力等人力资源因素。

(二) 组织机构、经营方式、资产管理、业务流程等管理因素。

(三) 研究开发、技术投入、信息技术运用等自主创新因素。

(四) 财务状况、经营成果、现金流量等财务因素。

(五) 营运安全、员工健康、环境保护等安全环保因素。

(六) 其他有关内部风险因素。

第二十三条　企业识别外部风险，应当关注下列因素：

(一) 经济形势、产业政策、融资环境、市场竞争、资源供给等经济因素。

(二) 法律法规、监管要求等法律因素。

(三) 安全稳定、文化传统、社会信用、教育水平、消费者行为等社会因素。

(四) 技术进步、工艺改进等科学技术因素。

(五) 自然灾害、环境状况等自然环境因素。

(六) 其他有关外部风险因素。

第二十四条　企业应当采用定性与定量相结合的方法，按照风险发生的可能性及其影响程度等，对识别的风险进行分析和排序，确定关注重点和优先控制的风险。

企业进行风险分析，应当充分吸收专业人员，组成风险分析团队，按照严格规范的程序开展工作，确保风险分析结果的准确性。

第二十五条　企业应当根据风险分析的结果，结合风险承受度，权衡风险与收益，确定风险应对策略。

企业应当合理分析、准确掌握董事、经理及其他高级管理人员、关键岗位员工的风险偏好，采取适当的控制措施，避免因个人风险偏好给企业经营带来重大损失。

第二十六条　企业应当综合运用风险规避、风险降低、风险分担和风险承受等风险应对策略，实现对风险的有效控制。

风险规避是企业对超出风险承受度的风险，通过放弃或者停止与该风险相关的业务活动以避免和减轻损失的策略。

风险降低是企业在权衡成本效益之后，准备采取适当的控制措施降低风险或者减轻损失，将风险控制在风险承受度之内的策略。

风险分担是企业准备借助他人力量，采取业务分包、购买保险等方式和适当的控制措施，将风险控制在风险承受度之内的策略。

风险承受是企业对风险承受度之内的风险，在权衡成本效益之后，不准备采取控制措施降低风险或者减轻损失的策略。

第二十七条　企业应当结合不同发展阶段和业务拓展情况，持续收集与风险变化相关的信息，进行风险识别和风险分析，及时调整风险应对策略。

## 第四章　控 制 活 动

第二十八条　企业应当结合风险评估结果，通过手工控制与自动控制、预防性控制与发现性控制相结合的方法，运用相应的控制措施，将风险控制在可承受度之内。

控制措施一般包括：不相容职务分离控制、授权审批控制、会计系统控制、财产保护控制、预算控制、运营分析控制和绩效考评控制等。

第二十九条　不相容职务分离控制要求企业全面系统地分析、梳理业务流程中所涉及的不相容职务，实施相应的分离措施，形成各司其职、各负其责、相互制约的工作机制。

第三十条 授权审批控制要求企业根据常规授权和特别授权的规定，明确各岗位办理业务和事项的权限范围、审批程序和相应责任。

企业应当编制常规授权的权限指引，规范特别授权的范围、权限、程序和责任，严格控制特别授权。常规授权是指企业在日常经营管理活动中按照既定的职责和程序进行的授权。特别授权是指企业在特殊情况、特定条件下进行的授权。

企业各级管理人员应当在授权范围内行使职权和承担责任。

企业对于重大的业务和事项，应当实行集体决策审批或者联签制度，任何个人不得单独进行决策或者擅自改变集体决策。

第三十一条 会计系统控制要求企业严格执行国家统一的会计准则制度，加强会计基础工作，明确会计凭证、会计账簿和财务会计报告的处理程序，保证会计资料真实完整。

企业应当依法设置会计机构，配备会计从业人员。从事会计工作的人员，必须取得会计从业资格证书。会计机构负责人应当具备会计师以上专业技术职务资格。

大中型企业应当设置总会计师。设置总会计师的企业，不得设置与其职权重叠的副职。

第三十二条 财产保护控制要求企业建立财产日常管理制度和定期清查制度，采取财产记录、实物保管、定期盘点、账实核对等措施，确保财产安全。

企业应当严格限制未经授权的人员接触和处置财产。

第三十三条 预算控制要求企业实施全面预算管理制度，明确各责任单位在预算管理中的职责权限，规范预算的编制、审定、下达和执行程序，强化预算约束。

第三十四条 运营分析控制要求企业建立运营情况分析制度，经理层应当综合运用生产、购销、投资、筹资、财务等方面的信息，通过因素分析、对比分析、趋势分析等方法，定期开展运营情况分析，发现存在的问题，及时查明原因并加以改进。

第三十五条 绩效考评控制要求企业建立和实施绩效考评制度，科学设置考核指标体系，对企业内部各责任单位和全体员工的业绩进行定期考核和客观评价，将考评结果作为确定员工薪酬以及职务晋升、评优、降级、调岗、辞退等的依据。

第三十六条 企业应当根据内部控制目标，结合风险应对策略，综合运用控制措施，对各种业务和事项实施有效控制。

第三十七条 企业应当建立重大风险预警机制和突发事件应急处理机制，明确风险预警标准，对可能发生的重大风险或突发事件，制定应急预案、明确责任人员、规范处置程序，确保突发事件得到及时妥善处理。

## 第五章 信息与沟通

第三十八条 企业应当建立信息与沟通制度，明确内部控制相关信息的收集、处理和传递程序，确保信息及时沟通，促进内部控制有效运行。

第三十九条 企业应当对收集的各种内部信息和外部信息进行合理筛选、核对、整合，提高信息的有用性。

企业可以通过财务会计资料、经营管理资料、调研报告、专项信息、内部刊物、办公网络等渠道，获取内部信息。

企业可以通过行业协会组织、社会中介机构、业务往来单位、市场调查、来信来访、网络媒体以及有关监管部门等渠道，获取外部信息。

第四十条　企业应当将内部控制相关信息在企业内部各管理级次、责任单位、业务环节之间，以及企业与外部投资者、债权人、客户、供应商、中介机构和监管部门等有关方面之间进行沟通和反馈。信息沟通过程中发现的问题，应当及时报告并加以解决。

重要信息应当及时传递给董事会、监事会和经理层。

第四十一条　企业应当利用信息技术促进信息的集成与共享，充分发挥信息技术在信息与沟通中的作用。

企业应当加强对信息系统开发与维护、访问与变更、数据输入与输出、文件储存与保管、网络安全等方面的控制，保证信息系统安全稳定运行。

第四十二条　企业应当建立反舞弊机制，坚持惩防并举、重在预防的原则，明确反舞弊工作的重点领域、关键环节和有关机构在反舞弊工作中的职责权限，规范舞弊案件的举报、调查、处理、报告和补救程序。

企业至少应当将下列情形作为反舞弊工作的重点：

(一) 未经授权或者采取其他不法方式侵占、挪用企业资产，牟取不当利益。

(二) 在财务会计报告和信息披露等方面存在的虚假记载、误导性陈述或者重大遗漏等。

(三) 董事、监事、经理及其他高级管理人员滥用职权。

(四) 相关机构或人员串通舞弊。

第四十三条　企业应当建立举报投诉制度和举报人保护制度，设置举报专线，明确举报投诉处理程序、办理时限和办结要求，确保举报、投诉成为企业有效掌握信息的重要途径。

举报投诉制度和举报人保护制度应当及时传达至全体员工。

## 第六章　内 部 监 督

第四十四条　企业应当根据本规范及其配套办法，制定内部控制监督制度，明确内部审计机构(或经授权的其他监督机构)和其他内部机构在内部监督中的职责权限，规范内部监督的程序、方法和要求。

内部监督分为日常监督和专项监督。日常监督是指企业对建立与实施内部控制的情况进行常规、持续的监督检查；专项监督是指在企业发展战略、组织结构、经营活动、业务流程、关键岗位员工等发生较大调整或变化的情况下，对内部控制的某一或者某些方面进行有针对性的监督检查。

专项监督的范围和频率应当根据风险评估结果以及日常监督的有效性等予以确定。

第四十五条　企业应当制定内部控制缺陷认定标准，对监督过程中发现的内部控制缺陷，应当分析缺陷的性质和产生的原因，提出整改方案，采取适当的形式及时向董事会、监事会或者经理层报告。

内部控制缺陷包括设计缺陷和运行缺陷。企业应当跟踪内部控制缺陷整改情况，并就内部监督中发现的重大缺陷，追究相关责任单位或者责任人的责任。

第四十六条 企业应当结合内部监督情况，定期对内部控制的有效性进行自我评价，出具内部控制自我评价报告。

内部控制自我评价的方式、范围、程序和频率，由企业根据经营业务调整、经营环境变化、业务发展状况、实际风险水平等自行确定。

国家有关法律法规另有规定的，从其规定。

第四十七条 企业应当以书面或者其他适当的形式，妥善保存内部控制建立与实施过程中的相关记录或者资料，确保内部控制建立与实施过程的可验证性。

## 第七章 附 则

第四十八条 本规范由财政部会同国务院其他有关部门解释。

第四十九条 本规范的配套办法由财政部会同国务院其他有关部门另行制定。

第五十条 本规范自 2009 年 7 月 1 日起实施。

# 附录二 《企业内部控制应用指引》

## 企业内部控制应用指引第 1 号——组织架构

### 第一章 总 则

第一条 为了促进企业实现发展战略，优化治理结构、管理体制和运行机制，建立现代企业制度，根据《中华人民共和国公司法》等有关法律法规和《企业内部控制基本规范》，制定本指引。

第二条 本指引所称组织架构，是指企业按照国家有关法律法规、股东(大)会决议和企业章程，结合本企业实际，明确股东(大)会、董事会、监事会、经理层和企业内部各层级机构设置、职责权限、人员编制、工作程序和相关要求的制度安排。

第三条 企业至少应当关注组织架构设计与运行中的下列风险：

(一) 治理结构形同虚设，缺乏科学决策、良性运行机制和执行力，可能导致企业经营失败，难以实现发展战略。

(二) 内部机构设计不科学，权责分配不合理，可能导致机构重叠、职能交叉或缺失、推诿扯皮，运行效率低下。

### 第二章 组织架构的设计

第四条 企业应当根据国家有关法律法规的规定，明确董事会、监事会和经理层的职责权限、任职条件、议事规则和工作程序，确保决策、执行和监督相互分离，形成制衡。董事会对股东(大)会负责，依法行使企业的经营决策权。可按照股东(大)会的有关决议，设立战略、审计、提名、薪酬与考核等专门委员会，明确各专门委员会的职责权限、任职资格、议事规则和工作程序，为董事会科学决策提供支持。监事会对股东(大)会负责，监督企业董事、经理和其他高级管理人员依法履行职责。经理层对董事会负责，主持企业的生产经营管理工作。经理和其他高级管理人员的职责分工应当明确。董事会、监事会和经理层的产生程序应当合法合规，其人员构成、知识结构、能力素质应当满足履行职责的要求。

第五条 企业的重大决策、重大事项、重要人事任免及大额资金支付业务等，应当按照规定的权限和程序实行集体决策审批或者联签制度。任何个人不得单独进行决策或者擅自改变集体决策意见。重大决策、重大事项、重要人事任免及大额资金支付业务的具体标准由企业自行确定。

第六条 企业应当按照科学、精简、高效、透明、制衡的原则，综合考虑企业性质、发展战略、文化理念和管理要求等因素，合理设置内部职能机构，明确各机构的职责权限，避免职能交叉、缺失或权责过于集中，形成各司其职、各负其责、相互制约、相互协调的工作机制。

第七条 企业应当对各机构的职能进行科学合理的分解，确定具体岗位的名称、职责和工作要求等，明确各个岗位的权限和相互关系。企业在确定职权和岗位分工过程中，应当体现不相容职务相互分离的要求。不相容职务通常包括：可行性研究与决策审批；决策审批与执行；执行与监督检查等。

第八条 企业应当制定组织结构图、业务流程图、岗(职)位说明书和权限指引等内部管理制度或相关文件，使员工了解和掌握组织架构设计及权责分配情况，正确履行职责。

## 第三章 组织架构的运行

第九条 企业应当根据组织架构的设计规范，对现有治理结构和内部机构设置进行全面梳理，确保本企业治理结构、内部机构设置和运行机制等符合现代企业制度要求。企业梳理治理结构，应当重点关注董事、监事、经理及其他高级管理人员的任职资格和履职情况，以及董事会、监事会和经理层的运行效果。治理结构存在问题的，应当采取有效措施加以改进。企业梳理内部机构设置，应当重点关注内部机构设置的合理性和运行的高效性等。内部机构设置和运行中存在职能交叉、缺失或运行效率低下的，应当及时解决。

第十条 企业拥有子公司的，应当建立科学的投资管控制度，通过合法有效的形式履行出资人职责、维护出资人权益，重点关注子公司特别是异地、境外子公司的发展战略、年度财务预决算、重大投融资、重大担保、大额资金使用、主要资产处置、重要人事任免、内部控制体系建设等重要事项。

第十一条 企业应当定期对组织架构设计与运行的效率和效果进行全面评估，发现组织架构设计与运行中存在缺陷的，应当进行优化调整。企业组织架构调整应当充分听取董事、监事、高级管理人员和其他员工的意见，按照规定的权限和程序进行决策审批。

# 企业内部控制应用指引第 2 号——发展战略

## 第一章 总 则

第一条 为了促进企业增强核心竞争力和可持续发展能力，根据有关法律法规和《企业内部控制基本规范》，制定本指引。

第二条 本指引所称发展战略，是指企业在对现实状况和未来趋势进行综合分析和科学预测的基础上，制定并实施的长远发展目标与战略规划。

第三条 企业制定与实施发展战略至少应当关注下列风险：

(一) 缺乏明确的发展战略或发展战略实施不到位，可能导致企业盲目发展，难以形成竞争优势，丧失发展机遇和动力。

(二) 发展战略过于激进，脱离企业实际能力或偏离主业，可能导致企业过度扩张，甚至经营失败。

(三) 发展战略因主观原因频繁变动，可能导致资源浪费，甚至危及企业的生存和持续发展。

## 第二章　发展战略的制定

第四条　企业应当在充分调查研究、科学分析预测和广泛征求意见的基础上制定发展目标。企业在制定发展目标过程中，应当综合考虑宏观经济政策、国内外市场需求变化、技术发展趋势、行业及竞争对手状况、可利用资源水平和自身优势与劣势等影响因素。

第五条　企业应当根据发展目标制定战略规划。战略规划应当明确发展的阶段性和发展程度，确定每个发展阶段的具体目标、工作任务和实施路径。

第六条　企业应当在董事会下设立战略委员会，或指定相关机构负责发展战略管理工作，履行相应职责。企业应当明确战略委员会的职责和议事规则，对战略委员会会议的召开程序、表决方式、提案审议、保密要求和会议记录等作出规定，确保议事过程规范透明、决策程序科学民主。战略委员会应当组织有关部门对发展目标和战略规划进行可行性研究和科学论证，形成发展战略建议方案；必要时，可借助中介机构和外部专家的力量为其履行职责提供专业咨询意见。战略委员会成员应当具有较强的综合素质和实践经验，其任职资格和选任程序应当符合有关法律法规和企业章程的规定。

第七条　董事会应当严格审议战略委员会提交的发展战略方案，重点关注其全局性、长期性和可行性。董事会在审议方案中如果发现重大问题，应当责成战略委员会对方案作出调整。企业的发展战略方案经董事会审议通过后，报经股东(大)会批准实施。

## 第三章　发展战略的实施

第八条　企业应当根据发展战略，制定年度工作计划，编制全面预算，将年度目标分解、落实；同时完善发展战略管理制度，确保发展战略有效实施。

第九条　企业应当重视发展战略的宣传工作，通过内部各层级会议和教育培训等有效方式，将发展战略及其分解落实情况传递到内部各管理层级和全体员工。

第十条　战略委员会应当加强对发展战略实施情况的监控，定期收集和分析相关信息，对于明显偏离发展战略的情况，应当及时报告。

第十一条　由于经济形势、产业政策、技术进步、行业状况以及不可抗力等因素发生重大变化，确需对发展战略作出调整的，应当按照规定权限和程序调整发展战略。

# 企业内部控制应用指引第 3 号——人力资源

## 第一章　总　　则

第一条　为了促进企业加强人力资源建设，充分发挥人力资源对实现企业发展战略的重要作用，根据有关法律法规和《企业内部控制基本规范》，制定本指引。

第二条　本指引所称人力资源，是指企业组织生产经营活动而录(任)用的各种人员，包括董事、监事、高级管理人员和全体员工。

第三条 企业人力资源管理至少应当关注下列风险：

(一) 人力资源缺乏或过剩、结构不合理、开发机制不健全，可能导致企业发展战略难以实现。

(二) 人力资源激励约束制度不合理、关键岗位人员管理不完善，可能导致人才流失、经营效率低下或关键技术、商业秘密和国家机密泄露。

(三) 人力资源退出机制不当，可能导致法律诉讼或企业声誉受损。

第四条 企业应当重视人力资源建设，根据发展战略，结合人力资源现状和未来需求预测，建立人力资源发展目标，制定人力资源总体规划和能力框架体系，优化人力资源整体布局，明确人力资源的引进、开发、使用、培养、考核、激励、退出等管理要求，实现人力资源的合理配置，全面提升企业核心竞争力。

## 第二章 人力资源的引进与开发

第五条 企业应当根据人力资源总体规划，结合生产经营实际需要，制定年度人力资源需求计划，完善人力资源引进制度，规范工作流程，按照计划、制度和程序组织人力资源引进工作。

第六条 企业应当根据人力资源能力框架要求，明确各岗位的职责权限、任职条件和工作要求，遵循德才兼备、以德为先和公开、公平、公正的原则，通过公开招聘、竞争上岗等多种方式选聘优秀人才，重点关注选聘对象的价值取向和责任意识。企业选拔高级管理人员和聘用中层及以下员工，应当切实做到因事设岗、以岗选人，避免因人设事或设岗，确保选聘人员能够胜任岗位职责要求。企业选聘人员应当实行岗位回避制度。

第七条 企业确定选聘人员后，应当依法签订劳动合同，建立劳动用工关系。企业对于在产品技术、市场、管理等方面掌握或涉及关键技术、知识产权、商业秘密或国家机密的工作岗位，应当与该岗位员工签订有关岗位保密协议，明确保密义务。

第八条 企业应当建立选聘人员试用期和岗前培训制度，对试用人员进行严格考察，促进选聘员工全面了解岗位职责，掌握岗位基本技能，适应工作要求。试用期满考核合格后，方可正式上岗；试用期满考核不合格者，应当及时解除劳动关系。

第九条 企业应当重视人力资源开发工作，建立员工培训长效机制，营造尊重知识、尊重人才和关心员工职业发展的文化氛围，加强后备人才队伍建设，促进全体员工的知识、技能持续更新，不断提升员工的服务效能。

## 第三章 人力资源的使用与退出

第十条 企业应当建立和完善人力资源的激励约束机制，设置科学的业绩考核指标体系，对各级管理人员和全体员工进行严格考核与评价，以此作为确定员工薪酬、职级调整和解除劳动合同等的重要依据，确保员工队伍处于持续优化状态。

第十一条 企业应当制定与业绩考核挂钩的薪酬制度，切实做到薪酬安排与员工贡献相协调，体现效率优先，兼顾公平。

第十二条 企业应当制定各级管理人员和关键岗位员工定期轮岗制度，明确轮岗范围、轮岗周期、轮岗方式等，形成相关岗位员工的有序持续流动，全面提升员工素质。

第十三条　企业应当按照有关法律法规规定，结合企业实际，建立健全员工退出(辞职、解除劳动合同、退休等)机制，明确退出的条件和程序，确保员工退出机制得到有效实施。企业对考核不能胜任岗位要求的员工，应当及时暂停其工作，安排再培训，或调整工作岗位，安排转岗培训；仍不能满足岗位职责要求的，应当按照规定的权限和程序解除劳动合同。企业应当与退出员工依法约定保守关键技术、商业秘密、国家机密和竞业限制的期限，确保知识产权、商业秘密和国家机密的安全。企业关键岗位人员离职前，应当根据有关法律法规的规定进行工作交接或离任审计。

第十四条　企业应当定期对年度人力资源计划执行情况进行评估，总结人力资源管理经验，分析存在的主要缺陷和不足，完善人力资源政策，促进企业整体团队充满生机和活力。

# 企业内部控制应用指引第 4 号——社会责任

## 第一章　总　　则

第一条　为了促进企业履行社会责任，实现企业与社会的协调发展，根据国家有关法律法规和《企业内部控制基本规范》，制定本指引。

第二条　本指引所称社会责任，是指企业在经营发展过程中应当履行的社会职责和义务，主要包括安全生产、产品质量(含服务，下同)、环境保护、资源节约、促进就业、员工权益保护等。

第三条　企业至少应当关注在履行社会责任方面的下列风险：

(一) 安全生产措施不到位，责任不落实，可能导致企业发生安全事故。

(二) 产品质量低劣，侵害消费者利益，可能导致企业巨额赔偿、形象受损，甚至破产。

(三) 环境保护投入不足，资源耗费大，造成环境污染或资源枯竭，可能导致企业巨额赔偿、缺乏发展后劲，甚至停业。

(四) 促进就业和员工权益保护不够，可能导致员工积极性受挫，影响企业发展和社会稳定。

第四条　企业应当重视履行社会责任，切实做到经济效益与社会效益、短期利益与长远利益、自身发展与社会发展相互协调，实现企业与员工、企业与社会、企业与环境的健康和谐发展。

## 第二章　安 全 生 产

第五条　企业应当根据国家有关安全生产的规定，结合本企业实际情况，建立严格的安全生产管理体系、操作规范和应急预案，强化安全生产责任追究制度，切实做到安全生产。企业应当设立安全管理部门和安全监督机构，负责企业安全生产的日常监督管理工作。

第六条　企业应当重视安全生产投入，在人力、物力、资金、技术等方面提供必要的保障，健全检查监督机制，确保各项安全措施落实到位，不得随意降低保障标准和要求。

第七条 企业应当贯彻预防为主的原则，采用多种形式增强员工安全意识，重视岗位培训，对于特殊岗位实行资格认证制度。企业应当加强生产设备的经常性维护管理，及时排除安全隐患。

第八条 企业如果发生生产安全事故，应当按照安全生产管理制度妥善处理，排除故障，减轻损失，追究责任。重大生产安全事故应当启动应急预案，同时按照国家有关规定及时报告，严禁迟报、谎报和瞒报。

## 第三章 产品质量

第九条 企业应当根据国家和行业相关产品质量的要求，从事生产经营活动，切实提高产品质量和服务水平，努力为社会提供优质安全健康的产品和服务，最大限度地满足消费者的需求，对社会和公众负责，接受社会监督，承担社会责任。

第十条 企业应当规范生产流程，建立严格的产品质量控制和检验制度，严把质量关，禁止缺乏质量保障、危害人民生命健康的产品流向社会。

第十一条 企业应当加强产品的售后服务。售后发现存在严重质量缺陷、隐患的产品，应当及时召回或采取其他有效措施，最大限度地降低或消除缺陷、隐患产品的社会危害。企业应当妥善处理消费者提出的投诉和建议，切实保护消费者权益。

## 第四章 环境保护与资源节约

第十二条 企业应当按照国家有关环境保护与资源节约的规定，结合本企业实际情况，建立环境保护与资源节约制度，认真落实节能减排责任，积极开发和使用节能产品，发展循环经济，降低污染物排放，提高资源综合利用效率。企业应当通过宣传教育等有效形式，不断提高员工的环境保护和资源节约意识。

第十三条 企业应当重视生态保护，加大对环保工作的人力、物力、财力的投入和技术支持，不断改进工艺流程，降低能耗和污染物排放水平，实现清洁生产。企业应当加强对废气、废水、废渣的综合治理，建立废料回收和循环利用制度。

第十四条 企业应当重视资源节约和资源保护，着力开发利用可再生资源，防止对不可再生资源进行掠夺性或毁灭性开发。企业应当重视国家产业结构相关政策，特别关注产业结构调整的发展要求，加快高新技术开发和传统产业改造，切实转变发展方式，实现低投入、低消耗、低排放和高效率。

第十五条 企业应当建立环境保护和资源节约的监控制度，定期开展监督检查，发现问题，及时采取措施予以纠正。污染物排放超过国家有关规定的，企业应当承担治理或相关法律责任。发生紧急、重大环境污染事件时，应当启动应急机制，及时报告和处理，并依法追究相关责任人的责任。

## 第五章 促进就业与员工权益保护

第十六条 企业应当依法保护员工的合法权益，贯彻人力资源政策，保护员工依法享有劳动权利和履行劳动义务，保持工作岗位相对稳定，积极促进充分就业，切实履行社会责任。企业应当避免在正常经营情况下批量辞退员工，增加社会负担。

第十七条　企业应当与员工签订并履行劳动合同，遵循按劳分配、同工同酬的原则，建立科学的员工薪酬制度和激励机制，不得克扣或无故拖欠员工薪酬。企业应当建立高级管理人员与员工薪酬的正常增长机制，切实保持合理水平，维护社会公平。

第十八条　企业应当及时办理员工社会保险，足额缴纳社会保险费，保障员工依法享受社会保险待遇。企业应当按照有关规定做好健康管理工作，预防、控制和消除职业危害；按期对员工进行非职业性健康监护，对从事有职业危害作业的员工进行职业性健康监护。企业应当遵守法定的劳动时间和休息休假制度，确保员工的休息休假权利。

第十九条　企业应当加强职工代表大会和工会组织建设，维护员工合法权益，积极开展员工职业教育培训，创造平等发展机会。企业应当尊重员工人格，维护员工尊严，杜绝性别、民族、宗教、年龄等各种歧视，保障员工身心健康。

第二十条　企业应当按照产学研用相结合的社会需求，积极创建实习基地，大力支持社会有关方面培养、锻炼社会需要的应用型人才。

第二十一条　企业应当积极履行社会公益方面的责任和义务，关心帮助社会弱势群体，支持慈善事业。

# 企业内部控制应用指引第5号——企业文化

## 第一章　总　　则

第一条　为了加强企业文化建设，发挥企业文化在企业发展中的重要作用，根据《企业内部控制基本规范》，制定本指引。

第二条　本指引所称企业文化，是指企业在生产经营实践中逐步形成的、为整体团队所认同并遵守的价值观、经营理念和企业精神，以及在此基础上形成的行为规范的总称。

第三条　加强企业文化建设至少应当关注下列风险：

（一）缺乏积极向上的企业文化，可能导致员工丧失对企业的信心和认同感，企业缺乏凝聚力和竞争力。

（二）缺乏开拓创新、团队协作和风险意识，可能导致企业发展目标难以实现，影响可持续发展。

（三）缺乏诚实守信的经营理念，可能导致舞弊事件的发生，造成企业损失，影响企业信誉。

（四）忽视企业间的文化差异和理念冲突，可能导致并购重组失败。

## 第二章　企业文化的建设

第四条　企业应当采取切实有效的措施，积极培育具有自身特色的企业文化，引导和规范员工行为，打造以主业为核心的企业品牌，形成整体团队的向心力，促进企业长远发展。

第五条 企业应当培育体现企业特色的发展愿景、积极向上的价值观、诚实守信的经营理念、履行社会责任和开拓创新的企业精神，以及团队协作和风险防范意识。企业应当重视并购重组后的企业文化建设，平等对待被并购方的员工，促进并购双方的文化融合。

第六条 企业应当根据发展战略和实际情况，总结优良传统，挖掘文化底蕴，提炼核心价值，确定文化建设的目标和内容，形成企业文化规范，使其构成员工行为守则的重要组成部分。

第七条 董事、监事、经理和其他高级管理人员应当在企业文化建设中发挥主导和垂范作用，以自身的优秀品格和脚踏实地的工作作风，带动影响整个团队，共同营造积极向上的企业文化环境。企业应当促进文化建设在内部各层级的有效沟通，加强企业文化的宣传贯彻，确保全体员工共同遵守。

第八条 企业文化建设应当融入生产经营全过程，切实做到文化建设与发展战略的有机结合，增强员工的责任感和使命感，规范员工行为方式，使员工自身价值在企业发展中得到充分体现。企业应当加强对员工的文化教育和熏陶，全面提升员工的文化修养和内在素质。

## 第三章 企业文化的评估

第九条 企业应当建立企业文化评估制度，明确评估的内容、程序和方法，落实评估责任制，避免企业文化建设流于形式。

第十条 企业文化评估，应当重点关注董事、监事、经理和其他高级管理人员在企业文化建设中的责任履行情况、全体员工对企业核心价值观的认同感、企业经营管理行为与企业文化的一致性、企业品牌的社会影响力、参与企业并购重组各方文化的融合度，以及员工对企业未来发展的信心。

第十一条 企业应当重视企业文化的评估结果，巩固和发扬文化建设成果，针对评估过程中发现的问题，研究影响企业文化建设的不利因素，分析深层次的原因，及时采取措施加以改进。

# 企业内部控制应用指引第 6 号——资金活动

## 第一章 总 则

第一条 为了促进企业正常组织资金活动，防范和控制资金风险，保证资金安全，提高资金使用效益，根据有关法律法规和《企业内部控制基本规范》，制定本指引。

第二条 本指引所称资金活动，是指企业筹资、投资和资金营运等活动的总称。

第三条 企业资金活动至少应当关注下列风险：

（一）筹资决策不当，引发资本结构不合理或无效融资，可能导致企业筹资成本过高或债务危机。

（二）投资决策失误，引发盲目扩张或丧失发展机遇，可能导致资金链断裂或资金使用效益低下。

(三) 资金调度不合理、营运不畅，可能导致企业陷入财务困境或资金冗余。

(四) 资金活动管控不严，可能导致资金被挪用、侵占、抽逃或遭受欺诈。

第四条　企业应当根据自身发展战略，科学确定投融资目标和规划，完善严格的资金授权、批准、审验等相关管理制度，加强资金活动的集中归口管理，明确筹资、投资、营运等各环节的职责权限和岗位分离要求，定期或不定期检查和评价资金活动情况，落实责任追究制度，确保资金安全和有效运行。企业财会部门负责资金活动的日常管理，参与投融资方案等可行性研究。总会计师或分管会计工作的负责人应当参与投融资决策过程。企业有子公司的，应当采取合法有效措施，强化对子公司资金业务的统一监控。有条件的企业集团，应当探索财务公司、资金结算中心等资金集中管控模式。

## 第二章　筹　　资

第五条　企业应当根据筹资目标和规划，结合年度全面预算，拟订筹资方案，明确筹资用途、规模、结构和方式等相关内容，对筹资成本和潜在风险作出充分估计。境外筹资还应考虑所在地的政治、经济、法律、市场等因素。

第六条　企业应当对筹资方案进行科学论证，不得依据未经论证的方案开展筹资活动。重大筹资方案应当形成可行性研究报告，全面反映风险评估情况。企业可以根据实际需要，聘请具有相应资质的专业机构进行可行性研究。

第七条　企业应当对筹资方案进行严格审批，重点关注筹资用途的可行性和相应的偿债能力。重大筹资方案，应当按照规定的权限和程序实行集体决策或者联签制度。筹资方案需经有关部门批准的，应当履行相应的报批程序。筹资方案发生重大变更的，应当重新进行可行性研究并履行相应审批程序。

第八条　企业应当根据批准的筹资方案，严格按照规定权限和程序筹集资金。银行借款或发行债券，应当重点关注利率风险、筹资成本、偿还能力以及流动性风险等；发行股票应当重点关注发行风险、市场风险、政策风险以及公司控制权风险等。企业通过银行借款方式筹资的，应当与有关金融机构进行洽谈，明确借款规模、利率、期限、担保、还款安排、相关的权利义务和违约责任等内容。双方达成一致意见后签署借款合同，据此办理相关借款业务。企业通过发行债券方式筹资的，应当合理选择债券种类，对还本付息方案作出系统安排，确保按期、足额偿还到期本金和利息。企业通过发行股票方式筹资的，应当依照《中华人民共和国证券法》等有关法律法规和证券监管部门的规定，优化企业组织架构，进行业务整合，并选择具备相应资质的中介机构协助企业做好相关工作，确保符合股票发行条件和要求。

第九条　企业应当严格按照筹资方案确定的用途使用资金。筹资用于投资的，应当分别按照本指引第三章和《企业内部控制应用指引第 11 号——工程项目》规定，防范和控制资金使用的风险。由于市场环境变化等确需改变资金用途的，应当履行相应的审批程序。严禁擅自改变资金用途。

第十条　企业应当加强债务偿还和股利支付环节的管理，对偿还本息和支付股利等作出适当安排。企业应当按照筹资方案或合同约定的本金、利率、期限、汇率及币种，准确计算应付利息，与债权人核对无误后按期支付。企业应当选择合理的股利分配政策，兼顾投资者近期和长远利益，避免分配过度或不足。股利分配方案应当经过股东(大)会批准，并按规定履行披露义务。

第十一条 企业应当加强筹资业务的会计系统控制，建立筹资业务的记录、凭证和账簿，按照国家统一会计准则制度，正确核算和监督资金筹集、本息偿还、股利支付等相关业务，妥善保管筹资合同或协议、收款凭证、入库凭证等资料，定期与资金提供方进行账务核对，确保筹资活动符合筹资方案的要求。

## 第三章 投 资

第十二条 企业应当根据投资目标和规划，合理安排资金投放结构，科学确定投资项目，拟订投资方案，重点关注投资项目的收益和风险。企业选择投资项目应当突出主业，谨慎从事股票投资或衍生金融产品等高风险投资。境外投资还应考虑政治、经济、法律、市场等因素的影响。企业采用并购方式进行投资的，应当严格控制并购风险，重点关注并购对象的隐性债务、承诺事项、可持续发展能力、员工状况及其与本企业治理层及管理层的关联关系，合理确定支付对价，确保实现并购目标。

第十三条 企业应当加强对投资方案的可行性研究，重点对投资目标、规模、方式、资金来源、风险与收益等作出客观评价。企业根据实际需要，可以委托具备相应资质的专业机构进行可行性研究，提供独立的可行性研究报告。

第十四条 企业应当按照规定的权限和程序对投资项目进行决策审批，重点审查投资方案是否可行、投资项目是否符合国家产业政策及相关法律法规的规定，是否符合企业投资战略目标和规划、是否具有相应的资金能力、投入资金能否按时收回、预期收益能否实现，以及投资和并购风险是否可控等。重大投资项目，应当按照规定的权限和程序实行集体决策或者联签制度。投资方案需经有关管理部门批准的，应当履行相应的报批程序。投资方案发生重大变更的，应当重新进行可行性研究并履行相应审批程序。

第十五条 企业应当根据批准的投资方案，与被投资方签订投资合同或协议，明确出资时间、金额、方式、双方权利义务和违约责任等内容，按规定的权限和程序审批后履行投资合同或协议。企业应当指定专门机构或人员对投资项目进行跟踪管理，及时收集被投资方经审计的财务报告等相关资料，定期组织投资效益分析，关注被投资方的财务状况、经营成果、现金流量以及投资合同履行情况，发现异常情况，应当及时报告并妥善处理。

第十六条 企业应当加强对投资项目的会计系统控制，根据对被投资方的影响程度，合理确定投资会计政策，建立投资管理台账，详细记录投资对象、金额、持股比例、期限、收益等事项，妥善保管投资合同或协议、出资证明等资料。企业财会部门对于被投资方出现财务状况恶化、市价当期大幅下跌等情形的，应当根据国家统一的会计准则制度规定，合理计提减值准备、确认减值损失。

第十七条 企业应当加强投资收回和处置环节的控制，对投资收回、转让、核销等决策和审批程序作出明确规定。企业应当重视投资到期本金的回收。转让投资应当由相关机构或人员合理确定转让价格，报授权批准部门批准，必要时可委托具有相应资质的专门机构进行评估。核销投资应当取得不能收回投资的法律文书和相关证明文件。企业对于到期无法收回的投资，应当建立责任追究制度。

## 第四章 营 运

第十八条 企业应当加强资金营运全过程的管理，统筹协调内部各机构在生产经营过程中的资金需求，切实做好资金在采购、生产、销售等各环节的综合平衡，全面提升资金营运效率。

第十九条 企业应当充分发挥全面预算管理在资金综合平衡中的作用，严格按照预算要求组织协调资金调度，确保资金及时收付，实现资金的合理占用和营运良性循环。企业应当严禁资金的体外循环，切实防范资金营运中的风险。

第二十条 企业应当定期组织召开资金调度会或资金安全检查，对资金预算执行情况进行综合分析，发现异常情况，及时采取措施妥善处理，避免资金冗余或资金链断裂。企业在营运过程中出现临时性资金短缺的，可以通过短期融资等方式获取资金。资金出现短期闲置的，在保证安全性和流动性的前提下，可以通过购买国债等多种方式，提高资金效益。

第二十一条 企业应当加强对营运资金的会计系统控制，严格规范资金的收支条件、程序和审批权限。企业在生产经营及其他业务活动中取得的资金收入应当及时入账，不得账外设账，严禁收款不入账、设立“小金库”企业办理资金支付业务，应当明确支出款项的用途、金额、预算、限额、支付方式等内容，并附原始单据或相关证明，履行严格的授权审批程序后，方可安排资金支出。企业办理资金收付业务，应当遵守现金和银行存款管理的有关规定，不得由一人办理货币资金全过程业务，严禁将办理资金支付业务的相关印章和票据集中一人保管。

# 企业内部控制应用指引第7号——采购业务

## 第一章 总 则

第一条 为了促进企业合理采购，满足生产经营需要，规范采购行为，防范采购风险，根据有关法律法规和《企业内部控制基本规范》，制定本指引。

第二条 本指引所称采购，是指购买物资(或接受劳务)及支付款项等相关活动。

第三条 企业采购业务至少应当关注下列风险：

(一) 采购计划安排不合理，市场变化趋势预测不准确，造成库存短缺或积压，可能导致企业生产停滞或资源浪费。

(二) 供应商选择不当，采购方式不合理，招投标或定价机制不科学，授权审批不规范，可能导致采购物资质次价高，出现舞弊或遭受欺诈。

(三) 采购验收不规范，付款审核不严，可能导致采购物资、资金损失或信用受损。

第四条 企业应当结合实际情况，全面梳理采购业务流程，完善采购业务相关管理制度，统筹安排采购计划，明确请购、审批、购买、验收、付款、采购后评估等环节的职责和审批权限，按照规定的审批权限和程序办理采购业务，建立价格监督机制，定期检查和评价采购过程中的薄弱环节，采取有效控制措施，确保物资采购满足企业生产经营需要。

# 第二章 购 买

第五条 企业的采购业务应当集中，避免多头采购或分散采购，以提高采购业务效率，降低采购成本，堵塞管理漏洞。企业应当对办理采购业务的人员定期进行岗位轮换。重要和技术性较强的采购业务，应当组织相关专家进行论证，实行集体决策和审批。企业除小额零星物资或服务外，不得安排同一机构办理采购业务全过程。

第六条 企业应当建立采购申请制度，依据购买物资或接受劳务的类型，确定归口管理部门，授予相应的请购权，明确相关部门或人员的职责权限及相应的请购和审批程序。企业可以根据实际需要设置专门的请购部门，对需求部门提出的采购需求进行审核，并进行归类汇总，统筹安排企业的采购计划。具有请购权的部门对于预算内采购项目，应当严格按照预算执行进度办理请购手续，并根据市场变化提出合理采购申请。对于超预算和预算外采购项目，应先履行预算调整程序，由具备相应审批权限的部门或人员审批后，再行办理请购手续。

第七条 企业应当建立科学的供应商评估和准入制度，确定合格供应商清单，与选定的供应商签订质量保证协议，建立供应商管理信息系统，对供应商提供物资或劳务的质量、价格、交货及时性、供货条件及其资信、经营状况等进行实时管理和综合评价，根据评价结果对供应商进行合理选择和调整。企业可委托具有相应资质的中介机构对供应商进行资信调查。

第八条 企业应当根据市场情况和采购计划合理选择采购方式。大宗采购应当采用招标方式，合理确定招投标的范围、标准、实施程序和评标规则；一般物资或劳务等的采购可以采用询价或定向采购的方式并签订合同协议；小额零星物资或劳务等的采购可以采用直接购买等方式。

第九条 企业应当建立采购物资定价机制，采取协议采购、招标采购、谈判采购、询比价采购等多种方式合理确定采购价格，最大限度地减小市场变化对企业采购价格的影响。大宗采购等应当采用招投标方式确定采购价格，其他商品或劳务的采购，应当根据市场行情制定最高采购限价，并对最高采购限价适时调整。

第十条 企业应当根据确定的供应商、采购方式、采购价格等情况拟订采购合同，准确描述合同条款，明确双方权利、义务和违约责任，按照规定权限签订采购合同。企业应当根据生产建设进度和采购物资特性，选择合理的运输工具和运输方式，办理运输、投保等事宜。

第十一条 企业应当建立严格的采购验收制度，确定检验方式，由专门的验收机构或验收人员对采购项目的品种、规格、数量、质量等相关内容进行验收，出具验收证明。涉及大宗和新、特物资采购的，还应进行专业测试。验收过程中发现的异常情况，负责验收的机构或人员应当立即向企业有权管理的相关机构报告，相关机构应当查明原因并及时处理。

第十二条 企业应当加强物资采购供应过程的管理，依据采购合同中确定的主要条款跟踪合同履行情况，对有可能影响生产或工程进度的异常情况，应出具书面报告并及时提出解决方案。企业应当做好采购业务各环节的记录，实行全过程的采购登记制度或信息化管理，确保采购过程的可追溯性。

## 第三章　付　　款

第十三条　企业应当加强采购付款的管理，完善付款流程，明确付款审核人的责任和权力，严格审核采购预算、合同、相关单据凭证、审批程序等相关内容，审核无误后按照合同规定及时办理付款。企业在付款过程中，应当严格审查采购发票的真实性、合法性和有效性。发现虚假发票的，应查明原因，及时报告处理。企业应当重视采购付款的过程控制和跟踪管理，发现异常情况的，应当拒绝付款，避免出现资金损失和信用受损。企业应当合理选择付款方式，并严格遵循合同规定，防范付款方式不当带来的法律风险，保证资金安全。

第十四条　企业应当加强预付账款和定金的管理。涉及大额或长期的预付款项，应当定期进行追踪核查，综合分析预付账款的期限、占用款项的合理性、不可收回风险等情况，发现有疑问的预付款项，应当及时采取措施。

第十五条　企业应当加强对购买、验收、付款业务的会计系统控制，详细记录供应商情况、请购申请、采购合同、采购通知、验收证明、入库凭证、商业票据、款项支付等情况，确保会计记录、采购记录与仓储记录核对一致。企业应当指定专人通过函证等方式，定期与供应商核对应付账款、应付票据、预付账款等往来款项。

第十六条　企业应当建立退货管理制度，对退货条 件、退货手续、货物出库、退货货款回收等作出明确规定，并在与供应商的合同中明确退货事宜，及时收回退货货款。涉及符合索赔条件的退货，应在索赔期内及时办理索赔。

# 企业内部控制应用指引第 8 号——资产管理

## 第一章　总　　则

第一条　为了提高资产使用效能，保证资产安全，根据有关法律法规和《企业内部控制基本规范》，制定本指引。

第二条　本指引所称资产，是指企业拥有或控制的存货、固定资产和无形资产。

第三条 企业资产管理至少应当关注下列风险：

(一) 存货积压或短缺，可能导致流动资金占用过量、存货价值贬损或生产中断。

(二) 固定资产更新改造不够、使用效能低下、维护不当、产能过剩，可能导致企业缺乏竞争力、资产价值贬损、安全事故频发或资源浪费。

(三) 无形资产缺乏核心技术、权属不清、技术落后、存在重大技术安全隐患，可能导致企业法律纠纷、缺乏可持续发展能力。

第四条　企业应当加强各项资产管理，全面梳理资产管理流程，及时发现资产管理中的薄弱环节，切实采取有效措施加以改进，并关注资产减值迹象，合理确认资产减值损失，不断提高企业资产管理水平。企业应当重视和加强各项资产的投保工作，采用招标等方式确定保险人，降低资产损失风险，防范资产投保舞弊。

## 第二章 存 货

第五条 企业应当采用先进的存货管理技术和方法，规范存货管理流程，明确存货取得、验收入库、原料加工、仓储保管、领用发出、盘点处置等环节的管理要求，充分利用信息系统，强化会计、出入库等相关记录，确保存货管理全过程的风险得到有效控制。

第六条 企业应当建立存货管理岗位责任制，明确内部相关部门和岗位的职责权限，切实做到不相容岗位相互分离、制约和监督。企业内部除存货管理、监督部门及仓储人员外，其他部门和人员接触存货，应当经过相关部门特别授权。

第七条 企业应当重视存货验收工作，规范存货验收程序和方法，对入库存货的数量、质量、技术规格等方面进行查验，验收无误方可入库。外购存货的验收，应当重点关注合同、发票等原始单据与存货的数量、质量、规格等核对一致。涉及技术含量较高的货物，必要时可委托具有检验资质的机构或聘请外部专家协助验收。自制存货的验收，应当重点关注产品质量，通过检验合格的半成品、产成品才能办理入库手续，不合格品应及时查明原因、落实责任、报告处理。其他方式取得存货的验收，应当重点关注存货来源、质量状况、实际价值是否符合有关合同或协议的约定。

第八条 企业应当建立存货保管制度，定期对存货进行检查，重点关注下列事项：

(一) 存货在不同仓库之间流动时应当办理出入库手续。

(二) 应当按仓储物资所要求的储存条件贮存，并健全防火、防洪、防盗、防潮、防病虫害和防变质等管理规范。

(三) 加强生产现场的材料、周转材料、半成品等物资的管理，防止浪费、被盗和流失。

(四) 对代管、代销、暂存、受托加工的存货，应单独存放和记录，避免与本单位存货混淆。

(五) 结合企业实际情况，加强存货的保险投保，保证存货安全，合理降低存货意外损失风险。

第九条 企业应当明确存货发出和领用的审批权限，大批存货、贵重商品或危险品的发出应当实行特别授权。仓储部门应当根据经审批的销售(出库)通知单发出货物。

第十条 企业仓储部门应当详细记录存货入库、出库及库存情况，做到存货记录与实际库存相符，并定期与财会部门、存货管理部门进行核对。

第十一条 企业应当根据各种存货采购间隔期和当前库存，综合考虑企业生产经营计划、市场供求等因素，充分利用信息系统，合理确定存货采购日期和数量，确保存货处于最佳库存状态。

第十二条 企业应当建立存货盘点清查制度，结合本企业实际情况确定盘点周期、盘点流程等相关内容，核查存货数量，及时发现存货减值迹象。企业至少应当于每年年度终了开展全面盘点清查，盘点清查结果应当形成书面报告。盘点清查中发现的存货盘盈、盘亏、毁损、闲置以及需要报废的存货，应当查明原因、落实并追究责任，按照规定权限批准后处置。

## 第三章 固定资产

第十三条 企业应当加强房屋建筑物、机器设备等各类固定资产的管理，重视固定资产维护和更新改造，不断提升固定资产的使用效能，积极促进固定资产处于良好运行状态。

第十四条　企业应当制定固定资产目录，对每项固定资产进行编号，按照单项资产建立固定资产卡片，详细记录各项固定资产的来源、验收、使用地点、责任单位和责任人、运转、维修、改造、折旧、盘点等相关内容。企业应当严格执行固定资产日常维修和大修理计划，定期对固定资产进行维护保养，切实消除安全隐患。企业应当强化对生产线等关键设备运转的监控，严格操作流程，实行岗前培训和岗位许可制度，确保设备安全运转。

第十五条　企业应当根据发展战略，充分利用国家有关自主创新政策，加大技改投入，不断促进固定资产技术升级，淘汰落后设备，切实做到保持本企业固定资产技术的先进性和企业发展的可持续性。

第十六条　企业应当严格执行固定资产投保政策，对应投保的固定资产项目按规定程序进行审批，及时办理投保手续。

第十七条　企业应当规范固定资产抵押管理，确定固定资产抵押程序和审批权限等。企业将固定资产用作抵押的，应由相关部门提出申请，经企业授权部门或人员批准后，由资产管理部门办理抵押手续。企业应当加强对接收的抵押资产的管理，编制专门的资产目录，合理评估抵押资产的价值。

第十八条　企业应当建立固定资产清查制度，至少每年进行全面清查。对固定资产清查中发现的问题，应当查明原因，追究责任，妥善处理。企业应当加强固定资产处置的控制，关注固定资产处置中的关联交易和处置定价，防范资产流失。

## 第四章　无 形 资 产

第十九条　企业应当加强对品牌、商标、专利、专有技术、土地使用权等无形资产的管理，分类制定无形资产管理办法，落实无形资产管理责任制，促进无形资产有效利用，充分发挥无形资产对提升企业核心竞争力的作用。

第二十条　企业应当全面梳理外购、自行开发以及其他方式取得的各类无形资产的权属关系，加强无形资产权益保护，防范侵权行为和法律风险。无形资产具有保密性质的，应当采取严格保密措施，严防泄露商业秘密。企业购入或者以支付土地出让金等方式取得的土地使用权，应当取得土地使用权有效证明文件。

第二十一条　企业应当定期对专利、专有技术等无形资产的先进性进行评估，淘汰落后技术，加大研发投入，促进技术更新换代，不断提升自主创新能力，努力做到核心技术处于同行业领先水平。

第二十二条　企业应当重视品牌建设，加强商誉管理，通过提供高质量产品和优质服务等多种方式，不断打造和培育主业品牌，切实维护和提升企业品牌的社会认可度。

# 企业内部控制应用指引第 9 号——销售业务

## 第一章　总　　则

第一条　为了促进企业销售稳定增长，扩大市场份额，规范销售行为，防范销售风险，根据有关法律法规和《企业内部控制基本规范》，制定本指引。

第二条　本指引所称销售，是指企业出售商品(或提供劳务)及收取款项等相关活动。

第三条 企业销售业务至少应当关注下列风险：

(一) 销售政策和策略不当，市场预测不准确，销售渠道管理不当等，可能导致销售不畅、库存积压、经营难以为继。

(二) 客户信用管理不到位，结算方式选择不当，账款回收不力等，可能导致销售款项不能收回或遭受欺诈。

(三) 销售过程存在舞弊行为，可能导致企业利益受损。

第四条 企业应当结合实际情况，全面梳理销售业务流程，完善销售业务相关管理制度，确定适当的销售政策和策略，明确销售、发货、收款等环节的职责和审批权限，按照规定的权限和程序办理销售业务，定期检查分析销售过程中的薄弱环节，采取有效控制措施，确保实现销售目标。

## 第二章 销 售

第五条 企业应当加强市场调查，合理确定定价机制和信用方式，根据市场变化及时调整销售策略，灵活运用销售折扣、销售折让、信用销售、代销和广告宣传等多种策略和营销方式，促进销售目标实现，不断提高市场占有率。企业应当健全客户信用档案，关注重要客户资信变动情况，采取有效措施，防范信用风险。企业对于境外客户和新开发客户，应当建立严格的信用保证制度。

第六条 企业在销售合同订立前，应当与客户进行业务洽谈、磋商或谈判，关注客户信用状况、销售定价、结算方式等相关内容。重大的销售业务谈判应当吸收财会、法律等专业人员参加，并形成完整的书面记录。销售合同应当明确双方的权利和义务，审批人员应当对销售合同草案进行严格审核。重要的销售合同，应当征询法律顾问或专家的意见。

第七条 企业销售部门应当按照经批准的销售合同开具相关销售通知。发货和仓储部门应当对销售通知进行审核，严格按照所列项目组织发货，确保货物的安全发运。企业应当加强销售退回管理，分析销售退回原因，及时妥善处理。企业应当严格按照发票管理规定开具销售发票。严禁开具虚假发票。

第八条 企业应当做好销售业务各环节的记录，填制相应的凭证，设置销售台账，实行全过程的销售登记制度。

第九条 企业应当完善客户服务制度，加强客户服务和跟踪，提升客户满意度和忠诚度，不断改进产品质量和服务水平。

## 第三章 收 款

第十条 企业应当完善应收款项管理制度，严格考核，实行奖惩。销售部门负责应收款项的催收，催收记录(包括往来函电)应妥善保存；财会部门负责办理资金结算并监督款项回收。

第十一条 企业应当加强商业票据管理，明确商业票据的受理范围，严格审查商业票据的真实性和合法性，防止票据欺诈。企业应当关注商业票据的取得、贴现和背书，对已贴现但仍承担收款风险的票据以及逾期票据，应当进行追索监控和跟踪管理。

第十二条 企业应当加强对销售、发货、收款业务的会计系统控制，详细记录销售客户、销售合同、销售通知、发运凭证、商业票据、款项收回等情况，确保会计记录、销售记录与仓储记录核对一致。企业应当指定专人通过函证等方式，定期与客户核对应收账款、应收票据、预收账款等往来款项。企业应当加强应收款项坏账的管理。应收款项全部或部分无法收回的，应当查明原因，明确责任，并严格履行审批程序，按照国家统一的会计准则制度进行处理。

# 企业内部控制应用指引第 10 号——研究与开发

## 第一章　总　　则

第一条　为了促进企业自主创新，增强核心竞争力，有效控制研发风险，实现发展战略，根据有关法律法规和《企业内部控制基本规范》，制定本指引。

第二条　本指引所称研究与开发，是指企业为获取新产品、新技术、新工艺等所开展的各种研发活动。

第三条　企业开展研发活动至少应当关注下列风险：

(一) 研究项目未经科学论证或论证不充分，可能导致创新不足或资源浪费。

(二) 研发人员配备不合理或研发过程管理不善，可能导致研发成本过高、舞弊或研发失败。

(三) 研究成果转化应用不足、保护措施不力，可能导致企业利益受损。

第四条　企业应当重视研发工作，根据发展战略，结合市场开拓和技术进步要求，科学制定研发计划，强化研发全过程管理，规范研发行为，促进研发成果的转化和有效利用，不断提升企业自主创新能力。

## 第二章　立 项 与 研 究

第五条　企业应当根据实际需要，结合研发计划，提出研究项目立项申请，开展可行性研究，编制可行性研究报告。企业可以组织独立于申请及立项审批之外的专业机构和人员进行评估论证，出具评估意见。

第六条　研究项目应当按照规定的权限和程序进行审批，重大研究项目应当报经董事会或类似权力机构集体审议决策。审批过程中，应当重点关注研究项目促进企业发展的必要性、技术的先进性以及成果转化的可行性。

第七条　企业应当加强对研究过程的管理，合理配备专业人员，严格落实岗位责任制，确保研究过程高效、可控。企业应当跟踪检查研究项目进展情况，评估各阶段研究成果，提供足够的经费支持，确保项目按期、保质完成，有效规避研究失败风险。企业研究项目委托外单位承担的，应当采用招标、协议等适当方式确定受托单位，签订外包合同，约定研究成果的产权归属、研究进度和质量标准等相关内容。

第八条　企业与其他单位合作进行研究的，应当对合作单位进行尽职调查，签订书面合作研究合同，明确双方投资、分工、权利义务、研究成果产权归属等。

第九条　企业应当建立和完善研究成果验收制度，组织专业人员对研究成果进行独立评审和验收。企业对于通过验收的研究成果，可以委托相关机构进行审查，确认是否申请专利或作为非专利技术、商业秘密等进行管理。企业对于需要申请专利的研究成果，应当及时办理有关专利申请手续。

第十条 企业应当建立严格的核心研究人员管理制度，明确界定核心研究人员范围和名册清单，签署符合国家有关法律法规要求的保密协议。企业与核心研究人员签订劳动合同时，应当特别约定研究成果归属、离职条件、离职移交程序、离职后保密义务、离职后竞业限制年限及违约责任等内容。

## 第三章 开发与保护

第十一条 企业应当加强研究成果的开发，形成科研、生产、市场一体化的自主创新机制，促进研究成果转化。研究成果的开发应当分步推进，通过试生产充分验证产品性能，在获得市场认可后方可进行批量生产。

第十二条 企业应当建立研究成果保护制度，加强对专利权、非专利技术、商业秘密及研发过程中形成的各类涉密图纸、程序、资料的管理，严格按照制度规定借阅和使用。禁止无关人员接触研究成果。

第十三条 企业应当建立研发活动评估制度，加强对立项与研究、开发与保护等过程的全面评估，认真总结研发管理经验，分析存在的薄弱环节，完善相关制度和办法，不断改进和提升研发活动的管理水平。

# 企业内部控制应用指引第11号——工程项目

## 第一章 总 则

第一条 为了加强工程项目管理，提高工程质量，保证工程进度，控制工程成本，防范商业贿赂等舞弊行为，根据有关法律法规和《企业内部控制基本规范》，制定本指引。

第二条 本指引所称工程项目，是指企业自行或者委托其他单位所进行的建造、安装工程。

第三条 企业工程项目至少应当关注下列风险：

(一) 立项缺乏可行性研究或者可行性研究流于形式，决策不当，盲目上马，可能导致难以实现预期效益或项目失败。

(二) 项目招标暗箱操作，存在商业贿赂，可能导致中标人实质上难以承担工程项目、中标价格失实及相关人员涉案。

(三) 工程造价信息不对称，技术方案不落实，概预算脱离实际，可能导致项目投资失控。

(四) 工程物资质次价高，工程监理不到位，项目资金不落实，可能导致工程质量低劣，进度延迟或中断。

(五) 竣工验收不规范，最终把关不严，可能导致工程交付使用后存在重大隐患。

第四条 企业应当建立和完善工程项目各项管理制度，全面梳理各个环节可能存在的风险点，规范工程立项、招标、造价、建设、验收等环节的工作流程，明确相关部门和岗位的职责权限，做到可行性研究与决策、概预算编制与审核、项目实施与价款支付、竣工决算与审计等不相容职务相互分离，强化工程建设全过程的监控，确保工程项目的质量、进度和资金安全。

## 第二章 工 程 立 项

第五条 企业应当指定专门机构归口管理工程项目，根据发展战略和年度投资计划，提出项目建议书，开展可行性研究，编制可行性研究报告。项目建议书的主要内容包括：项目的必要性和依据、产品方案、拟建规模、建设地点、投资估算、资金筹措、项目进度安排、经济效果和社会效益的估计、环境影响的初步评价等。可行性研究报告的内容主要包括：项目概况，项目建设的必要性，市场预测，项目建设选址及建设条件论证，建设规模和建设内容，项目外部配套建设，环境保护，劳动保护与卫生防疫，消防、节能、节水，总投资及资金来源，经济、社会效益，项目建设周期及进度安排，招投标法规定的相关内容等。企业可以委托具有相应资质的专业机构开展可行性研究，并按照有关要求形成可行性研究报告。

第六条 企业应当组织规划、工程、技术、财会、法律等部门的专家对项目建议书和可行性研究报告进行充分论证和评审，出具评审意见，作为项目决策的重要依据。在项目评审过程中，应当重点关注项目投资方案、投资规模、资金筹措、生产规模、投资效益、布局选址、技术、安全、设备、环境保护等方面，核实相关资料的来源和取得途径是否真实、可靠和完整。企业可以委托具有相应资质的专业机构对可行性研究报告进行评审，出具评审意见。从事项目可行性研究的专业机构不得再从事可行性研究报告的评审。

第七条 企业应当按照规定的权限和程序对工程项目进行决策，决策过程应有完整的书面记录。重大工程项目的立项，应当报经董事会或类似权力机构集体审议批准。总会计师或分管会计工作的负责人应当参与项目决策。任何个人不得单独决策或者擅自改变集体决策意见。工程项目决策失误应当实行责任追究制度。

第八条 企业应当在工程项目立项后、正式施工前，依法取得建设用地、城市规划、环境保护、安全、施工等方面的许可。

## 第三章 工 程 招 标

第九条 企业的工程项目一般应当采用公开招标的方式，择优选择具有相应资质的承包单位和监理单位。在选择承包单位时，企业可以将工程的勘察、设计、施工、设备采购一并发包给一个项目总承包单位，也可以将其中的一项或者多项发包给一个工程总承包单位，但不得违背工程施工组织设计和招标设计计划，将应由一个承包单位完成的工程肢解为若干部分发包给几个承包单位。企业应当依照国家招投标法的规定，遵循公开、公正、平等竞争的原则，发布招标公告，提供载有招标工程的主要技术要求、主要合同条款、评标的标准和方法，以及开标、评标、定标的程序等内容的招标文件。企业可以根据项目特点决定是否编制标底。需要编制标底的，标底编制过程和标底应当严格保密。在确定中标人前，企业不得与投标人就投标价格、投标方案等实质性内容进行谈判。

第十条 企业应当依法组织工程招标的开标、评标和定标，并接受有关部门的监督。

第十一条 企业应当依法组建评标委员会。评标委员会由企业的代表和有关技术、经济方面的专家组成。评标委员会应当客观、公正地履行职务、遵守职业道德，对所提出的评审意见承担责任。企业应当采取必要的措施，保证评标在严格保密的情况下进行。评标委员会应当按照招标文件确定的标准和方法，对投标文件进行评审和比较，择优选择中标候选人。

第十二条 评标委员会成员和参与评标的有关工作人员不得透露对投标文件的评审和比较、中标候选人的推荐情况以及与评标有关的其他情况，不得私下接触投标人，不得收受投标人的财物或者其他好处。

第十三条 企业应当按照规定的权限和程序从中标候选人中确定中标人，及时向中标人发出中标通知书，在规定的期限内与中标人订立书面合同，明确双方的权利、义务和违约责任。企业和中标人不得再行订立背离合同实质性内容的其他协议。

## 第四章 工程造价

第十四条 企业应当加强工程造价管理，明确初步设计概算和施工图预算的编制方法，按照规定的权限和程序进行审核批准，确保概预算科学合理。企业可以委托具备相应资质的中介机构开展工程造价咨询工作。

第十五条 企业应当向招标确定的设计单位提供详细的设计要求和基础资料，进行有效的技术、经济交流。初步设计应当在技术、经济交流的基础上，采用先进的设计管理实务技术，进行多方案比选。施工图设计深度及图纸交付进度应当符合项目要求，防止因设计深度不足、设计缺陷，造成施工组织、工期、工程质量、投资失控以及生产运行成本过高等问题。

第十六条 企业应当建立设计变更管理制度。设计单位应当提供全面、及时的现场服务。因过失造成设计变更的，应当实行责任追究制度。

第十七条 企业应当组织工程、技术、财会等部门的相关专业人员或委托具有相应资质的中介机构对编制的概预算进行审核，重点审查编制依据、项目内容、工程量的计算、定额套用等是否真实、完整和准确。工程项目概预算按照规定的权限和程序审核批准后执行。

## 第五章 工程建设

第十八条 企业应当加强对工程建设过程的监控，实行严格的概预算管理，切实做到及时备料，科学施工，保障资金，落实责任，确保工程项目达到设计要求。

第十九条 按照合同约定，企业自行采购工程物资的，应当按照《企业内部控制应用指引第 7 号——采购业务》等相关指引的规定，组织工程物资采购、验收和付款；由承包单位采购工程物资的，企业应当加强监督，确保工程物资采购符合设计标准和合同要求。严禁不合格工程物资投入工程项目建设。重大设备和大宗材料的采购应当根据有关招标采购的规定执行。

第二十条 企业应当实行严格的工程监理制度，委托经过招标确定的监理单位进行监理。工程监理单位应当依照国家法律法规及相关技术标准、设计文件和工程承包合同，对承包单位在施工质量、工期、进度、安全和资金使用等方面实施监督。工程监理人员应当具备良好的职业操守，客观公正地执行监理任务，发现工程施工不符合设计要求、施工技术标准和合同约定的，应当要求承包单位改正；发现工程设计不符合建筑工程质量标准或者合同约定的质量要求的，应当报告企业要求设计单位改正。未经工程监理人员签字，工程物资不得在工程上使用或者安装，不得进行下一道工序施工，不得拨付工程价款，不得进行竣工验收。

第二十一条 企业财会部门应当加强与承包单位的沟通，准确掌握工程进度，根据合同约定，按照规定的审批权限和程序办理工程价款结算，不得无故拖欠。

第二十二条 企业应当严格控制工程变更，确需变更的，应当按照规定的权限和程序进行审批。重大的项目变更应当按照项目决策和概预算控制的有关程序和要求重新履行审批手续。因工程变更等原因造成价款支付方式及金额发生变动的，应当提供完整的书面文件和其他相关资料，并对工程变更价款的支付进行严格审核。

## 第六章　工 程 验 收

第二十三条　企业收到承包单位的工程竣工报告后，应当及时编制竣工决算，开展竣工决算审计，组织设计、施工、监理等有关单位进行竣工验收。

第二十四条　企业应当组织审核竣工决算，重点审查决算依据是否完备，相关文件资料是否齐全，竣工清理是否完成，决算编制是否正确。企业应当加强竣工决算审计，未实施竣工决算审计的工程项目，不得办理竣工验收手续。

第二十五条　企业应当及时组织工程项目竣工验收。交付竣工验收的工程项目，应当符合规定的质量标准，有完整的工程技术经济资料，并具备国家规定的其他竣工条件。验收合格的工程项目，应当编制交付使用财产清单，及时办理交付使用手续。

第二十六条　企业应当按照国家有关档案管理的规定，及时收集、整理工程建设各环节的文件资料，建立完整的工程项目档案。

第二十七条　企业应当建立完工项目后评估制度，重点评价工程项目预期目标的实现情况和项目投资效益等，并以此作为绩效考核和责任追究的依据。

# 企业内部控制应用指引第12号——担保业务

## 第一章　总　　则

第一条　为了加强企业担保业务管理，防范担保业务风险，根据《中华人民共和国担保法》等有关法律法规和《企业内部控制基本规范》，制定本指引。

第二条　本指引所称担保，是指企业作为担保人按照公平、自愿、互利的原则与债权人约定，当债务人不履行债务时，依照法律规定和合同协议承担相应法律责任的行为。

第三条　企业办理担保业务至少应当关注下列风险：

(一) 对担保申请人的资信状况调查不深，审批不严或越权审批，可能导致企业担保决策失误或遭受欺诈。

(二) 对被担保人出现财务困难或经营陷入困境等状况监控不力，应对措施不当，可能导致企业承担法律责任。

(三) 担保过程中存在舞弊行为，可能导致经办审批等相关人员涉案或企业利益受损。

第四条　企业应当依法制定和完善担保业务政策及相关管理制度，明确担保的对象、范围、方式、条件、程序、担保限额和禁止担保等事项，规范调查评估、审核批准、担保执行等环节的工作流程，按照政策、制度、流程办理担保业务，定期检查担保政策的执行情况及效果，切实防范担保业务风险。

## 第二章　调查评估与审批

第五条　企业应当指定相关部门负责办理担保业务，对担保申请人进行资信调查和风险评估，评估结果应出具书面报告。企业也可委托中介机构对担保业务进行资信调查和风险评估工作。企业在对担保申请人进行资信调查和风险评估时，应当重点关注以下事项：

(一) 担保业务是否符合国家法律法规和本企业担保政策等相关要求。

(二) 担保申请人的资信状况，一般包括：基本情况、资产质量、经营情况、偿债能力、盈利水平、信用程度、行业前景等。

(三) 担保申请人用于担保和第三方担保的资产状况及其权利归属。

(四) 企业要求担保申请人提供反担保的，还应当对与反担保有关的资产状况进行评估。

第六条 企业对担保申请人出现以下情形之一的，不得提供担保：

(一) 担保项目不符合国家法律法规和本企业担保政策的。

(二) 已进入重组、托管、兼并或破产清算程序的。

(三) 财务状况恶化、资不抵债、管理混乱、经营风险较大的。

(四) 与其他企业存在较大经济纠纷，面临法律诉讼且可能承担较大赔偿责任的。

(五) 与本企业已经发生过担保纠纷且仍未妥善解决的，或不能及时足额交纳担保费用的。

第七条 企业应当建立担保授权和审批制度，规定担保业务的授权批准方式、权限、程序、责任和相关控制措施，在授权范围内进行审批，不得超越权限审批。重大担保业务，应当报经董事会或类似权力机构批准。经办人员应当在职责范围内，按照审批人员的批准意见办理担保业务。对于审批人超越权限审批的担保业务，经办人员应当拒绝办理。

第八条 企业应当采取合法有效的措施加强对子公司担保业务的统一监控。企业内设机构未经授权不得办理担保业务。企业为关联方提供担保的，与关联方存在经济利益或近亲属关系的有关人员在评估与审批环节应当回避。对境外企业进行担保的，应当遵守外汇管理规定，并关注被担保人所在国家的政治、经济、法律等因素。

第九条 被担保人要求变更担保事项的，企业应当重新履行调查评估与审批程序。

## 第三章 执行与监控

第十条 企业应当根据审核批准的担保业务订立担保合同。担保合同应明确被担保人的权利、义务、违约责任等相关内容，并要求被担保人定期提供财务报告与有关资料，及时通报担保事项的实施情况。担保申请人同时向多方申请担保的，企业应当在担保合同中明确约定本企业的担保份额和相应的责任。

第十一条 企业担保经办部门应当加强担保合同的日常管理，定期监测被担保人的经营情况和财务状况，对被担保人进行跟踪和监督，了解担保项目的执行、资金的使用、贷款的归还、财务运行及风险等情况，确保担保合同有效履行。担保合同履行过程中，如果被担保人出现异常情况，应当及时报告，妥善处理。对于被担保人未按有法律效力的合同条款偿付债务或履行相关合同项下的义务的，企业应当按照担保合同履行义务，同时主张对被担保人的追索权。

第十二条 企业应当加强对担保业务的会计系统控制，及时足额收取担保费用，建立担保事项台账，详细记录担保对象、金额、期限、用于抵押和质押的物品或权利以及其他有关事项。企业财会部门应当及时收集、分析被担保人担保期内经审计的财务报告等相关资料，持续关注被担保人的财务状况、经营成果、现金流量以及担保合同的履行情况，积极配合担保经办部门防范担保业务风险。对于被担保人出现财务状况恶化、资不抵债、破产清算等情形的，企业应当根据国家统一的会计准则制度规定，合理确认预计负债和损失。

第十三条　企业应当加强对反担保财产的管理，妥善保管被担保人用于反担保的权利凭证，定期核实财产的存续状况和价值，发现问题及时处理，确保反担保财产安全完整。

第十四条　企业应当建立担保业务责任追究制度，对在担保中出现重大决策失误、未履行集体审批程序或不按规定管理担保业务的部门及人员，应当严格追究相应的责任。

第十五条　企业应当在担保合同到期时，全面清查用于担保的财产、权利凭证，按照合同约定及时终止担保关系。企业应当妥善保管担保合同、与担保合同相关的主合同、反担保函或反担保合同，以及抵押、质押的权利凭证和有关原始资料，切实做到担保业务档案完整无缺。

# 企业内部控制应用指引第13号——业务外包

## 第一章　总　　则

第一条　为了加强业务外包管理，规范业务外包行为，防范业务外包风险，根据有关法律法规和《企业内部控制基本规范》，制定本指引。

第二条　本指引所称业务外包，是指企业利用专业化分工优势，将日常经营中的部分业务委托给本企业以外的专业服务机构或其他经济组织(以下简称承包方)完成的经营行为。本指引不涉及工程项目外包。

第三条　企业应当对外包业务实施分类管理，通常划分为重大外包业务和一般外包业务。重大外包业务是指对企业生产经营有重大影响的外包业务。外包业务通常包括：研发、资信调查、可行性研究、委托加工、物业管理、客户服务、IT服务等。

第四条　企业的业务外包至少应当关注下列风险：

(一) 外包范围和价格确定不合理，承包方选择不当，可能导致企业遭受损失。

(二) 业务外包监控不严、服务质量低劣，可能导致企业难以发挥业务外包的优势。

(三) 业务外包存在商业贿赂等舞弊行为，可能导致企业相关人员涉案。

第五条　企业应当建立和完善业务外包管理制度，规定业务外包的范围、方式、条件、程序和实施等相关内容，明确相关部门和岗位的职责权限，强化业务外包全过程的监控，防范外包风险，充分发挥业务外包的优势。企业应当权衡利弊，避免核心业务外包。

## 第二章　承包方选择

第六条　企业应当根据年度生产经营计划和业务外包管理制度，结合确定的业务外包范围，拟定实施方案，按照规定的权限和程序审核批准。总会计师或分管会计工作的负责人应当参与重大业务外包的决策。重大业务外包方案应当提交董事会或类似权力机构审批。

第七条　企业应当按照批准的业务外包实施方案选择承包方。承包方至少应当具备下列条件：

(一) 承包方是依法成立和合法经营的专业服务机构或其他经济组织，具有相应的经营范围和固定的办公场所。

(二) 承包方应当具备相应的专业资质，其从业人员符合岗位要求和任职条件，并具有相应的专业技术资格。

(三) 承包方的技术及经验水平符合本企业业务外包的要求。

第八条 企业应当综合考虑内外部因素，合理确定外包价格，严格控制业务外包成本，切实做到符合成本效益原则。

第九条 企业应当引入竞争机制，遵循公开、公平、公正的原则，采用适当方式，择优选择外包业务的承包方。采用招标方式选择承包方的，应当符合招投标法的相关规定。企业及相关人员在选择承包方的过程中，不得收受贿赂、回扣或者索取其他好处。承包方及其工作人员不得利用向企业及其工作人员行贿、提供回扣或者给予其他好处等不正当手段承揽业务。

第十条 企业应当按照规定的权限和程序从候选承包方中确定最终承包方，并签订业务外包合同。业务外包合同内容主要包括：外包业务的内容和范围，双方权利和义务，服务和质量标准，保密事项，费用结算标准和违约责任等事项。

第十一条 企业外包业务需要保密的，应当在业务外包合同或者另行签订的保密协议中明确规定承包方的保密义务和责任，要求承包方向其从业人员提示保密要求和应承担的责任。

## 第三章 业务外包实施

第十二条 企业应当加强业务外包实施的管理，严格按照业务外包制度、工作流程和相关要求，组织开展业务外包，并采取有效的控制措施，确保承包方严格履行业务外包合同。

第十三条 企业应当做好与承包方的对接工作，加强与承包方的沟通与协调，及时搜集相关信息，发现和解决外包业务日常管理中存在的问题。对于重大业务外包，企业应当密切关注承包方的履约能力，建立相应的应急机制，避免业务外包失败造成本企业生产经营活动中断。

第十四条 企业应当根据国家统一的会计准则制度，加强对外包业务的核算与监督，做好业务外包费用结算工作。

第十五条 企业应当对承包方的履约能力进行持续评估，有确凿证据表明承包方存在重大违约行为，导致业务外包合同无法履行的，应当及时终止合同。承包方违约并造成企业损失的，企业应当按照合同对承包方进行索赔，并追究责任人责任。

第十六条 业务外包合同执行完成后需要验收的，企业应当组织相关部门或人员对完成的业务外包合同进行验收，出具验收证明。验收过程中发现异常情况，应当立即报告，查明原因，及时处理。

# 企业内部控制应用指引第 14 号——财务报告

## 第一章 总 则

第一条 为了规范企业财务报告，保证财务报告的真实、完整，根据《中华人民共和国会计法》等有关法律法规和《企业内部控制基本规范》，制定本指引。

第二条　本指引所称财务报告，是指反映企业某一特定日期财务状况和某一会计期间经营成果、现金流量的文件。

第三条　企业编制、对外提供和分析利用财务报告，至少应当关注下列风险：

(一) 编制财务报告违反会计法律法规和国家统一的会计准则制度，可能导致企业承担法律责任和声誉受损。

(二) 提供虚假财务报告，误导财务报告使用者，造成决策失误，干扰市场秩序。

(三) 不能有效利用财务报告，难以及时发现企业经营管理中存在的问题，可能导致企业财务和经营风险失控。

第四条　企业应当严格执行会计法律法规和国家统一的会计准则制度，加强对财务报告编制、对外提供和分析利用全过程的管理，明确相关工作流程和要求，落实责任制，确保财务报告合法合规、真实完整和有效利用。总会计师或分管会计工作的负责人负责组织领导财务报告的编制、对外提供和分析利用等相关工作。企业负责人对财务报告的真实性、完整性负责。

## 第二章　财务报告的编制

第五条　企业编制财务报告，应当重点关注会计政策和会计估计，对财务报告产生重大影响的交易和事项的处理应当按照规定的权限和程序进行审批。企业在编制年度财务报告前，应当进行必要的资产清查、减值测试和债权债务核实。

第六条　企业应当按照国家统一的会计准则制度规定，根据登记完整、核对无误的会计账簿记录和其他有关资料编制财务报告，做到内容完整、数字真实、计算准确，不得漏报或者随意进行取舍。

第七条　企业财务报告列示的资产、负债、所有者权益金额应当真实可靠。各项资产计价方法不得随意变更，如有减值，应当合理计提减值准备，严禁虚增或虚减资产。各项负债应当反映企业的现时义务，不得提前、推迟或不确认负债，严禁虚增或虚减负债。所有者权益应当反映企业资产扣除负债后由所有者享有的剩余权益，由实收资本、资本公积、留存收益等构成。企业应当做好所有者权益保值增值工作，严禁虚假出资、抽逃出资、资本不实。

第八条　企业财务报告应当如实列示当期收入、费用和利润。各项收入的确认应当遵循规定的标准，不得虚列或者隐瞒收入，推迟或提前确认收入。各项费用、成本的确认应当符合规定，不得随意改变费用、成本的确认标准或计量方法，虚列、多列、不列或者少列费用、成本。利润由收入减去费用后的净额、直接计入当期利润的利得和损失等构成。不得随意调整利润的计算、分配方法，编造虚假利润。

第九条　企业财务报告列示的各种现金流量由经营活动、投资活动和筹资活动的现金流量构成，应当按照规定划清各类交易和事项的现金流量的界限。

第十条　附注是财务报告的重要组成部分，对反映企业财务状况、经营成果、现金流量的报表中需要说明的事项，作出真实、完整、清晰的说明。企业应当按照国家统一的会计准则制度编制附注。

第十一条 企业集团应当编制合并财务报表，明确合并财务报表的合并范围和合并方法，如实反映企业集团的财务状况、经营成果和现金流量。

第十二条 企业编制财务报告，应当充分利用信息技术，提高工作效率和工作质量，减少或避免编制差错和人为调整因素。

## 第三章 财务报告的对外提供

第十三条 企业应当依照法律法规和国家统一的会计准则制度的规定，及时对外提供财务报告。

第十四条 企业财务报告编制完成后，应当装订成册，加盖公章，由企业负责人、总会计师或分管会计工作的负责人、财会部门负责人签名并盖章。

第十五条 财务报告须经注册会计师审计的，注册会计师及其所在的事务所出具的审计报告，应当随同财务报告一并提供。企业对外提供的财务报告应当及时整理归档，并按有关规定妥善保存。

## 第四章 财务报告的分析利用

第十六条 企业应当重视财务报告分析工作，定期召开财务分析会议，充分利用财务报告反映的综合信息，全面分析企业的经营管理状况和存在的问题，不断提高经营管理水平。企业财务分析会议应吸收有关部门负责人参加。总会计师或分管会计工作的负责人应当在财务分析和利用工作中发挥主导作用。

第十七条 企业应当分析企业的资产分布、负债水平和所有者权益结构，通过资产负债率、流动比率、资产周转率等指标分析企业的偿债能力和营运能力；分析企业净资产的增减变化，了解和掌握企业规模和净资产的不断变化过程。

第十八条 企业应当分析各项收入、费用的构成及其增减变动情况，通过净资产收益率、每股收益等指标，分析企业的盈利能力和发展能力，了解和掌握当期利润增减变化的原因和未来发展趋势。

第十九条 企业应当分析经营活动、投资活动、筹资活动现金流量的运转情况，重点关注现金流量能否保证生产经营过程的正常运行，防止现金短缺或闲置。

第二十条 企业定期的财务分析应当形成分析报告，构成内部报告的组成部分。财务分析报告结果应当及时传递给企业内部有关管理层级，充分发挥财务报告在企业生产经营管理中的重要作用。

# 企业内部控制应用指引第 15 号——全面预算

## 第一章 总 则

第一条 为了促进企业实现发展战略，发挥全面预算管理作用，根据有关法律法规和《企业内部控制基本规范》，制定本指引。

第二条 本指引所称全面预算，是指企业对一定期间经营活动、投资活动、财务活动等作出的预算安排。

第三条　企业实行全面预算管理，至少应当关注下列风险：

(一) 不编制预算或预算不健全，可能导致企业经营缺乏约束或盲目经营。

(二) 预算目标不合理、编制不科学，可能导致企业资源浪费或发展战略难以实现。

(三) 预算缺乏刚性、执行不力、考核不严，可能导致预算管理流于形式。

第四条　企业应当加强全面预算工作的组织领导，明确预算管理体制以及各预算执行单位的职责权限、授权批准程序和工作协调机制。企业应当设立预算管理委员会履行全面预算管理职责，其成员由企业负责人及内部相关部门负责人组成。预算管理委员会主要负责拟定预算目标和预算政策，制定预算管理的具体措施和办法，组织编制、平衡预算草案，下达经批准的预算，协调解决预算编制和执行中的问题，考核预算执行情况，督促完成预算目标。预算管理委员会下设预算管理工作机构，由其履行日常管理职责。预算管理工作机构一般设在财会部门。总会计师或分管会计工作的负责人应当协助企业负责人负责企业全面预算管理工作的组织领导。

## 第二章　预 算 编 制

第五条　企业应当建立和完善预算编制工作制度，明确编制依据、编制程序、编制方法等内容，确保预算编制依据合理、程序适当、方法科学，避免预算指标过高或过低。企业应当在预算年度开始前完成全面预算草案的编制工作。

第六条　企业应当根据发展战略和年度生产经营计划，综合考虑预算期内经济政策、市场环境等因素，按照上下结合、分级编制、逐级汇总的程序，编制年度全面预算。企业可以选择或综合运用固定预算、弹性预算、滚动预算等方法编制预算。

第七条　企业预算管理委员会应当对预算管理工作机构在综合平衡基础上提交的预算方案进行研究论证，从企业发展全局角度提出建议，形成全面预算草案，并提交董事会。

第八条　企业董事会审核全面预算草案，应当重点关注预算科学性和可行性，确保全面预算与企业发展战略、年度生产经营计划相协调。企业全面预算应当按照相关法律法规及企业章程的规定报经审议批准。批准后，应当以文件形式下达执行。

## 第三章　预 算 执 行

第九条　企业应当加强对预算执行的管理，明确预算指标分解方式、预算执行审批权限和要求、预算执行情况报告等，落实预算执行责任制，确保预算刚性，严格预算执行。

第十条　企业全面预算一经批准下达，各预算执行单位应当认真组织实施，将预算指标层层分解，从横向和纵向落实到内部各部门、各环节和各岗位，形成全方位的预算执行责任体系。企业应当以年度预算作为组织、协调各项生产经营活动的基本依据，将年度预算细分为季度、月度预算，通过实施分期预算控制，实现年度预算目标。

第十一条　企业应当根据全面预算管理要求，组织各项生产经营活动和投融资活动，严格预算执行和控制。企业应当加强资金收付业务的预算控制，及时组织资金收入，严格控制资金支付，调节资金收付平衡，防范支付风险。对于超预算或预算外的资金支付，应当实行严格的审批制度。企业办理采购与付款、销售与收款、成本费用、工程项目、对外投融资、研究与开发、信息系统、人力资源、安全环保、资产购置与维护等业务和事项，均应符合预算要求。涉及生产过程和成本费用的，还应执行相关计划、定额、定率标准。对于工程项目、对外投融资等重大预算项目，企业应当密切跟踪其实施进度和完成情况，实行严格监控。

第十二条 企业预算管理工作机构应当加强与各预算执行单位的沟通，运用财务信息和其他相关资料监控预算执行情况，采用恰当方式及时向决策机构和各预算执行单位报告、反馈预算执行进度、执行差异及其对预算目标的影响，促进企业全面预算目标的实现。

第十三条 企业预算管理工作机构和各预算执行单位应当建立预算执行情况分析制度，定期召开预算执行分析会议，通报预算执行情况，研究、解决预算执行中存在的问题，提出改进措施。企业分析预算执行情况，应当充分收集有关财务、业务、市场、技术、政策、法律等方面的信息资料，根据不同情况分别采用比率分析、比较分析、因素分析等方法，从定量与定性两个层面充分反映预算执行单位的现状、发展趋势及其存在的潜力。

第十四条 企业批准下达的预算应当保持稳定，不得随意调整。由于市场环境、国家政策或不可抗力等客观因素，导致预算执行发生重大差异确需调整预算的，应当履行严格的审批程序。

## 第四章 预 算 考 核

第十五条 企业应当建立严格的预算执行考核制度，对各预算执行单位和个人进行考核，切实做到有奖有惩、奖惩分明。

第十六条 企业预算管理委员会应当定期组织预算执行情况考核，将各预算执行单位负责人签字上报的预算执行报告和已掌握的动态监控信息进行核对，确认各执行单位预算完成情况。必要时，实行预算执行情况内部审计制度。

第十七条 企业预算执行情况考核工作，应当坚持公开、公平、公正的原则，考核过程及结果应有完整的记录。

# 企业内部控制应用指引第 16 号——合同管理

## 第一章 总 则

第一条 为了促进企业加强合同管理，维护企业合法权益，根据《中华人民共和国合同法》等有关法律法规和《企业内部控制基本规范》，制定本指引。

第二条 本指引所称合同，是指企业与自然人、法人及其他组织等平等主体之间设立、变更、终止民事权利义务关系的协议。企业与职工签订的劳动合同，不适用本指引。

第三条 企业合同管理至少应当关注下列风险：

(一) 未订立合同、未经授权对外订立合同、合同对方主体资格未达要求、合同内容存在重大疏漏和欺诈，可能导致企业合法权益受到侵害。

(二) 合同未全面履行或监控不当，可能导致企业诉讼失败、经济利益受损。

(三) 合同纠纷处理不当，可能损害企业利益、信誉和形象。

第四条　企业应当加强合同管理，确定合同归口管理部门，明确合同拟定、审批、执行等环节的程序和要求，定期检查和评价合同管理中的薄弱环节，采取相应控制措施，促进合同有效履行，切实维护企业的合法权益。

## 第二章　合同的订立

第五条　企业对外发生经济行为，除即时结清方式外，应当订立书面合同。合同订立前，应当充分了解合同对方的主体资格、信用状况等有关内容，确保对方当事人具备履约能力。对于影响重大、涉及较高专业技术或法律关系复杂的合同，应当组织法律、技术、财会等专业人员参与谈判，必要时可聘请外部专家参与相关工作。谈判过程中的重要事项和参与谈判人员的主要意见，应当予以记录并妥善保存。

第六条　企业应当根据协商、谈判等的结果，拟订合同文本，按照自愿、公平原则，明确双方的权利义务和违约责任，做到条款内容完整，表述严谨准确，相关手续齐备，避免出现重大疏漏。合同文本一般由业务承办部门起草、法律部门审核。重大合同或法律关系复杂的特殊合同应当由法律部门参与起草。国家或行业有合同示范文本的，可以优先选用，但对涉及权利义务关系的条款应当进行认真审查，并根据实际情况进行适当修改。合同文本须报经国家有关主管部门审查或备案的，应当履行相应程序。

第七条　企业应当对合同文本进行严格审核，重点关注合同的主体、内容和形式是否合法，合同内容是否符合企业的经济利益，对方当事人是否具有履约能力，合同权利和义务、违约责任和争议解决条款是否明确等。企业对影响重大或法律关系复杂的合同文本，应当组织内部相关部门进行审核。相关部门提出不同意见的，应当认真分析研究，慎重对待，并准确无误地加以记录；必要时应对合同条款作出修改。内部相关部门应当认真履行职责。

第八条　企业应当按照规定的权限和程序与对方当事人签署合同。正式对外订立的合同，应当由企业法定代表人或由其授权的代理人签名或加盖有关印章。授权签署合同的，应当签署授权委托书。属于上级管理权限的合同，下级单位不得签署。下级单位认为确有需要签署涉及上级管理权限的合同，应当提出申请，并经上级合同管理机构批准后办理。上级单位应当加强对下级单位合同订立、履行情况的监督检查。

第九条　企业应当建立合同专用章保管制度。合同经编号、审批及企业法定代表人或由其授权的代理人签署后，方可加盖合同专用章。

第十条　企业应当加强合同信息安全保密工作，未经批准，不得以任何形式泄露合同订立与履行过程中涉及的商业秘密或国家机密。

## 第三章　合同的履行

第十一条　企业应当遵循诚实信用原则严格履行合同，对合同履行实施有效监控，强化对合同履行情况及效果的检查、分析和验收，确保合同全面有效履行。合同生效后，企业就质量、价款、履行地点等内容与合同对方没有约定或者约定不明确的，可以协议补充；不能达成补充协议的，按照国家相关法律法规、合同有关条款或者交易习惯确定。

第十二条　在合同履行过程中发现有显失公平、条款有误或对方有欺诈行为等情形，或因政策调整、市场变化等客观因素，已经或可能导致企业利益受损，应当按规定程序及时报告，并经双方协商一致，按照规定权限和程序办理合同变更或解除事宜。

第十三条 企业应当加强合同纠纷管理，在履行合同过程中发生纠纷的，应当依据国家相关法律法规，在规定时效内与对方当事人协商并按规定权限和程序及时报告。合同纠纷经协商一致的，双方应当签订书面协议。合同纠纷经协商无法解决的，应当根据合同约定选择仲裁或诉讼方式解决。企业内部授权处理合同纠纷的，应当签署授权委托书。纠纷处理过程中，未经授权批准，相关经办人员不得向对方当事人作出实质性答复或承诺。

第十四条 企业财会部门应当根据合同条款审核后办理结算业务。未按合同条款履约的，或应签订书面合同而未签订的，财会部门有权拒绝付款，并及时向企业有关负责人报告。

第十五条 合同管理部门应当加强合同登记管理，充分利用信息化手段，定期对合同进行统计、分类和归档，详细登记合同的订立、履行和变更等情况，实行合同的全过程封闭管理。

第十六条 企业应当建立合同履行情况评估制度，至少于每年年末对合同履行的总体情况和重大合同履行的具体情况进行分析评估，对分析评估中发现合同履行中存在的不足，应当及时加以改进。企业应当健全合同管理考核与责任追究制度。对合同订立、履行过程中出现的违法违规行为，应当追究有关机构或人员的责任。

# 企业内部控制应用指引第 17 号——内部信息传递

## 第一章 总 则

第一条 为了促进企业生产经营管理信息在内部各管理层级之间的有效沟通和充分利用，根据《企业内部控制基本规范》，制定本指引。

第二条 本指引所称内部信息传递，是指企业内部各管理层级之间通过内部报告形式传递生产经营管理信息的过程。

第三条 企业内部信息传递至少应当关注下列风险：

(一) 内部报告系统缺失、功能不健全、内容不完整，可能影响生产经营有序运行。

(二) 内部信息传递不通畅、不及时，可能导致决策失误、相关政策措施难以落实。

(三) 内部信息传递中泄露商业秘密，可能削弱企业核心竞争力。

第四条 企业应当加强内部报告管理，全面梳理内部信息传递过程中的薄弱环节，建立科学的内部信息传递机制，明确内部信息传递的内容、保密要求及密级分类、传递方式、传递范围以及各管理层级的职责权限等，促进内部报告的有效利用，充分发挥内部报告的作用。

## 第二章 内部报告的形成

第五条 企业应当根据发展战略、风险控制和业绩考核要求，科学规范不同级次内部报告的指标体系，采用经营快报等多种形式，全面反映与企业生产经营管理相关的各种内外部信息。内部报告指标体系的设计应当与全面预算管理相结合，并随着环境和业务的变化不断进行修订和完善。设计内部报告指标体系时，应当关注企业成本费用预算的执行情况。内部报告应当简洁明了、通俗易懂、传递及时，便于企业各管理层级和全体员工掌握相关信息，正确履行职责。

第六条　企业应当制定严密的内部报告流程，充分利用信息技术，强化内部报告信息集成和共享，将内部报告纳入企业统一信息平台，构建科学的内部报告网络体系。企业内部各管理层级均应当指定专人负责内部报告工作，重要信息应及时上报，并可以直接报告高级管理人员。企业应当建立内部报告审核制度，确保内部报告信息质量。

第七条　企业应当关注市场环境、政策变化等外部信息对企业生产经营管理的影响，广泛收集、分析、整理外部信息，并通过内部报告传递到企业内部相关管理层级，以便采取应对策略。

第八条　企业应当拓宽内部报告渠道，通过落实奖励措施等多种有效方式，广泛收集合理化建议。企业应当重视和加强反舞弊机制建设，通过设立员工信箱、投诉热线等方式，鼓励员工及企业利益相关方举报和投诉企业内部的违法违规、舞弊和其他有损企业形象的行为。

## 第三章　内部报告的使用

第九条　企业各级管理人员应当充分利用内部报告管理和指导企业的生产经营活动，及时反映全面预算执行情况，协调企业内部相关部门和各单位的运营进度，严格绩效考核和责任追究，确保企业实现发展目标。

第十条　企业应当有效利用内部报告进行风险评估，准确识别和系统分析企业生产经营活动中的内外部风险，确定风险应对策略，实现对风险的有效控制。企业对于内部报告反映出的问题应当及时解决；涉及突出问题和重大风险的，应当启动应急预案。

第十一条　企业应当制定严格的内部报告保密制度，明确保密内容、保密措施、密级程度和传递范围，防止泄露商业秘密。

第十二条　企业应当建立内部报告的评估制度，定期对内部报告的形成和使用进行全面评估，重点关注内部报告的及时性、安全性和有效性。

# 企业内部控制应用指引第18号——信息系统

## 第一章　总　　则

第一条　为了促进企业有效实施内部控制，提高企业现代化管理水平，减少人为因素，根据有关法律法规和《企业内部控制基本规范》，制定本指引。

第二条　本指引所称信息系统，是指企业利用计算机和通信技术，对内部控制进行集成、转化和提升所形成的信息化管理平台。

第三条　企业利用信息系统实施内部控制至少应当关注下列风险：

（一）信息系统缺乏或规划不合理，可能造成信息孤岛或重复建设，导致企业经营管理效率低下。

（二）系统开发不符合内部控制要求，授权管理不当，可能导致无法利用信息技术实施有效控制。

(三) 系统运行维护和安全措施不到位，可能导致信息泄漏或毁损，系统无法正常运行。

第四条 企业应当重视信息系统在内部控制中的作用，根据内部控制要求，结合组织架构、业务范围、地域分布、技术能力等因素，制定信息系统建设整体规划，加大投入力度，有序组织信息系统开发、运行与维护，优化管理流程，防范经营风险，全面提升企业现代化管理水平。企业应当指定专门机构对信息系统建设实施归口管理，明确相关单位的职责权限，建立有效工作机制。企业可委托专业机构从事信息系统的开发、运行和维护工作。企业负责人对信息系统建设工作负责。

## 第二章 信息系统的开发

第五条 企业应当根据信息系统建设整体规划提出项目建设方案，明确建设目标、人员配备、职责分工、经费保障和进度安排等相关内容，按照规定的权限和程序审批后实施。企业信息系统归口管理部门应当组织内部各单位提出开发需求和关键控制点，规范开发流程，明确系统设计、编程、安装调试、验收、上线等全过程的管理要求，严格按照建设方案、开发流程和相关要求组织开发工作。企业开发信息系统，可以采取自行开发、外购调试、业务外包等方式。选定外购调试或业务外包方式的，应当采用公开招标等形式择优确定供应商或开发单位。

第六条 企业开发信息系统，应当将生产经营管理业务流程、关键控制点和处理规则嵌入系统程序，实现手工环境下难以实现的控制功能。企业在系统开发过程中，应当按照不同业务的控制要求，通过信息系统中的权限管理功能控制用户的操作权限，避免将不相容职责的处理权限授予同一用户。企业应当针对不同数据的输入方式，考虑对进入系统数据的检查和校验功能。对于必需的后台操作，应当加强管理，建立规范的流程制度，对操作情况进行监控或者审计。企业应当在信息系统中设置操作日志功能，确保操作的可审计性。对异常的或者违背内部控制要求的交易和数据，应当设计由系统自动报告并设置跟踪处理机制。

第七条 企业信息系统归口管理部门应当加强信息系统开发全过程的跟踪管理，组织开发单位与内部各单位的日常沟通和协调，督促开发单位按照建设方案、计划进度和质量要求完成编程工作，对配备的硬件设备和系统软件进行检查验收，组织系统上线运行等。

第八条 企业应当组织独立于开发单位的专业机构对开发完成的信息系统进行验收测试，确保在功能、性能、控制要求和安全性等方面符合开发需求。

第九条 企业应当切实做好信息系统上线的各项准备工作，培训业务操作和系统管理人员，制定科学的上线计划和新旧系统转换方案，考虑应急预案，确保新旧系统顺利切换和平稳衔接。系统上线涉及数据迁移的，还应制定详细的数据迁移计划。

## 第三章 信息系统的运行与维护

第十条 企业应当加强信息系统运行与维护的管理，制定信息系统工作程序、信息管理制度以及各模块子系统的具体操作规范，及时跟踪、发现和解决系统运行中存在的问题，确保信息系统按照规定的程序、制度和操作规范持续稳定运行。企业应当建立信息系统变更管理流程，信息系统变更应当严格遵照管理流程进行操作。信息系统操作人员不得擅自进行系统软件的删除、修改等操作；不得擅自升级、改变系统软件版本；不得擅自改变软件系统环境配置。

第十一条　企业应当根据业务性质、重要性程度、涉密情况等确定信息系统的安全等级，建立不同等级信息的授权使用制度，采用相应技术手段保证信息系统运行安全有序。企业应当建立信息系统安全保密和泄密责任追究制度。委托专业机构进行系统运行与维护管理的，应当审查该机构的资质，并与其签订服务合同和保密协议。企业应当采取安装安全软件等措施防范信息系统受到病毒等恶意软件的感染和破坏。

第十二条　企业应当建立用户管理制度，加强对重要业务系统的访问权限管理，定期审阅系统账号，避免授权不当或存在非授权账号，禁止不相容职务用户账号的交叉操作。

第十三条　企业应当综合利用防火墙、路由器等网络设备，漏洞扫描、入侵检测等软件技术以及远程访问安全策略等手段，加强网络安全，防范来自网络的攻击和非法侵入。企业对于通过网络传输的涉密或关键数据，应当采取加密措施，确保信息传递的保密性、准确性和完整性。

第十四条　企业应当建立系统数据定期备份制度，明确备份范围、频度、方法、责任人、存放地点、有效性检查等内容。

第十五条　企业应当加强服务器等关键信息设备的管理，建立良好的物理环境，指定专人负责检查，及时处理异常情况。未经授权，任何人不得接触关键信息设备。